Vittorio Hösle

Die Krise der Gegenwart und die Verantwortung der Philosophie

Vittorio Hösle

Die Krise der Gegenwart und die Verantwortung der Philosophie

Transzendentalpragmatik, Letztbegründung, Ethik

Verlag C.H.Beck München

Dieses Buch erscheint in der Schriftenreihe
„Ethik im technischen Zeitalter",
herausgegeben von
Vittorio Hösle und Joachim Kreutzkam.

Cip-Titelaufnahme der Deutschen Bibliothek

Ethik im technischen Zeitalter. – München: Beck.
Hösle, Vittorio: Die Krise der Gegenwart und die
Verantwortung der Philosophie. – 1990
Hösle, Vittorio:
Die Krise der Gegenwart und die Verantwortung der
Philosophie: Transzendentalpragmatik, Letztbegründung,
Ethik / Vittorio Hösle. – München: Beck, 1990
(Ethik im technischen Zeitalter)
ISBN 3 406 34757 6

ISBN 3 406 34757 6

Satz und Druck: Appl, Wemding
Printed in Germany

Adrianae Grondae
aviae carissimae
magistrae morum
testis alii saeculi
memoriae sacrum

Inhalt

Vorwort

> Vedi l'eccelso omai e la larghezza
> dell'etterno valor, poscia che tanti
> speculi fatti s'ha in che si spezza,
> uno manendo in sé come davanti.
>
> Dante, Paradiso, XXIX 142 ff.

Eine philosophische Besinnung über das Prinzip der Philosophie im allgemeinen und das der Ethik im besonderen scheint mir aus verschiedenen Gründen von der Transzendentalpragmatik ihren Ausgangspunkt nehmen zu müssen. Erstens ist dieser Ansatz eine der meistdiskutierten philosophischen Theorien der Gegenwartsphilosophie – Karl-Otto Apel, das Haupt dieser Richtung, gehört mit H. G. Gadamer, J. Habermas, H. Jonas und K. Popper zu den meistzitierten deutschsprachigen Philosophen, und auch im Ausland erfreut sich die Transzendentalpragmatik eines Interesses, das nicht vielen philosophischen Strömungen zuteil wird. (Dies ist um so bemerkenswerter, als Apel – anders als Gadamer, Habermas und Popper – nur über sehr wenige Schüler verfügt, die seinen Ansatz weiterentwickelt haben; im wesentlichen sind nur Dietrich Böhler und Wolfgang Kuhlmann zu nennen.) Und auch wenn zweitens die Werke Apels an Wirksamkeit den Schriften Jürgen Habermas' durchaus nachstehen, so läßt sich doch sagen, daß sie in philosophisch konzentrierter Form viele Gedanken enthalten, die Habermas weiterentwickelt und originell und fruchtbar ausgearbeitet hat. Wer sich näher mit Habermas' Universalpragmatik auseinandersetzen möchte, dürfte um ein Studium der Apelschen Gedankenwelt kaum herumkommen – und zwar auch dann, wenn er Habermas' Zurückweisung einiger Momente dieser Gedankenwelt akzeptiert, sowie erst recht, wenn er mit Habermas' begründungstheoretisch weniger ehrgeiziger Version von Transzendentalphilosophie unzufrieden ist. Die Transzendentalpragmatik lohnt eine nähere Analyse auch deswegen, weil sie – wenngleich vermittelt über Habermas' Theorie – einen Einfluß auf die öffentliche Meinung ausgeübt hat und ausübt, der philosophischen Theorien nur selten beschieden ist. Wenn Sozialwissenschaftler von emanzipatorischem Erkenntnisinteresse reden, wenn Zeitungen von der Bedeutung des Konsensprinzips schreiben, dann liegt – wie gebrochen auch immer – Apelscher Einfluß vor, und es läßt sich durchaus sagen, daß einige seiner Ideen inzwischen zu Prinzipien der öffentlichen Meinung, einige seiner Begriffe in den Alltagswortschatz eingedrungen sind. Wie das bei einem solchen Vorgang nahezu zwangsläufig der Fall ist, gehen die Argumente gewöhnlich unter, und nur verdünnte Resultate bleiben übrig. Um so wichtiger erscheint es mir, jene Argumente auf ihre Tragweite zu prüfen. Dies soll hier in einer Weise geschehen, die auch dem gebildeten und interessierten Laien zugänglich ist; keineswegs wendet sich dieses Buch nur an Fachphilosophen, und bewußt wurde – im Unterschied zu anderen Schriften des Verfassers – auf einen allzu weitläufigen Anmerkungsapparat verzichtet.

Ein dritter Grund für die Bedeutung der Transzendentalpragmatik liegt darin, daß Apel wie kaum ein anderer Philosoph die Gegenwartsphilosophie in fast all ihren Manifestationen gründlich studiert und sich um eine Vermittlung entgegengesetzter Positionen bemüht hat. Es gibt nicht viele Denker, die die analytische *und* die hermeneutische Tradition, den amerikanischen Pragmatismus *und* den Marxismus vergleichbar kompetent überschauen, und daher erweitert sich eine Auseinandersetzung mit seinem Werk notwendig zu einer Stellungnahme zu den verschiedensten Ansätzen der Philosophie des 20. Jahrhunderts, ja zu einer Kritik mancher Kategorien und Bewußtseinsformen des Zeitgeistes, wie ich sie im ersten Teil dieser Abhandlung versuche. Der vierte und entscheidende Grund für diese Monographie liegt aber darin, daß die Transzendentalpragmatik nicht nur eine einflußreiche Theorie ist, die im Gespräch mit vielen anderen Ansätzen steht, sondern daß sie eine Geschlossenheit und Kohärenz aufweist, mit der nur wenige andere Philosophien der Gegenwart konkurrieren können. Wenn Philosophie mit Begründung etwas zu tun hat, wenn die Frage nach dem Unbedingten, Absoluten und Letzten *das* philosophische Problem par excellence ist, das der Philosophie eine unaufhebbare Eigenständigkeit gegenüber allen Absorptionsversuchen der Einzelwissenschaften sichert, dann kann die Transzendentalpragmatik beanspruchen, Philosophie im besten Sinne des Wortes zu sein. Und auch wenn manchen vielleicht die Frage nach der Letztbegründung obsolet erscheinen mag, so kann man diesem Eindruck durchaus zustimmen und zugleich der Ansicht sein, daß gerade die Tatsache, daß die Transzendentalpragmatik sich um Moden nicht allzusehr schert, sie dazu qualifiziert hat, substantielle Resultate hervorzubringen. Zudem hat Apel – eine der wenigen großen philosophischen Persönlichkeiten unserer Zeit, deren Sachbezug und sittlicher Ernst, glaube ich, auf jeden Unvoreingenommenen einen tiefen Eindruck machen – die Letztbegründungsproblematik für die Grundlegung gerade der Ethik in einer Weise fruchtbar gemacht, die nicht mehr unterboten werden sollte.

Trotz der Bewunderung, die der Verfasser dieser Monographie für die Transzendentalpragmatik hegt, trotz seiner Überzeugung, daß es sich hierbei um bedeutende Philosophie handelt, und trotz der Tatsache, daß er von keiner anderen Richtung der Gegenwartsphilosophie mehr gelernt hat, muß er allerdings gestehen, daß er sich selbst keineswegs als Transzendentalpragmatiker betrachtet. Diese Darstellung gehört nicht zur „Schule“, wie die Schriften Kuhlmanns und Böhlers; sie steht außerhalb, auch wenn sie immanent zu kritisieren versucht, da nur immanente Kritik wirklich überzeugen kann. Der Standpunkt, der dieser Abhandlung zugrunde liegt, ist freilich nicht derjenige der meisten Kritiker, daß nämlich die Transzendentalpragmatik sich zu viel vornehme, der Vernunft zuviel zutraue, verstiegene Ansprüche erhebe. Mir scheint im Gegenteil die Transzendentalpragmatik zu formalistisch zu sein, und ich glaube, daß sie ihrem Anliegen, in einem Zeitalter des Irrationalismus die Vernunft zu stärken und in einer Epoche der Selbstauflösung der Aufklärung eine nicht-traditionelle Begründung der Ethik zu leisten, nur gerecht werden kann, wenn sie vor materialen Gehalten nicht zurückschreckt und von den großen rationalistischen Systemen des Abendlands mehr lernt, als sie bisher getan hat. (In dieser Sicht der Dinge bin ich besonders von Hans Jonas beeinflußt.) Umgekehrt freilich wird jeder Versuch, die traditionelle systematische Philosophie wiederzubeleben, vergeblich sein, wenn er nicht das Prinzip „aufhebt“, um das die ganze nachhegelsche Philosophie kreist, das aber erst die Transzendentalpragmatik mit der begründungstheoretisch stärksten Form von Philosophie, der Transzendentalphilosophie, vermittelt und somit auf den Begriff gebracht hat – ich meine das Prinzip der Intersubjektivität.

Das Buch gliedert sich in drei Kapitel. Im ersten geht es um den geschichtlichen Hintergrund der Transzendentalpragmatik – um die gegenwärtige geistige Situation ebenso wie um die Hauptquellen der Transzendentalpragmatik. Im zweiten werden ihre Hauptgedanken dargestellt, im dritten schließlich einer kritischen Prüfung unterzogen. Als ungewöhnlich mag erscheinen, daß ich in dem einleitenden Kapitel, das gleichsam eine polemische Vorrede darstellt, mehr kulturpolitisch als philosophisch argumentiere: Ich weise auf die traurigen Konsequenzen des Relativismus hin – der die Idee der Philosophie notwendig zerstören muß –, ohne ihn schon mit theoretischen Argumenten zu widerlegen. Aber da diese Widerlegung nachgeholt wird – sie ist der Kern dieses Buches –, erscheint mir dieses Verfahren sachlich legitim. Kulturpolitische Reflexionen gehören gewiß nicht zur Begründungstheorie, aber sie haben in der Geschichte der Philosophie entscheidend dazu beigetragen, daß das Interesse an der Philosophie sich nicht auf die Universitäten beschränkte. Die Philosophie ist ein organischer Teil einer lebenden Kultur, und auch wenn ihre Legitimation nicht aus ihrer Stellung in der Kultur stammen kann, so hat sie doch das Recht, vielleicht sogar die Pflicht, diese ihre Stellung mitzureflektieren, auch wenn der Wahrheitsanspruch dieser ihrer Reflexionen natürlich geringer sein muß als derjenige ihrer begründungstheoretischen Ausführungen.

Der Hauptteil dieses Buches geht auf ein Manuskript „Die Transzendentalpragmatik als Herausforderung der idealistischen Philosophie" zurück, das ich 1984 im Zusammenhang mit meiner Studie „Hegels System" abfaßte, inzwischen aber neu konzipierte. In das erste Kapitel ist ferner, in stark überarbeiteter Form, eine Expertise eingegangen, die ich 1986 für das Bundeskanzleramt „Über den Zustand der gegenwärtigen europäischen, insbesondere deutschen Philosophie" schrieb. Ich danke dem Bundeskanzleramt für die Erlaubnis, jene Expertise in diese Monographie zu integrieren.

Mein besonderer Dank gilt Karl-Otto Apel, Wolfgang Kuhlmann und Albrecht Wellmer, mit denen ich seit 1983 viele häufig kontroverse, aber stets sachorientierte philosophische Gespräche führen durfte, meinem Freunde Christoph Jermann, der auch dieses Büchlein kritisch las, sowie den Ulmer Studenten, denen ich dieses Buch im Wintersemester 1989/90 vortragen konnte, was zu manchen Ergänzungen Anlaß gab. Der Deutschen Forschungsgemeinschaft danke ich für die großzügige Erlaubnis, mein Heisenbergstipendium wiederaufzunehmen, was den zügigen Abschluß dieser Schrift ermöglichte.

Da die ökologische Krise der Gegenwart in vielem den geistigen Hintergrund dieser Schrift bildet, ohne doch eigens als philosophisches Problem thematisiert zu werden, darf ich darauf verweisen, daß im Frühjahr 1990 in demselben Verlag meine Moskauer Vorlesungen „Zur Philosophie der ökologischen Krise" erscheinen werden.

1. Die Krise der Vernunft als Hintergrund der Transzendentalpragmatik

1.1. Das Unbehagen in der Gegenwartsphilosophie

Um das Anliegen der Transzendentalpragmatik zu verstehen, um sie geistesgeschichtlich richtig einzuordnen, um ihre sachliche Bedeutung angemessen zu würdigen, scheinen einige Bemerkungen zur Lage der Gegenwartsphilosophie angebracht, die sich schließlich zu einer Kritik des Zeitgeistes verdichten werden. Da diese Analysen nicht allzu schmeichelhaft ausfallen werden, möchte ich ausdrücklich betonen, daß sie nicht destruktiv gemeint sind. Es geht nicht darum, Invektiven zu reiten, es geht darum, Probleme zu nennen in der Hoffnung, daß etwas zu ihrer Lösung getan werden kann. Zwar bin ich mir bewußt, daß derjenige sich nicht beliebt macht, der auf Gebrechen des eigenen Standes aufmerksam macht – aber da ich mich keineswegs frei von den zu schildernden Mängeln halte, die ohnehin nicht so sehr persönlicher Schuld als vielmehr institutionellen Mängeln zuzuschreiben sind, da vieles von dem Folgenden sich als Selbstkritik versteht, wird sich das Übelwollen vielleicht in Grenzen halten. Immerhin kennzeichnet die Fähigkeit, sich zurückzulehnen und das zu automatisierter Routine erstarrte eigene Tun aus der Distanz zu beobachten und zu hinterfragen, den Philosophen in besonderem Maße; und der Philosoph hat schwerlich ein Recht dazu, diese oft heilsame Distanzierung von allen möglichen Subsystemen seiner Kultur zu praktizieren, wenn er nicht willens ist, damit bei sich selbst anzufangen. Zudem setzt die folgende Kritik die Gültigkeit und den Sinn dessen voraus, was kritisiert wird; der Verzicht auf Kritik entspringt nicht immer einer vornehmen Milde, sondern manchmal durchaus einem Zynismus, der durch die Unfähigkeit zu trauern gekennzeichnet ist. Den Glauben an die Philosophie kann man nun aus Gründen, auf die noch einzugehen sein wird, nicht aufgeben, ohne sich in Widersprüche zu verwickeln, die daraus resultieren, daß diese Metareflexion selbst philosophisch ist. Aber gerade wenn man an diesem Glauben – der nicht mehr füglich Glaube genannt werden kann – um alles in der Welt festhält und zugleich bedrückt feststellen muß, daß die intelligentesten und philosophisch begabtesten unter den Studenten sich – und zwar aus guten Gründen – nicht für eine akademische Laufbahn als Philosophen entscheiden können, dann kann man sich des Verdachts nicht erwehren, daß die Gegenwartsphilosophie der *Idee* der Philosophie nicht mehr gerecht wird.

In der Tat braucht man kein Pessimist zu sein, um der Ansicht zu sein, daß im Augenblick der kleinste gemeinsame Nenner der Weltphilosophie eine allgemeine Frustration ist. Zwar dürfte kaum eine Zeit mehr für Philosophie ausgegeben haben als die unsere – die Zahl der Philosophieprofessuren war in der Welt nie so hoch, nie wurden mehr philosophische Kongresse abgehalten, nie mehr philosophische Bücher publiziert, nie mehr philosophische Journale herausgegeben. Die Massenmedien entwickeln ein deutlich zunehmendes Interesse für Philosophie, und selbst Manager, Politiker und Prälaten wenden sich gelegentlich an Philosophen und ersuchen sie um ihre Meinung. Doch all diese gewiß erfreulichen Erfolge können nicht darüber hinwegtäuschen, daß der Stellenwert der einstigen Königin der Wissenschaften im Kreis der heutigen Wissenschaften gering ist, daß das Resultat der philosophischen Reflexion insgesamt recht dürftig ist, daß zwischen Aufwand und Ergebnis eine schmerzliche Diskrepanz besteht. Keiner, der sich nicht selbst belügt, kann daran zweifeln, daß nur wenig, was diese geschäftige Zeit an philosophischen Produktionen hervorbringt, übrigbleiben wird, und wenn man ein Dutzend nach dem letzten Krieg verfaßter philosophischer Werke nennen kann, bei denen die Vermutung nicht abwegig ist, daß sie in einem Jahrhundert noch gelesen werden werden, kann man zufrieden sein. Als soziale Folge dieser Diskrepanz zwischen Anspruch und Wirklichkeit ergibt sich, daß die Philosophie, trotz des immer größeren Raums, den sie in einer Freizeit- und Unterhaltungskultur einnimmt, den Lebenszentren der Gesellschaft immer weniger zu sagen hat, auch wenn diese, da die Nachfrage an substantieller Philosophie größer als das Angebot ist, sich mit immer dürftigeren Surrogaten zufrieden geben. Dennoch: Anders als die großen Texte Spinozas, Leibniz', Kants sind die meisten philosophischen Publikationen der Gegenwart letztlich nur für andere Philosophen geschrieben bzw. für solche, die es werden wollen, und von letzteren gibt es nicht ohne gute Gründe immer weniger.

Um mit der Anführung der Mängel der Gegenwartsphilosophie zu beginnen, so fehlt es *erstens* ganz offenkundig an einer großen Synthese, ja selbst an Versuchen einer solchen.[1] Sosehr Scharfsinn, Gelehrsamkeit, Phantasie sich isoliert finden, so wenige scheint es doch zu geben, die jene Kenntnis der Tradition, jene Übersicht der Prinzipien der Einzelwissenschaften der eigenen Zeit, jenen begründungstheoretischen Scharfsinn, jene konstruktive Phantasie und schließlich jenes existentielle Sehnen nach substantieller Wahrheit, ohne das alle intellektuellen Gaben umsonst sind, in einer Person vereinen. All diese Fähigkeiten sind nun gewiß nicht hinreichende, aber doch notwendige Bedingung für große Philosophie, und wenn sie sich nicht vereint finden, kann es ein erstzunehmendes System nicht geben. Nun könnte

[1] Eine bemerkenswerte Ausnahme ist etwa H. D. Klein (1973 ff.).

gegen diese Jeremiade leicht eingewendet werden, daß ein solches System, eine solche Synthese eben nicht mehr möglich sei – und auch wenn unbewiesenen Unmöglichkeitsbehauptungen gegenüber, die leichter aufzustellen als zu beweisen sind, Skepsis stets angebracht ist, leuchtet es durchaus ein, daß eine synthetische Philosophie mit dem Fortschritt der Wissenschaften und der Differenzierung des Wissens immer schwieriger wird. Zwar ist mir kein stichhaltiges Argument bekannt, daß eine solche Synthese, wie sie mehreren Philosophen der Vergangenheit für ihre Zeit geglückt ist, aus *objektiven,* d. h. in der Natur der Vernunft oder der Welt gegründeten Ursachen unmöglich sei: Im Gegenteil glaube ich, daß sie zumindest die regulative Idee jeder philosophischen Reflexion ist, die sich selbst versteht, und daß die Suche nach dem Ganzen und Einen, in dem die Spaltungen des Bewußtseins einer Epoche zu einem Ausgleich gebracht werden, das ist, was man Philosophieren nennt. Aber kaum jemand wird bestreiten wollen, daß einerseits ein einzelner eine solche Synthese nicht mehr wird leisten können, weil das exponentiell wachsende Wissen unserer Zeit nicht mehr von einem einzigen überblickt werden kann, und daß, wenn andererseits auf eine intersubjektive Forschergemeinschaft verwiesen würde, es in der Gegenwart kaum Institutionen gibt, in denen eine solche „synthetische" Arbeit möglich wäre (und d. h. in denen, als allererste conditio sine qua non für eine solche synthetische Arbeit, die wesentlichen Informationen gesammelt und die unwesentlichen souverän ignoriert würden).[2] Die Universität, und d. h. insbesondere die europäische Massenuniversität, ist in der Gefahr begriffen, ihrer ursprünglichen Bestimmung abtrünnig zu werden, der Ort einer universalen interdisziplinären Kommunikation über die Prinzipien des Wissens zu sein. Das Überhandnehmen der Lehre und bürokratischer Arbeit auf Kosten der Forschung; die Zerstörung der Lebensgemeinschaft zwischen Studenten und Professoren, die dem Studium eine moralische Dimension geben und die Wahrheitssuche zu jenem tiefen emotionalen Erlebnis machen könnte, das allein zu bedeutenden Leistungen motivieren kann; das Fehlen jeder wahren Konkurrenz zwischen den Universitäten in Verbund mit einem um so brutaleren Konkurrenzkampf zwischen jungen Wissenschaftlern, die zu jener frühzeitigen Spezialisierung gezwungen werden, bei der man immer mehr

[2] Daß das Rezensionswesen der nötigen Selektion kaum vorarbeitet, ist offenkundig – ja, zum Teil steigert es sogar das Problem. Denn gar manche Rezensenten sind (weil nur solche sich zu der undankbaren Arbeit einer Rezension bereit finden) noch sehr unerfahrene Wissenschaftler, die nur selten über den nötigen Bildungshintergrund verfügen, um eine gewichtige und kompetente Rezension schreiben zu können; andere sind halbgebildete Kritikaster, die in Verrissen der Arbeit anderer ihre Selbstlegitimation finden.

über immer weniger und schließlich alles über nichts weiß; die Vernachlässigung tradierter Bildungsgehalte und die Pflege von Moden; die Überproduktion von Büchern, die denjenigen, der nicht mit der gebotenen Selektivität mit diesem Phänomen umzugehen weiß, von der Lektüre der wirklich wichtigen Dinge abhält;[3] der Niedergang allgemein anerkannter Wertungsmaßstäbe;[4] die eigenwilligen sozialpsychologischen Phänomene, die sich bei manchen Wissenschaftlern beobachten lassen und die mit Kategorien wie Eitelkeit, Reizbarkeit und Ressentiment nur unzureichend erfaßt werden, all das läßt gar manche Universitäten nicht mehr als Hort des Geistes erscheinen, und die Befürchtung ist nicht unbegründet, daß diese Institution im 21. Jahrhundert zu einem Ausbildungsbetrieb ohne allzu große gesellschaftliche Anerkennung herabsinken könnte, wie sie es etwa in der frühen Neuzeit, insbesondere vor den Humboldtschen Reformen, war, als die bedeutendsten Künstler, Wissenschaftler und Philosophen mit den Universitäten denkbar wenig zu tun hatten.[5]

In der Tat kann kaum ein Zweifel daran sein, daß die akademische Philosophie – um von großen Synthesen und Systemen zu schweigen und zu einer bescheideneren Forschung überzugehen – *zweitens* immer weniger auch nur zur Überwindung sektoriellen Denkens beiträgt. Der eben genannte Zwang zur Spezialisierung – der zwar unvermeidbar ist, gegen den aber trotzdem *institutionell* etwas getan werden muß – scheint mir zwar in allen Wissenschaften neben dem offenkundigen Nutzen auch ungeheuren Schaden anzurichten, und zwar sowohl auf eigentlich theoretischem Gebiet als auch was die Folgen der Wissenschaft auf die Gesellschaft angeht: Der Betriebswirt, der nur in Zahlen denken kann und schon an umfassenderen volkswirtschaftlichen Zusammenhängen nicht interessiert ist; der Genetiker, dessen Kenntnisse in der Ökologie von denen jedes Kollegiaten im Leistungskurs Biologie übertroffen werden;

[3] Die Kenntnisse die jemand haben muß, der sich auch nur als politischen Philosophen bezeichnen möchte, sind ungeheuer – um von denen zu schweigen, die jemand haben muß, der sich als Philosoph ohne weiteren Zusatz ansieht. Diese Kenntnisse auch in gröbster Annäherung zu erwerben ist nur möglich, wenn man sich bei jeder Neuerscheinung gewissenhaft fragt: „Ist es legitim, dieses Buch zu studieren, wenn ich noch nicht den ganzen Platon, Aristoteles usf. gelesen habe?"

[4] Dieses Phänomen ist in den Geisteswissenschaften stärker als in den Naturwissenschaften, doch in der Philosophie noch stärker als in den Geisteswissenschaften: Gerade weil die Philosophie ein extrem schwieriges Unternehmen ist, dessen Struktur nicht sofort klar wird, ist es hier am leichtesten möglich, mit Absurditäten den Anschein von Tiefsinn zu verbinden.

[5] Für die Biologie scheint es in der Bundesrepublik inzwischen so zu sein, daß die Spitzenforschung zu einem wichtigen Teil an Max-Planck-Instituten betrieben wird.

der Internist, der von den Gesetzen der menschlichen Psyche nichts weiß – all diese Spezialisten sind Gefahren für die Menschheit, und ihnen haben wir die weltgeschichtliche Situation, in der wir uns befinden, mit zu verdanken. Während aber die Abkopplung der Teile vom Ganzen im allgemeinen nur *Krankheit* bedeutet – in Organismen ebenso wie in Kulturen (und unsere Zivilisation ist nach diesem Kriterium schwer krank) –, führt jene Spezialisierung in der Philosophie unmittelbar zur *Vernichtung* ihres Begriffs und ihrer Existenzberechtigung. Denn wenn die Philosophie neben den Einzelwissenschaften einen Sinn haben soll, dann doch den, daß sie deren Platz im *Ganzen* des Wissens bestimmt, den diese selbst, als *Einzel*wissenschaften, nicht überschauen können. Der Reduktionismus ist das klassische Resultat dieser gefährlichen Sektorialität, die ihren nur beschränkt gültigen Standpunkt verabsolutiert und zu Unrecht auf alles ausweitet: Dem Biologen erscheint alles mit evolutionären Kategorien erklärbar, der Soziologe hält alle Theorien – auch naturwissenschaftliche – für Resultate der Interessen von Institutionen, der Literaturwissenschaftler meint, daß der „hermeneutische“ Wahrheitsbegriff, der in seiner Wissenschaft angemessen sein mag, auch für jede andere Wissenschaft und für die Philosophie gelte.

Das Bedrückende an der gegenwärtigen Lage ist nun, daß die Philosophie gewöhnlich diesen Reduktionismen nicht nur nicht entgegentritt, sondern sie selbst begünstigt – in Varianten, die sich meist wissenssoziologisch aus dem Nebenfach erklären lassen, das der betreffende Philosoph studiert hat. Es gibt immer weniger Philosophen, die die allgemeinsten Grundprinzipien verschiedener Wissenschaften überschauen, die das Wesen eines mathematischen Beweises, eines physikalischen Experimentes, einer juristischen Argumentation und einer Gedichtinterpretation gleichermaßen präsent haben: was man fordern müßte, wenn jemand über Erkenntnis im allgemeinen zu sprechen anhebt. Noch weniger gibt es Philosophen – Apel ist eine bedeutende Ausnahme –, die über Schulgrenzen hinweg zu kommunizieren in der Lage sind: Die meisten sind dazu nicht nur nicht in der Lage, sondern auch völlig unwillig, und sie sehen es als ungehörig an, wenn jemand versucht zu zeigen, daß, sagen wir, Hegels Lehre vom objektiven Geist und Poppers Lehre von der Dritten Welt partiell um dasselbe Problem kreisen. Daß Deutschland keinen Philosophen von der Kreativität Kants oder Hegels mehr hat, damit könnte und müßte man sich abfinden – denn es gibt kein Recht darauf, in einer philosophischen Glanzepoche zu leben; aber es ist bitter, daß es kaum Geister von der Universalität Cassirers oder Hartmanns mehr gibt. Dies hängt mit der Ausbildung an den Universitäten zusammen – neben institutionellen Problemen spielen auch jene oben angedeuteten psychologischen Phänomene eine Rolle, nach denen es etwa ein Wissenschaftstheoretiker gewöhnlich nicht gerne sieht, daß sein zukünftiger Assistent bei einem

Kollegen hört, dessen Interessen primär hermeneutischer Natur sind. Die Folge ist, daß die Philosophie immer weniger in der Lage ist, angemaßten Universalitätsansprüchen der Einzelwissenschaften kompetent entgegenzutreten und sie in angemessener Weise zu relativieren: Entweder akzeptiert sie eine Einzelwissenschaft in toto, weil sie keine andere kennt, oder sie verwirft sie in toto, weil sie sie gar nicht kennt – und beides ist nicht geeignet, den Respekt der Einzelwissenschaften vor der Philosophie zu gewinnen. Auf diese Weise beraubt sich die Philosophie nicht nur der Fähigkeit zu einer Synthese – wozu diese kritische Einstellung nur die erste Bedingung wäre –, sondern selbst der Fähigkeit zu sachlicher Wissenschaftskritik, die unsere Gesellschaft dringend bedürfte.

Doch schweigt *drittens* die Philosophie immer mehr auch zu den drängendsten Einzelfragen der Zeit – was freilich unmittelbar aus den obigen Ausführungen folgt, da tiefergehende Analysen existenzieller Fragen unserer Kultur eine Kenntnis des Ganzen voraussetzen. Man muß wohl einräumen, daß die Philosophie die rapiden Wandlungen, die mit der modernen Welt vor sich gehen (die zugegebenermaßen von furchterregender Komplexität ist), immer weniger begreift, daß sie vor der eigenen Zeit kapituliert und versagt hat. Die Distanz zwischen dem aufgebotenen kategorialen Instrumentarium und der Wirklichkeit der modernen Welt fühlt man als Leser fast jeden philosophischen Werkes der Gegenwart,[6] und zwar auch und gerade jener Schriften, die mit der Prätention des Neuen das von der Tradition schon Erarbeitete ignorieren. Diese Distanz hängt wesentlich mit der verhängnisvollen Spaltung in systematische Philosophie ohne Kenntnisse der Geschichte der Philosophie (besonders im analytischen Lager) und in eine Philosophiehistorie, für die sich Wahrheit auf historische Richtigkeit reduziert, zusammen. Denn einerseits kann Philosophie ohne Kenntnis ihrer Geschichte nicht fruchtbar betrieben werden – Santayanas Satz, daß derjenige, der die Geschichte nicht kenne, sie wiederholen müsse, gilt mit furchtbarer Unerbittlichkeit auch für die Geschichte des Geistes, und wer seine Vergangenheit ignoriert, befreit sich nicht von ihr, sondern wird nur blind von ihr getrieben. Die Naivität, mit der inbesondere von analytischen Philosophen gute Argumente, die seit Jahrtausenden bekannt sind, wenn auch in Modifikationen, als neue Entdeckungen präsentiert werden, hat manchmal etwas geradezu

[6] Mir selbst geht es etwa so, wenn ich etwa in meinem Werke „Hegels System" (1987) blättere, das mir etwas wie eine neugotische Kathedrale vorkommt. Freilich kann man nur über die gründlichste Beschäftigung mit den großen Systemen der Vergangenheit die Gesetze der philosophischen Statik erlernen, deren Kenntnis eine notwendige (nicht hinreichende) Bedingung für jedes Denken ist, das seine Zeit erfassen will.

Komisches an sich; immerhin ist aber diese liebenswürdige Komik erfreulicher als das Vertreten von Theorien, die nicht nur ebenfalls seit Jahrtausenden bekannt, sondern seit Jahrtausenden widerlegt sind. Unkenntnis der Tradition führt wenn nicht notwendig, so doch regelmäßig dazu, das von ihr erreichte Niveau zu unterbieten. Interessant ist etwa, beobachten zu müssen, wie das übertriebene Reden von Kreativität, die gewiß ein hoher Wert ist, aber gewöhnlich nur dann erreicht werden kann, wenn eine Vertrautheit mit den wirklich kreativen Leistungen der Vergangenheit vorhanden ist, ganz offenkundig eine Kategorie bemüht, die durch den jüdisch-christlichen Schöpfungsglauben ihre Wertdimension erhalten hat und etwa den Griechen fremd war. Man sieht hier deutlich, wie selbst der Versuch, die Tradition zu negieren, mit inkonsistenten Restbeständen traditioneller Kategoriensysteme arbeitet.[7]

Doch ist auf der anderen Seite die Einstellung zur Vergangenheit, die die bedeutenderen Philosophiehistoriker hegen, nicht minder verhängnisvoll: Sie lähmt in einem schwermütigen Gefühl der Epigonalität jeden Versuch produktiver Weiterentwicklung der Tradition. So feinsinnig manche Studien zu begründungstheoretischen Problemen großer Philosophen sind, so deprimierend ist doch zu sehen, wie wenig den meisten dieser Arbeiten der Brückenschlag zu heutigen Fragestellungen gelingt. Immerhin ist hier die Wahrheitsfrage noch nicht aufgegeben, was allerdings inzwischen bei den meisten Geisteshistorikern (so der Mehrzahl der Klassischen Philologen) der Fall ist. Während die traditionelle Einstellung zur Vergangenheit eine dialogische war, die dem Bedürfnis entsprang, *von* ihr zu lernen – eben das hat die gesamtkulturelle Bedeutung der Klassischen Philologie von Petrarca bis Mommsen ausgemacht[8] –, geht es der Mehrheit der heutigen Historiker nur darum, *über* die Vergangenheit zu lernen.[9] Zwar mag damit

[7] S. dazu den schönen Aufsatz von P. O. Kristeller (1983).

[8] M. E. ließe sich anhand des Übergangs von Mommsen zu Wilamowitz recht schön der Perspektivenwechsel in der Geschichte der Klassischen Philologie aufzeigen. – Es ist wissenssoziologisch interessant, daß bei Gymnasiallehrern die traditionelle Einstellung zur Klassischen Philologie noch eher zu finden ist als bei Universitätsprofessoren – was wohl die Folge der Tatsache ist, daß sich Gymnasiallehrer einerseits weniger spezialisieren müssen und können, andererseits noch mit Sinnbedürfnissen von Jugendlichen konfrontiert sind, die während der Studentenzeit versiegen.

[9] Siehe den treffenden Aufsatz von G. Grant (1986), 97–102: „Research in the Humanities". Bezeichnend ist die von K. von Fritz (1978; 11) berichtete Anekdote, der bedeutende Aristotelesforscher David Ross habe auf die Frage einer Studentin, ob denn das wahr sei, was Aristoteles an einer bestimmten Stelle sage, geantwortet: „That is not my business." Fritz – einer der größten Altphilologen dieses Jahrhunderts, der nahezu alle Sphären der griechischen

eine größere „Objektivität" erreicht worden sein – doch ist die zunehmende Spezialisierung selbst einem bloß philologischen Verstehen immer abträglicher, da etwa ein Spezialist der griechischen Philosophiegeschichte, der von griechischer Mathematik nichts versteht, Platon nie wird gerecht werden können: Die großen Philosophen waren nie Spezialisten der Philosophie, und doch gibt es immer weniger Philosophiehistoriker, die über den Bildungshintergrund verfügen, universalere Philosophen wie Aristoteles oder Leibniz auch nur aus den Fragestellungen ihrer Zeit angemessen zu verstehen.[10] Aber selbst die Autoren jener großen historischen Standardwerke, die besonders Ende des letzten und Anfang dieses Jahrhunderts verfaßt wurden und eine Langlebigkeit besitzen, von der die meisten Produktionen der Gegenwart weit entfernt sind (also jene Autoren, die zwar auch nur über die Vergangenheit lernen wollten, aber wenigstens noch über die handwerklichen Fähigkeiten verfügten, dies auf gute Weise zu tun), haben nie begriffen, daß jene Objektivität, nach der sie strebten, letztlich eine Objektivierung und damit eine Vernichtung der Subjektivität des vergangenen Subjekts bedeutete, die immer dort eintritt, wenn es nicht mehr die gemeinsame Wahrheitssuche ist, die Intersubjektivität konstituiert.[11] Das moderne Subjekt, dem das vergangene zum bloßen Objekt geworden ist, reduziert auch sich selbst zum Objekt: Es zerstört die eigene Fähigkeit, sich selbst und die gegenwärtige Welt zu verstehen, weil es die – zugegebenermaßen dank der Beschleunigung des Geschichtsprozesses immer schwieriger werdende – Transferleistung

Kultur kannte und, anders als etwa Wilamowitz, auch in die mit der griechischen Mathematik, Philosophie usf. verbundenen Sachprobleme eingedrungen war – tadelt zu Recht diese geistige Selbstbeschränkung.

[10] Ohne falschem Geniekult das Wort reden zu wollen, kann man doch nicht umhin, zu bedauern, daß die Scheu und Scham, die in der Vergangenheit jeder normale Mensch vor denjenigen empfand, die als die „Klassiker" galten, heute weitgehend geschwunden ist. Nicht nur ist sich heute kaum jemand dessen bewußt, daß es ziemlich vieler Kenntnisse auf ganz verschiedenen Gebieten, einer gewisser Intelligenz, ja auch einer gewissen Persönlichkeitsstruktur (wie einer gewissen moralischen Integrität) bedarf, um sich jemandem wie Platon geistig nähern zu können – man findet immer mehr Leute, die allen Ernstes der Ansicht sind, sie hätten Platons Illusionen „durchschaut". Nun ist Platon gewiß fehlbar, aber wer bei der Lektüre Platons nicht das deutliche Gefühl hat, einer ungeheuer überlegenen Intelligenz gegenüberzustehen, dem kann man nur gratulieren – oder eben auch das Gegenteil davon.

[11] Sosehr es eines der Hauptverdienste der Gadamerschen Hermeneutik ist, den bloß objektivierenden Zugang zu Texten der Tradition überwunden zu haben, sosehr bedeutet das Fehlen eines verbindlichen Wahrheitsbegriffs in diesem Ansatz, daß auch er letztlich dem Historismus verhaftet bleibt. Siehe unten S. 97 ff.

aus der Vergangenheit in die Gegenwart nicht mehr zu vollbringen vermag (wobei es sich über diese seine Unfähigkeit gewöhnlich mit dem durch nichts begründetes Überlegenheitsgefühl des „wir heute" gegenüber den Großen der Tradition hinwegtröstet). Jene Transferleistung hat die Platon- und Aristotelesrezeption von Spätantike, Mittelalter und eines großen Teils der Neuzeit zu einer philosophischen und nicht bloß philosophiehistorischen, hat die Liviusrezeption Machiavellis zu einer politologischen, ja politischen und nicht bloß gelehrten Leistung gemacht, und die Zerstörung dieser Fähigkeit ist die Erblast des Historismus, der, bei allen Verdiensten, die Gleichgültigkeit gegenüber der Vergangenheit (und damit, beiläufig gesprochen, auch gegenüber dem Tode) entschieden mitverschuldet hat. (Diese Verdrängung des Todes ist freilich dessen heimlicher Triumph, insofern die subjektiv engagierte Weiterführung des Vergangenen, die Pflege lebendiger Traditionen, das Bewahren der bleibenden Leistungen großer Verstorbener den größten Sieg des Geistes über den Tod darstellt, der in der menschlichen Kultur gelingen kann.)

Diese Gleichgültigkeit, diese Unfähigkeit, zwischen dem, womit man sich „wissenschaftlich" beschäftigt, und der Welt, in der man lebt, zu vermitteln, ist nun der tiefste Grund für die innere Unzufriedenheit der meisten Geisteswissenschaftler und für ihr Gefühl der Entfremdung und emotionalen Austrocknung, über die all die geschäftige Betriebsamkeit und das Pathos, objektive Wissenschaftler zu sein, auf die Dauer nicht hinwegtäuschen können.[12] Gewiß will jeder, der Mark Aurel liest, eine gute Ausgabe, und insofern kann man Max Weber durchaus zustimmen, daß derjenige kein guter Wissenschaftler werden wird, dem nicht die Konjektur, die er gerade erwägt, von unermeßlicher Bedeutung ist (1919; 589). Aber all das ändert nichts daran, daß derjenige, der zuviel seiner Zeit Quisquilien widmet, erstens alles, nur kein großer Philosoph werden wird – denn diesem muß es um die Prinzipien des Ganzen gehen. Und zweitens läßt sich, allgemeinmenschlich gesprochen (und d.h. mit Bezug auf die Dimension, die eigentlich zählt), über einen Philosophen, dessen Hauptinteressen um die Frage kreisen, wie er dem Assistenten des Kollegen bei der Habilitation ein Bein stellen und bei der nächsten Einladung zu einem Vortrag ein besonders hohes Honorar heraushandeln könne, nicht anders

[12] Damit soll natürlich nicht jenen Formen von „Aktualisierung" das Wort geredet werden, die darin bestehen, große Denker der Vergangenheit als „Vorläufer" teils von Gemeinplätzen, teils – schlimmer noch – von zeitgenössischen Inkonsistenzen der Aufmerksamkeit der Gegenwart anzuempfehlen. In solchen Aktualisierungen drückt sich das schlechte Gewissen desjenigen aus, der nur historisch arbeitet – aber sie dürften nicht das geeignete Mittel sein, jenes Gefühl der Entfremdung zu überwinden.

urteilen, als daß er Mark Aurel nicht verstanden hat, daß es ihm nicht geglückt ist, dem Text das zu entnehmen, was in letzter Instanz allein eine neue Edition legitimiert – nämlich Lehren für das eigene Leben. Und dieses Urteil bliebe auch dann gültig, wenn wir erfahren sollten, daß jener Gelehrte der Verfasser einer neuen, höchsten textkritischen Ansprüchen genügenden Mark Aurel-Ausgabe ist und daß er bisher unterschätzte Quellen seines Autors mit neuen Argumenten eruiert hat. Das kulturelle Gepäck, das man mit sich herumschleppt, ersetzt nicht die – zweifelsohne mühsamere – Internalisierung der großen Gedanken der Vergangenheit; die Anhäufung von Informationen, das bloße „Geforsch", wie man in Anlehnung an Heideggers „Gestell" sagen möchte, ist noch nicht jene Umwendung der Seele, ohne die es keine wahre Philosophie geben kann.

Nicht daß Untersuchungen zu Dorias Einfluß auf Vico, zu Croces Vicobuch, zu Collingwoods Übersetzung von Croces Vicobuch (und so weiter ad infinitum), nicht daß neuartige Formalisierungen der Funktionsweise singulärer Termini illegitim wären: Sie verdienen durchaus ein, wenn auch beschränktes, Interesse (u. a. weil Detailarbeiten immer wieder zu umfassenderen Einsichten angeregt haben, weil große Entwürfe ohne Mikrophilologie nicht denkbar sind). Ja, wenn nicht die nächsten Jahrzehnte gewaltige politische Krisen bringen würden (was sie gewiß tun werden), dann würde ganz natürlicher- und unvermeidlicherweise in einer automatisierten Welt, in der körperliche Arbeit immer überflüssiger würde, ein immer größerer Teil der Bevölkerung der Ersten Welt sich von derartigen alexandrinischen Eruditionsleckerbissen nähren: eine Kaste teils sachorientierter und deswegen liebenswürdiger, teils seelisch und geistig verkümmerter Gelehrter, deren Hauptfreude darin bestünde, herauszufinden, wie oft ihre Werke zitiert worden sind und die daher alle Schriften der Mitglieder derselben Unterkaste (und insbesondere deren Namenverzeichnisse) kennen würde, die aber immer weniger von der Welt wüßten und von der die Welt nichts wüßte.[13] Die psychischen Mechanismen, die die Auswahl der höchst eigenen Spezialität bedingen, würden sich dabei nach einem Grundgesetz der Alltagspsychologie entweder auf die Fortsetzung oder die Kompensation der eigenen Tätigkeit reduzieren. Um etwas zu karikieren: Der frustrierte Stubengelehrte würde demnach entweder über einen unbedeutenden Philosophen des siebzehnten Jahrhunderts, der ihm zum Verwechseln ähnlich sähe, ein mehrbändiges Standardwerk schreiben, oder aber er würde theoretische Studien über

[13] Bei der Sucht, zitiert zu werden, handelt es sich um eine merkwürdige Form der Vergegenständlichung von Intersubjektivität; man begegnet ihr häufig bei Personen, die an einem wahrhaften philosophischen Dialog keine Freude haben.

existenzielle Grenzsituationen verfassen, die ihm nur aus Büchern vertraut wären.[14]

Doch sosehr auch derartige Studien legitim sein mögen – illegitim ist es auf jeden Fall, sie als die *eigentliche* Philosophie auszugeben. Philosophie ist – nicht nur, und m. E. nicht einmal in erster Linie – „ihre Zeit in Gedanken erfaßt", und man wird schwerlich bestreiten können, daß unsere Zeit für den philosophischen Gedanken eine nicht zu unterschätzende Herausforderung darstellt, der man mit Studien jener Art nicht gerecht zu werden vermag. So ist es beklemmend, wie wenig die Gegenwartsphilosophie zur Lösung aktueller Fragen leistet. Die Schere zwischen beschleunigter wissenschaftlich-technischer Entwicklung und stagnierendem, wenn nicht regredierendem ethischem Bewußtsein öffnet sich immer mehr, und so kann man sich nicht wundern, daß es bisher immer noch zu wenig gut begründete und zugleich detaillierte und konkrete Abhandlungen zu ethischen Fragen der technischen Zivilisation gibt. Eine ethisch-naturwissenschaftliche Doppelkompetenz ist selten zu finden, obgleich zur Lösung jener Fragen eine Überbrückung der Kluft zwischen den beiden Kulturen[15] gefordert ist; und die Forderung scheint mir nicht übertrieben, daß hier ganz neue Studiengänge eingerichtet werden müssen: Über Fragen der politischen Philosophie kann man heute ohne Kenntnisse der Ökologie kaum mehr sinnvoll sprechen. Da die Vertreter der traditionellen Philosophie sich mit wenigen Ausnahmen an solche Fragen nicht heranwagen, werden sie von Denkern angegangen, die häufig über den nötigen kulturellen Hintergrund nicht verfügen und daher kaum etwas Bleibendes zustande bringen. Auffällig ist, wie sehr etwa die Diskussion der philosophischen Implikationen der ökologischen Krise von Autoren beherrscht wird, die selten Philosophieprofessoren, ja häufig überhaupt nicht an Universitäten lehrende Wissenschaftler sind.[16] Nicht, daß dies notwendig ein

[14] Eine erwähnenswerte Variante des mediokren Philosophen ist derjenige, dessen Hauptbeschäftigung die Klage über die Mediokrität seiner Zeitgenossen ist. Denn so berechtigt diese Klage auch ist, sie darf nie zum Selbstzweck oder gar zur sich selbst erfüllenden Erwartung werden.

[15] S. dazu Ch. P. Snow (1969).

[16] Man denke an C. Amery (1976), M. Maren-Grisebach (1982), F. Capra (1983). Zwar ist es verständlich, daß Fachphilosophen etwa über den Erfolg Capras die Nase rümpfen – Capras Vergleiche von moderner Physik und indischer Mystik (1984) überschreiten selten das Niveau von Feststellungen der Art, in irgendeinem buddhistischen Text heiße es, Raum und Zeit seien bloße Namen, und Einstein habe ebenfalls gezeigt, daß Raum und Zeit zusammenhingen. Ganz allgemein erkennt Capra nicht, daß das fernöstliche Ganze nur abstrakt ist, daß es in ihm nicht zu jener Differenzierung kommt, die für das Bewahren der abendländischen Individualität unabdingbar ist, und daß die abendländische Rationalität auf einem *argumentativen* Wege zu einem dialek-

Mangel wäre – doch sind gewisse methodische Naivitäten in der Regel das Kennzeichen derartiger Schriften, und es wäre zweifellos zu wünschen, daß eine Verbindung des Gegenwartsbezugs mit der umfassenden Kenntnis der philosophischen Tradition stattfände.

Die Überzeugung, daß die Philosophie sich den Fragen ihrer Zeit stellen müsse, verlangt aber nach noch grundsätzlicheren Analysen. Warum das 20. Jahrhundert den Fortschritt der Menschheitsgeschichte nicht fortgesetzt hat, warum gerade eine der bedeutendsten Kulturnationen Europas geschichtlich einmalige Verbrechen ausgeführt hat – das sind Fragen, die jeden denkenden Menschen existenziell quälen müssen. Was aber ist erst von dem Bewußtsein zu sagen, daß es sich in den nächsten Jahrzehnten entscheiden wird, ob die Menschheit auf diesem Planeten überleben wird, von der unheimlichen Erfahrung, daß sich die Gesichter zahlreicher Menschen auf diesem Planeten in die Fratzen von Lemmingen verwandelt haben, die auf einen Abgrund zustürzen?[17] Die Erkenntnis, daß jenes Wesen, in dem ein Großteil der Tradition ein Bildnis Gottes erkannt hat, nun erstmalig über die Fähigkeit verfügt, sich und einen beträchtlichen Teil der Schöpfung in den Abgrund zu reißen, fügt zu der praktischen eine metaphysische Dimension hinzu und dürfte der philosophischen Reflexion genug Stoff geben. Es ist bezeichnend, daß derjenige Denker, der diese Fragen philosophisch am tiefsten ausgelotet hat, Hans Jonas, ein Greis von

tisch-ganzheitlichen Denken beharren muß: Trotz aller Versicherungen gelingt Capra eine Synthese von zweckrationalem Verstand und ganzheitlichem Gefühl keineswegs; er fällt nur von dem einen Extrem in das andere und erreicht nicht das Niveau eines spekulativen Denkens. Aber jene die Nase rümpfenden Akademiker verkennen, daß Capras Erfolg auch gegen sie spricht – denn seine Bücher könnten nicht solche Bestseller werden, wenn die Probleme, die er zu Recht als entscheidend herausstellt, wenn auch auf häufig dilettantische Weise behandelt, von der akademischen Philosophie in seriöser Form angegangen würden. Wenn es nicht gelingt, die ökologische Frage in einen rationalen Denkansatz zu integrieren, wird sich jene zivilisationskritische und häufig irrationale „ökologische" Weltanschauung, die sich derzeit bildet und in bestimmten Kreisen das marxistische Weltbild abzulösen scheint, immer weiter ausbreiten.

[17] Es ist mir hier nicht möglich zu begründen, warum ich die Wahrscheinlichkeit einer globalen Katastrophe unvorstellbaren Ausmaßes in den nächsten Jahrzehnten für sehr hoch halte; ich verweise dazu nur auf den letzten Bericht des Worldwatch Institutes (Zur Lage der Welt (1989)). Es entbehrt im übrigen nicht einer makabren Ironie, daß die gegenwärtigen Gefahren, die nur in wahrhaft interdisziplinärer Arbeit bewältigt, ja beschrieben werden können, wie sie jenes Institut in vorbildlicher Weise praktiziert, die Idee der Philosophie als ganzheitlicher Wissenschaft wiederbeleben könnten – wir erkennen, daß spezialistisches Denken nicht nur theoretisch abwegig, sondern auch praktisch äußerst gefährlich ist.

87 Jahren ist – also jemand, der vermutlich selbst von den zuletzt genannten Entwicklungen nicht mehr betroffen wird, während die meisten der jüngeren Generation auf die Krisen, die während ihres Lebens höchstwahrscheinlich stattfinden werden, intellektuell und moralisch nicht vorbereitet sind.

Aber haben nicht gerade Philosophen die Pflicht, sich diesen entscheidenden Menschheitsproblemen zu stellen? Diese Frage ist trivialerweise schon insofern zu bejahen, als jeder Mensch sich mit jenen Problemen auseinandersetzen muß: Und auch Philosophen sind Menschen. Für einen Deutschen gar hat jene Frage eine besondere Dringlichkeit: Denn eine der tiefsten und schmerzlichsten Erfahrungen aller Deutschen meiner Generation bestand darin, daß die überwältigende Mehrzahl von uns (und zwar durchaus zu Recht) weniger Achtung für den Großteil unserer Väter und Großväter empfinden konnte, als für die Kontinuität von Traditionen im allgemeinen nötig ist, weil diese gegen den Nationalsozialismus nicht den erforderlichen Widerstand geleistet hatten. Aber wie sollen denn unsere Kinder über die intellektuelle, moralische und politische Trägheit unserer Generation denken, wenn sich doch erstens menschlichem Ermessen nach ökologische, soziale und politische Katastrophen vorbereiten, verglichen mit denen selbst diejenigen der Jahre von 1939–1945 als gar nicht so entsetzlich erscheinen werden, und wenn zweitens zumindest bestimmte Formen der Distanzierung von dem zerstörerischen Konsumismus dieser Gesellschaft, anders als im Dritten Reich, mit keinem nennenswerten persönlichen Risiko verbunden sind? Was werden sie insbesondere über die Intellektuellen, gar über die Philosophen dieser Generation denken? Können diese wirklich glauben, vor dem Urteil der Geschichte bestehen zu können? Wer eine privilegierte gesellschaftliche Position einnimmt, wer mehr Gelegenheit hatte, sich zu bilden, der hat auch mehr Pflichten: In Anbetracht dieses nahezu tautologischen Satzes bedrückt die kollektive Verdrängung der Existenzfragen der Menschheit zu dem Behufe, sich um so ungenierter mit den eigenen Partikularinteressen auseinanderzusetzen, zwar bei jedem Menschen als Ausdruck einer tiefen Verachtung des Allgemeinen, wird aber bei jemandem besonders schwer entschuldbar, der einen Titel trägt, der wörtlich „Bekenner der Liebe zur Weisheit“ bedeutet. Nicht die Beschäftigung mit dem Partikularen ist das eigentlich Empörende – sie ist auch aus anderen Sphären der Gesellschaft zur Genüge, und in weit gräßlicheren und gefährlicheren Formen, vertraut –, sondern der Widerspruch zwischen dem Anspruch eines Berufs, der den höchsten Ideen der Menschheit gewidmet sein sollte, und der existenziellen Gleichgültigkeit gegenüber diesen Ideen, die bei einigen offenbar nur noch aus extrinsischen und egoistischen Motivationen bemüht werden. Die Würde des Politischen im erhabenen Sinne des Wortes, d. h. des

Öffentlichen, verfallen zu sehen, wird stets schmerzen, aber besonders traurig ist es, wenn Philosophen, die in der Theorie jenes Allgemeine vertreten sollten, dessen praktisches Pendant das Politische ist, zu Funktionären kleinlicher Partikularinteressen verkommen.

Das eben Gesagte läuft darauf hinaus, daß die Philosophie ihrer Idee nicht mehr gerecht wird, daß sie ihre Existenzberechtigung gegenüber den Einzelwissenschaften verspielt hat, daß sie den Notruf der eigenen Zeit nicht mehr vernimmt – oder, wenn sie ihn vernehmen sollte, nicht ernst nimmt: Sie stuft die Lage gleichsam als hoffnungslos, aber nicht ernst ein. Immerhin ließe sich philosophische Tätigkeit, bei einem großzügigen Legitimationsbegriff, noch damit rechtfertigen, daß sie wenigstens keinen Schaden anrichte, während Naturwissenschaftler – Physiker, Chemiker, inzwischen auch Biologen – gewöhnlich nicht wissen, ob sie mit ihrer Arbeit mehr zum Guten oder zum Bösen beitragen. Das den Geisteswissenschaftler häufig frustrierende Gefühl, mit seiner Arbeit nichts zu verändern, und der daraus resultierende, sich besonders bei luxuriösen Kongressen in fernen Ländern bei dem Smalltalk mit den von Arthur Koestler glänzend beschriebenen Herren Callgirls einstellende Verdacht, ein Parasit zu sein, könnte in dieser Perspektive geradezu als erleichternd empfunden werden. Aber jenes Gefühl ist falsch – es ist leider unbezweifelbar, daß die Philosophen durch ihre Interpretationen die Welt verändert haben und täglich verändern. In der Tat ist dies der *vierte* und ernsteste Vorwurf, der der Gegenwartsphilosophie gemacht werden muß: daß sie nämlich für die Zerstörung jener Anlagen mitverantwortlich ist, die vielleicht die gegenwärtige Krise überwinden könnten – ich meine die Vernunft und den Glauben an moralische Werte und Pflichten.

Daß seit dem Deutschen Idealismus ein Prozeß der Selbstzersetzung der wertrationalen Vernunft stattgefunden hat, das kann auch dann nicht bestritten werden, wenn man Lukács' „Die Zerstörung der Vernunft" (1954) nicht in allem folgen will und zumal seine primär sozioökonomische Erklärung dieses Prozesses für oberflächlich hält. Da im folgenden des näheren auf diesen Prozeß eingegangen werden wird, sei hier nur knapp festgestellt, daß eben dies, daß es keine rationale Begründung letzter Werte und Normen geben könne, den kleinsten gemeinsamen Nenner des überwältigenden Großteils der nichtepigonalen Philosophie des späten 19. und des 20. Jahrhunderts ausmacht und daß die Bedeutung der Transzendentalpragmatik darin besteht, daß sie eine der wenigen Philosophien ist, die diese Behauptung mit starken Argumenten in Frage stellt. Während der naive (nicht nur der religiöse) Mensch glaubt, daß seine Existenz eine sittliche Bestimmung habe, und aus dieser Überzeugung seine Würde bezieht, während die traditionelle Philosophie diesen Glauben auf einer höheren Ebene zu begründen versucht hat, ist die Zersetzung dieser Überzeugung eines der Hauptresultate der modernen Philosophie. Man mache sich nichts vor: Dieses Resultat ist inzwischen nicht nur auf die Schulphilosophie beschränkt – es hat sich wie eine Infektionskrankheit ausgebreitet, ist in welch modifizierter Form auch immer in die Seelen der meisten Menschen eingedrungen und ist inzwischen sogar zu einem Prinzip der öffentlichen Meinung nahezu aller Länder der Ersten Welt geworden. Selbst die christlichen Kirchen haben sich diesem Prozeß nicht entziehen können. Während es auf der einen Seite natürlich noch immer viele (viel zu viele) Theologen gibt, die die eigentümlichen Aufgaben der modernen Welt nicht begriffen haben und insofern ihrem Auftrag nicht gerecht werden, kann man doch auf der anderen Seite nur mit Mühe Verständnis für jene Theologen aufbringen, die allen Moden nachlaufen und das Christentum auf das Gebot totaler Toleranz reduzieren. Es ist selbstverständlich legitim, nicht an Gott zu glauben; aber wenn innere Konsistenz eine notwendige (gewiß nicht hinreichende) Bedingung für Moralität ist, dann fällt es schwer, moderne christliche atheistische Theologen zu bewundern. Gewiß kann man eine Weile lang mit der Gott-ist-tot-Theologie die Aufmerksamkeit der Massenmedien fesseln; aber ehrlicher schiene es mir doch, wenn Individuen, die alles am Christentum für historisch und subjektiv halten, die Konsequenzen zögen und sich von den Kirchen dezidiert abwendeten. Sicher ist es eine legitime, ja unabdingbare Aufgabe, die Gehalte des Christentums zu rationalisieren und der Vernunft entgegenzuarbeiten – aber dabei sollten die entscheidenden Gehalte nicht verlorengehen. So ist es ein wenig zu einfach, wenn ein unverbindlicher und bequemer „Humanismus", der niemandem wehtun möchte und alles akzeptiert, zur Wahrheit des Christentums hochstilisiert wird. Nicht daß das Christentum keine humanistische Religion wäre – es ist in Wahrheit von allen Religionen die humanistischste –; aber es ist humanistisch, weil sein Gott durch jenen Abgrund von Negativität und Leiden hindurchgegangen ist, der nur einem Geistwesen zugänglich ist. Über diesen Abgrund hinwegzusehen, heißt das Wesen des Christentums verfehlen.

Der geschilderte Prozeß der Ausbreitung des Relativismus gilt nicht nur phylogenetisch. Auch ontogenetisch läßt sich beobachten, wie junge Studenten – vorausgesetzt, daß sie noch nicht als überzeugte Relativisten die Schule verlassen – während der ersten Semester an der Universität in eine Orientierungskrise geraten und den Glauben an sittliche Werte verlieren: Das Studium der Philosophie scheint manche von ihnen auf eine Mondlandschaft zu versetzen, in der sie die Resultate ihrer eigenen Bewegungen nicht mehr vorhersehen können. Diese Krise schleppt sich, zumal bei denjenigen Studenten der Geisteswissenschaften, aus denen sich der wissenschaftliche Nachwuchs rekrutiert, meistens bis ins vierte Lebensjahrzehnt hin, verstärkt durch die Tatsache, daß während des Studiums der Kontakt zur außerakademischen Realität beinahe vollständig abgebrochen wird, die Gesprächspartner fast nur Gleichaltrige mit ähnlichen Problemen sind und man unter diesen Bedingungen ungeahnte Möglichkeiten erhält, den eigenen Narzißmus auszuleben und zur Entdeckungsfahrt ins eigene Ich aufzubrechen. Und wenn, gewöhnlich nach einer Menge manchmal komischer, manchmal tragischer Erfahrungen in den verschiedensten Bereichen,[18] das eigene Ich schließlich und endlich gefunden ist (häufig eine Enttäuschung), wenn man schließlich an der Universität eine Stelle erhält, die mit ein bißchen konkreter Verantwortung verbunden ist, dann dauert es bei einigen gar nicht mehr lange bis zur Midlife-Crisis, die gelegentlich geradezu als Verlängerung der Adoleszenzkrise erscheint, und alles Errungene wird wieder in Frage gestellt. (Übrigens *kann* sich der Verlust des Glaubens an absolute Werte auf die Theorie beschränken, ohne jede Auswirkung auf das praktische Verhalten, das, da früher erworben, für eine gewisse Zeit theorieresistent ist: Es gibt durchaus ethisch hochintegre theoretische Nihilisten, wie auch umgekehrt unsittliche Moralisten. Aber gewöhnlich ist der Zusammenhang zwischen Theorie und Praxis recht eng.) Auch wer den Eudämonismus in der Ethik scharf ablehnt, wird es ferner als Argument gegen die gegenwärtige Situation ansehen können, daß die Menschen, die schließlich zum Relativismus finden, nie und nimmer glücklich werden – es gibt in der menschlichen Seele Schichten, denen eine tiefere Befriedigung nur zuteil werden kann, wenn die normative Grundfrage gelöst wird, und das Leiden, das eine Kultur insbesondere ihren jungen Menschen zufügt, indem sie ihnen keine substantiellen Lösungen jener Frage anbietet, ist ungeheuer: Sie verdammt gerade die Begabteren und Konsequenteren unter ihnen zu jenem Zynismus, aus dem es, wenn er einmal habituell geworden ist, keinen Ausbruch mehr gibt. Unermeßlich ist in der Tat die Zerstörung des geistigen Entwicklungspotentials unserer Kultur, die man dem Relativismus zuzuschreiben hat. Denn wenn ein junger Mensch sich schließlich davon überzeugt hat, daß es keine objektiven Werte gibt, dann wird er nicht motiviert sein, sein Bestes zu geben, um seine Talente voll auszuschöpfen. Höchstens

[18] Das grundsätzliche Problem einer geistigen Existenz besteht darin, daß sie nicht instinktgesteuert ist: Die Natur hilft dem Menschen nicht, indem sie ihn etwa durch natürliche Bedürfnisse lenkt. Sosehr dieser Sachverhalt eine ungeheure Freiheitschance darstellt, sosehr überfordert er doch den Menschen, der nicht durch eine gute Erziehung früh die zur Bewältigung dieser Situation notwendigen Fähigkeiten der Selbstdisziplin, der substantiellen Argumentation usf. erworben hat. Er treibt ihn, da die Selbstobjektivierung in geistiger Arbeit nicht die gleiche Anschaulichkeit und Unmittelbarkeit besitzt, die körperlicher Arbeit zukommt, fast unvermeidlich in nagende Selbstzweifel; Eitelkeit ist *eine* Form ihrer Kompensation.

extrinsische Faktoren wie die Aussicht auf Erfolg werden ihn bewegen, und solche Faktoren korrumpieren nicht nur moralisch – keiner geistigen Leistung, die sich primär ihnen verdankt, ist Dauer beschieden. Aber auch der einzelne, der sich dem Einfluß des Zeitgeistes zu entwinden vermag, wird in einer solchen Umgebung nicht all das leisten, was er leisten könnte – denn der menschliche Geist ist wesentlich intersubjektiv, und die Häufung bedeutender Kulturleistungen in bestimmten Epochen beweist aufs klarste, daß eine Begabung die andere fördert und mitreißt.

Nun könnte es in der Tat sein, daß jener Glaube an sittliche Werte eine arglose Naivität war und daß der Wertskeptizismus eine richtige Einsicht darstellt; insbesondere ist anzuerkennen, daß die Wertkrise nicht so radikal wäre, wenn nicht manche der überlieferten Werte rational und moralisch unhaltbar gewesen wären; insofern ist ihr Niedergang keineswegs nur ein Übel. Und selbst wenn der Schaden, den der Wertrelativismus anrichtet, überwöge, so wäre dies doch kein Argument gegen ihn, da gerade der Metaphysiker die Wahrheit bloßen Erwägungen sozialer Nützlichkeit vorziehen muß (freilich nur er – warum sollte sich der Nihilist für die Wahrheit interessieren?). Ja, selbst wenn es eine eigene Wertrationalität geben sollte, selbst wenn jener Skeptizismus nachweislich falsch wäre, könnte er nichtsdestotrotz eine wichtige philosophische Funktion ausüben, die seinen sozialen Schaden wettmachen könnte. Nur wer dem Nihilismus ins Auge gesehen hat, wird Philosophie auf einem gewissen Niveau betreiben können – wobei „ins Auge sehen" einen Ernst einschließt, der nicht bei jedem Salonrelativisten zu finden ist. In der Tat sollte auch ein überzeugter Antirelativist nie bestreiten, daß die verschiedenen Phasen des Skeptizismus, die die Philosophiegeschichte kennt, die Philosophie, ja gerade die Metaphysik gefördert haben. Ohne Gorgias gäbe es keinen Platon, ohne Hume keinen Kant und keinen Deutschen Idealismus; und auch wer Humes Skeptizismus nicht teilt und seine positiven Ausführungen zur Ethik für schlechter als die von ihm kritisierten hält, sollte immer zugeben, daß seine Einsicht in die Unmöglichkeit, erstens Kategorien empirisch zu begründen und zweitens Sollsätze aus Istsätzen abzuleiten, zwei bleibende geistige Leistungen darstellen, die seinen Platz unter den großen Philosophen sichern. Er hat die Metaphysik m. E. zwar nicht widerlegt, aber er hat doch gezeigt, warum sie eine andere Gestalt annehmen müsse. Obgleich von der Wahrheitsfrage nicht völlig abstrahiert werden kann, wenn man über den Rang eines Philosophen entscheiden will, scheint es doch sinnvoll, zunächst formale Kriterien anzugeben, die auch auf Philosophen zutreffen können, mit denen man im Grunde nicht einverstanden ist, und wenn man Kriterien wie Scharfsinn, formale Konsistenz, Problembewußtsein, Verständnis materialer Zusammenhänge, empirisches Wissen zugrunde legt, dann besteht kein Zweifel, daß etwa Hume, aber auch moderne Wertskeptiker wie Nietzsche und Wittgenstein als große Denker auch von denen anerkannt werden müssen, die anders als sie denken. Das Deprimierende an der relativistischen Gegenwartsphilosophie ist aber, daß es inzwischen auch bei Zugrundelegung noch so formaler Kriterien und bei aufrichtigem Bemühen immer schwerer fällt, in ihr auch nur bedeutende Irrtümer zu erkennen. Neue Argumente für den Relativismus hat man seit langem nicht mehr vernommen; und man kann nicht umhin zu sagen, daß man zwar an *guter* relativistischer Philosophie weiterhin interessiert wäre, daß man aber die grassierende schlechte relativistische Philosophie schlicht und einfach langweilig findet. Die Traktate und Postillen, in denen die relativistische Intelligenz in immer neuen Variationen mitteilt, daß sie nichts mehr zu sagen hat, die kuriose Verwechslung der Schranken des eigenen „schwachen Denkens" – von deren Vorhandensein bei den Autoren des „pensiero debole" ich durchaus überzeugt bin[19] – mit den Grenzen der Vernunft als solcher sind keine geistigen Großtaten, die jene Bewunderung abnötigen, die auch der schärfste Gegner, wenn er nur gerecht ist, etwa Nietzsches Werk nicht versagen kann. Wer sehnte sich nicht nach der kristallinen Klarheit von Gorgias' Schrift über das Nichtseiende, des ersten philosophischen Monuments des abendländischen Nihilismus, wenn er geschwätzige Abhandlungen über das Ende der Philosophie durchblättert, die alles für relativ erklären, aber dann doch irgendwie völlig unvermittelt die Notbremse ziehen und gewisse Normen nur deswegen anerkennen, weil sie vor den praktischen Konsequenzen ihres Ansatzes zurückscheuen?

Abgesehen von allen intellektuellen Kriterien gibt es in der Tat ein Schibboleth, das die großen Väter des modernen Relativismus von ihren larmoyanten Epigonen unverkennbar unterscheidet: der sittliche Ernst jener und die moralische Banalität dieser. So wenig existenzielle Betroffenheit ein Argument ist, so sehr kennzeichnet sie doch jede bleibende philosophische Anstrengung (auch und vielleicht in besonderem Maße die derjenigen, die über ihr existenzielles Engagement nicht gesprochen haben, weil sie wußten, daß sie es damit einem aus

[19] Es ist ein Armutszeugnis für die westliche Kultur, daß dieses schwache Denken, das nicht einmal die Vitalität der französischen Irrationalismen besitzt, sondern sich – in Entsprechung zum vornehmlich rezeptiven Charakter der italienischen Philosophie – auf eine larmoyante Klage darüber beschränkt, daß die Philosophie am Ende sei, und in dem Heideggersche Schicksalsgläubigkeit, Enttäuschung über die Krise des Marxismus sowie einzelne Kategorien aus Hermeneutik, Dialektik und zeitgenössischer französischer Philosophie zu einem faden Brei verrührt werden, – wenn auch nur für die solchen „Ereignissen" vorbehaltene Dauer von einigen Monaten – internationale Aufmerksamkeit erregen und ernsthaft diskutiert werden konnte.

Langeweile sensationslüsternen Kulturbetrieb verraten würden). So gibt es keinen Zweifel, daß Nietzsche erstens die Hohlheit von Wissenschaft, Philosophie und Kunst des Deutschen Reiches wie kaum ein zweiter durchschaut und daß er zweitens an seinen – realen oder vermeintlichen – moralischen Entdeckungen, mit denen er jene Talmikultur in Frage stellen wollte, gelitten hat – bis hin zur Selbstvernichtung. Ebenso kann man nicht umhin, Wittgenstein dafür zu bewundern, daß er nach der Abrechnung mit den mediokren Metaphysiken seiner Zeit im „Tractatus" die einzig mögliche Konsequenz zog und auf eine Karriere als akademischer Philosoph verzichtete (ohne sich dabei auf sein großes Vermögen zu verlassen, das er bekanntlich verschenkte). Der Aufruf „Du mußt dein Leben ändern" geht nicht nur vom archaischen Torso Apollos, sondern von jedem großen philosophischen Werk aus, und es spricht für Wittgensteins „Tractatus", daß er auf seinen Autor eine solche Wirkung ausüben konnte. Die Banalität, an der Nietzsche und Wittgenstein litten, war die der verdünnten Kultur ihrer Zeit, die einerseits nicht mehr christlich war, andererseits noch nicht den Mut aufbrachte, sich zum Verlust der eigenen Religion zu bekennen, und wenn der Eid gegen die Banalität das vornehmste Kennzeichen des Philosophen ist, dann war ihre Reaktion eine bedeutende philosophische Reaktion. Es ist aber schwer zu übersehen, *daß Banalität heute das Hauptmerkmal des Relativismus geworden ist* – und dies gibt in der Tat Anlaß zu Hoffnungen. Denn philosophische Persönlichkeiten müssen begreifen, daß dieser Relativismus nicht ihr Orientierungspunkt, sondern ihre Hauptzielscheibe sein muß; so würde ein Nietzsche heute seine Unzeitgemäßen Betrachtungen gegen die verschiedenen postmodernen Moden richten. Ihm könnte nicht der Sinn dafür abgehen, wie wenig an jenen Verkündern des Endes der Philosophie achtenswert ist, die sich von den Privilegien, die mit einer Philosophieprofessur verbunden sind, nicht zu trennen vermögen und die jene geistige und emotionale Anspannung verloren haben, die ihre Vorfahren kennzeichnete. Freilich ist dafür gesorgt, daß das negativistische intellektuelle Gefühl der Überlegenheit allem und jedem gegenüber, was substantieller als man selbst ist, der Wahn, alles durchschaut zu haben, was der eigene trübe Blick nicht in seiner ihm eigentümlichen Klarheit zu fassen vermag, nicht zu Seelenfrieden und Glück führt; aber wer sich einmal diese Optik zu eigen gemacht hat, der wird dieses Laster nur schwer wieder loswerden, so sehr er es auch wünschen mag.

Der Veblen dieser relativistischen „leisure class" – die glücklicherweise bei weitem nicht die Mehrzahl der Akademiker ausmacht, wenn auch eine laute Minderheit – steht noch aus.[20] Themen für ihn dürften

[20] Zur Soziologie von Academia s. das interessante Buch von P. Bourdieu (1988).

etwa sein der Geltungskonsum von je bedeutungsloseren und abgelegeneren, desto „interessanteren" Ideen, eine ästhetische „Sensibilität", die selbst nach den gediegensten Leistungen sich nie ganz als befriedigt ausgeben kann und die den Menschen adelnde Fähigkeit verloren hat, sich von Großem beeindrucken zu lassen, der Beziehungswahn und die irrationale Reiselust, die jede Gelegenheit zur Flucht vor sich selbst ergreift, die heteronome Abhängigkeit von der Anerkennung durch andere Klassengenossen, die letztlich ebensowenig geachtet werden, wie man im Grunde seiner Seele mit sich selbst zufrieden ist, das herabsetzende Gerede über Kollegen, die keinen Deut schlechter sind als man selbst und denen man bei dem nächsten Kongreß doch einen Sonderdruck mit der Hoffnung in die Hand drückt, ein gutes Wort darüber zu hören, eine zum Selbstzweck gewordene Machtgier, die sich über die letztliche Bedeutungslosigkeit der eigenen Position durch kleine Bosheiten im eigenen Machtbereich hinwegtröstet – alles Themen, die ausreichen dürften, um ein lesenswertes, wenn auch bedrükkendes soziologisches Buch zu schreiben. Academia darf in manchen (gewiß nicht in allen, ja nicht einmal in der Mehrzahl) ihrer Erscheinungsformen auch von einem Gegner des Reduktionismus durchaus mit soziologischen und psychologischen Kategorien angegangen werden. Philosophisch besonders interessant wäre eine Analyse der verschiedenen Widersprüche, zu denen die Verbindung des an sich schon inkonsistenten Relativismus mit verschiedenen sozialen und politischen Rahmenbedingungen führt. So ist es bei dem tiefen Bedürfnis der deutschen Seele, nie nur andere, sondern immer auch sich selbst zu betrügen, leicht zu erklären, warum der Relativist, für den es keine objektiven Wertkriterien mehr gibt, dennoch seine machtpolitisch bedingten Personalentscheidungen mit seinem unerschütterlichen Interesse an der Sache selbst begründen muß. Die typisch deutsche Hochschätzung des Professorenstandes zwingt z. B. ein relativistisches Kommissionsmitglied nicht nur dazu, laut zu erklären, ihm gehe es bei seinen Personalentscheidungen nur um höchste objektive Standards, sondern – und das ist das psychologisch Bemerkenswerte – dies *auch selbst wirklich zu glauben*. Und dies, obgleich er in seinen Vorlesungen lehrt, daß es keine Kriterien gebe, die nicht von Partikularinteressen bestimmt seien, daß Werturteile nur subjektiv seien usf., und obgleich er bei jedem Kongreß seinem Vortrag vorausschickt, es gehe ihm nur darum, seine eigene, höchstpersönliche Meinung zu sagen, die kein anderer gezwungen sei anzunehmen, sofern auch er selbst unter allen Umständen bei seiner Meinung bleiben könne. Wer dieses universale Menschenrecht einer pluralistischen Philosophengesellschaft in Frage stellt, wer also meint, daß es der Sinn von Kongressen sei, herauszufinden, welche Meinung besser begründet sei als eine andere, ja überhaupt an der Philosophie deswegen interessiert ist, weil er über die ganze amorphe Sphäre von Meinungen hinauskommen will, der gilt als Spielverderber und hat mit Abneigung zu rechnen.

Bedrückender noch werden aber die Widersprüche, wenn der Relativist nicht nur vom Bewußtsein seiner professoralen Würde durchdrungen bleibt, obgleich er an keine Wahrheit mehr glaubt, sondern sich auch noch als „progressiv" und „links" definiert. Es geht hier keineswegs um eine pauschale Kritik an der Linken – erstens verlieren traditionelle politische Entgegensetzungen angesichts neuartiger Gefahren zunehmend an Bedeutung, zweitens sollte die Philosophie ganz allgemein nicht rechts oder links, sondern auf Seiten der Vernunft stehen, und drittens wird jeder, der an der Vernunft interessiert ist, anerkennen, daß trotz gewisser Fehler, die die Linke von Anfang an begangen hat (wie etwa der Unterschätzung von Traditionen, Symbolen, Emotionen, der Institutionen der Familie und insbesondere der Religion) die traditionelle Linke universalistische Ideale hochgehalten und zum Fortschritt der Menschheit Bedeutendes beigetragen hat – ich nennen nur die Sensibilisierung für die soziale Frage, die Unterordnung des Ökonomischen unter das Politische, die Förderung demokratischer Institutionen, die Bekämpfung des Nationalismus. Aber gerade wenn man für die Vorkämpfer dieser Errungenschaften Sympathie, ja Achtung empfindet, dann kann man nicht umhin, zu erschrecken angesichts der geistigen Konfusion, in der sich große Teile der linken Intelligenz befinden – ich meine jene Intellektuelle, die an nichts mehr glauben, deren Held statt Marx ein trivialisierter Nietzsche geworden ist,[21] die den Prozeß der Selbstzerstörung der Vernunft mit absurden Argumenten vorantreiben und die sich dabei als irgendwie „kritisch", „links", „progressiv" gebärden, weil sie sich ihr Identitätsgefühl während ihrer Studentenzeit in den 1960er und 1970er Jahren gebildet haben und zur Bewahrung psychischer Stabilität weiterhin Begriffe verwenden, die ihren Sinn nur unter ganz anderen intellektuellen Voraussetzungen haben können.[22]

Nicht daß die Verwandlung der alten 68er Linken und die Aufgabe der marxistischen Kategorien ein Schaden gewesen wäre – in Anbetracht der logischen Inkonsistenzen im marxistischen Ansatz, der Tatsache, daß sich Marx' Analysen auf eine Welt bezogen, die sich inzwi-

[21] Treffend spricht A. Bloom (1987) von einer Nietzscheanisierung der Linken. – Sowenig Bloom die Frage nach den Gründen des Geltungsanspruchs der Klassiker stellt oder gar beantwortet, sosehr läßt sich in Anschluß an ihn behaupten, daß ihre Vernachlässigung in der eigenen Ausbildung nur zu leicht zu jener geistigen Beschränktheit führt, die die Bedingungen der Möglichkeit der eigenen Wahrheitsfähigkeit nicht mehr kennt.

[22] Wenn jemand nicht mehr an notwendige Entwicklungsgesetze der Gesellschaft glaubt, so ist das eine Position, über die sich ernsthaft diskutieren

schen (teilweise durchaus auch und gerade aufgrund der Geschichtsmächtigkeit des Marxismus) radikal gewandelt hat, der nicht gerade ermutigenden Erfahrungen, die die Welt mit marxistischen Regimes gemacht hat, und schließlich mancher Schäden, die der Neomarxismus in Europa angerichtet hat, war eine Selbstkritik durchaus wünschenswert.[23] So wäre es durchaus wichtig, wenn allgemein begriffen würde, daß „progressiv" und „konservativ" einander nicht ausschließen, weil Fortschritte konsolidiert und bewahrt werden müssen, weil ein Überhandnehmen kulturabbauender Prozesse ohne den Aufbau von Institutionen, die die zerstörten ersetzen könnten, nur zum Verfall einer Kultur beitragen kann und weil schließlich die westliche Kultur zahlreiche Momente enthält, die gegen zentrifugale, sich als fortschrittlich tarnende Tendenzen verteidigt werden müssen – was freilich nur möglich sein wird, wenn in bestimmten anderen Bereichen, im Bewußtsein wie in den Institutionen, radikale (möglicherweise revolutionäre) Änderungen stattfinden. Letzteres nicht einzusehen macht die große geistige Grenze eines Konservatismus aus, der sich zunehmend an die Industriegesellschaft angepaßt hat, ohne begreifen zu wollen, daß deren immanente Entwicklungstendenzen schlicht und einfach nicht fortsetzbar sind, und der die Wertrationalität immer mehr durch Zweckrationalität ersetzt. Entscheidend wäre, daß statt einer Apologie des status quo auf der einen und abstrakter Utopien auf der anderen Seite eine *inhaltliche* Diskussion darüber stattfände, was wert ist, bewahrt zu werden, und was konkret verändert werden muß, gerade wenn man jenes

läßt; aber mir entgeht die Pointe in dem Witz, daß sich so jemand trotzdem noch Marxist nennt. – In der allgemeinen Auflösung der Ideologien wird es immer schwieriger, mit Kohärenz rechnen zu können; das theoretische und praktische Verhalten wird immer unberechenbarer – d. h. es richtet sich immer hemmungs- und verantwortungsloser nach dem eigenen Partikularinteresse.

[23] Das, was an jemandem wie A. Glucksmann stört, ist daher nicht die Tatsache, daß er die totalitären Aspekte des Marxismus durchschaut und die Bedeutung der Menschenrechte entdeckt hat – auch wenn die Einsicht spät kommt, da die Greuel Stalins und der chinesischen Kulturrevolution zur Zeit der Hochblüte des Neomarxismus durchaus schon bekannt waren. Was stört, ist auch nicht die Tatsache, daß mit diesem Gesinnungswandel keine irgendwie originellen Einsichten verbunden waren (man lese nur Camus), obgleich sich natürlich alte Einsichten, von neuen Autoren ausgesprochen, verlegerisch ausschlachten lassen und der Kulturbetrieb auf die Selbstbezeichnung mit dem Prädikat „neu" immer mit Begeisterung reagiert. Was stört, ist vielmehr die Tatsache, daß Glucksmann in seinem Buch von 1984, anders als Jaspers, die schwierige ethische Frage, ob es erlaubt sei, die eigene Freiheit mit der Drohung der Vernichtung eventuell der ganzen Menschheit zu verteidigen, ohne ethische Tiefe angeht – die eine Ideologie wird mit der anderen vertauscht, und der angewandten Ethik wird damit in keiner Weise gedient.

andere bewahren oder gar auf eine höhere Stufe bringen möchte. Aber eine solche Diskussion (die zeigen dürfte, daß die kursierenden ordnungspolitischen Vorstellungen, die aus dem letzten Jahrhundert stammen, vor den Aufgaben einer gegenüber dem 19. Jahrhundert ungeheuer veränderten Gegenwart sämtlich versagen) hat kaum stattgefunden – jedenfalls nicht in derjenigen postmodernen Verwandlung der Linken, um die es hier geht und deren Vertreter man von den moralisch integren und aufrechten Linken der alten Schule streng unterscheiden muß, die als Erben der Aufklärung jene Rationalitätsstandards bewahren, ohne die eine gewaltfreie Kommunikation über die drängenden Fragen der Gegenwart nicht möglich ist.[24]

Anders ist die Lage jedoch bei denjenigen unter den Postmodernisten, deren Hauptkennzeichen der Haß gegen die Vernunft ist:[25] Die Kritik an den totalitären Momenten der eigenen Vergangenheit schlägt bei ihnen um in den vollkommenen politischen Indifferentismus, ja in den offenen ethischen Nihilismus und Zynismus.[26] Daß man nicht mehr an die große Weltrevolution glaubt, ist zweifelsohne ein Fortschritt – aber es ist ein Rückschritt, daß man überhaupt keine Normen mehr anerkennt, daß man es nicht etwa für eine absolute Pflicht hält, diesen Planeten auch für zukünftige Generationen noch bewohnbar zu

[24] Es gehört zu Umbruchszeiten (und wir leben in einer solchen), daß sich Freund-Feind-Entgegensetzungen verschieben. Die politische Grundfrage scheint mir heute zu sein: Ist man willens, die ökologische Krise zu bewältigen und die dazu erforderlichen internationalen Institutionen aufzubauen? Die Bejahung bzw. Verneinung dieser Frage geht durch alle traditionellen politischen Lager hindurch, so daß sich ganz neue Koalitionen bilden werden. So scheinen mir, um auf die bekannte Habermassche Typologie der Konservativen Bezug zu nehmen, die „Altkonservativen" (zu denen Habermas Jonas zählt) jene Frage zu bejahen, die „Neokonservativen" sie zu verneinen; die „Jungkonservativen" (die in meinen Augen von der postmodern transformierten Linken ununterscheidbar sind) sind dabei, sich der Fähigkeit zu berauben, Ja-Nein-Fragen überhaupt rational verstehen zu können. Aber ebendeshalb halte ich es für ungeschickt, daß Habermas bei allen Differenzierungen diese drei unterschiedlichen Gruppen unter dem Oberbegriff „Konservative" subsumiert, zumal sich innerhalb der „Progressiven" ebenso leicht Entgegensetzungen finden lassen: Es gibt traditionelle Linke, die den Ernst der ökologischen Situation nicht begriffen haben und die in den Neokonservativen ihre natürlichen Verbündeten haben, und es gibt ökologisch aufgerüttelte Linke, die den Altkonservativen sachlich viel näher stehen als der zuletzt genannten Gruppe, auch wenn sie mit dieser gemeinsame Erfahrungen in der Jugendzeit verbinden mögen.

[25] Das sind gewiß nicht alle, die das Wort „postmodern" bemühen – s. etwa das gediegene Buch von P. Kosloswki (1988).

[26] Ein trauriges Beispiel für diesen Übergang, in dem der Teufel des Marxismus mit dem Beelzebub eines irrationalistischen Anarchismus ausgetrieben

halten. Begriffen zu haben, daß die abstrakte Aufklärung nicht ausreicht und daß die durch sie bestimmte Moderne an ihre Grenzen gestoßen ist, ist eine wichtige Einsicht – aber es trägt nur zur Potenzierung der Gefahren der Moderne bei, wenn man alle Wegweiser „dekonstruiert", die Wege aus der Gefahr aufweisen könnten. Die Postmodernisten scheinen süffisant auf den Untergang eines Systems zu warten, in dem sie immer schamloser parasitieren und zu dem sie natürlich stabilisierend dazugehören – denn so wie der Hofnarr ein integrierender Bestandteil der feudalen Monarchie ist, so bestärkt der Postmodernist, der den später Heidegger gelesen hat, natürlich die konservativsten Kräfte in der Überzeugung, daß Änderungen ohnehin nicht möglich seien – entweder weil die Apokalypse ohnehin feststehe, oder weil die Welt zu komplex sei, um verstanden zu werden, oder schließlich weil der Glaube, der Mensch könne die Geschichte beeinflussen, die Erbsünde der okzidentalen Zivilisation sei. Der Postmodernist empfiehlt sich als kritisch, obgleich er natürlich nicht an objektive Standards glaubt, ohne die Kritik nichts mehr ist als die Mitteilung von Idiosynkrasien; er schwärmt von einer irgendwie besseren Welt, obwohl er sofort skeptische Vorbehalte geltend macht, wenn er auf die Notwendigkeit konkreter Arbeit und konkreten Verzichts hingewiesen wird.[27] Vage humanistische Vorstellungen, nach denen alles, was irgendwie irgend jemandem wehtun könnte, unerlaubt sei, erweisen sich als ausgezeichnetes Mittel, jeden konkreten Einsatz zurückzuweisen – denn jede Entscheidung ist eine Negation; und die Angst vor konkreter

wird, ist J.-F-Lyotard, der einen Abschied von der Idee der Universalität fordert, um das Leben von der Obsession der Totalität zu befreien, der nach der Paranoia der Moderne eine Morgenröte der Postmoderne besingt, die alle großen Mythen vom Christentum bis zum Marxismus verabschiede und sich ästhetischer Coups erfreue, ja der nun in den anarchischen Tendenzen des Kapitalismus Libidinöses und daher Affirmatives wiedererkennt. Daß jemand ernste Probleme mit seiner marxistischen Vergangenheit hat, das kann man durchaus verstehen – aber wird die Produktion von Inkonsistenzen schon dadurch gerechtfertigt, daß damit alle und d. h. selbst diejenigen Momente der Vernunft negiert werden, die im Marxismus enthalten waren?

[27] Natürlich war der Glaube an die große Weltrevolution auch schon in den späten 60er Jahren nicht eigentlich ehrlich – fast niemand war damals willens, die nötigen Handlungen mit ihren unwiderruflichen Konsequenzen wirklich zu tun, wie der Pariser Mai 1968 deutlich beweist. Aber wenigstens bildete man sich damals ein, ehrlich daran zu glauben; die Hypokrisie war, wie so oft in jenem merkwürdigen Gebilde, das die menschliche Seele ist, wenigstens noch unbewußt: So wie das Kind, das sich vernachlässigt fühlt, krank wird – und zwar *wirklich* krank wird –, um die Aufmerksamkeit der Eltern zu erregen (und zwar ohne daß es sich dieses Zusammenhangs bewußt wird, dessen es sich vielmehr aufrichtig schämen würde, *der aber trotzdem besteht*), so hatte diese Generation sich dem Marxismus verschrieben, um der älteren ihr Unbehagen

Negation gestattet den Verbleib im völligen Negativismus. Wer die Kraft verloren hat, an sich und anderen das zu verwerfen, was zu verwerfen ist, sollte wenigstens auf Geist keinen Anspruch machen – denn der Geist ist ein Feuer, das verzehrt und verletzt, dabei freilich auch läutert und reinigt. Kann jemand wirklich ernsthaft glauben, daß jene zu Verantwortung unfähigen, in infantiler Konsumsucht befangenen Bewohner des Grand Hotels Abgrund,[28] in dem sie ihre Kreativität pflegen und neue Formen von Sensibilität entdecken, irgend etwas Positives für die Welt tun könnten, auch wenn sie gelegentlich ihre Betroffenheit über die Naturzerstörung kundgeben, weil sie über irgend etwas dann doch reden müssen? In Anbetracht von Abgründen sind Curtii gefragt, und eine Kultur, die keinen Curtius mehr hervorzubringen vermag, wird die Probleme nicht meistern, die unweigerlich auf sie zukommen.

Vielleicht haben die Postmodernisten wirklich recht: Möglicherweise hat sich die abendländische Kultur tatsächlich erschöpft. Wenn man etwa postmoderne Architektur – im Zusammenhang mit welcher jenes merkwürdige Adjektiv zuerst geprägt worden ist – bestaunt, dann kann man ebenso wie bei der Lektüre postmoderner Philosophie nicht umhin, in diese Richtung zu empfinden. Denn mag man gegen die architektonische Moderne noch so viel Vorbehalte haben, mag man der Ansicht sein, daß sie die Wohnlichkeit der Städte zerstört hat, daß ihre Dimensionen einen „Verlust der Mitte" spüren lassen, daß sie Menschenmaß sprengt, so wird man doch immer anerkennen müssen, daß sie große Kunst war – wenn denn Einheitlichkeit zumindest ein notwendiges Merkmal großer Kunst ist. Nach der historisierenden Architektur des späten 19. Jahrhunderts war sie die Ausprägung *eines* Prinzips, sie war die Gotik des technischen Zeitalters. In ihr hat eine Epoche das ausgedrückt, an was die glaubte, sie hat eine Sprache gefunden, die ihr eigentümlich und originär war. Die postmoderne Architektur dagegen – die sich nur durch die Negation der Moderne zu definieren vermag, weil sie nichts Eigenes mehr hat – ist in manchen ihrer Formen

mitzuteilen, aber nicht weil sie an den Marxismus in einem existenziellen, der Generation Lenins vergleichbaren Sinne glaubte (von Ausnahmen abgesehen). Man wählte sich vielmehr gerade deshalb eine unrealisierbare Utopie, weil man im Grunde seiner Seele nur etwas Rummel haben, aber nichts eigentlich verändern (insbesondere nicht an den eigenen Privilegien rütteln) wollte. Sosehr dieser Instinkt, der nicht bewußt war, aber sich in den Handlungen als dem, was in letzter Instanz zählt, deutlich manifestierte, eine List der Vernunft war, sowenig können die Werkzeuge dieser List moralisch ernst genommen werden – wenn sie auch immer noch eher Achtung verdienen als die bewußten Zyniker, von denen oben die Rede war und die genau wissen, daß sie an nichts mehr glauben.

[28] S. die großartige Schilderung seiner Bewohner bei G. Lukács (1963), 17 f.

nichts als das epigonale Spiel mit den mannigfaltigsten Beständen der alten Architektur – und zwar nicht, wie in der historisierenden Architektur der Neugotik, des Neubarock usw., mit denjenigen einer einzigen Epoche, sondern kunterbunt mit denen aller Epochen in einem einzigen Bau. Hier ein gebrochener Giebel, dort eine barocke Uhr, da ein netter Erker – all das als Verschönerungen eines Gebäudes, das in der Grundstruktur modern sein will.

Wie gesagt: Vielleicht haben unsere intellektuellen Dadaisten wirklich recht. Es gibt keine apriorische Garantie dafür, daß die europäische Kultur in naher Zukunft nicht völlig verflacht, daß sie nicht ästhetisch, philosophisch, moralisch und politisch jede Größe verliert, daß sie nicht in einer großen ökologischen und politischen Katastrophe weggefegt wird. Aber dies wird erstens nicht die große philosophische Tradition widerlegt haben – denn die größten Metaphysiker und Geschichtsdenker von Platon bis Vico und Hegel haben zum Phänomen des Kulturverfalls durchaus Bedeutendes zu sagen gehabt, das zum Verständnis der Gegenwart beitragen kann. Zweitens wird die europäische Kultur *wegen* des Relativismus und Irrationalismus zugrunde gehen – weil er im Begriffe ist, jede Fähigkeit, auf die Herausforderungen der Zeit angemessen zu reagieren, zu zerstören, weil er das geistige und seelische Immunsystem vernichtet. Und ebendeswegen sowie weil es natürlich auch keine apriorische Garantie für die Apokalypse gibt, besteht die Pflicht, der Zerstörung der Vernunft entgegenzutreten. Im folgenden sollen die Hauptakte im Prozeß der Selbstzerstörung der Vernunft und somit der Hintergrund dargestellt werden, vor dem das transzendentalpragmatische Programm einer Erneuerung der rationalistischen Philosophie sich entwickelt hat.

1.2. Die Zerstörung der Vernunft seit 1830. Die Auflösung des Christentums als des traditionellen Legitimationssystems Europas

Um den Zustand der Gegenwartsphilosophie historisch zu verstehen, ist ein Rückgang auf die frühere Philosophiegeschichte unvermeidlich. Im wesentlichen geht es hier um die Epoche seit Hegels Tod – denn auch diejenigen, die Hegels System für ein Wahnprodukt halten, werden schwerlich bestreiten, daß Hegel eine bedeutende Zäsur in der Philosophiegeschichte darstellt. M. E. endet mit ihm sogar eine eigene Epoche – die der neuzeitlichen Philosophie, auf die die moderne folgt. Wenn ich von Epochen spreche, so meine ich damit nicht nur Zeitstrecken, die eine gewisse Geschlossenheit aufweisen. An anderer Stelle (1984) habe ich vielmehr zu zeigen versucht, daß die Epochen, in die man die Philosophiegeschichte einteilen kann, eine auffallende strukturelle Ähnlichkeit untereinander aufweisen. So scheinen die griechische, die hellenistisch-römische, die mittelalterliche, die neuzeitliche und die moderne Philosophie alle darin übereinzukommen, daß eine naive Form metaphysischen Denkens am Anfang durch einen empiristischen Ansatz herausgefordert wird, der notwendig zu einer Form des Skeptizismus führt. Transzendentale Reflexionen auf die bei jeder Kritik schon vorausgesetzte Rationalität führen aus der skeptisch-relativistischen Krise heraus, und eine synthetische Philosophie vom Strukturtypus des objektiven Idealismus beschließt einen Zyklus. Sosehr die Philosophien dieses Typus auf strukturelle Vollkommenheit Anspruch machen können, sosehr sind sie freilich ihrem materialen Gehalt nach unvollständig, und in der Berücksichtigung der materialen Ergebnisse der nicht-synthetischen Philosophien und der Wissenschaften des eigenen Zyklus liegt der Fortschritt über die Zyklen hinweg begründet.

Weiterhin scheint mir diese Spiraltheorie der Philosophiegeschichte einen, wenn nicht sogar *den* zentralen Aspekt der Geschichte des Denkens zu erfassen. Insbesondere scheint mir *die Relativierung des Relativismus* ihre Hauptleistung auszumachen: Wer begriffen hat, daß der Relativismus schon häufig in der Philosophiegeschichte dagewesen und schon häufig überwunden worden ist, wird die völlig übertriebenen Ansprüche des modernen Relativismus weniger ernst nehmen, deren Suggestionskraft („Nach Wittgenstein kann man so etwas nicht mehr sagen!") derjenige viel leichter erliegt, der nicht über eine etwas weitere historische Perspektive verfügt. Sicher ist eine gewisse Gelassenheit gegenüber Moden eines der erfreulichsten Ergebnisse einer *philosophisch abgestützten* historischen Bildung; wer Platons Sophistikkritik gelesen und in ihrem zeitlosen Wesenskern verstanden hat, dem wird vieles aus der zeitgenössischen Philosophie vertraut, ja trotz allen Neuheitspathos' merkwürdig abgestanden vorkommen. Weniges an der Zyklentheorie scheint mir heute falsch – manches allerdings einseitig. So glaube ich, daß bei dem starken Interesse an den Ähnlichkeiten und Parallelen in dem Buche von 1984 (dessen dritter Teil der mit Abstand schwächste ist) die Differenzen zwischen den Zyklen zu kurz gekommen sind: Die Frage nach dem Fortschritt über die Zyklen hinweg ist nicht ausreichend beantwortet. So ist erstens die Apelsche These, die Entwicklung der Philosophiegeschichte lasse sich nach drei Paradigmen gliedern: demjenigen der Objektivität, der Subjektivität (der Bewußtseinsphilosophie) und der Intersubjektivität (der Sprachphilosophie), nur äußerlich aufgenommen und nicht der konkreten Interpretation zugrunde gelegt.[29] Und zweitens ist nicht erkannt, inwiefern außerphi-

[29] Eine faszinierende Platoninterpretation unter dem Gesichtspunkt der Vernachlässigung der Intersubjektivität hat Ch. Jermann (1986) vorgeschlagen. Einer ähnlichen Fragestellung bin ich (1987a) für Hegel nachgegangen.

losophische, aber natürlich selbst durch die Entwicklung des Denkens bedingte Faktoren – insbesondere das Christentum, die moderne Wissenschaft (die nur auf dem Boden des zweiten Paradigmas entstehen konnte) und bestimmte politische Entwicklungstendenzen – den Fortschritt über die Zyklen hinweg bestimmen. Inwiefern etwa in der modernen wissenschaftlichen Welt der Relativismus eine Zerstörungsgewalt hat, die ihm in der Antike nicht zukommen konnte, ist durchaus eine eigene Erörterung wert.

Ganz knapp will ich im folgenden unter Berücksichtigung der Fortschrittsdimension die Hauptetappen der Philosophiegeschichte bis zu Hegel zusammenfassen, um dann etwas ausführlicher auf die nachhegelsche Philosophie einzugehen. Dieses historische Ausholen ist, denke ich, hilfreich, um die Gegenwart zu verstehen. Gewiß wird es dabei ohne Vereinfachungen nicht abgehen, aber im Kontext dieser Arbeit sind sie wohl legitim. Zudem läßt sich ohne Vereinfachungen nichts begreifen, und jene differenzierte Gelehrsamkeit, die vor lauter Details übergreifende Zusammenhänge nicht mehr zu sehen vermag, ist jedenfalls nicht das, worum es hier geht.

1. Philosophische Reflexion im eigentlichen, argumentativen Sinne hat bei den Griechen begonnen – mit ihnen nimmt das Abenteuer der sich erfassenden Vernunft seinen Anfang. In Gestalt der Sophistik hat sich diese Reflexion, nach einer Phase der Naturphilosophie und der Ontologie, moralisch-politischen, kurz kulturellen Phänomenen zugewandt und als umfassende Aufklärungsbewegung die sittlichen Grundlagen der griechischen Kultur – das tradierte Ethos und die Religion – in Frage gestellt und in erstaunlich kurzer Zeit aufgelöst. Sosehr es das Verdienst der Sophistik gewesen ist, die Selbstverständlichkeit des Üblichen aufzubrechen und ungerechte Institutionen anzugreifen, sosehr läßt sich schon an ihr in paradigmatischer Weise die Dialektik jeder Aufklärung aufweisen: Als abstrakte Negation zersetzte die Sophistik nicht nur Schlechtes, sondern der Tendenz nach alles Tradierte; sie begann zum ersten Mal in der Weltgeschichte jene eigenwillige sozialpsychologische Einstellung zu erzeugen, die ihre Identität daraus bezieht, sich aus allen substantiellen Bindungen herauszureflektieren; da sie nur destruktiv war, verfügte sie über keine Kriterien, aus sich heraus positive Werte zu entwickeln, und hinterließ allgemeine Orientierungslosigkeit. War sie konsequent, konnte sie am Ende nur zum Machtpositivismus führen – denn da ihr schließlich auch alle Wertmaßstäbe zum Opfer fielen, war nichts mehr da, an dem das Faktische als gut oder schlecht gemessen werden konnte. Und wo sie als Verteidigung des unbefangenen Lebens auftrat, war sie doch stets die *reflektierte Unbefangenheit,* d.h. ein wandelnder Widerspruch – denn naiv kann man nicht sein *wollen.* Es ist in dieser kritischen Situation,

daß jene Gestalt aufgetreten ist, in der man zu Recht die Verwirklichung der Idee des Philosophen gesehen hat – ich meine Sokrates. Sokrates sah die Selbstzerstörung der Vernunft in der Sophistik und erkannte als Aufgabe der Philosophie die *argumentative* Überwindung der reinen Negativität. Zu diesem Zwecke entwickelte er als erster Denker die Argumentationsform der Selbstaufhebung – er zeigte, inwiefern z. B. die Negation von Wahrheit Wahrheit immer schon präsupponiert; er zeigte, inwiefern in der Teilnahme an einem Dialog fundamentale ethische Normen schon vorausgesetzt sind: also Dinge, auf die wir im Zusammenhang mit der Transzendentalpragmatik noch näher eingehen werden. Freilich blieb sein Ansatz insofern formal, als er keine materialen Normen entwickelte; die Ethik erweiterte sich nicht zur Staatsphilosophie; die vorsokratische Naturphilosophie und Ontologie wurde nicht in einer großen Synthese aufgehoben. All dies geschah im Werk seines größten Schülers, des Begründers des objektiven Idealismus und des genialsten und schöpferischsten Denkers aller Zeiten. Freilich hat auch Platons Philosophie den Verfall Griechenlands nicht aufzuhalten vermocht.

2. Die hellenistische Welt trägt, verglichen mit der griechischen, stark epigonale Züge. Das Neue an ihr ist gerade, daß zum ersten Mal in der Geschichte eine philosophische Kultur sich als epigonal zu empfinden hatte, daß sie das durchaus begründete Bewußtsein hatte, an die Leistungen der Vergangenheit nicht heranzureichen. Der Glaube an die alten Götter und Werte ist geschwunden; philosophische Schulen mit dem ausdrücklichen Anspruch, die Menschen von ihrer Existenzangst zu erlösen, nehmen überhand. Diese zum Teil soteriologischen Philosophien weichen freilich immer mehr einem (in letzter Instanz selbst soteriologisch begründeten) radikalen Skeptizismus und Subjektivismus, der sich, nach der Unterjochung Griechenlands durch Rom, auch im Römischen Reich ausbreitet und zum Zerfall der altrömischen Sittlichkeit führt. Sowenig Stoa, Epikureismus und Skeptizismus an intellektueller Substanz an die große attische Philosophie heranreichen, sosehr kommt ihnen freilich das Verdienst zu, die Universalität der Subjektivität erfaßt und auf diese Weise den traditionellen Polisgedanken gesprengt zu haben. Im Hellenismus und dann in Rom bildet sich zum ersten Mal in der Philosophiegeschichte der Gedanke des Universalstaates aus; der vollständige Einsatz für ein kontingentes politisches Gebilde, in das man zufällig hineingeboren ist, läßt sich unter diesen Voraussetzungen immer schwerer legitimieren. Dies ermöglicht einerseits die Schaffung umfassenderer Institutionen, führt andererseits zu einer Absolutsetzung der eigenen Subjektivität, die nun ihre Identität nicht mehr aus der Bindung an die faktisch gegebene Intersubjektivität bezieht – eine Abstraktionsleistung, zu der selbst die radikalsten Sophi-

sten intellektuell noch nicht in der Lage gewesen wären. In den Wirren der späten Republik und, trotz vorübergehender Phasen der Beruhigung (die bezeichnenderweise mit einem Bodengewinn der antiskeptischen, stoischen Philosophie verbunden sind), während fast des ganzen Kaiserreichs erreicht der Widerspruch zwischen der fast universalen Macht des Imperiums und der geistigen Orientierungslosigkeit und moralischen Verworfenheit der führenden Schichten seinen Höhepunkt. Der sittlichen Dekadenz und intellektuellen Leere stellt sich einerseits der erneuerte, um Momente insbesondere der Stoa bereicherte Platonismus entgegen, der gegenüber der ursprünglichen Version dem Gedanken der Subjektivität deutlich größeren Raum gewährt, aber als philosophische Leistung von beachtlichem Niveau nur einer intellektuellen Elite zugänglich bleibt, andererseits das Christentum, das, in vielem dem Neuplatonismus wesensverwandt, für einfache Menschen substantielle sittliche und metaphysische Gehalte in die Sprache der Vorstellung zu übersetzen vermag. Um die folgende Philosophiegeschichte zu verstehen, ist es einen Augenblick nötig, bei der menschheitsgeschichtlichen Bedeutung des Christentums innezuhalten, die wohl auch derjenige nicht bestreiten kann, der den Dogmen und der Moral des Christentums ablehnend gegenübersteht. Dem Christentum ist nämlich erstmals und in dieser Form letztmalig eine *Umwertung der tradierten Werte* gelungen, deren Radikalität selbst eine Kultur, in der das Christentum allmählich verglimmt, sich kaum vergegenwärtigen kann, weil sie nicht nachvollziehen kann, was für ein Skandalon einem griechischen Ohr die frohe Botschaft von einem Gott, der am Kreuz stirbt, gewesen sein muß: Verglichen mit dem Kreuz sind Hammer und Sichel absolut traditionelle Symbole. Die christliche Umwendung des ethischen Empfindens ist ferner von einer Dauer gewesen, verglichen mit welcher die Wirkungen selbst der brutalsten Revolutionen geradezu ephemer erscheinen – aber ebensosehr die der Philosophie. Diejenige Macht, die es in der entsetzlichen Sinnkrise der Spätantike der Mehrheit der Menschen ermöglicht hat, jenen sittlichen Halt wiederzufinden, ohne den es selbst bei brillantester Intelligenz keine Würde geben kann, ist nicht der Neoplatonismus gewesen (wie auch jene faszinierende Schlüsselgestalt des Epochenwandels, der Neuplatoniker Synesios, begriffen hat). Nur die Verbindung letztlich dem Platonismus entnommener Philosopheme mit bildhaften Vorstellungen und nur das bis zum Martyrium gehende Einstehen für die neuen ethischen Gebote, ihr konkretes Vorleben hat weltgeschichtlich Erfolg gehabt – nur sie hat die Überreste der alten Kultur den gegen die mürbe gewordenen Reflexionsbarbaren vordringenden urtümlicheren Barbaren zu vermitteln vermocht (und durch die Bewahrung der antiken Philosophie zugleich die mit der Renaissance beginnende, durch die Freigabe der heidnischen Momente mitbedingte eigene Säkularisierung ermöglicht). Gewiß ist es dabei zu Abstrichen an dem Gedanken der Vernunftautonomie gekommen; aber ohne diese wäre nichts zu retten gewesen, ja nur durch diese hat eine *höhere* Form des ethischen Bewußtseins, die Synthese des partikularen Altruismus der Polisethik und des universalen Egoismus des Hellenismus, der Gedanke der universalen Liebe und die moralische Erfahrung der Gotteskindschaft aller Menschen, welchen Geschlechts, welchen Standes, welcher Nation auch immer (Galater 3.28), wenigstens als Ideal eine bei allen wissenschaftlichen und technischen Rückschritten doch in letzter Instanz tiefere Epoche der Geistesgeschichte der Menschheit zu beleben und zu erleuchten vermocht.[30]

3. Die Philosophie des Mittelalters ist beherrscht vom Christentum als unhinterfragter allgemeiner Ideologie primitiverer, aber vitalerer Völker. Freilich ist die *Interpretation* dieser Ideologie die eigentliche Herausforderung, und seit dem 11. Jahrhundert entwickeln sich verschiedene Versuche, die Glaubensinhalte mit der Vernunft in Beziehung zu setzen. In der konkreten Ausprägung des üblichen Zyklus wird zunächst von einer tendenziellen Identität von Vernunft und Glaube ausgegangen (Anselm, Viktoriner), alsdann der Glaube als über der Vernunft befindlich, aber nicht ihr widersprechend gedeutet (Thomas), darauf zu einer möglichst weitgehenden Entgegensetzung von Glaube und Vernunft fortgeschritten (Nominalismus), die im letzten großen System der mittelalterlichen Philosophie, in demjenigen des Cusaners, zurückgenommen wird, der das anselminische Programm auf einer höheren Ebene wieder zu realisieren versucht. Neben der Ausbildung neuer philosophischer Kategorien besteht die Bedeutung der mittelalterlichen Philosophie erstens darin, die sich selbst erfassende Subjektivität zu einer neuen Tiefe geführt zu haben, die selbst die hellenistischen Errungenschaften weit hinter sich läßt, weil es nun Gott selbst ist, dem es um diese Subjektivität absolut geht, und zweitens die moderne Wissenschaft vorbereitet zu haben. Nur im Rahmen des Monotheismus macht die Annahme stabiler Naturgesetze einen Sinn, und nur der Bezug auf den transzendenten Gott kann den Menschen

[30] Philosophisch gesehen ist das Christentum unter zwei grundsätzlich verschiedenen Hinsichten ein Problem. Da ist einerseits die metaphysisch-religionsphilosophische Frage nach seiner Wahrheit. Doch selbst wenn diese Frage negativ beantwortet würde, bleibt die geschichtsphilosophische Frage, warum sich diese so paradoxe Religion durchsetzen konnte. Eine geschichtliche Sonderstellung ist dem Christentum auch insofern nicht abzustreiten, als es (vielleicht neben dem Buddhismus, aber jedenfalls in klarem Unterschied zu den beiden anderen monotheistischen Religionen) die einzige Religion ist, die aus der Sinnkrise einer hochintellektuellen Kultur entstanden ist; seine Auflösung im 19. und 20. Jahrhundert ist daher eine Krise zweiter Potenz.

aus jener griechischen Einheit mit der Natur reißen, in der das Programm der Naturbeherrschung als Frevel empfunden werden muß.

4. Das unauslöschliche Bedürfnis nach Autonomie der Vernunft steht am Anfang der neuzeitlichen Philosophie. Diese ist zu Beginn wesentlich rationale Theologie, d. h. der Versuch einer vernünftigen Neufassung des christlichen Gottesbegriffs, der allerdings in dieser Neufassung notwendig transformiert, von inkonsistenten Momenten befreit wird. Inbesondere geht es Descartes, Spinoza und Leibniz darum, einen Gottesbegriff zu entwickeln, der mit dem Programm der modernen Naturwissenschaft und der methodischen Selbsterfahrung der eigenen Subjektivität kompatibel ist. Begründungstheoretisch ist das Verfahren der Metaphysik freilich insofern unbefriedigend, als nicht nur zur Lösung der Schicksalsfrage der Philosophie – der Frage nach den synthetischen Sätzen a priori – keine klare Methode zur Verfügung steht, sondern als auch diese Frage nicht einmal klar formuliert wird. Der immer rascheren Entwicklung der modernen Wissenschaft, die zahlreiche als zeitlos angesehene „Wahrheiten" der traditionellen Metaphysik in Frage stellt, versucht der Empirismus gerecht zu werden. Freilich zeigt Hume, daß weder die Ethik noch fundamentale Prinzipien der modernen Wissenschaft auf die Erfahrung (oder analytische Sätze) gegründet werden können – Skeptizismus ist das Resultat des Empirismus. Manche Ergebnisse der modernen Wissenschaft erschüttern zudem fundamentale Aussagen des religiösen Weltbildes; eine materialistische Weltanschauung und innerhalb ihrer eine Deutung auch des Menschen als eines Produkts der Natur beginnen sich auszubreiten. Im 18. Jahrhundert beginnt die Krise der rationalen Theologie, jenes großartigen philosophischen Programms, das Religion und Wissenschaft zu vereinen erlaubt hatte und das in Denkern und Wissenschaftlern wie Newton, Leibniz und Vico seine wichtigsten Vertreter für die Natur- bzw. die Geisteswissenschaften gefunden hatte: Die Naturwissenschaft und, endgültig im 19. Jahrhundert, die Geisteswissenschaft koppeln sich von der Idee einer philosophischen Welterschließung ab. Unbestreitbar hat diese Emanzipation der Wissenschaft von der Philosophie ihre Entwicklung beschleunigt – die Trennung der Wert- und Zweckrationalität mit all ihren problematischen Konsequenzen geht freilich ebenso auf sie zurück wie die Zerstörung des dialogischen Verhältnisses zur Vergangenheit.

Die Erfahrung der großen Erfolge des Verstandes im Programm der Naturwissenschaft steht hinter dem Wunsch, auch die Sphäre der Praxis zu rationalisieren – d. h. hinter dem bürokratischen Staat und der kapitalistischen Wirtschaft. Auch diesen Strukturen ist eine tiefe Ambivalenz eigentümlich. Einerseits hat nur die Autonomisierung von Wirtschaft und Politik die höchste Effizienzsteigerung dieser Subsysteme ermöglicht, wie sie die Moderne kennzeichnet. Andererseits liegt in ihr die Gefahr, daß ihre internen Erfolgskriterien sich auf Kosten aller anderen Werte durchsetzen und sich gegen eine umfassendere ethische Perspektive wenden. In der modernen Wissenschaft und der auf sie gegründeten Wirtschaft und Politik liegt nämlich ein Moment, das nicht nur amoralisch, sondern dem Prinzip der Moral geradezu entgegengesetzt ist: Ich meine das verum-factum-Prinzip. Der Erfolg der modernen Wissenschaft hängt wesentlich (wenn auch nicht begriffsnotwendig) damit zusammen, daß im Experiment die Natur „nachgeschaffen" wird: Kausale Zusammenhänge gelten als begriffen, wenn sie „rekonstruiert" werden können. In dieser Perspektive sind Wissenschaft und Technik unlöslich verbunden, und die Herstellung wird zur dominierenden Kategorie der modernen Rationalität. Das Wesen objektiver ethischer Werte besteht aber gerade darin, daß sie nicht als gemacht angesehen werden können; insbesondere läßt sich ethisches zwischenmenschliches Verhalten nicht auf strategische Manipulation des anderen zurückführen.

Dem ganzen Programm der neuzeitlichen Aufklärung eignet daher im Vergleich zur Sophistik eine durch die Idee der modernen Wissenschaft potenzierte Dialektik, die stets auf dem Sprung ist, den wissenschaftlichen Fortschritt mit einem ethischen Rückschritt zu verbinden. Zweifelsohne ist es Kants epochale Leistung, diesen mit einem gewissen Automatismus – d. h. ohne genügende Reflexion auf sich selbst – ablaufenden Prozeß der Rationalisierung auf seine philosophischen Prinzipien zurückgeführt und die Vernunft in umfassender Weise über sich selbst aufgeklärt zu haben. Kant erkennt erstens, daß normative Sätze, wie sie als Basis der Ethik und einer moralisch abgestützten Rechtsordnung und Politik (sowie der Ästhetik) vonnöten sind, nicht auf die empirischen Sätze der Naturwissenschaft zurückführbar sind – er schiebt also den Absolutheitsansprüchen der Naturwissenschaft einen Riegel vor und sichert der praktischen Vernunft eine unaufhebbare Autonomie gegenüber allen theoretischen Erkenntnissen: Kausalwissenschaftliche Einsichten werden nie normative Fragen lösen können. Auf der anderen Seite ist der Dualismus von Ethik und Naturwissenschaft bei Kant deswegen nicht vollständig, als nach ihm synthetische Sätze a priori nicht nur für die Ethik (und Ästhetik) erforderlich sind, sondern auch um den Apodiktizitätsanspruch der modernen Naturwissenschaft bzw. auch nur um den Glauben an eine einheitliche Welterfahrung zu legitimieren. Diese Sätze werden auf die Einheit des Selbstbewußtseins gegründet – Gott ist nicht mehr (wie noch bei Descartes) Garant des modernen Wissenschaftsprogramms. Die fundamentalen Aprioris der theoretischen Erkenntnis setzen den Rahmen für die empirische Forschung und gelten nur insofern, als sie diese ermöglichen: Auf diese Weise gelingt Kant ein Ausgleich zwischen Rationalismus und Empirismus. Die Begründung der von der Naturwissenschaft vorausgesetzten synthetischen Sätze a priori leistet Kant mit einer Reflexion auf die Bedingungen der Möglichkeit von Erfahrung; auf eine Deduktion des kategorischen Imperatives muß er verzichten. (Wichtig ist freilich, daß Kant die Geltung der Wissenschaft bei dieser Deduktion immer schon voraussetzt und daß er nur auf die Bedingungen der Möglichkeit der Wissenschaft, nicht auf diejenigen seiner eigenen Vernunftkritik reflektiert – dies geschieht erst in Fichtes Weiterentwicklung der Kantischen Philosophie.) Apriorische Aussagen über Gegenstände jenseits möglicher Erfahrung (über die Seele, die Welt als Ganzes, Gott, also die Gegenstände der traditionellen Metaphysik) sind im Rahmen der theoretischen Philosophie Kants nicht legitim. Schließlich ist Kants eigenwillige Interpretation der Aprioris zu erwähnen: Da diese nicht aus der Erfahrung, sondern aus der – als subjektiv verstandenen – Vernunft stammen, erfassen sie nicht die eigentliche Wirklichkeit der im Prinzip unerkennbaren Dinge an sich, sondern nur die Erscheinungen. Deshalb sei es denkmöglich anzunehmen, daß das noumenale Selbst in einem transzendentalen Sinne frei sei, während Kant nicht daran zweifelt, daß das phänomenale Selbst aufgrund des Kausalitätsprinzips durch die vorangegangenen Ereignisse vollständig prädeterminiert ist.

Die Pointe des objektiven Idealismus Schellings und Hegels, der die Platonische Philosophie und die Tradition der rationalen Theologie erneuert, besteht darin, Aprioris anzunehmen, die zugleich ontologische Valenz haben – eben weil die Welt nichts der Vernunft Fremdes, sondern Prinzipiat einer absoluten Vernunft ist. Statt des Kantischen Dualismus Vernunft-Natur ergibt sich bei Hegel somit der triadisch gegliederte Systementwurf Logik-Natur-Geist: Die Logik thematisiert die apriorischen Prinzipien, die Natur und Geist zugrunde liegen; der Geist ist die Rückkehr aus der Natur zu dieser idealen Sphäre. Gewiß erscheint der Grundgedanke des objektiven Idealismus äußerst anspruchsvoll – er widerstrebt dem heutigen Lebensgefühl in einem solchen Maße, daß es für viele auch nur psychologisch schwer vorstellbar ist, daß durchaus bedeutende Geister von ihm so durchdrungen waren, daß sie seine Wahrheit für sicherer gehalten haben als jede andere. Immerhin sei hier nur kurz angedeutet – es wird später ausführlicher darauf zurückzukommen sein –, daß ein starkes Argument für ihn spricht: Wenn es synthetisch-apriorische Sätze gibt und wenn gezeigt werden kann, daß die Kantische Annahme von im Prinzip unerkennbaren Dingen an sich selbstwidersprüchlich ist (daß also jene Sätze nicht nur eine subjektive Geltung haben können), dann ist es nicht einfach, den Grundgedanken des objektiven Idealismus zu umgehen. Es sei ferner erwähnt, daß ein bedeutender Vorzug des objektiven Idealismus darin besteht, daß mit ihm eine naturalistische Erklärung des Menschen ebenso kompatibel ist wie das Festhalten an apriorischen Normen und Werten. Denn da die Natur selbst durch apriorische Strukturen konstituiert ist, kann der Geist durchaus durch sie vermittelt sein und trotzdem Zeitloses erfassen und zum Ausdruck bringen. Hegels Philosophie ist das bisher letzte große System des objektiven Idealismus – der Versuch einer Übersetzung des christlichen Glaubens in eine begriffliche Form, die mit dem Gedanken der Autonomie der Vernunft und den bis zu seiner Zeit erfolgten einzelwissenschaftlichen Entdeckungen vereinbar ist, ja diese zum großen Teil sogar begründet.

Auch wenn in meinen Augen nichts Späteres diesem System an Differenziertheit, begründungstheoretischer Komplexität und materialem Reichtum auch nur annähernd gleichkommt, so ist doch erstens klar, daß dieses System zahlreichen Phänomenen der modernen Welt und einem großen Teil der wissenschaftlichen Revolutionen des späten 19. und des 20. Jahrhunderts nicht gerecht wird (was nicht heißt, daß es nicht mit ihnen kompatibel ist). Zweitens aber – und dieser Einwand geht weiter – scheint mir ein zentrales Problem des Hegelschen Systems darin zu liegen, daß es einerseits die im 18. Jahrhundert begonnene Theoretisierung der Welt des intersubjektiven Geistes – also die Sozial- und Kulturwissenschaften – in großartiger Weise auf den Begriff bringt: Während Kant nur die Erfahrung eines natürlichen Objekts durch den äußeren Sinn und die Selbsterfahrung durch den inneren Sinn kennt, sieht Hegel, daß Subjekt-Subjekt-Relationen eine eigene Seinssphäre konstituieren, die weder durch die Naturwissenschaften noch durch die traditionelle Psychologie adäquat erfaßt werden kann. Andererseits hält aber Hegel an der neuplatonischen Konzeption des Absoluten als reiner Subjektivität fest – und hier, in dieser Spannung zwischen der Logik als Theorie einer absoluten Subjektivität und einer Realphilosophie, die in intersubjektiven Strukturen gipfelt, liegt ein Bruch, der die Konsistenz des Hegelschen Systems ebenso gefährdet wie er auf die spätere Philosophiegeschichte vorausweist. Drittens aber ist das Hegelsche System unbefriedigend durch die theoretizistische Umdeutung der praktischen Philosophie (und der Ästhetik), die freilich nur eine Konsequenz der Subjektphilosophie ist. Denn nicht auf die zukunftsorientierte intersubjektive Realisierung des Guten, sondern auf das Begreifen des in der Vergangenheit realisierten Guten durch die subjektive Vernunft des einsamen Philosophen kommt es in Hegels Philosophie des objektiven Geistes an, und das Gefühl Kierkegaards und Marx' war durchaus begründet, daß in dieser Konzeption das nicht aufgehoben war, was man als Aufgabe der praktischen Philosophie traditionell angesehen hat und weiterhin ansehen muß: eine Antwort auf die Frage „was soll ich tun?“ bzw., ins Allgemeine gewendet, „für welche geschichtlich wirkenden Kräfte soll ich mich einsetzen?“. Sicher hat der menschliche Geist die Möglichkeit, sich auf den Standpunkt des reinen Beobachters zu stellen, und doch: Sosehr er dies auch immer wieder tun muß, so verfehlt und letztlich unmoralisch ist doch die Auffassung, die ihn darauf reduziert und ihn der Pflicht zu jedem Engagement in der Wirklichkeit überhebt. Immer nur der Beobachter (und d.h. letztlich gleichgültig) sein zu wollen, ist moralisch zutiefst verwerflich, und die Kritik Bs an A in „Entweder-Oder" trifft in der Tat einige Aspekte des Hegelschen Theoretizismus (sosehr es diesem um intellektuellen und nicht um sinnlichen Genuß geht). Zwar ist ein Praktizismus ohne theoretische Basis eine ungeheure Gefahr für die Menschheit, der Finitismus fast aller Philosophien nach Hegel offenbar inkonsistent – aber das heißt nicht, daß eine synthetische Philosophie sich nicht darum bemühen müßte, dem für ein endliches Wesen notwendigerweise konstitutiven Aspekt des praktischen Einsatzes gerechter zu werden, als es Hegel getan hat.

5. Mit Hegels Philosophie endet eine Epoche der europäischen Geistesgeschichte. Die folgende erinnert in vielem an die hellenistisch-römische, die sich zur griechischen ähnlich verhält wie die moderne zur neuzeitlichen. Die systembildende Kraft der philosophischen Vernunft scheint erloschen, der Erfolg der empirischen Wissenschaften macht es der Philosophie zunehmend schwerer, ihr eigenes Programm durchzuführen, ein historisches Bewußtsein breitet sich aus, das einen unbefangenen Neuanfang lähmt. Außerphilosophische Rücksichten insbesondere sozialer und politischer Natur gewinnen für das Denken eine Bedeutung, die der traditionellen Philosophie fremd war – was durchaus nicht nur negativ zu bewerten ist, da eine Vernunft, die sich als universal erfaßt hat, gegenüber der Unvernunft in der Wirklichkeit schwerlich gleichgültig bleiben kann. Entscheidend ist aber, daß im 19. Jahrhundert die Auflösung desjenigen vorphilosophischen Legitimationssystems beginnt, das die geistige Grundlage Europas gebildet hatte – des Christentums, das aufhört, die fundamentale Weltanschauung zu sein. Was die Philosophie angeht, so läßt sich als negativer kleinster gemeinsamer Nenner angeben, daß sie Abschied nimmt von der mit Platon begonnenen Tradition philosophischer Theologie und den Begriff des Absoluten als Grundbegriff des Denkens preisgibt. Der positive kleinste gemeinsame Nenner ist, daß sich nach den Kategorien von Objektivität und Subjektivität diejenige der Intersubjektivität in den Vordergrund philosophischer Reflexion schiebt: Das gilt für so verschiedene Strömungen wie z.B. Feuerbachs Anthropologie, Peirce' Pragmatismus, die dialogische Philosophie von Ebner bis Buber, die Phänomenologie Husserls, die Existenzphilosophie, die Hermeneutik. Sprache und Gesellschaft werden zu herausragenden Gegenständen philosophischer Reflexion; Einzelwissenschaften, die diesen Gebieten gewidmet sind, bilden sich neu heraus – Linguistik und Soziologie,

deren Einfluß einerseits auf die analytische Philosophie, andererseits auf den Marxismus kaum überschätzt werden kann. Was die wichtigsten politischen Errungenschaften dieser Epoche angeht, so ist klar, daß sowohl die Demokratie als auch der Sozialstaat mit dem neuen Prinzip der Intersubjektivität zu tun haben, während Absolutismus und Besitzindividualismus deutliche Ausprägungen einer Subjektphilosophie sind. Doch bevor auf die Bedeutung dieses neuen affirmativen Prinzips eingegangen wird – eines affirmativen Prinzips, das bei aller Kritik an der modernen Philosophie doch in ihr wirken muß, gerade wenn man von der objektiv-idealistischen Überzeugung ausgeht, daß eine Logik die Geschichte regiert –, bevor die Ausprägung dieses Prinzips in den drei wichtigsten philosophischen Strömungen der modernen Philosophie analysiert wird, seien jene Faktoren genannt, die zur Krise des Christentums und der Metaphysik beigetragen haben, und seien die geistesgeschichtlich-politischen Folgen dieser Krise erörtert.

a) Eigentlich theologischer Natur sind Inkonsistenzen im traditionellen, religiösen Gottesbegriff. Die Vorstellung eines allmächtigen, allwissenden und allgütigen Wesens scheint mit der Existenz des Übels und gar des Bösen nicht kompatibel zu sein – wenn man zugleich daran festhält, daß Gott irgendwie verständlich sein muß. Die Annahme einer Unbegreiflichkeit Gottes, zu der die Theologie gerne Zuflucht nimmt, verletzt aber ganz offenbar den unaufgebbaren Autonomieanspruch der menschlichen Vernunft. Die philosophischen Versuche, einen Gottesbegriff zu entwickeln, für den sich das Theodizeeproblem nicht mehr stellt, waren teils untauglich, teils zu differenziert und dem unmittelbaren religiösen Gefühl zu fremd, als daß sie von einer breiteren Masse zur Kenntnis genommen werden konnten. Und auch wenn das Jahrhundert, in dem der Verfasser der bedeutendsten Theodizee groß wurde, gewiß nicht zu den glücklichsten der europäischen Geschichte zählt, so bleibt doch festzustellen, daß die moralische Regression, die in diesem verwünschten Jahrhundert im Verbund mit ungeheuren Entwicklungen in den Techniken zur Beherrschung der Natur und der Massen zu den schrecklichsten Verbrechen geführt hat, das Theodizeeproblem noch weiter verschärft hat: Auschwitz ist ein weitaus entsetzlicheres metaphysisches Übel als das Erdbeben von Lissabon und selbst als der Dreißigjährige Krieg. Und schließlich kann nicht geleugnet werden, daß auch in jenen Gebieten, in denen die Übel objektiv nicht zugenommen haben, unsere Empfindlichkeit für sie gewachsen ist: Gerade wer in weltgeschichtlich einmaligen Annehmlichkeiten aufgewachsen ist, wird die Konfrontation mit dem Leiden schwerer ertragen als wer von Anfang an mit ihm vertraut war.

b) Das im 18. Jahrhundert begonnene, im 19. intensivierte Studium der Geschichte der eigenen sowie fremder Kulturen hat zu einer Abwendung von der Kategorie des Ewig-Seienden geführt, die im

Mittelpunkt der traditionellen Metaphysik stand. Werden und Wandel scheinen die bestimmenden Kategorien der Geschichte zu sein; darüber hinaus führt die Begegnung mit fremden Rechts- und Glaubenssystemen denjenigen, der die entscheidende Differenz zwischen Genesis und Geltung nicht begriffen hat, leicht zu der Annahme, die eigene Kultur sei relativ: Wenn andere Rechtssysteme in der Welt bestehen oder bestanden haben, was garantiert die apriorische Gültigkeit des unseren? Der Relativismus hat ferner die schon erwähnte Perspektivenverschiebung in den Geisteswissenschaften bedingt – da die Geschichtlichkeit zur dominanten Kategorie gegenüber dem Zeitlosen geworden ist, verliert die als fremd empfundene Vergangenheit den Charakter eines Gesprächspartners und wird zu einem reinen Gegenstand. Die zunehmende Spezialisierung führt dazu, daß kaum ein Intellektueller seine Arbeit auf einen geistigen und normativen Einheitspunkt mehr zu beziehen vermag.

Eindeutig hat der im 19. Jahrhundert sich durchsetzende Nationalismus ebenfalls dazu beigetragen, universelle Geltungsansprüche in Frage zu stellen: Nicht der Mensch als Mensch, sondern die Besonderheiten der eigenen Nation treten in den Vordergrund. Daß diese Perspektiveänderung, mag sie im einzelnen auch Gutes bewirkt haben und im ganzen notwendig gewesen sein, insgesamt doch einen Rückfall hinter das 18. Jahrhundert darstellt, kann schwerlich bestritten werden: Die Tragödie des Ersten Weltkrieges mit der Selbstzerfleischung Europas und den Folgekatastrophen war die letzte Konsequenz der Unfähigkeit der europäischen Eliten, zu einer gemeinsamen Politik zu gelangen und das gemeinsame Interesse nationalen Egoismen überzuordnen.

c) Die Durchsetzung des Kapitalismus hat zur raschen Auflösung von Jahrhunderte lang unhinterfragten sozialen Institutionen geführt und insbesondere das abstrakte Medium des Geldes gegenüber traditionellen Bindungen ungeheuer aufgewertet. Damit hat der Kapitalismus zweifelsohne dem Relativismus Vorschub geleistet: Der Grundthese von Simmels „Philosophie des Geldes“ (1900) ist zuzustimmen. Die mit der Industrialisierung immer stärkere Auswirkung wissenschaftlicher Entdeckungen auf die Lebenswelt auch der einfachen Menschen hat ferner den lebensweltlichen Zugang zur Natur, der Jahrhunderte lang dominierte, in Frage gestellt. Daß die Lebenswelt im 20. Jahrhundert ein wichtiges Thema der philosophischen Reflexion geworden ist, hängt genau damit zusammen: Wird doch die Philosophie des Selbstverständlichen meist erst dann gewahr, wenn es real im Schwinden begriffen ist. Zudem hat die wissenschaftliche und industrielle Revolution auch der Masse der Bevölkerung materialistische Überzeugungen immer mehr aufgedrängt. Mehr noch als das heliozentrische System, das den Menschen aus dem Mittelpunkt des Kosmos vertrieb, hat die Evolutionsbiologie mit der These von der natürlichen

Entstehung des Menschen aus der Tierwelt zur Erschütterung des Selbstverständnisses des Menschen beigetragen, wie es im Christentum und in der rationalen Theologie seinen menschheitsgeschichtlich stärksten Ausdruck gefunden hat. Äußerst ungeschickt war dabei, daß sich die Kirchen nicht nur umfassenden Welterklärungsansprüchen der Naturwissenschaften entgegengestellt haben (wozu sie durchaus berechtigt waren), sondern die Richtigkeit einzelwissenschaftlicher Entdeckungen bestritten haben. Die Bekämpfung des kopernikanischen Weltbildes und der Evolutionstheorie hat sich äußerst kontraproduktiv für die Kirchen ausgewirkt, da der am Ende auch von den Kirchen anzuerkennende Sieg der Wissenschaften nach jener Entgegensetzung zugleich als Niederlage substantieller christlicher Gehalte interpretiert werden mußte. Insgesamt ist es nicht gelungen, eine Ethik zu entwikkeln, die die Folgen menschlichen Handelns, die durch die moderne Technik unermeßlich erweitert wurden, ausreichend kontrolliert: Wert- und Zweckrationalität entfernen sich immer mehr voneinander.

d) Politische Gründe haben schließlich bei der Auflösung des Christentums mitgewirkt. Die Kirchen haben die mit dem Siegeszug der Einzelwissenschaften und der Technik erforderlich gewordenen sozialen und politischen Neuerungen oft genug bekämpft und gegen den fundamentalen christlichen Gedanken von der Gleichheit aller Menschen vor Gott alte Privilegien verteidigt; sie haben häufig die Rolle einer rückschrittlichen Macht gespielt (und spielen sie, insbesondere die katholische Kirche, zum Teil immer noch). Sie haben die Gleichstellung von Mann und Frau behindert, sie haben gegen die Entfremdung des Vierten Standes vom Christentum nicht genug getan, sie haben das mit der Kolonialisierung verbundene Unrecht häufig legitimiert. Panische Angst vor irreligiösen Kräften hat sie zur Unterstützung der reaktionärsten Mächte geführt, nur weil sie sie als Bundesgenossen im Kampf gegen all diejenigen schätzten, die die Religion ablehnten; sie haben sich dabei freilich von den Mächten der Gegenaufklärung instrumentalisieren lassen, die an der Religion nur aus politischen Gründen interessiert waren und daher ihrem Wesen noch größeren Schaden zufügen mußten als der offene Atheismus.

Nun hat das Schwinden des Christentums als herrschender Ideologie des Abendlandes durchaus auch positive Aspekte. Wer die moderne Wissenschaft, den religiösen Toleranzgedanken, die mit der Französischen Revolution errungenen Grundsätze des modernen Rechtsstaates, die Gleichstellung von Mann und Frau, die Abschleifung von Standesunterschieden, die Entwicklung einer nicht sakralen Kunst und die Beseitigung gewisser spezifisch christlicher Formen von Hypokrisie bejaht, kann nicht umhin, jene positiven Aspekte anzuerkennen: Es ist evident, daß die Durchsetzung der genannten Prinzipien durch die Krise des Christentums begünstigt wurde. Andererseits ist es erstens für eine tiefere Betrachtung ebenso klar, daß sich diese Errungenschaften der modernen Welt im Grunde nur einer Weiterentwicklung (einer „Säkularisation") christlichen Gedankenguts verdanken: Die Idee der Menschenwürde eines jeden Menschen ist christlichen Ursprungs, und auch wenn ihre Übertragung aus dem religiösen Gebiet in das politische nicht den ursprünglichen Intentionen des Christentums entspricht, heißt das nicht, daß nicht sachlich (also nicht bloß geschichtlich) ein notwendiger Zusammenhang zwischen dem Wesenskern des Christentums und jenen modernen Prinzipien bestünde. Die Auffassung Hegels, der im modernen Rechtsstaat eine Verwirklichung christlicher Prinzipien erblickt, ist durchaus ernst zu nehmen, und jedenfalls ist nichts absurder als die Auffassung, eine philosophische Aufhebung des Christentums wie die Hegelsche trage für das abscheulichste Phänomen dieses Jahrhunderts – den Totalitarismus – irgendeine Verantwortung, dessen geistesgeschichtliche Wurzeln vielmehr in der Krise des Christentums liegen.[31] Ebendeswegen muß zweitens gerade jemanden, der an jenen Errungenschaften festhält, die Sorge befallen, daß der Wegfall ihrer legitimierenden Grundlage – des religiösen bzw. philosophischen Gottesbegriffs – deren Fortbestand gefährdet. Denn ohne apriorische Prinzipien lassen sich letzte Werte und kategorische Normen nicht begründen, und das Zugeständnis synthetisch-apriorischer Erkenntnis scheint notwendig gewisse metaphysische Folgerungen zu implizieren, deren Geltung im allgemeinen Bewußtsein zusammen mit der Krise des Christentums seit dem 19. Jahrhundert zunehmend in Frage gestellt worden ist. Damit aber – so folgt durch Kontraposition – erodiert mit der Zeit notwendig auch das Bewußtsein der absoluten Geltung jener Normen und Werte.

[31] Es ist eine wertlose Form geisteshistorischer Arbeit, wenn im Gefolge Poppers (dessen Verdienste in der Erkenntnistheorie liegen, nicht in der politischen Philosophie und erst recht nicht in der Geisteshistorie) die Philosophien Platons und Hegels mit dem Totalitarismus in Verbindung gebracht werden. Historisch ist ohnehin klar, daß die Denkansätze Sorels und Paretos und auch etwa das Grundbuch der Nationalsozialisten – A. Rosenbergs „Der Mythus des 20. Jahrhunderts" – von einer irrationalistischen Lebensphilosophie getragen sind; in letzterem finden wir etwa das Grundbekenntnis aller Leugner von letztbegründeter Erkenntnis: *„Es gibt keine voraussetzungslose Wissenschaft, sondern nur Wissenschaft mit Voraussetzungen."* (1937; 119) Aber auch auf theoretischer Ebene ist leicht zu begreifen, daß die Leugnung absoluter Normen (wie sie der moderne Rechtsstaat in Gestalt unveräußerlicher Menschenrechte voraussetzt) keine Handhabe für eine Kritik am Totalitarismus bieten kann; denn so verhängnisvoll die Verabsolutierung von Relativem politisch ist, so ist doch klar, daß sie nur die logische Konsequenz der Relativierung von Absolutem ist; denn wenn nichts moralisch absolut verboten ist, dann auch nicht der Versuch, bestimmte irrationale Ideologien mit allen Mitteln durchzusetzen.

In der Tat läßt sich nicht leugnen, daß die Krise des Christentums im Bewußtsein Europas ein beängstigendes Wertvakuum erzeugt hat – im Grunde ist die Menschheit in jene Situation einer kollektiven Adoleszenzkrise zurückgeworfen worden, aus der sie das Christentum in der Spätantike befreit hatte. Daß die alte legitimierende Weltanschauung gewichen ist, ist nicht das eigentlich Gefährliche – ohne derartige Krisen kann es keinen Fortschritt geben, und daher sind Krisen im Prinzip zu bejahen. Das Beängstigende ist vielmehr, daß jene Weltanschauung immer schneller zerbröckelt, ohne daß eine neue nachgekommen oder auch nur in Sicht ist. Ein solcher Zustand ist alles andere als ungefährlich, bedeutet er doch für eine Kultur notwendig Instabilität – eine Instabilität, die um so beängstigender ist, als die europäische Kultur im 20. Jahrhundert zur Weltkultur geworden ist und es kaum einen Flekken des Globus mehr gibt, in dem sich die geistige und moralische Krise Europas nicht wie vermittelt auch immer – und sei es durch die als Reaktion zu erklärende Erzeugung irrationaler Ideologien wie des islamischen Fundamentalismus – auswirkt, während etwa die Auflösung der altgriechischen Sittlichkeit im späten 5. Jahrhundert die Entwicklung Roms keinesfalls behindert hat. Noch beängstigender wird sie dadurch, daß infolge der Krise der Wertrationalität der exponentiellen Entwicklung der Zweckrationalität keine Schranken mehr gesetzt werden können, diese sektorielle technische Rationalität aber inzwischen in äußerst komplexe Ganzheiten wie Ökosysteme zerstörend eingegriffen hat und dadurch in die reale Möglichkeit gesetzt worden ist, zumindest das menschliche Leben auf dieser Erde zu vernichten. Natürlich sind zur Überwindung dieser Situation technische und politische Änderungen von großer Tragweite erforderlich – Änderungen, die nur in äußerst harter Auseinandersetzung mit den Kräften des Eigennutzes, der Bosheit, der Trägheit und der Dummheit werden durchgesetzt werden können: Es wäre kindisch zu meinen, daß mit guten Argumenten allein das Nötige erreicht werden könnte. Und doch ist auch klar, daß die Wertkrise – also ein durch und durch geistiges Phänomen – eines der Haupthindernisse auf dem Wege zu einem vernünftigeren Umgang des Menschen mit seiner Geschichte ist. Selbst wenn jeder für sich eine menschlich akzeptable, aber eben individuell stark variierende Privatmoral entwickelte, würde der Mangel an gemeinsamen, intersubjektiv anerkannten Werten ein gemeinsames Handeln äußerst erschweren. Wer auf der anderen Seite an gar nichts glaubt, der wird nicht bereit sein, sich für das einzusetzen, was seinen augenblicklichen Vorteil transzendiert, ja er wird in den geschichtlichen Ausnahmesituationen, die uns bevorstehen, keine Pflicht fühlen, seine niedrigsten Instinkte nicht auszuleben.[32]

[32] Um keine Mißverständnisse aufkommen zu lassen: Die vorangegange-

Diese Kritik an den höchst gefährlichen Folgen der Zersetzung des Christentums durch die Aufklärung darf nicht als Parteinahme für die Gegenaufklärung verstanden werden, die eine der Hauptströmungen der modernen Philosophie ausmacht und die gegen die Reflexion die Bedeutung von Emotionen, Institutionen, Symbolen, Mythen und Religionen – insbesondere der christlichen Religion – ausspielt.[33] Ganz im Gegenteil scheint mir die Gegenaufklärung einer Dialektik zu unterliegen, die sie als noch verhängnisvoller und gefährlicher erweist als die Aufklärung. Denn zwar soll in der Tat die bloß leere und destruktive Reflexion, die gemeinsames intersubjektives Handeln unmöglich macht, überwunden werden, aber das kann wahrhaft nur dadurch geschehen, daß sie in ein positives, substantielles Denken *aufgehoben* wird – es gibt hingegen nichts Widersinnigeres als ständig darüber zu *reflektieren,* daß die Reflexion etwas Negatives sei und abgeschafft werden müsse. Vielleicht könnte es angehen zu meinen, eine naive voraufklärerische Kultur sei in diesem Zustand zu belassen – was aber unter keinen Umständen möglich ist, ist mit aller Kraft der Reflexion in diesen Zustand zurückzukehren zu wollen. Während die katholischen Traditionalisten des frühen 19. Jahrhunderts wie de Maistre, de Bonald und Donoso Cortés immerhin noch an das zu glauben scheinen, was sie vertreten, verdrängt etwa bei Kierkegaard die Reflexion auf den eigenen subjektiven irrationalen Akt des Glaubens fast gänzlich

nen wissenssoziologischen Überlegungen zum Christentum wollen nicht die Untersuchung seiner inneren Wahrheit ersetzen, auf die es in der Tat in erster Linie ankommt. Aber wenn (wie ich weiter unten zu zeigen versuche) universalistische Ideale aus logischen Gründen auf Wahrheit Anspruch erheben können, dann ist die Frage erlaubt, welche sozial wirksamen Legitimationssysteme die Entwicklung derartiger Ideale begünstigen und welche sie behindern; und abwegig scheint mir die These nicht, daß das Christentum jene Ideale zwar nur mit Einschränkungen, aber jedenfalls eher stützt als der blanke Wertrelativismus. Ich bin mir dessen bewußt, daß die Reflexion auf die soziale Bedeutung einer Theorie heute nicht zum guten philosophischen Ton gehört; aber sosehr der wissenssoziologische Reduktionismus abzulehnen ist, so erlaubt scheint mir doch, wenn die normative Frage gelöst ist, die Untersuchung darüber, was die erkannten Normen sozial durchsetzt: Denn intersubjektive Geltung ist der letzte Sinn von Normen. Die Alten hatten, wie der Gedanke der Esoterik belegt, einen scharfen Sinn dafür, daß die Mitteilung der Wahrheit dann eingeschränkt werden muß, wenn sie die Realisierung der ebenfalls als wahr erkannten Idee des Guten gefährdet; Pflicht zur Wahrheit und Pflicht zur Abwendung sozialen Übels temperierten sich in einer Weise, von der wir vielleicht auch deswegen wieder lernen sollten, weil sie der Philosophie keinen Abbruch tat, sondern manchmal geradezu zauberhafte Formen indirekter Mitteilung begünstigte.

[33] Zur Dialektik von Aufklärung und Gegenaufkärung vgl. V. Hösle (1987 c).

die objektiven Inhalte des Glaubens. Gesteigert wird der Widersinn in Comtes Projekt einer künstlichen Esperantoreligion, die den Massen soziale Bindekräfte zuführen soll, aber an die der Schöpfer dieser Religion natürlich nicht unmittelbar glaubt – wenn auch immerhin noch an den ethischen Grundgedanken, der ihr zugrunde liegt und der eine Überordnung des Gemeinwohls über das Privatinteresse lehrt. Der Höhepunkt wird schließlich erreicht mit der blanken Instrumentalisierung der ethischen Werte der Religion zum Zwecke der Realisierung der eigenen ethisch ungebundenen Machtwünsche – man denke an Sorel sowie an das Programm eines atheistischen Katholizismus etwa bei Maurras. In der Politik manifestiert sich die Gegenaufklärung als Faschismus und Nationalsozialismus, die zweifelsohne mitbedingt waren durch die Wertkrise des Westens und sein (oft irrationales) Gefühl der Bedrohtheit durch das neue geschichtsmächtige Legitimationssystem des Marxismus. Insbesondere im Nationalsozialismus entfalten der Zynismus und die Vernichtung der Moral eine Dimension, die selbst den destruktivsten Aufklärer erschaudern lassen müßte. Mit diesen Systemen hat sich jedenfalls die richtige gegenaufklärerische Einsicht in die Gefahren, die von einer abstrakten Aufklärung drohen, selbst zu der entsetzlichsten Gefahr für Überleben und Würde der Menschheit entwickelt.

Die Geschichte des 20. Jahrhunderts hat bestätigt, daß jene düsteren Prognosen so verschiedener Denker wie Donoso Cortés' und Nietzsches, die unter dem Schlagwort des Nihilismus dem Europa unseres Jahrhunderts eine Epoche kultureller Instabilität, moralischen Niedergangs und politischer Schrecknisse vorhersagten, zutreffender waren als diejenigen der in der Tradition der Aufklärung stehenden optimistischen Geschichtsphilosophen, und man kann leider in Anbetracht der neuen Gefahren nicht umhin zu vermuten, daß der Nachwelt (sollte es eine solche geben) das 20. Jahrhundert verglichen mit dem 21. noch als eine idyllische Epoche der Humanität und des Glücks erscheinen wird.

In der Geschichte des Nihilismus ist Nietzsche – radikalster Aufklärer und Gegenaufklärer zugleich – gewiß eine Schlüsselfigur, und zwar weil er nicht nur die Wertkrise seiner Epoche zu einem Zeitpunkt diagnostiziert hat, da sie noch untergründig schwärte und sich eine äußerlich glanzvolle, aber innerlich hohle Zeit mit bombastischem Getue über jene Krise hinwegtäuschte, sondern weil er selbst den Nihilismus entschieden weitergetrieben hat. Die kritisch-analytische Intelligenz Nietzsches war nicht gepaart mit einem vergleichbaren konstruktiven Vermögen, und schwerlich war Nietzsche befähigt, seinem letzten Anliegen gerecht zu werden, eine positive neue Wertordnung zu entwickeln. Auch wenn sein Bekenntnis zur Geistesaristokratie in einer Epoche der Verflachung der Kultur verständlich ist und eine Zeit wie die unsere beeindrucken muß, in der die Massenkultur alles zu absorbieren und zu vernichten droht, was sich über das Mittelmaß erhebt, so muß doch betont werden, daß wahre Größe nicht ständig herausschreit, daß sie dies sei – man denke nur an Spinoza und Kant –, sondern daß es vielmehr kaum ein deutlicheres Indiz für eine schwache philosophische Persönlichkeit gibt als die ständige Reflexion auf sich selbst (und zwar auf die eigenen Schwächen ebenso wie auf die eigenen Stärken – denn auch jenes ist Eitelkeit). Wie Platon in jener bekannten Anekdote von den Gastfreunden am Ende ihres Athener Aufenthaltes gebeten zu werden, er möge ihnen doch den berühmten gleichnamigen Philosophen zeigen, und lächelnd auf sich zu weisen – das, scheint mir, ist *vornehmer* als das Abfassen von Schriften wie „Ecce homo".[34] So ergreifend Nietzsches Pathos mitunter auch sein mag, sosehr seine Ehrlichkeit und Kompromißlosigkeit philosophische Tugenden sind, die man im späten 19. Jahrhundert (und mehr noch im späten 20. Jahrhundert) allgemein vermißt, sosehr ist dort, wo Nietzsche von der Diagnose und Zeitkritik zu seinen eigenen Entwürfen übergeht, eine Schwülstigkeit und Unehrlichkeit nicht zu übersehen, die seine Leistung wieder gänzlich in Frage stellt. Halb Heros, halb Scharlatan und Clown – um dieses Urteil kommt man nicht herum.[35]

In der Tat können Nietzsches brillante psychologische Einsichten und seine meisterhafte Sprache nicht darüber hinwegtäuschen, daß seine Erkenntnistheorie, Ontologie und Ethik an dialektischer Inkonsistenz fast alle Entwürfe der Tradition übertreffen, und es ist einfach ungehörig, wenn die Philosophie eines Denkers von einer so sektoriellen Intelligenz wie Nietzsche, eines Denkers, der etwa von den Naturwissenschaften oder der Jurisprudenz seiner Zeit kaum etwas verstand und dessen Sinn für begründungstheoretische Fragen zumindest unterentwickelt war, mit den Systemen eines Platon, Leibniz oder Kant in einem Atemzug genannt oder gar, wie in Heideggers Nietzscheinterpretation (1961), als folgerichtige Weiterentwicklung und Vollendung der abendländischen Metaphysik gedeutet wird. Noch abwegiger aber

[34] Freilich ist der Egozentrismus eines bedeutenden Mannes – und Nietzsche ist ein bedeutender Mann – immer noch erträglicher als derjenige der Nietzsche-Epigonen. Egozentrismus ist stets ein Laster, aber es kommt dann noch auf das Ego an.

[35] Zum Konzept des Übermenschen hat, scheint mir, der alte Stechlin in Fontanes letztem Roman das gesagt, was zu sagen ist: „Jetzt hat man statt des wirklichen Menschen den sogenannten Übermenschen etabliert; eigentlich gibt es aber bloß noch Untermenschen, und mitunter sind es gerade die, die man durchaus zu einem „Über" machen will. Ich habe von solchen Leuten gelesen und auch welche gesehn. Ein Glück, daß es, nach meiner Wahrnehmung, immer entschieden komische Figuren sind, sonst könnte man verzweifeln." (1975, 347)

ist es, wenn in der gegenwärtigen Nietzsche-Renaissance[36] die Beziehungen zwischen Nietzsches Denken und der moralischen und politischen Katastrophe Deutschlands bestritten werden. Es ist gewiß zuzugeben, daß Nietzsche kein Antisemit und kein Nationalist war, und es mag durchaus sein, „daß ein Mann von seiner Vornehmheit Hitler nicht einmal als Pferdekutscher angestellt hätte" (Nietzsche-Experten sollen über diese Frage urteilen) – aber es ist nicht aus seiner Ethik zu begründen, daß er dies nicht war, und all das ändert nichts daran, daß der Kern seiner Philosophie die ungeheuerlichste Negation der universalistischen Ideale darstellt, zu denen sich die Menschheit in einer mühsamen Entwicklung emporgehoben hatte, und daß eine Philosophie, nach der alles falsch und alles erlaubt ist,[37] auf den brutalsten Machtpositivismus hinauslaufen mußte und nicht zufällig dies auch getan hat.

Nun wehren sich gegen den Umschlag in den reinen Machtpositivismus in jedem normalen Menschen beträchtliche instinktive Reserven; und in der Tat ist das Wertvakuum, das das Schwinden des Christentums hinterlassen hat, noch nicht absolut. Aber das Grundproblem Europas ist, daß die Restbestände griechisch-christlicher Ethik, die verblieben sind, nicht mehr über ein festes weltanschauliches Fundament verfügen, ja daß unter dem für Europa und insbesondere Deutschland stets zentralen Gesichtspunkt intellektueller Folgerichtigkeit der offene Nihilismus gegenüber den synkretistischen Halbheiten notwendig eine größere Attraktivität besitzt. Denn so inkonsistent das *Prinzip* Nietzsches ist – wer Wahrheit negiert, beansprucht sie für die eigene Theorie; wer Wahrheit als Lebensförderlichkeit „durchschaut" zu haben glaubt, setzt entweder voraus, daß es „dahinter" noch eine andere Wahrheit gebe, oder sagt Falsches, da seine Metatheorie sicher weniger lebensförderlich ist als die traditionelle Metaphysik; wer alles für erlaubt hält, kann nicht mehr ernst genommen werden, wenn er sich über moralische Hypokrisien empört –, sosehr wird doch dieses Prinzip bei ihm in einer rigorosen Geschlossenheit entfaltet, während die schwächeren Formen von Relativismus zwar den eben erwähnten dialektischen Grundwiderspruch in seiner ganzen Krassheit vermeiden, dafür aber auf der semantischen Ebene sich selbst ständig widersprechen, jeder Konsequenz entbehren und jedenfalls nicht das sind, was jede große Philosophie ist: ein Ganzes aus *einem* Guß. Nietzsche wird daher als *der* Antiphilosoph der Moderne immer wieder Interesse erregen, solange die Überwindung des Nihilismus nicht über die halbherzigen Kompromisse einer relativistischen Grundstimmung mit dem common sense hinauskommt – kurz und bündig: solange die Antwort auf den Nihilismus nichts mehr ist als Liberalismus.

[36] Als Vertreter dieser Renaissance s. etwa G. Deleuze (1976).
[37] F. Nietzsche (1955 ff.), III 424.

Unter Liberalismus verstehe ich hier nicht die ordnungspolitischen Vorstellungen, die unter diesem Namen im letzten Jahrhundert entwickelt wurden – mir scheint vielmehr, daß viele dieser Ideen besonders für den staatlichen Bereich von unaufgebbarer Bedeutung sind, zum Fortschritt der Menschheit Bleibendes beigetragen haben und auf der Grundlage einer substantiellen Philosophie auch durchaus begründet werden können (auch wenn es ein verhängnisvoller Irrtum ist zu glauben, daß die Ideen des Liberalismus nicht bloß notwendig, sondern auch hinreichend für einen vernünftigen Staat sind). Noch weniger möchte ich bezweifeln, daß eine liberale Gesinnung – also das Gegenteil von Kleinlichkeit – eine der wichtigsten Individualtugenden ist. Mit Liberalismus als philosophischer Weltanschauung ist hier vielmehr das prinzip- und konsequenzlose Lavieren zwischen alten und neuen Wertvorstellungen gemeint, das nie begründen kann, warum es hier so, dort anders denkt, obgleich für den Außenstehenden klar ist, daß externe Motive – meistens das eigene Interesse – diese Divergenzen bedingen. Nicht daß es in der Philosophie auf ein abstraktes Entweder-Oder oder gar auf die von der Gegenaufklärung propagierten blinden Entscheidungen ankäme – ganz im Gegenteil ist die Fähigkeit zum rational begründeten synthetischen Denken die eigentliche Gabe des Philosophen. Doch auch die synthetische Position (ja selbst die rationale Erörterung von „Distinguos“) ist von der Unfähigkeit, sich zu entscheiden, weit entfernt, von dem von Musil beschriebenen Möglichkeitsmenschentum, das einmal dies, einmal jenes probiert und nie selbstvergessen sich auf ein objektives Thema einzulassen vermag.[38]

[38] Insofern trifft die Verachtung für den zeitgenössischen Liberalismus, der sich nicht zwischen Christentum und Sozialismus zu entscheiden vermöge, in Donoso Cortés' „Ensayo sobre el catolicismo, el liberalismo y el socialismo“ durchaus einen richtigen Punkt (1970, II 517 ff., 596 f., 643), auch wenn Donosos eigene reaktionäre Vorstellungen politisch weitaus gefährlicher sind als die des Liberalismus. Immerhin kann man ihm auch darin zustimmen, daß die Ersetzung der alten aristokratischen Führungsschichten durch die moderne Plutokratie ein ambivalenter Prozeß ist: Sosehr gegen ihn daran festzuhalten ist, daß die Position eines Menschen in der Gesellschaft nicht durch die Geburt bestimmt werden darf, sosehr ist doch klar, daß die traditionelle Aristokratie Tugenden und Werte besaß, die mit ihr zugrunde gingen, deren aber die Führungsschichten auch in einer demokratischen Gesellschaft nicht entbehren können.

1.3. Die Hauptströmungen der modernen Philosophie

Während die zwei ersten Abschnitte einerseits über den traurigen Zustand der Gegenwartsphilosophie, andererseits über die Hauptakte im Prozeß der Selbstzerstörung der Vernunft noch gar nicht von der Transzendentalpragmatik handelten, geht es in diesem dritten Abschnitt zwar immer noch nicht ausdrücklich um diesen Ansatz, er ist aber insofern schon präsent, als ich Apels Deutung der Philosophie des 20. Jahrhunderts im wesentlichen folge. In der Tat scheint mir eine der überzeugendsten Leistungen Apels darin zu bestehen, daß er in seinem wohl bedeutendsten Aufsatz „Das Apriori der Kommunikationsgemeinschaft und die Grundlagen der Ethik. Zum Problem einer rationalen Begründung der Ethik im Zeitalter der Wissenschaft" (1972 a) die gegenwärtige Situation der Weltphilosophie als einen Antagonismus zwischen zwei Tendenzen deutet, die einerseits durch den orthodoxen Marxismus, andererseits durch die für die westliche Hemisphäre kennzeichnende Komplementarität von analytischer Philosophie und Existenzialismus gebildet werden.[39] Diese Deutung besticht aus mehreren Gründen. Erstens entspricht die duale Einteilung offenbar dem Gegensatz der zwei wichtigsten politischen Systeme, der – wenigstens bis vor kurzem – den Globus bestimmte. Sehr zu Recht erkennt Apel im westlichen Komplementaritätssystem eine ideologische Ausprägung der Trennung von Kirche und Staat sowie, damit zusammenhängend, von privatem und öffentlichem Leben. Zweitens ist es eine wichtige Einsicht Apels, die zwei einander scheinbar entgegengesetzten Strömungen von analytischer Philosophie und Existenzialismus als komplementär begriffen zu haben – es entspricht allgemein der Antithesis einer dialektischen Entwicklung, daß sie in sich gedoppelt ist. Denn sosehr etwa Szientismus – eine der typischsten Erscheinungen der analytischen Philosophie – und Existenzialismus einander entgegengesetzt zu sein scheinen, sosehr kommen sie doch in der Überzeugung überein, daß eine rationale Begründung von Wertfragen nicht möglich sei: Der Szientismus übernimmt in dieser Version den Part der Analyse der wertfreien Wissenschaft, der Existenzialismus gibt sich mit den irrationalen und nur subjektiv gültigen Entscheidungen für die Werte ab, die die eigene Lebensführung bestimmen sollen.[40] In der Tat läßt sich,

[39] Etwas abweichend ist die Einteilung (1975; 11 ff.), wo statt der analytischen Philosophie der Pragmatismus steht.

[40] Die Komplementarität von Formalismus und Irrationalismus ließe sich für den besonderen Bereich der Rechtsphilosophie an der inneren Nähe von Kelsen und Schmitt aufzeigen (s. dazu M. Hartwig (1987)). Denn sosehr Schmitt das Verdienst zukommt, den Rechtspositivismus bekämpft zu haben,

wie Apel treffend an der faszinierenden Figur Wittgensteins zeigt, unschwer aufweisen, wie sehr existenzialistische ethische Überzeugungen sogar bzw. gerade hinter dem „Tractatus“ stehen. (Ja, im Grunde läßt sich sagen, daß dem existenzialistischen Ideal einer philosophischen Lebensführung unter allen großen Philosophen des 20. Jahrhunderts nur Wittgenstein gerecht geworden ist.)[41] Und drittens lassen sich die von Apel angeführten Hauptströmungen leicht mit den ersten drei Phasen eines jeden philosophiegeschichtlichen Zyklus in Entsprechung bringen. Der Marxismus entspricht der Thesis im Zyklus – einer dogmatischen und realistischen Philosophie, die die Objektivität der Subjektivität überordnet. Die szientistische Phase der analytischen Philosophie ist durch einen – logisch abgestützten – Empirismus gekennzeichnet, der immer mehr auf eine skeptisch-relativistische Position hinausläuft; der Existenzialismus ist von Anfang an subjektivistisch ausgerichtet. In der Transzendentalpragmatik hingegen wird mit reflexiven Argumenten im Sinne einer endlichen Transzendentalphilosophie eine Überwindung des Wertskeptizismus angestrebt.

Zweierlei scheint mir an dieser Konstruktion allerdings problematisch. Erstens ist es zwar richtig, daß die drei von Apel genannten Strömungen in den letzten zwei Jahrzehnten die einflußreichsten waren. Wenn es aber darum geht, die wichtigsten Richtungen der modernen Philosophie als ganzer anzuführen, dann kann man nicht umhin, auch andere Strömungen zu nennen, und zwar auch solche, die wie die Transzendentalpragmatik eine Überwindung von Relativismus und Irrationalismus versucht haben – Apel ist nicht der einzige, der sich dieses Ziel gesetzt hat. In der Tat hat Apel selbst als einen solchen Denker Peirce behandelt, der ähnlich ihm eine intersubjektivitätstheoretische Transformation der Kantischen Philosophie angestrebt habe. Weit-

sowenig kehrt er doch zu dem Gedanken eines überpositiven Naturrechts zurück: Er verfällt wie die Existenzialisten einem irrationalen Dezisionismus, für den die letzte Entscheidung, aus der die juristische Normativität ihre Geltung bezieht, keinem apriorischen Kriterium zu gehorchen hat. Absolute Befolgung des positiven Rechts ohne seine Kontrolle an überpositiven Normen auf der einen Seite, Entschlossenheit zur Macht ohne jede ethische Vorgabe auf der anderen Seite: Beide rechtsphilosophische Einstellungen haben *zusammen* die Machtergreifung der Nationalsozialisten und die Stabilisierung ihrer Herrschaft und damit die Katastrophe Deutschlands möglich gemacht.

[41] Ähnlich ließe sich an der nicht minder großartigen Figur Max Webers, der Wittgenstein in vielem intellektuell wie persönlich wesensverwandt ist, zeigen, wie sehr erstens ein im weiteren Sinne des Wortes existenzialistisches Lebensgefühl seinem Objektivitätspathos zugrunde liegt, und wie tief zweitens sein Einfluß auf den Existenzialismus gewesen ist: Jaspers etwa bekennt in seiner philosophischen Autobiographie, kein Denker sei für seine Philosophie so wesentlich gewesen wie Weber (1977; 34).

aus einflußreicher als Peirce' Philosophie ist aber die Phänomenologie Husserls. Zwar hat sich mit Heidegger und Sartre die Phänomenologie zur Existenzphilosophie weiterentwickelt – aber das heißt nicht, daß auch Husserls ursprünglicher Ansatz im Komplementaritätsmodell der westlichen Hemisphäre seinen Platz hat. Vielmehr scheint mir Husserls Philosophie der bedeutendste Versuch dieses Jahrhunderts zu sein, über die verschiedensten Formen von Relativismus, Historismus usw. hinauszukommen, und zwischen dem Grundgedanken Apels, der Selbstaufhebungsfigur, und manchen Argumenten der „Logischen Untersuchungen" (besonders im siebten Kapitel des ersten Bandes) bestehen auffallende Ähnlichkeiten. Und auch wenn es kein Zufall ist, daß sich aus Husserls Schule Denkrichtungen entwickelten, die Husserls ureigenstem Anliegen diametral entgegengesetzt waren, so ist doch immerhin nicht zu vergessen, daß das wohl bedeutendste nicht-relativistische moralphilosophische Werk dieses Jahrhunderts, Schelers „Der Formalismus in der Ethik und die materiale Wertethik", ebenfalls zur Phänomenologie gehört; es ist daher bedauerlich, daß Apel sich mit Husserl und Scheler nur sehr spärlich auseinandergesetzt hat.

Der zweite Einwand läuft darauf hinaus, daß Apel zu Unrecht die einzig mögliche Überwindung des Relativismus in einer Philosophie vom Typus einer *endlichen* Transzendentalphilosophie sieht. Wenn die am Anfang des letzten Kapitels skizzierte Zyklentheorie richtig ist, dann scheint vielmehr diese Form von Philosophie nur eine Übergangsstufe zu einer synthetischen Philosophie des Strukturtypus „objektiver Idealismus" zu sein, und in der Tat gehe ich von der Annahme aus, daß auch in unserem Zyklus eine solche Philosophie möglich, ja notwendig ist – wenn auch sicher nicht einfach zu erarbeiten. So mag es durchaus sein, daß die Zeit noch nicht reif ist, daß etwa die Wissenschaften noch nicht den notwendigen Entwicklungsstand haben und daß insbesondere die bevorstehenden ökologischen, sozialen und politischen Krisen die Ausarbeitung einer solchen Philosophie nicht gestatten. Aber all das ändert nichts daran, daß der Grundansatz einer solchen Philosophie mir durchaus sinnvoll erscheint und daß er die Position darstellt, von der aus in dieser Abhandlung die Transzendentalpragmatik kritisiert werden wird.[42] Dabei läßt mich der Einwand

[42] Vgl. Apel (1986 a), 104: „Soweit ich sehen kann, ist Hösle der erste Philosoph in Deutschland, der die Pointe der (von Habermas und mir vertretenen) Diskursethik ... erstens verstanden hat und zweitens nicht als zu anspruchsvoll betrachtet, sondern ... als nicht anspruchsvoll genug. ... Hösles kühne, spekulative Position verschafft also der transzendentalpragmatischen Diskursethik die Chance, ihre Position nach zwei Seiten hin – und das heißt: als eine Strategie der Vermeidung von Skylla und Charybdis – zu vertreten und sie dadurch möglicherweise zu verdeutlichen."

unberührt, es habe in unserem Jahrhundert keiner mehr an dieser Position festgehalten. Denn erstens sollten wir, denke ich, vom historischen Relativismus wenigstens dies gelernt haben, daß es keinen linearen Fortschritt in der Philosophie gibt. Und daraus folgt, daß ebensowenig wie der Platonismus dadurch aus der Welt geschafft worden ist, daß eine Zeitlang selbst die Akademie eine Brutstätte des Skeptizismus geworden war, der objektive Idealismus dadurch erledigt worden ist, daß er in diesem Jahrhundert nur sehr wenige Vertreter gefunden hat. Philosophische Positionen werden durch Argumente, nicht durch die Mehrheitsmeinung widerlegt: In der Philosophie werden die Stimmen durchaus gewogen und nicht gezählt. Zudem läßt sich auch auf dem Boden des objektiven Idealismus einräumen, daß seine periodische Verdrängung Sinn macht: Nur die Befreiung vom „Systemzwang" gibt der empirischen Forschung, dem unbekümmerten Zugehen auf neue Phänomene auch in der Philosophie den nötigen Raum, und in der Tat kann man sagen, daß die moderne Philosophie und Wissenschaft bedeutendste Entdeckungen gemacht hat – Entdeckungen, deren geistiger Schwerpunkt das Problem der Intersubjektivität zu sein scheint. Diese Entdeckungen in das Gefüge des objektiven Idealismus zu integrieren scheint mir eine der sinnvollsten Aufgaben für die Philosophie – denn so wie es Zeiten der unkontrollierten Expansion, der Spezialisierung, der Loslösung vom Einheitspunkt geben soll, so gibt es doch auch wieder Zeiten, in denen das Besondere wieder auf das Allgemeine zurückgeführt werden und eine Synthetisierung des Entgegengesetzten stattfinden muß.

In der Tat scheint mir – und damit komme ich zum zweiten Punkt – das Bedürfnis nach einer solchen synthetischen Theorie, die die Welt als vernünftige Einheit faßt, in der Gegenwart zuzunehmen. Die ökologische Krise verbreitet das Bedürfnis nach einer Konzeption des Verhältnisses von Natur und Geist, die über dualistische Entgegensetzungen hinauskommt, und eine solche Konzeption ist genau das, was dem objektiven Idealismus eine Überlegenheit gegenüber jeder Form von endlicher Transzendentalphilosophie sichert. So ist es gewiß kein Zufall, daß sich Grundgedanken des objektiven Idealismus in unserem Jahrhundert bei zahlreichen Naturwissenschaftlern, zumal Physikern finden – Einstein etwa ist, auch wenn er den Terminus nicht benützt, offenkundig objektiver Idealist. Sein Vertrauen, Vernunft in der Wirklichkeit zu finden, sein Versuch, Physik auf spekulativem Wege zu treiben, seine objektivistische Deutung der Quantentheorie, sein mit hoher ethischer Gesinnung verbundener Determinismus, seine klare Einsicht in die Notwendigkeit einer rationalen Lösung der gegenwärtigen politischen Probleme (also einer Weltregierung) gründen allesamt in einer rationalistischen Weltsicht, die insbesondere mit dem System Spinozas stärkste Affinitäten hat. Der Annahme einer objektiven Vernunft sind die Naturwissenschaftler in diesem Jahrhundert wesentlich treuer geblieben als die meisten Philosophen und Geisteswissenschaftler, und daher wird derjenige, der einst eine Philosophiegeschichte des 20. Jahrhunderts schreiben wird, in ihr den philosophischen Gedanken der großen Naturwissenschaftler dieser Epoche einen größeren Raum widmen als den Ansichten vieler nur bei ihren Fachkollegen bekannter Philosophen.

1.3.1. Der Marxismus

Von den Philosophien der nachhegelschen Zeit ist am geschichtsmächtigsten zweifellos der Marxismus geworden, ja im Grunde ist er das einzige Legitimationssystem gewesen, das sich nach der Krise des Christentums in einigen Teilen der Welt als beherrschende Ideologie durchzusetzen vermocht hat. Auch wenn der Marxismus in seiner orthodoxen und kanonischen Gestalt, wie sie wesentlich von Engels und Lenin ausgearbeitet wurde und um die es im folgenden primär geht, von geringer philosophischer Differenziertheit ist, gibt sein weltgeschichtlicher Erfolg zu denken. Wie erklärt sich seine Attraktivität für so viele Intellektuelle des 19. und 20. Jahrhunderts? Warum hat er, auch nach seinem Versagen in der Wirklichkeit, nicht nur Massen, sondern auch und gerade Intellektuelle in Bewegung gesetzt? Diese Frage bedarf um so eher einer Antwort, als die verschiedenen neomarxistischen Varianten, die in unserem Jahrhundert ausgebildet wurden, sich teilweise von den Grundgedanken des Marxismus weit entfernt haben: Zwischen den „thetischen" Zügen des orthodoxen Marxismus und etwa Adornos „Negativer Dialektik" bestehen Abgründe, und es scheint mir durchaus nicht übertrieben zu sein, wenn man zwischen Thomas von Aquin und Marx größere intellektuelle Affinitäten als zwischen Marx und Adorno erkennt. (Dies zeigt sich aufs deutlichste in der Politik der Sowjetunion, die keiner politischen Richtung größeres Mißtrauen entgegengebracht hat als den „liberalen" Marxisten.) Warum bezeichnen sich Intellektuelle, die weder an kategorische moralische Normen noch an Entwicklungsgesetze der Geschichte noch selbst an eine Erkennbarkeit der Wirklichkeit glauben, als Marxisten?

Die Antwort scheint mir relativ einfach zu sein. Erstens ist von allen Ideologien der Moderne der Marxismus die einzige, die das Pathos der Wissenschaftlichkeit mit einer umfassenden praktischen Sinngebung der menschlichen Tätigkeit verbunden hat. Wenn der Glauben an die moderne Wissenschaft und der Wunsch nach einer praktischen Verantwortung in der Welt entscheidende Grundbestimmungen des modernen Bewußtseins sind, dann muß man anerkennen, daß nur der Marxismus es geschafft hat, beiden Bestrebungen in einem einzigen Entwurf gerecht zu werden: Gut ist demnach, was sich gemäß der inneren Dialektik der Materie durchsetzen wird, und es ist teleologisch vorherbestimmt, daß sich am Ende nur das Gute durchsetzen wird. Hingegen hat es auf der einen Seite das Christentum, das der menschlichen Lebensführung durchaus eine Aufgabe stellt, es nicht oder nur in bescheidenen Ansätzen vermocht, der Herausforderung der modernen Wissenschaft gerecht zu werden; es hat weiter Dinge gelehrt bzw., als Katholizismus, sogar neue Dogmen kreiert, die mit der modernen Wissenschaft inkompatibel sind. Auf der anderen Seite ist der Szientismus zwar durchaus der Entwicklung der Wissenschaft gerecht geworden; innerhalb seines Ansatzes macht aber die Frage „Was soll ich tun?" keinen Sinn. Nietzsches Philosophie schließlich negiert sowohl den Wahrheitsanspruch der modernen Wissenschaft als auch die Geltung absoluter Werte und Normen. Und wenn man auf die Kantische Philosophie zurückblickt, so muß man zwar anerkennen, daß sie dem Anspruch sowohl der Wissenschaft auf Wahrheit als auch der Ethik auf Verbindlichkeit gerecht wird, aber eben nur im Rahmen der Theorie einer doppelten Vernunft, die das unauslöschliche monistische Grundbedürfnis des menschlichen Denkens nicht befriedigt, während in Hegels monistischem Ansatz die praktische Philosophie theoretizistisch umgedeutet wird – als ex post-Begreifen dessen, was sich in der Vergangenheit als vernünftig realisiert hat. Wenn also die Nachfrage nach einer monistischen Theorie, die mit der modernen Wissenschaft kompatibel ist und zugleich der Ethik einen Platz gewährt, groß ist, dann muß – mangels Alternative – der Kurswert des Marxismus notwendig hoch sein.[43]

Der zweite Grund für den Erfolg des Marxismus war, daß er die ethische und die politische Fragestellung in einer Weise verbunden hat,

[43] Solange es nicht gelingt, die Leistungen des Marxismus in einem System aufzuheben, das seine Fehler vermeidet, wird daher auf ihn immer wieder zurückgegriffen werden – und zwar aus *philosophischen* Gründen. So ist es falsch, die „neomarxistische Kulturrevolution", die in den 60er Jahren Westeuropa erschüttert hat, ausschließlich als Explosion der Irrationalität zu interpretieren, sosehr der Realitätsverlust und die geistige Selbstverleugnung, der man in diesem Zusammenhang bei unbezweifelbar intelligenten Menschen begegnen konnte, teilweise die Grenzen des Vorstellbaren überschritten haben. Nicht nur sind im Versagen der Vätergeneration und der wenig überzeugenden Rolle der Kirchen während der Zeit der Gewaltherrschaft, in der ständigen Ausweitung wirtschaftlicher Macht auf traditionell der Wirtschaft übergeordnete Mächte politischer Natur, in der Zuspitzung sozialer Gegensätze nun nicht mehr im eigenen Land, sondern zwischen den Nationen, in der globalen Bedrohung der Menschheit Motive auszumachen, die ein allgemeines Unbehagen erzeugen – die Attraktivität des Marxismus beruht darauf, daß er bis heute das einzige umfassende Welterklärungssystem geblieben ist, das eine Begründung von Normen zu leisten verspricht.

die als zeitgemäß empfunden wurde: Im Sich-Einsetzen für die zukunftsweisenden politischen Kräfte wurde das eigentliche ethische Gebot gesehen. Sosehr dabei die Individualethik zu kurz kommt, sosehr daran festgehalten werden muß, daß es ethische Sphären gibt, die auf Politik irreduzibel und dennoch von höchster Bedeutung sind, so richtig bleibt die Einsicht, daß nur ein Handeln, das nicht die eigene Vortrefflichkeit genießen, sondern zu einer Besserung der Welt beitragen möchte, eigentlich moralisch ist, und daß es daher für einen im vollen Sinne des Wortes moralischen Menschen unabdingbar ist, sich über politische Entwicklungen Gedanken zu machen, da nur sie eine langfristige Besserung erreichen können.

Drittens gelang es Marx, einige „moderne" Wissenschaften in seinen philosophischen Entwurf zu integrieren – nämlich die Nationalökonomie, die Soziologie, die Geschichtswissenschaft –, was wesentlich dazu beitrug, daß sein Ansatz zeitgemäß wirkte. Der historistische Ausgangspunkt ersetzte gleichsam Gott durch die Geschichte als höchste Legitimationsinstanz; er gab Rechenschaft ab für die Wandlungen in den Wertvorstellungen verschiedener Kulturen und konnte insbesondere auf ideologiekritische Weise Verzerrungen des moralischen Bewußtseins erklären. Großartig war – und ist –, wie es Marx gelang, das wirtschaftliche Handeln des Menschen aus einer umfassenderen sozialwissenschaftlichen Perspektive zu betrachten und in ihm eine innere Logik aufzudecken; trotz aller Fehler im einzelnen kann Marx beanspruchen, die erste Philosophie der Wirtschaft entworfen zu haben.

Und viertens erkannte Marx – ähnlich Nietzsche und Freud – zahlreiche pathologische Phänomene der modernen Welt mit einem äußerst scharfen Blick, der auf jeden, der an diesen Phänomenen litt, einen ungeheueren Eindruck machen mußte: Es genüge das Schlagwort „Entfremdung". Der Marxismus erfaßte insbesondere die durch die Industrialisierung akut gewordene soziale Frage in ihrer Tragweite und begriff, daß im 19. Jahrhundert eine Umkehrung des traditionellen Verhältnisses von Wirtschaft und Staat stattfand: Dieser wurde jener immer mehr untergeordnet. Mit der Kategorie des „Kleinbürgers" brachte der Marxismus eine Mentalität auf den Begriff, der sich aus zwei Faktoren ergibt: der Emanzipation des modernen Ichs vom Absoluten und der kapitalistischen Produktionsweise. Diese Mentalität ist einer der mächtigsten Geschichtsfaktoren des späten 19. und des 20. Jahrhunderts, und man braucht nicht das Griechentum und das Christentum zu idealisieren, um in ihr eine Verkümmerung der Idee des Menschen zu erkennen.

Doch all diese Leistungen ändern nichts daran, daß der Marxismus – soviel auch heute noch von ihm zu lernen ist – eine philosophisch unbefriedigende Position ist. Um mich hier insbesondere auf den ersten Punkt zu konzentrieren, so ist klar, daß mit der „materialistischen" Umstülpung des Hegelschen Systems jede Möglichkeit verscherzt wird, sei es auf theoretischer Ebene von Notwendigkeit (etwa von Entwicklungen) zu reden, sei es auf eigentlich praktischer Ebene normative Sätze aufzustellen. Denn in beiden Fällen bedarf es synthetisch-apriorischer Sätze, und es ist schlicht und einfach unbegreiflich, wie eine materialistische Erkenntnistheorie und Ontologie für solche Sätze aufkommen sollte. Wohlgemerkt: Unter Materialismus verstehe ich hier nicht die Auffassung, daß die Welt der Natur kausalwissenschaftlich vollständig erklärbar sei, daß es also etwa keine Wunder geben könne. Diese Position – ja selbst eine nicht-dualistische Lösung des Leib-Seele-Problems – ist mit dem Idealismus durchaus kompatibel. Materialistisch sei eine Position vielmehr dann, wenn für sie das empirisch beschreibbare natürliche Sein das erste und grundlegende, ja einzige Sein ist – und es besteht kein Zweifel, daß der Marxismus eine in diesem Sinne materialistische Position ist.

Zwar könnte eingeräumt werden, daß von hypothetischer Notwendigkeit auch dann die Rede sein könnte, wenn es nur empirische Sätze gäbe: Wenn die – induktiv erschlossenen – Naturgesetze und Antezedensbedingungen für einen beliebigen Augenblick des Weltganzen gegeben sind, dann sind im Rahmen des klassischen Determinismus alle späteren Ereignisse notwendig. Aber wieso die Errichtung der klassenlosen Gesellschaft aus diesen Gesetzen und Bedingungen folgt, das hat noch niemand gezeigt und wird schon deswegen niemand je zeigen können, weil Antezedensbedingungen für das Weltganze nur annäherungsweise bekannt sein können.[44] Und das apriorische teleologische Postulat, daß Naturgesetze und Antezedensbedingungen so eingerichtet sein müssen, daß sie auf die Erreichung eines Idealzustandes hinausliefen, könnte doch nur dann Sinn machen, wenn die Welt auf einen Zweck hin geschaffen wäre – aber was sollte denn dies garantieren, wenn die Welt nicht mehr wie bei Hegel etwas durch die „Idee" Prinzipiiertes ist? Der Marxismus irrt nun m. E. nicht darin, daß er – wie die klassische Metaphysik – eine teleologische Interpretation der Welt (der Natur und der Geschichte) vertritt: In meiner Kritik an der Transzendentalpragmatik werde ich mich vielmehr gerade für eine solche Interpretation aussprechen. Was am Marxismus irritiert, ist viel-

[44] Zudem erschwert der von Karl Popper (1965) überzeugend herausgearbeitete Ödipuseffekt die Möglichkeit von Prognosen für die Zukunft: Da Prognosen in der Sozialwissenschaft anders als in der Naturwissenschaft einen Teil der Realität bilden, die sie beschreiben, können sie – gerade wenn sie überzeugend sind – diese Realität beeinflussen; Marx' Analysen etwa konnten Reaktionen provozieren, die die von ihm geschilderten Übel milderten und so die Revolution verhinderten.

mehr die Tatsache, daß er an der Teleologie festhält, aber die Welt nicht mehr als Prinzipiat (populär: als Schöpfung Gottes) ansieht.[45] Hier ist der Marxismus wesentlich inkonsequenter als etwa der Szientismus, der völlig zu Recht mit der Theologie auch die Teleologie (und die Geschichtsmetaphysik) verwirft.[46] Aber selbst wenn dieses Problem gelöst werden könnte, selbst wenn wir positiv *wüßten,* daß die klassenlose Gesellschaft einst errichtet werden würde – würde dies das normative Problem lösen und etwa den naturalistischen Fehlschluß vermeiden? Keineswegs – denn auch was sein *wird,* gehört zum Sein, und ebensowenig wie etwas sein soll, weil es ist oder war, ebensowenig soll etwas sein, nur weil es sein wird. Man bemerke, daß diese gleichsam „futuristische" Geltungsbegründung innerhalb des marxistischen Ansatzes nicht ohne innere Logik ist: Da der Marxismus kritisch sein will, kann er sich nicht auf die Gegenwart als normative Instanz berufen; da er aber ein ideales Sein nicht anerkennt, bleibt ihm nur die Zukunft als jener Teil des Seins, der kontrafaktisch zur Gegenwart ist, als legitimierende Instanz.[47] (Wir werden sehen, daß auch die Transzendentalpragmatik denselben Fehler einer Legitimation durch futuristische Antizipation begeht.)

Aber mehr noch: Nicht nur verfällt der Marxismus dem naturalisti-

[45] Hier besteht mein Hauptdivergenzpunkt mit Apel, von dessen Marxismuskritik ich sonst stark beeinflußt bin. Ich stimme seiner Analyse zu, nach der der Marxismus „– zumindest in seiner ‚orthodoxen' Spielart – mehr oder weniger eingestandenermaßen an dem klassischen aristotelisch-thomistischen Postulat einer teleologischen Ontologie fest(hält), demzufolge das Seiende, recht verstanden, mit dem Guten identisch ist; genauer: er versteht, im Sinne einer geschichtsdialektischen Transformation der klassischen Ontologie, mit Hegel das geschichtlich Wirkliche als das Vernünftige und das Vernünftige als das Wirkliche" (1972a; 364). Aber anders als Apel scheint mir die geschichtsphilosophische Transformation der These von einer letztlichen Identität des Seienden und des Guten durchaus Sinn zu machen – wenn und *nur* wenn die spekulativen, ja theologischen Voraussetzungen expliziert werden, die dieser These zugrunde liegen.

[46] Unter Teleologie versteht man sehr Verschiedenes. Hier geht es offenkundig nicht um die Existenz von Entitäten mit innerer Zweckmäßigkeit, also teleonomer Organismen; diese ist auch mit einem szientistischen Weltbild kompatibel. Ebensowenig geht es hier darum, daß das System der Naturgesetze notwendig das einfachstmögliche ist, um bestimmte Entitäten hervorzubringen. Unter „teleologisch" verstehe ich hier vielmehr ein Weltbild, nach dem ein spätes Resultat der Entwicklung des Kosmos, das als besonders werthaft ausgezeichnet werden kann, nicht „zufällig" sein kann – daß vielmehr die Welt notwendig so eingerichtet ist, dieses Resultat hervorzubringen.

[47] In den konservativen Philosophien, die das normative Problem nicht lösen, ist die Vergangenheit die letzte begründende Instanz – man denke etwa an Heidegger.

schen Fehlschluß, begründet also mit seiner Geschichtsmetaphysik nicht, was er begründen will – es scheint sogar, daß seine Geschichtsmetaphysik die Begründung der Ethik in einem gewissen Sinne erschwert. Denn gehört nicht zur ethischen Würde menschlicher Handlung gerade dies, daß sie nicht von dem Wissen getragen ist, daß sich das Gute, für das sie kämpft, durchsetzen wird? Die *Offenheit* der Zukunft scheint in einem bestimmten, später näher zu spezifizierendem Sinne eine Bedingung ethischen Handelns zu sein. Freilich scheint es auch wahr zu sein – und hier würde ich dem Marxismus gegen die Transzendentalpragmatik recht geben –, daß bestimmte sehr allgemeine ontologische Voraussetzungen über das Wesen der Natur und der zukünftigen Entwicklung gemacht werden müssen, damit ethische Gebote einen Sinn haben. Jedenfalls sind aber diese Voraussetzungen sicher nicht so konkret wie die vom Marxismus zugrundegelegten, und ganz gewiß dienen sie nicht als Begründung der entsprechenden Gebote, deren Geltung nicht daraus folgt, daß sich das ihnen Entsprechende realiter durchsetzen wird. Sondern umgekehrt könnten vielmehr jene ethischen Gebote der Grund dafür sein, daß die Realität bestimmten einschränkenden Bedingungen unterliegt. Wenn man mit dem Marxismus dualistische Systeme ablehnt, wenn man aber gleichzeitig begriffen hat, daß normative Sätze aus deskriptiven Sätzen nicht abzuleiten sind (auch dann nicht, wenn man zu den deskriptiven Sätzen Sätze über die zukünftige Entwicklung rechnet), dann gibt es, scheint es, zu einem solchen Versuch, aus normativen Sätzen Grundprinzipien der Ontologie abzuleiten, keine Alternative. Wir werden darauf zurückkommen.

In diesem Zusammenhang genüge es, darauf hinzuweisen, daß die futuristische Ethikbegründung nicht nur theoretisch unhaltbar ist, sondern auch praktisch gefährliche Folgen hat. Da als einzig Werthaftes der eschatologische Endzustand der klassenlosen Gesellschaft gilt, sind zu seiner Realisierung alle Mittel recht und billig – die Ideologie, daß der Zweck die Mittel heilige, ist im Marxismus in einer Weise potenziert worden, die weltgeschichtlich einzigartig ist. Die Maxime Nietzsches, daß alles erlaubt sei, wird im Marxismus immerhin darauf eingeschränkt, daß alles erlaubt sei, was ein notwendiges Mittel zur Erreichung der klassenlosen Gesellschaft sei. Doch sosehr dies einerseits ein Vorzug ist, sosehr ist doch auf der anderen Seite die Tatsache, daß nun das Böse ausdrücklich legitimiert ist, eine Gefahr: Die in Epochen der Krise traditioneller Normensysteme stets einhergehende Begierde, überlieferte Bindungen zu zerstören, kann sich im Marxismus moralisch legitimieren durch die erklärte Absicht, alles nur *um eines absolut guten Zweckes willen* zu tun. Dies ist der Grund, warum selbst die abscheulichste Form des Marxismus, der Stalinismus, in ganz anderem Maße als der Nationalsozialismus nicht nur bedeutende Intellektuelle für sich gewinnen konnte, sondern selbst Menschen, denen man eine gewisse moralische Sensibilität nicht abstreiten kann.

Nun kann der Argumentationsfigur, daß der Zweck die Mittel heilige, eine gewisse Berechtigung nicht abgestritten werden – der Teil B von Apels Ethik kreist gerade um diesen Punkt. Aber es kommt eben konkret auf die Mittel und auf den Zweck an – und gewiß kann ein zeitlich entfernter, völlig utopischer Idealzustand nicht die Verletzung manifester Werte legitimieren. Aber das Verführerische am Marxismus – seine schreckliche Einfachheit – besteht eben darin, daß in seiner futuristischen Perspektive in Anbetracht des Endzieles nahezu alle anderen gewöhnlich anerkannten Werte verblassen – Verrat an Freunden und Verwandten beispielsweise ist in dieser Perspektive gar nicht mehr ein (unter Umständen rechtfertigbares) Übel, sondern überhaupt kein Übel, weil Treue gegenüber Menschen, die sich nicht ebenso unbedingt der guten Sache verschrieben haben, gar kein Wert ist.

In einer interessanten Dialektik verwandelt sich der abstrakte Futurismus des Marxismus, der bei den Bolschewisten immerhin die Grundlage für einen formalen Heroismus abgegeben hat, bei deren neomarxistischen Epigonen, die die Hoffnung auf die Weltrevolution begraben haben, in die Legitimation der eigenen Bequemlichkeit. Denn da man in gut marxistischer Tradition nichtpolitische individualethische Pflichten nicht mehr anerkennt, brauche man, da politisch ja sowieso nichts zu erreichen sei, sich privat gar nicht anzustrengen. Der kritische Marxist, der auf Regierung und Industrie schimpft, weil sie das ökologische Desaster, auf das die Menschheit zutaumelt, beförderten, aber weiterhin seinen Wagen fährt, „da ein einzelner sowieso nichts tun könne", ist ein vertrautes Phänomen.

Auch die marxistische Integration der Geschichts- und Sozialwissenschaften in das eigene System ist durchaus als ambivalent zu beurteilen. Denn einerseits ist es richtig, daß seit dem 19. Jahrhundert eine Philosophie keinen Anspruch mehr auf Vollständigkeit erheben darf, die keine Theorie des „intersubjektiven" Geistes enthält. Es ist kein Zufall, daß, während bis zum 18. Jahrhundert die meisten Philosophen eine starke Kompetenz in der Mathematik und den Naturwissenschaften besaßen, im 19. Jahrhundert eine Verlagerung stattfindet: Comte, Spencer, Marx, Scheler, Horkheimer, Adorno, Habermas etwa sind zugleich Philosophen und Sozialwissenschaftler. Wenn Intersubjektivität die Hauptkategorie der modernen Philosophie ist, dann kann es nicht wundern, daß die Sozialwissenschaft eine paradigmatische Bedeutung erhält. Andererseits kann aber doch auch nicht übersehen werden, daß mit diesem Paradigmenwechsel ein philosophischer Prozeß in Gang gesetzt geworden ist, der nicht ohne weiteres zu begrüßen ist. Die Komplexität sozialer Systeme täuscht leicht über die Wahrheit hinweg, daß auch sie Gesetzen unterliegen; die Vagheit eines großen Teils der modernen Sozialwissenschaft kann leicht zu einer relativistischen Erkenntnistheorie verführen – was im Falle eines gründlichen Studiums von „hard sciences" wie Mathematik und Physik nicht ohne weiteres möglich ist. (Es überrascht nicht, daß zwei der Philosophen, die im 20. Jahrhundert am energischsten an der Idee der Wissenschaftlichkeit der Philosophie festgehalten haben, nämlich Husserl und Whitehead, von der Mathematik zur Philosophie gestoßen sind.) Besonders gefährlich wird der sozialwissenschaftliche Ausgangspunkt, wenn das Studium der offensichtlich bestehenden Zusammenhänge zwischen sozialen Systemen und ihren „Ideologien" zu der Annahme verführt, damit seien diese Ideologien widerlegt. Denn Wahrheit ist eine kausalwissenschaftlich nicht rekonstruierbare Kategorie – geniale Einsichten wie Wahnsysteme haben gleichermaßen *Ursachen,* und mit deren Aufweis ist die Wahrheitsfrage nicht im mindesten berührt, die mit *Gründen* entschieden werden muß. Wenn der Ideologiekritiker infolge seiner – häufig nützlichen – Tätigkeit am Ende vergißt, daß es neben Ursachen auch Gründe gibt, wenn er die Fähigkeit verliert, Gründe immanent zu analysieren, dann ist eine Selbstaufhebung seiner Position hin in den totalen Relativismus unausweichlich, und das kritische Potential der Ideologiekritik sackt zusammen in die zynische Versicherung, daß es Wahrheit nicht gebe, sondern eben nur Interessen und ihre Formulierung.

Was schließlich die Analyse von Pathologien der Moderne angeht, so ist hier zweifelsohne eine der großen Leistungen des Marxismus zu sehen. Nur muß fairerweise zugegeben werden, daß er im Destruktiven bedeutend stärker war als im Konstruktiven, ja daß er einerseits neue Pathologien hervorgebracht hat, andererseits in vielem den Schwächen der Position verhaftet geblieben ist, gegen die er sich wandte. So ist die Kritik der wirtschaftsliberalen Staatsauffassung, der Überordnung des Ökonomischen über das Politische durchaus überzeugend. Aber der Marxismus hat nicht nur eine untaugliche Lösung des Problems vorgeschlagen – die sozialistische Lösung hat sich als wesentlich ineffektiver erwiesen als die sozialstaatliche; er bleibt selbst im Ökonomismus des 19. Jahrhunderts befangen, denn im Grunde nimmt auch er an, mit der Lösung ökonomischer Fragen würden politische Fragen automatisch gelöst. Der Marxismus sieht etwa nicht, daß die Entfremdung des modernen Menschen nicht allein, ja nicht einmal in erster Linie von einer bestimmten Wirtschaftsform abhängt, während es doch offenkundig ist, daß der Warencharakter aller Werte durch Vergesellschaftungen und Verstaatlichungen allein nicht beseitigt werden kann. Hier ist ein Bewußtseinswandel erforderlich, der freilich auf materialistischer Basis nicht erreicht werden kann. Insbesondere ist dem Marxismus vorzuhalten, daß er die industrialistischen Optionen des Kapitalismus ohne weiteres mitmacht.[48] Der Marxismus entbehrt jeden Naturbegriffs, der den Verbrechen an der Natur Einhalt gebieten könnte, ja seine Zielvorstellung ist, es allen zu ermöglichen, die absurdesten Bedürfnisse zu befriedigen, während es entscheidend darauf ankäme, eine Unmenge moderner Bedürfnisse als unmoralisch zu begreifen und nicht in ihrer Befriedigung, sondern in ihrer Überwindung die eigene Freiheit zu finden.[49] Ohne die Wiederbelebung asketischer Ideale wird sich die ökologische Krise nicht bewältigen lassen, und der Marxismus ist von seiner innersten Struktur her derartigen Idealen nicht gewogen.

1.3.2. Szientismus, kritischer Rationalismus, Sprachanalyse

Der Marxismus ist die letzte wirkungsmächtige Philosophie, die alles Wissen ihrer Zeit in ein System zu integrieren trachtet (obgleich verschiedene traditionelle Disziplinen wie Individualethik und Ästhetik im Rahmen des Marxismus zu kurz kommen). Insbesondere ist es sein Anliegen, theoretische und praktische Philosophie zu vereinen. Dieses Anliegen ist in nahezu allen Philosophien des 20. Jahrhunderts aufgegeben – im Komplementaritätssystem des Westens stehen der szientistischen Ideologie von der Objektivität der Naturwissenschaft die verschiedenen irrationalistischen Strömungen gegenüber, die um die unbegründbare subjektive Wertentscheidung kreisen. Äußerst grob läßt sich sagen, daß die erste Richtung von der analytischen, die zweite von der hermeneutischen Philosophie konstituiert wird. Äußerst grob ist diese Behauptung deswegen, weil zur analytischen ebenso wie zur hermeneutischen Philosophie ganz verschiedene Ansätze gehören, deren kleinster gemeinsamer Nenner häufig nur schwer anzugeben ist: Jedenfalls scheint es sich dabei mehr um eine Methode als um Resultate zu handeln. Im Fall der analytischen Philosophie besteht diese

[48] Dieser Punkt ist sehr zu Recht von A. Gorz (1985) hervorgehoben worden, nach dem der gegenwärtige Kapitalismus und Sozialismus in ihrem „industrialistischen“ Charakter, d. h. der Hochschätzung von Industrie, Produktion und Arbeit als *Selbstzweck*, übereinkommen. Gorz begreift sehr klar, daß es in der modernen industrialistischen Gesellschaft gar nicht primär um Gewinnmaximierung geht, sondern um Kontrolle und Manipulation der Bedürfnisse, um ihre Anpassung an bestimmte Standards; die Konsumenten würden geradezu fürs Konsumieren bezahlt. Die Kehrseite dieses heteronomen Konsumismus sei eine auf Vollbeschäftigung zielende Politik, notfalls auch um den Preis der Verschwendungs-, gar der Kriegsproduktion. Gorz – der nicht in den Arbeitern, sondern in den Arbeitslosen die Träger fortschrittlicher Entwicklungen vermutet – gehört zu denjenigen Marxisten, die zu einer fruchtbaren Gegenwartsanalyse beigetragen haben.

[49] S. die großartige Kritik von Hans Jonas an Ernst Bloch (1979; 327 ff.).

Methode, neben dem Beharren auf der Bedeutung der modernen Logik für die Philosophie, im Interesse an einer Analyse der Sprache. Allerdings steht die Sprachanalyse vor folgendem Dilemma. Soll, wie in der Anfangsphase der analytischen Philosophie, eine normative Sprache konstruiert werden, stellt sich die Frage nach der Rechtfertigung der Prinzipien dieser normativen Sprache; diese werden gewöhnlich aus einer abstrahierenden Analyse der Wissenschaftsprache bezogen, und es ist daher alles andere als eine Überraschung, sondern vielmehr ein Zirkel, daß auf der Basis dieser Prinzipien die Sprache der exakten Wissenschaft ausgezeichnet werden muß. Oder aber es wird wie in der Spätphase der analytischen Philosophie eine konkrete Umgangssprache analysiert; dann aber fragt man sich, was aus dieser Analyse philosophisch Relevantes folgen soll. Jedenfalls sind mit der Methode der analytischen Philosophie sowohl dogmatische als auch skeptische, sowohl rationalistische als auch empiristische, sowohl realistische als auch idealistische Positionen kompatibel: Die Methode als solche hat nicht zur Lösung klassischer Streitfragen geführt.[50]

Um sich die Vielfalt der analytischen Positionen zu vergegenwärtigen, denke man etwa an Moores „Principia Ethica". Einerseits gehört dieses Werk sicher zur analytischen Tradition, ja es begründet die analytische Ethik. Dennoch ist der Geist dieses Werkes von demjenigen des Szientismus denkbar weit entfernt; in seinen Ergebnissen erinnert es vielmehr stark an Schelers Wertethik, die zur phänomenologischen Schule gehört. Auf der anderen Seite ist es aber doch schwerlich ein Zufall, daß die emotivistischen Ansätze der analytischen Ethik, die die moralischen Sätze jeder objektiven Verbindlichkeit beraubt haben – ich denke etwa an Stevenson –, auf Moore aufbauten: Schon in ihm scheinen Momente impliziert zu sein, die auf eine subjektivistische Uminterpretation der Ethik hinauslaufen. In der Tat läßt sich sagen, daß sowohl die hermeneutische als auch die analytische Philosophie immer stärker von relativistischen und irrationalistischen Tendenzen bestimmt wurden. Jedenfalls fällt es nicht schwer, einen Parallelismus in der Entwicklung jener zwei Denker zu erkennen, die gewissermaßen paradigmatisch für die analytische und die hermeneutische Philosophie stehen und allgemein als die einflußreichsten Philosophen des 20. Jahrhunderts gelten: Wittgenstein und Heidegger. Bei allen Unterschieden kommen nämlich der „Tractatus" und „Sein und Zeit" darin überein, daß sie noch an einer – zugegebenermaßen von der klassischen unterschiedenen, schwächeren – Form von Transzendentalphilosophie festhalten, die in den „Philosophischen Untersuchungen" ebenso wie in

[50] Am interessantesten scheinen mir unter den analytischen Philosophen diejenigen, die sich transzendentaler Argumente bedienen – etwa M. Dummett, P. Strawson, zunehmend H. Putnam.

Heideggers Spätphilosophie zugunsten eines stärker „deskriptiven", methodisch ungebundeneren Ansatzes aufgegeben wird. Im folgenden will ich mich auf Wittgenstein und Heidegger als typische Repräsentanten jener beiden Richtungen konzentrieren. Dies ist im Kontext dieser Arbeit um so eher berechtigt, als die ersten wirklich originellen Arbeiten Apels in einem Vergleich beider Denken bestanden (1966; 1967; 1968 a).

Daß Wittgenstein zur Symbolfigur der sprachanalytischen Philosophie werden konnte, liegt sicher auch darin begründet, daß er beide Phasen dieser philosophischen Strömung, wenn nicht geradezu eingeleitet, so doch programmatisch auf den Begriff gebracht hat – sowohl den mit dogmatischem Wahrheitsanspruch auftretenden Ansatz des Logischen Positivismus als auch die pragmatisch-relativistische ordinary-language-philosophy. Was den „Tractatus logico-philosophicus" angeht, dem ich mich zuerst zuwenden will, so sind seine geistigen Wurzeln zweifelsohne erstens im Triumphzug der modernen Wissenschaft und ihrer scheinbaren Emanzipation von der Philosophie (die sich in der Vergangenheit zu Unrecht häufig die Beantwortung einzelwissenschaftlicher Fragen angemaßt hatte), zweitens in der Neubegründung der Logik, wie sie durch Denker wie Frege, Russell, Whitehead geleistet wurde, und drittens in der Erfahrung der raschen Auflösung traditioneller Normensysteme zu sehen. Diese drei Faktoren suggerieren geradezu die Auffassung, objektive, d. h. intersubjektiv verbindliche Wahrheit sei nur in den logisch begründeten empirischen Naturwissenschaften zu erzielen, nicht aber bei Wertfragen. Zudem schien der schnelle Fortschritt in den Naturwissenschaften des späten 19. und des frühen 20. Jahrhunderts wesentlich auf ihrer Vorurteilslosigkeit zu beruhen – d. h. der Bereitschaft, eine jede wissenschaftliche Theorie kritisch an der Erfahrung zu überprüfen, auch wenn sie Annahmen zugrunde legte, die allem bisher Geglaubten, von der traditionellen Philosophie und Wissenschaft für apriorisch Gehaltenen widersprachen. In der Tat beruhen viele Erfolge der modernen Wissenschaft auf der Infragestellung traditioneller „Aprioris" (etwa der Annahme einer absoluten Zeit, der Euklidizität des Raumes bzw. des klassischen Determinismus in der speziellen Relativitätstheorie, der allgemeinen Relativitätstheorie und bestimmten Interpretationen der Quantentheorie). All dies legte die Annahme nahe, rationaler Erkenntnis seien synthetische Sätze a priori wesensfremd; sie beruhe ausschließlich auf einer Verbindung von formaler Logik und Erfahrung.

Die epochale Bedeutung von Wittgensteins „Tractatus", des Manifests des Logischen Empirismus, besteht darin, daß diese Schrift eine philosophische Begründung der Anwendung der Logik auf die Wirklichkeit zu geben versucht. Bezeichnenderweise und in Übereinstimmung mit dem Grundcharakter der modernen Philosophie, die Kategorie des Subjekts durch die der Intersubjektivität ersetzen zu wollen, versucht Wittgenstein nicht, die Kluft zwischen Welt und Bewußtsein, sondern diejenige zwischen Welt und Sprache zu überbrücken. „Entspricht nicht mein Studium der Zeichensprache dem Studium der Denkprozesse, welches die Philosophen für die Philosophie der Logik für so wesentlich hielten?" (1979; 4.1121) Die subjektive Kategorie der Evidenz müsse dadurch entbehrlich gemacht werden, „daß die Sprache selbst jeden logischen Fehler vermeidet" (5.4731). Aber wie kann Sprache Welt wiedergeben? Der „Tractatus" geht bekanntlich davon aus, daß jedem Satz eine mögliche Tatsache entspricht; ist diese Tatsache der Fall, ist der Satz wahr, ansonsten falsch. Zwischen elementaren Sätzen und Tatsachen besteht ein Isomorphismus; zusammengesetzte Sätze sind Wahrheitsfunktionen elementarer Sätze. Aber wie kann ein Isomorphismus zwischen Welt und Sätzen bestehen? Die Sprache teilt mit der Welt als dem Inbegriff der Tatsachen ihre *logische Form* und bezieht sich allein dadurch auf sie (2.161, 2.17, 2.2); ihre Grenzen werden zu Grenzen der Welt (5.6). Diese logische Form ist die gemeinsame Grundlage von Welt und Sprache. Nur durch sie kann ein Satz überhaupt wahr oder falsch sein (4.06), d. h. Sinn haben. Daraus ergibt sich, daß ein Satz, der der logischen Form nicht entspricht, weder wahr noch falsch, sondern sinnlos ist; und dazu gehörten die meisten Behauptungen der traditionellen Philosophie. „Die meisten Sätze und Fragen, welche über philosophische Dinge geschrieben worden sind, sind nicht falsch, sondern unsinnig. Wir können daher Fragen dieser Art überhaupt nicht beantworten, sondern nur ihre Unsinnigkeit feststellen. Die meisten Fragen und Sätze der Philosophen beruhen darauf, daß wir unsere Sprachlogik nicht verstehen. (Sie sind von der Art der Frage, ob das Gute mehr oder weniger identisch sei als das Schöne)." (4.003)

Es mag überraschen, aber es ist offenkundig, daß Wittgensteins logische Form in ihrer *Funktion* dem Logischen Hegels entspricht, das, als gemeinsame Struktur von Natur und Geist, die Erkennbarkeit der Natur durch den Geist sicherstellt und die Grenzen sinnvoller Fragen festlegt. Auch Wittgensteins Logik „ist transcendental" (6.13). Umgekehrt findet sich die Methode der Sinnkritik bestimmter Fragen bereits bei Hegel, von dem ein Jenaer Aphorismus gewissermaßen die Umkehrung von Wittgensteins Satz „Wenn sich eine Frage überhaupt stellen läßt, so *kann* sie auch beantwortet werden" (6.5) darstellt. Der Aphorismus lautet: „Die Fragen, welche die Philosophie nicht beantwortet, sind so beantwortet, daß sie nicht so gemacht werden sollen." (1969 ff.; 2.547; vgl. in der „Wissenschaft der Logik" 5. 169 f.) Allerdings sind trotz deutlicher Affinitäten zwischen Wittgensteins „Tractatus" und dem Grundgedanken des objektiven Idealismus zwei wesentliche Unterschiede unübersehbar. Erstens ist, wie gesagt, die Sprache und nicht das Bewußtsein das Relat, das mit der Welt in Beziehung zu setzen ist; und hierin kann man durchaus einen *partiellen* Fortschritt erkennen, auch wenn man den radikalen Ausschluß der Subjektivität – „Das denkende, vorstellende, Subjekt gibt es nicht“ (5. 631) – schwerlich als solchen ansehen kann. Zweitens ist die logische Form Wittgensteins von dem Logischen Hegels inhaltlich dadurch unterschieden, daß sie völlig irreflexiv ist. Demgemäß können allein die Sätze der Naturwissenschaft, die sich unmittelbar auf die Welt beziehen, wahr sein (4.11), während sinnlos sowohl die Sätze sind, die sich selbst, als auch diejenigen, die ihren Bezug zur Welt – also die logische Form – thematisieren. Den ersten Fall schließt Wittgenstein mit Bezug auf Russells Typentheorie aus (3.332; vgl. 4.442, 6.123); zum zweiten heißt es: „Der Satz kann die gesamte Wirklichkeit darstellen, aber er kann nicht das darstellen, was er mit der Wirklichkeit gemein haben muß, um sie darstellen zu können – die logische Form.“ Die Begründung lautet: „Um die logische Form darstellen zu können, müßten wir uns mit dem Satze außerhalb der Logik aufstellen können, das heißt außerhalb der Welt.“ (4.12) Dabei ist offenbar *vorausgesetzt,* daß eine Selbstthematisierung der Logik nicht möglich sei. Nun ist diese Voraussetzung nicht nur sehr stark; sie hat zur Konsequenz, daß alle Sätze des „Tractatus“, die entweder über Sätze im allgemeinen (und damit auch über sich) oder über das sprechen, was Sätzen und der Welt gemeinsam ist, *sinnlos* sind – und das ist bei weitem der größere Teil der Sätze der Schrift. Es spricht für die Größe Wittgensteins, daß er im Gegensatz zu den meisten Szientisten diese Konsequenz mit absoluter Klarheit gesehen und ausgesprochen hat. „Meine Sätze erläutern dadurch, daß sie der, welcher mich versteht, am Ende als unsinnig erkennt, wenn er durch sie – auf ihnen – über sie hinausgestiegen ist. (Er muß sozusagen die Leiter wegwerfen, nachdem er auf ihr hinaufgestiegen ist.) Er muß diese Sätze überwinden, dann sieht er die Welt richtig.“ (6.54)

Aber sosehr Wittgensteins Einsicht in die Selbstaufhebung seiner Position ihm eine große geistige Überlegenheit gegenüber all den Technikern des Logischen Positivismus sichert, die sein Programm auszuführen versucht haben (man denke etwa an Carnap), sowenig verschwindet eine Inkonsistenz schon dadurch, daß man ihr Vorhandensein einräumt. In der Tat kann kein Zweifel sein, daß die Grundgedanken des Logischen Positivismus – etwa nur die Sätze der Naturwissenschaft könnten wahr sein, oder es gebe keine synthetischen Sätze a priori – sämtlich dialektisch inkonsistent sind – sie widersprechen in dem, was sie sind, dem, was sie sagen. So ist der Satz, nur Sätze der Naturwissenschaft könnten wahr sein, offenbar selbst kein naturwissenschaftlicher Satz, also falsch oder sinnlos; es ist also keine wahre oder sinnvolle Behauptung, nur Sätze der Naturwissenschaft könnten wahr sein. Auch ist der Satz, es gebe keine synthetischen Sätze a priori, offenkundig ein synthetischer Satz a priori. Denn er ist gewiß kein empirischer Satz – er spricht ja nicht über Sätze, die man aufgestellt hat, sondern über Sätze, die man *legitimerweise* aufstellen kann; und jeder normative – auch jeder erkenntnistheoretisch normative – Satz ist a priori. Aber er ist auch kein analytischer Satz; denn wo ist der Widerspruch in seiner Negation „Es gibt synthetische Sätze a priori"? Es besteht hier also der interessante Fall, daß ein Satz widersprüchlich ist, nur weil seine Negation nicht widersprüchlich ist. Nun ist dieser Sachverhalt gewiß überraschend und sonst nicht gültig; aber einer der Hauptirrtümer des Logischen Positivismus besteht darin, Gesetzmäßigkeiten, die für das endliche, einzelwissenschaftliche Erkennen gelten, aus diesem zu abstrahieren und als allgemein gültig zu verabsolutieren. Nichts aber zwingt zu der Annahme, alle Erkenntnis müsse nach dem Muster der naturwissenschaftlichen ablaufen; ja, im Fall der Philosophie, die erst begründet, warum etwas als Erkenntnis und nicht bloß als Meinung gelten kann, hat die Annahme schon im vornherein viel für sich, daß hier, für das Bedingende, andere Maßstäbe gelten müssen als für das Bedingte. Wir werden auf diesen wichtigen Gedanken noch zurückkommen.

Gewiß ist nicht zu bezweifeln, daß die Neubegründung der Logik philosophisch sehr ernst zu nehmen ist und daß in ihrem Lichte manche Argumente klassischer Philosophen als unschlüssig, manchmal geradezu als abenteuerlich erscheinen. Aber die Auffassung, daß die moderne Logik ein schärferes Instrument für die philosophische Analyse darstellt, das jeder Philosoph beherrschen lernen sollte, impliziert nicht, daß alle nichtempirischen Probleme formallogischer Natur seien. Ohnehin ist klar, daß Werkzeuge von einer gewissen Komplexität nur dann benützt werden sollen, wenn dies nötig und verhältnismäßig ist; andernfalls setzt man sich dem Verdacht des Fetischismus aus. Unverhältnismäßig ist es im allgemeinen aber, mit einem ungeheuren Formalisierungsaufwand Dinge zu beweisen, die ohnehin von niemandem bestritten werden; das Mißverhältnis zwischen Aufwand und Resultat ist bei solchen Arbeiten häufig stark, ja gelegentlich täuscht der formale Apparat darüber hinweg, daß die eigentlich philosophischen Fragen, d.h. die Prinzipienfragen, gar nicht zu Wort gekommen sind. Offenkundig ist ferner, daß unter einem genetischen Gesichtspunkt mit der Logik allein selbst in denjenigen Gebieten nichts auszumachen ist, in denen es geltungstheoretisch nur auf logische Deduktionen ankommt. In der Mathematik etwa garantiert logische Begabung nicht im mindesten bedeutende Entdeckungen; ohne eine gewisse Phantasie, ohne eine anschauliche Vertrautheit mit den mathematischen Gegenständen ist an kreative Leistungen nicht zu denken. Aber noch viel mehr als für die Mathematik gilt dies für die Philosophie: Es ist eine der im strengsten Sinne des Wortes irrationalsten, ja bei allem Anschein der Vernunft wahnhaftesten Lehren dieses Jahrhunderts, anzunehmen, daß die Philosophie auf Logik *reduziert* werden könne. Die Erfahrung wie die formale Logik selbst bestätigen, daß jemand ein glänzender Logiker und ein oberflächlicher Philosoph sein kann: Quines Kompetenzen als Logiker können schwerlich darüber hinwegtäuschen, daß seine naturalistische Erkenntnistheorie keine Erklärung dafür abzugeben vermag, warum wir die Logik auf die Welt anwenden können.

Um mich nun auf die geltungstheoretische Dimension zu konzentrieren, so folgt erstens aus dem oben Gesagten, daß es durchaus ein Problem ist, ob bestimmte Prinzipien der Logik allgemeingültig sind oder nur für das endliche Erkennen gelten. Gerade der klare axiomatische Aufbau der modernen Logik zeigt, daß sie von Axiomen ausgeht, deren Begründung sie selbst nicht leisten kann: Ebendeswegen gibt es verschiedene logische Systeme. Die traditionelle Auffassung – in größter Klarheit von Fichte erarbeitet –, daß die Logik von der Philosophie begründet werden müsse *und nicht umgekehrt,* mag falsch sein (m. E. ist sie richtig); sie aber gar nicht erst diskutieren zu wollen, ja die Fragestellung gar nicht erst zu verstehen, sondern sie mit dem Verweis auf die Entwicklung der modernen Logik vom Tische zu wischen, ist zutiefst unphilosophisch. Die formale Logik denkt nicht. Und sowenig diese Feststellung einen Tadel der Logik beinhaltet, sosehr bedeutet sie einen Tadel derjenigen, die die Logik mit der Philosophie, das Werkzeug (bzw. ein Werkzeug) mit der Sache selbst verwechseln.[51] In der Tat ist zweitens offenkundig, daß selbst wenn nachgewiesen werden könnte, daß die formale Logik allgemein gelte und daß sie einer philosophischen Begründung weder bedürfe noch fähig sei, das Problem materialer philosophischer Prinzipien ungelöst bliebe. Denn die Logik kann nur lehren, was aus bestimmten Annahmen folgt, nicht, ob diese Annahmen selbst richtig sind. Wie sollen nun diese Annahmen entschieden werden? Im Falle der empirischen Wissenschaften *scheint* das Problem recht einfach zu sein (wir werden gleich sehen, daß dem nicht so ist): Die Erfahrung sagt uns, welche Prinzipien wir annehmen sollen. Aber die Philosophie ist, zumindest in ihren Hauptdisziplinen, keine empirische Wissenschaft, und daher kann der Logische Empirismus nur auf die Vernichtung der traditionellen Disziplinen der Philosophie hinauslaufen. Das gilt insbesondere für Erkenntnistheorie, Ethik und Ästhetik, die normativer bzw. evaluativer Sätze bedürfen; alle Sätze dieser Art sind aber synthetisch a priori (während nicht alle synthetischen Sätze a priori normativ bzw. evaluativ sind). Der Logische

[51] Daß es amerikanische Universitäten gibt, an deren philosophischen Seminaren mehr als die Hälfte der Lehrstühle von Logikern besetzt ist, ist eine Folge dieses Irrglaubens; eine Folge, die sich gesamtgesellschaftlich bitter rächen wird.

Positivismus kann ethische wie ästhetische Sätze folglich nur subjektivistisch interpretieren und muß den Gedanken objektiver Werturteile verwerfen.[52]

Aber selbst im Falle der empirischen Wissenschaften ist m. E. ohne synthetische Sätze a priori eine Begründung nicht zu leisten. Die Naturwissenschaften handeln von allgemeinen Gesetzen; Erfahrungen gibt es aber nur von einzelnem. Wie soll die Annahme von Naturgesetzen auf Erfahrungen und formale Logik gegründet werden? Der Begriff der Induktion setzt immer schon voraus, daß es Naturgesetze gibt, also dasjenige, was gerade durch die Induktion erschlossen werden sollte; selbst von der Wahrscheinlichkeit des Bestehens eines Naturgesetzes kann nur dann gesprochen werden, wenn begründeterweise von Konstanzerwartungen ausgegangen werden kann. Logisch ist es gewiß nicht widersprüchlich anzunehmen, daß etwa morgen die mit einer gewissen Wahrscheinlichkeit erschlossenen Naturgesetze außer Kraft treten; und evidenterweise kann die Erfahrung zukünftige Ereignisse nicht ausschließen. (Der Verweis darauf, daß Konstanzerwartungen sich bisher bewährt haben, beginge einen Zirkel.) Man wird daher Poppers Einwände gegen die Induktion (1935) als stringent anerkennen müssen. Nicht heißt dies aber, daß Poppers Falsifikationismus das Problem der Begründung der Rationalität wissenschaftlicher Theorien zu lösen vermöchte, ohne selbst synthetische Sätze a priori vorauszusetzen.[53] Denn in Wahrheit setzt auch die These, es sei rationaler, einer bisher bewährten Theorie T_1 als einer falsifizierten Theorie T_2 zu folgen, voraus, daß es so etwas wie konstante Naturgesetze gibt.[54] Denn wenn auch T_2 falsifiziert worden ist, so doch nicht die – logisch konsistente – Theorie T_3, die davon ausgeht, bis zu einem noch nicht erreichten, aber unmittelbar bevorstehenden Zeitpunkt t_1 sei T_1 gültig, danach T_2; und wenn auch T_3 nach t_1 vermutlich widerlegt werden kann, so doch nicht T_4, die die Geltung von T_2 erst ab t_2 ansetzt ...[55]

[52] Vgl. etwa R. Carnap (1931), 236 f.

[53] Ohnehin ist Quines holistischer Position dahingehend zuzustimmen, daß Experimente fast nie einen einzelnen Satz der Wissenschaft verifizieren oder falsifizieren, sondern immer nur Konjunktionen von Sätzen.

[54] Natürlich können *bedingte* Naturgesetze sich ändern – die Keplerschen Gesetze der Planetenbewegung würden „aufhören", wenn alle Planetensysteme im Kosmos vernichtet würden. Aber der Akt ihrer Vernichtung müßte selbst aufgrund allgemeinerer Naturgesetze (und Antezedensbedingungen) erklärt werden können, während die Annahme eines durch nichts begründeten Wechsels der Naturgesetze a priori ausgeschlossen werden muß.

[55] Christoph Jermann weist mich darauf hin, das Argument lasse sich auch so formulieren, daß schon die Annahme, eine falsifizierte Theorie sei erledigt, die Konstanz von Naturgesetzen voraussetzt – denn sonst wäre nicht ausgeschlossen, daß eine heute falsifizierte Theorie ab morgen gültig sei.

Kurz: Auch der Falsifikationsgedanke setzt voraus, daß es konstante Naturgesetze gibt, und dieser Satz, der so etwas wie die moderne Naturwissenschaft, ja planende Erfahrung erst möglich macht, muß als synthetischer Satz a priori eingestuft werden. Aber über diese allgemeinen synthetischen Sätze a priori hinaus ist m. E. nicht auszuschließen, daß auch einige Grundprinzipien moderner wissenschaftlicher Theorien apriorisch wahr sind. Die Bedeutung, die Gedankenexperimente in der Relativitätstheorie haben, legt die Vermutung nahe, daß zumindest Teile dieser Theorie a priori sind, und jedenfalls folgt aus der Tatsache, daß die Newtonsche Mechanik, die lange Zeit von bedeutenden Philosophen wie Wissenschaftlern zu Unrecht für apriorisch wahr gehalten wurde, dies nicht ist, keineswegs, daß auch die Relativitätstheorie dies nicht sein könne – geschweige denn eine zukünftige Vereinigung dieser Theorie mit der Quantentheorie, die vielleicht, wenn sie einmal dasein wird, alle durch ihre Einfachheit überraschen und auf einige elementare, philosophisch begründbare Axiome zurückführbar sein wird.

Aber die Mängel in der theoretischen Philosophie sind nicht das Hauptproblem des Kritischen Rationalismus Poppers.[56] Das Hauptproblem ist, wie beim Szientismus, die Unfähigkeit auch dieses Ansatzes, die normativen Prinzipien der Ethik und Ästhetik zu begründen. Was innerhalb des Kritischen Rationalismus begründet werden kann, sind nur hypothetische Imperative; es kann – freilich mit der oben angegebenen Einschränkung – aufgrund empirischer Sätze gezeigt werden, warum es sinnvoll ist, a zu tun, wenn man b erreichen will. Aber damit kann man nur die Frage beantworten, welche Mittel zu einem bestimmten Zweck tauglich sind. Nicht kann innerhalb dieses Ansatzes die Frage beantwortet werden, welche Zwecke oder Werte gut sind. Für die technische Zweckrationalität, die die Wertrationalität verleugnet, stehen Fragen wie „Wie kann ich am besten den Hunger in der Welt bekämpfen?“ und „Wie kann ich am besten den Hunger in der Welt perennieren?“ auf dem gleichen Niveau. Rational ist in dieser Perspektive nur die Wahl der Mittel, nicht die Zwecksetzung selbst, die von subjektiven und d. h. letztlich beliebigen Präferenzen abhängt. Diese Präferenzen werden natürlich durch Interessen bestimmt werden; innerhalb des sozialtechnologischen Ansatzes des Kritischen Rationalismus macht aber die Frage, ob bestimmte Interessen legitim seien, keinen Sinn.[57] Man übertreibt daher nicht, wenn man feststellt,

[56] Es ist bezeichnend, daß der Kritische Rationalismus (ebenso wie die Kritische Theorie) die Kritik für die Grundform der Erkenntnis halten, während sie in Wahrheit eine positive Form (Intuition bzw. Letztbegründung) immer schon als ihre Bedingung der Möglichkeit voraussetzt.

[57] Sosehr – bei allen inhaltlichen Unterschieden – methodische Gemeinsamkeiten zwischen dem Marxismus und einer szientistischen Sozialtechnolo-

daß die Ethik und Sozialphilosophie des Kritischen Rationalismus gewöhnlich konservativ sind – und zwar in einem Sinne, in dem es selbst ein Reaktionär wie Donoso Cortés nicht gewesen ist: Denn natürlich hielt er eine Begründung seiner Präferenzen für seine Pflicht, und der Gedanke, eine Legitimation der eigenen Interessen sei gar nicht nötig, wäre ihm zu Recht unmoralisch vorgekommen. Ja, es läßt sich sogar sagen, daß das Sich-Ausbreiten der Überzeugung, Rationalität gebe es nur als Mittel-Zweck-Rationalität und es sei absurd, Wertfragen als objektiv anzusehen, die Ausführung der unserem Jahrhundert eigentümlichen Verbrechen erst ermöglicht hat. Natürlich bedeutet die Verabsolutierung der Zweckrationalität keineswegs eine Option für verbrecherische Ziele: Sie bedeutet allerdings, daß, wenn die Entscheidung für solche Ziele gefallen ist, ihnen nichts entgegenzusetzen, sondern nur an ihrer technisch vollkommenen Verwirklichung zu arbeiten ist. Das Phänomen des Dritten Reiches läßt sich ohne die Verbindung von nihilistischem Irrationalismus und funktionaler Zweckrationalität nicht erklären.

Der hier skizzierte Wertskeptizismus liegt auch nahezu allen soziologischen Theorien des 20. Jahrhunderts zugrunde – mit der Ausnahme der Theorie Jürgen Habermas', deren Erfolg und einzigartige Bedeutung innerhalb der zeitgenössischen Sozialwissenschaft wesentlich durch das Festhalten an einer mehr als technischen Rationalität erklärt werden kann. Die Leugnung einer eigenen Wertrationalität findet sich nicht nur in den unmittelbar vom Szientismus beeinflußten, etwa behavioristischen Ansätzen der Sozialwissenschaft; sie findet sich auch in der verstehenden Soziologie Max Webers. Denn sosehr Weber eine Reduktion sozialwissenschaftlichen Verstehens auf das naturwissenschaftlich objektivierbare Erklären ablehnt (und insofern durch einen Abgrund vom Szientismus getrennt ist), sosehr hält er daran fest, daß die Sozialwissenschaften wertfrei zu sein hätten (1904; 1917; 1919). Nun ist erstens nicht zu bestreiten, daß Max Webers makrosoziologisches Forschungsprogramm ebenso wie seine konkreten Analysen in den Bereichen etwa der Religions- und Wirtschaftssoziologie zu den bedeutendsten geistigen Leistungen dieses Jahrhunderts gehören, und ist zweitens ebenfalls einzuräumen, daß das Wertproblem von den

gie bestehen, insofern beide Ansätze das andere Subjekt in ein Objekt verwandeln (so zu Recht Apel (1976a), 18), sosehr muß doch darauf bestanden werden, daß der Marxismus das Problem einer Begründung letzter Werte wenigstens gesehen, wenn er es auch auf falsche Weise – nämlich geschichtsmetaphysisch – zu lösen versucht hat. Der Kritische Rationalismus begreift gar nicht mehr, daß hier ein Problem verborgen liegt, und insofern läßt sich nicht anders urteilen, als daß der Kritische Rationalismus zwar vielleicht politisch weniger gefährlich, aber philosophisch weniger tief als der Marxismus ist.

Sozialwissenschaften nicht gelöst werden kann: Als deskriptive Wissenschaften können die Sozialwissenschaften nur beschreiben, welche Werte bestimmte Gesellschaften haben; sie können bestenfalls – im Funktionalismus und in der Systemtheorie – erklären, was die Funktion bestimmter Werte für das Bestehen einer Gesellschaftsform ist. Aber *als* Sozialwissenschaften können sie gewiß nicht entscheiden, ob die Werte der christlichen Urgemeinde oder die der SS besser sind. (Sie können höchstens feststellen, daß die Werte des Christentums länger überlebt haben als die der SS, ebenso freilich, daß die Werte der SS länger Bestand hatten als die der Weißen Rose.) Darin liegt also der Dissens mit Weber nicht. Das, was an seiner Position irritiert, ist vielmehr, daß Weber ständig unterstellt, daß die Frage, welche Werte die besseren seien, *überhaupt nicht* rational beantwortet werden könne – also nicht nur nicht von der Sozialwissenschaft, sondern auch nicht von der Philosophie. Nun könnte dies zwar so sein – aber klar ist erstens, daß dies eine philosophische These ist, zu deren Begründung eine spezifisch *philosophische* Argumentation nötig ist, zu der ein Sozialwissenschaftler als Sozialwissenschaftler ebensowenig befähigt ist wie zu der Klärung der Frage, welche Werte die besseren seien. Weber aber sieht nicht, daß er mit der Negation der Philosophie selbst Philosophie betreibt (und zwar unreflektiert Nietzsche folgt). Und zweitens begreift Weber nicht, daß sein Appell an die intellektuelle Ehrlichkeit des Wissenschaftlers, der als solcher sich nicht für Werte einsetzen dürfe, selbst immer schon voraussetzt, daß etwa intellektuelle Ehrlichkeit mehr als eine subjektive Präferenz ist – ansonsten würde seine moralische Entrüstung über seine Kollegen, die wissenschaftliche Fragen mit Wertfragen vermengen, Ausdruck genau derselben Unlauterkeit sein, die er ihnen vorwirft.[58]

Das Interesse an den verschiedenen Kultur- und Lebensformen, das der Weberschen Soziologie zugrunde liegt, findet sich wieder in der Spätphilosophie Wittgensteins, der ich mich nun zuwenden will. Wie im „Tractatus" bleibt auch in den „Philosophischen Untersuchungen" die Sprache die entscheidende Kategorie der Philosophie. Dennoch liegen Welten zwischen beiden Schriften, und man darf durchaus sagen, daß es nicht viele Philosophen gegeben hat, die ihren eigenen Standpunkt so radikal geändert haben. Statt der *einen* logischen Form steht im Spätwerk eine unvermittelte Pluralität von Sprachspielmonaden im Zentrum; und entsprechend findet ein stilistischer Wandel statt: an Stelle einer logisch aufgebauten Abhandlung kurze Aphorismen und assoziativ verbundene Beobachtungen. Aufgegeben ist das Programm einer logischen Einheitssprache, von dem Wittgenstein eingesehen hatte, daß es unbegründet war. „Die Kristallreinheit der Logik hatte

[58] S. die treffende Kritik von L. Strauss (1977), 49 f.

sich mir ja nicht *ergeben;* sondern sie war eine Forderung." (1977; I § 107)

Vielmehr herrscht jetzt ein Pluralismus grundsätzlich gleichberechtigter Methoden (I § 133) und Sprachspiele vor. Mit dem Terminus „Sprachspiel" will Wittgenstein den pragmatischen Charakter von Sprache andeuten: „Das Wort ‚Sprach*spiel*' soll hier hervorheben, daß das Sprechen der Sprache ein Teil ist einer Tätigkeit, oder einer Lebensform" (I § 23); so zählen auch Ausdrucksformen wie Theater spielen oder Reigen singen zu den Sprachspielen. Das traditionelle Referenzmodell der Sprachphilosophie, nach dem Wörter Dinge, Sätze Tatsachen repräsentieren und dem Wittgenstein noch im „Tractatus" angehangen hatte, lehnt er nunmehr ab; die Bedeutung eines Ausdrucks erweise sich vielmehr in seinem *Gebrauch* (I § 43). Es sei eine Illusion, ein Denken anzunehmen, das zu Wörtern als Bezeichnungsmitteln seiner außersprachlichen Gedanken gleichsam erst greife. An Augustins fiktivem Bericht über sein Erlernen der Muttersprache (Conf. I 8) bemängelt Wittgenstein: „Augustinus beschreibt das Lernen der menschlichen Sprache so, als käme das Kind in ein fremdes Land und verstehe die Sprache des Landes nicht; das heißt: so als habe es bereits eine Sprache, nur nicht diese. Oder auch: als könne das Kind schon *denken,* nur noch nicht sprechen." (I § 32; vgl. § 329)

Ebensowenig wie ein sprachfreies Denken könne es eine Privatsprache geben – so eine der wichtigsten und einflußreichsten Hauptthesen der „Philosophischen Untersuchungen" (I § 199), auf die noch ausführlich einzugehen sein wird. Nur aus der Totalität von Lebensformen – von Gepflogenheiten, Institutionen – ließen sich die einzelnen Sätze verstehen. Das Lehren der Sprache sei ein Abrichten (I § 5) – es gebe keine Bedeutungen, die jemand unabhängig von diesem Abrichtungsprozeß erfassen könne. Da sich der einzelne an das Sprachspiel seiner Kultur anpassen müsse und in ihm seinen letztinstanzlichen Richter habe, gebe es keine kritische Instanz für die Sprachspiele. Für den Gedanken der Philosophie als kritischer Reflexion hat Wittgenstein nur Spott übrig: Ebensowenig wie der „Tractatus" haben die „Philosophischen Untersuchungen" einen Platz für die Philosophie. Ja, diese hat jetzt nicht einmal mehr die Aufgabe, die Umgangssprache zu kritisieren und zu präzisieren. So sei es ein Mißverständnis, wenn man von „idealen" Sprachen rede. „Denn das klingt, als wären diese Sprachen besser, vollkommener, als unsere Umgangssprache; und als brauchte es den Logiker, damit er den Menschen endlich zeigt, wie ein richtiger Satz ausschaut." (I § 81) Jeder Satz sei in Ordnung so, wie er sei (I § 98); die Philosophie dürfe daher den Sprachgebrauch nicht antasten, sondern könne ihn nur beschreiben: „Denn sie kann ihn auch nicht begründen. Sie läßt alles, wie es ist." (I § 124) Um die Beulen, die sich die traditionelle Philosophie beim Anrennen an die Grenzen der Sprache geholt habe (I § 119), zu vermeiden, müsse man sich an die natürliche Sprache halten, „die Wörter von ihrer metaphysischen, wieder auf ihre alltägliche Verwendung" zurückführen (I § 116). Allein auf diese Weise könne das Ziel der Philosophie erreicht werden, nämlich der Fliege den Ausweg aus dem Fliegenglas der eigenen Reflexion zu zeigen (I § 309).

Der Einfluß der Wittgensteinschen Spätphilosophie auf die Gegenwartsphilosophie ist kaum zu überschätzen. Nicht nur läßt sich das Programm der ordinary language philosophy auf Wittgenstein zurückführen, nicht nur folgen berühmt gewordene Thesen der späteren analytischen Philosophie wie diejenige Quines von der Unbestimmtheit der Übersetzung (1960) unmittelbar aus Grundideen des späten Wittgenstein – auch sozialwissenschaftliche Theorien wie diejenige von P. Winch (1966) oder Th. Kuhns Modell der Wissenschaftsgeschichte (1976) sind im Grunde nichts als Applikationen der Wittgensteinschen Sprachspieltheorie auf zwei konkrete Sphären. Der Erfolg der „Philosophischen Untersuchungen" erklärt sich u. a. aus der Tatsache, daß in ihnen ein bedeutender, wenn nicht sogar der bedeutendste analytische Philosoph eine starke Annäherung an die hermeneutische Tradition vollzogen hat.[59]

Wittgenstein hat in den „Philosophischen Untersuchungen" Aspekte des Phänomens Sprache entdeckt und thematisiert, die im Logischen Positivismus zu kurz gekommen waren – die *pragmatische,* intersubjektive Dimension der Sprache wird im Spätwerk der semantischen übergeordnet; Sprachen werden als *Ganzheiten* gesehen, womit der Logische Atomismus radikal überwunden wird. Der szientistische Reduktionismus wird einer Kritik unterzogen, die um so überzeugender ist, als sie von einem seiner besten Kenner stammt. Zudem enthalten die „Philosophischen Untersuchungen" eine Fülle faszinierender Überle-

[59] Dies ist auch der wissenssoziologische Grund für den Erfolg von R. Rorty (1981), eines Werkes, das freilich an Bedeutung hinter den „Philosophischen Untersuchungen" weit zurücksteht. Allgemein ist als Verdienst der sogenannten postanalytischen Philosophie anzuerkennen, daß sie, wenn auch mit großer Verspätung, die zum Teil alten Argumente gegen einen realistischen Empirismus zur Kenntnis zu nehmen und sich etwa für Phänomene ästhetischer Natur zu interessieren beginnt, Phänomene, die im Logischen Empirismus keinen Platz hatten. Aber das Traurige ist, daß dieses Nachholbedürfnis in den meisten Fällen auf einen Abschied vom Normativen hinausläuft, da es nicht gelingt, für die neu entdeckten Phänomene normative Kriterien zu entdecken. Goodman ist ein interessantes Beispiel für diesen geistigen Wandel – er erkennt zu Recht Ähnlichkeiten zwischen wissenschaftlichen Theorien und Kunstwerken, versäumt aber, die spezifischen Differenzen zwischen beiden anzugeben, und verabschiedet daher die Ideen von Rechtfertigung und Geltung. Siehe N. Goodman/C. Elgin (1988).

gungen zu disparaten Themen, insbesondere der Philosophie der Psychologie, auf die hier nicht einzugehen ist. Aber all das ändert nichts daran, daß die Schrift es nicht vermag, ihre Entdeckungen positiv auszuwerten – in der Tat wirft etwa der Nachweis des holistischen Charakters von Sprachspielen (wie auch von Theorien) ganz besondere Probleme auf, die leicht zu relativistischen Konsequenzen verführen[60] und die m. E. nur in einem Ansatz bewältigt werden können, der apriorische Kategorien auszuzeichnen erlaubt. Ja, die „Philosophischen Untersuchungen" sind voller dialektischer Inkonsistenzen, ja im Grunde sind sie eine einzige dialektische Inkonsistenz. Ständig wird der traditionellen Philosophie (einschließlich der des „Tractatus") vorgeworfen, zu Unrecht normativ zu sein, ohne daß begriffen wird, daß dieser *Vorwurf* als solcher selbst eine normative Kompetenz der Philosophie voraussetzt. Wie kann denn mit Recht behauptet werden, daß alle Sprachspiele auch ohne philosophische Kontrolle glänzend funktionierten, und zugleich dasjenige der traditionellen Philosophie einer erbitterten Kritik unterzogen werden? Und wie kann ein Satz „Die Philosophie läßt alles, wie es ist" ohne Selbstwiderspruch ausgesprochen werden, wenn dieser Satz offenkundig gegen diejenigen Sprachspiele gerichtet ist, die darauf abzielen, nicht alles so zu lassen, wie es ist? Auch unabhängig von diesem Selbstwiderspruch ist es klar, daß es um Ethik und Ästhetik im Ansatz des späten Wittgenstein nicht besser

[60] Dies läßt sich etwa an den Folgen des durch Th. S. Kuhn eingeleiteten Paradigmenwechsels in der Wissenschaftstheorie zeigen. Einerseits kann kein Zweifel daran sein, daß seine Unterscheidung zwischen normaler Wissenschaft und wissenschaftlichen Revolutionen äußerst fruchtbar ist: Erst Paradigmenwechsel machen es überhaupt möglich, gewisse Fragen zu stellen und gewisse Experimente vorzunehmen, die immer schon einen bestimmten theoretischen Rahmen voraussetzen; daraus ergibt sich u. a. der Einfluß, den philosophische Kategorien auf den konkreten Lauf der Wissenschaftsgeschichte gehabt haben und immer noch haben. Andererseits ist aber abzulehnen, daß Kuhn nicht nur zu Recht auf die Widerstände verweist, die die Vertreter des alten Paradigmas gegen das neue leisten, sondern letztlich die unaufgebbare Unterscheidung zwischen Genesis und Geltung preisgibt und zu der Konsequenz neigt, es gebe keine rationalen Kriterien, um zwischen den diskontinuierlichen Paradigmen mit ihrer jeweils verschiedenen Sicht der Wirklichkeit zu entscheiden. Immerhin hat Kuhn ein wichtiges Buch geschrieben – was man von P. Feyerabends Manifest des erkenntnistheoretischen Anarchismus (1976) gewiß nicht sagen kann. Daß in einer Zeit, in der die Philosophie stagniert und mit zunehmendem Neid den großartigen Erfolgen einer Wissenschaft zusehen muß, die auch nur passiv nachzuvollziehen sie größerenteils nicht mehr in der Lage ist, eine These wie „Anything goes" dazu beitragen würde, die Minderwertigkeitskomplexe der Philosophen zu kompensieren, und ihr daher großer Erfolg sicher war, war vorherzusehen; und in einem gewissen Sinne bestätigte dieser Erfolg tatsächlich die These, daß in diesem Kulturbetrieb wirklich alles möglich ist.

steht als im „Tractatus". Sicher kommen jetzt ethische und ästhetische Phänomene in den Blick, die im „Tractatus" ignoriert wurden; aber sie werden der ihnen eigentümlichen Normativität beraubt, und der im „Tractatus" implizite ethische Nihilismus wird dadurch nicht im mindesten gehoben. Ja, selbst die normative Dimension, die dem „Tractatus" mit Bezug auf die Erkenntnistheorie verblieb, ist inzwischen ganz geschwunden, und dies läßt sich schwerlich anders denn als Rückfall bewerten. Denn während nach dem „Tractatus" der Satz „Diese Frau ist eine Hexe" immerhin noch als sinnlos abgetan werden konnte, bleibt auf dem Standpunkt der „Philosophischen Untersuchungen" nichts anderes übrig, als den Gebrauch dieser Äußerung in einem bestimmten Sprachspiel zu analysieren. Die kritische Potenz, die der modernen Wissenschaft, der Aufklärung und als ihrem verkümmerten Erben immerhin auch noch dem Logischen Positivismus eignete, ist hier gänzlich verblaßt.

S. Kripke hat in seinem bedeutenden Wittgensteinbuch (1982), auf das im Zusammenhang mit dem Privatsprachenargument noch genauer einzugehen sein wird, sehr zu Recht den späten Wittgenstein als einen Skeptiker gekennzeichnet, der ähnlich Hume ein skeptisches Paradox entdeckt – allerdings nicht mit Bezug auf das Induktions-, sondern auf das Bedeutungsproblem – und eine skeptische Lösung dieses Paradoxes vorgeschlagen habe. Unter skeptischer Lösung versteht Kripke (66 f.) im Gegensatz zu einer „straight solution" eine Lösung, die anerkennt, daß das vom Skeptiker aufgeworfene Problem unlösbar sei, die aber meint, unsere gewöhnliche Praxis, die durch dieses Problem in Frage gestellt worden sei, bestehe trotzdem zu Recht, weil sie seiner Lösung und damit einer Rechtfertigung im traditionellen Sinne nicht bedürfe. So kann laut Hume Kausalität nicht ontologisch rekonstruiert werden, sondern stammt einfach aus dem Gefühl des gewohnheitsmäßigen Übergangs zwischen unseren Ideen von zwei verschiedenen Ereignistypen. Ähnlich ist nach Wittgenstein die Frage „was meint jemand mit etwas?" nicht mit Bezug auf ein an sich bestehendes Reich der Bedeutungen, sondern nur mit Rückgriff auf die Abrichtung in einem Sprachspiel zu beantworten.

Kripkes Vergleich von Hume und Wittgenstein trifft durchaus zu. Beide Denker kommen darin überein, daß sie einerseits mit einem ungeheuren Scharfsinn Probleme sehen, die dem gewöhnlichen Auge entgehen, daß sie sich aber zugleich in der Tiefe ihres Herzens nach der Unkompliziertheit des common sense sehnen.[61] Ihre Philosophie will

[61] So feiert es Wittgenstein als seine Haupterrungenschaft, jetzt fähig zu sein, „das Philosophieren abzubrechen, wann ich will" (I § 133). Dieses Glücksgefühl des mit seiner Reflexion nicht mehr fertig werdenden Denkers erinnert nicht von ungefähr an den Schluß des ersten Buches von Humes

somit eine Verteidigung des common sense sein ohne jede metaphysische Annahme, da diese ihn nur verwirren könne. Aber der Grundwiderspruch in diesem Versuch ist, daß der common sense zwar vielleicht von den komplexen Implikationen seiner naiven metaphysischen Annahmen verblüfft wird, zu denen zweifelsohne der Glaube an eine normative Dimension gehört, daß er aber weitaus mehr von dem Standpunkt verwirrt werden muß, daß etwas deswegen und nur deswegen richtig sei, weil der common sense es annehme. Wer von Kausalität spricht, meint – ob zu Recht oder Unrecht, ist eine andere Frage; aber an dem subjektiven Sachverhalt ist kein Zweifel – zweifelsohne nicht eine subjektive Gewohnheit; und wer von Bedeutungen spricht, glaubt nicht, daß sie allein in einem jeder Kontrolle entzogenen Abrichtungsprozeß bestehen, durch den man die Sprache lernt. Insbesondere gibt es nichts dem common sense Entgegengesetzteres als den Versuch der ordinary language philosophy, Philosophie auf Sprachanalyse zu reduzieren.[62] Gewiß ist die Sprache als geronnener Geist ein Schatz wichtiger Einsichten; Etymologien wie die Analyse ihrer Struktur können die Philosophie immer wieder beflügeln. Aber etwa zu glauben, das Grundproblem der Ethik ließe sich dadurch lösen, daß man feststellt, wie das Wort „gut" gebraucht werde, ist ein an Abwegigkeit kaum zu übertreffender Vorschlag, ja eine der krudesten Formen des naturalistischen Fehlschlusses, mit dem nicht nur die Philosophie, sondern auch der common sense endgültig abdankt, der stets wußte, daß Sachprobleme mehr sind als Wortprobleme.

Was insbesondere Wittgensteins These von der Inkommensurabilität der Sprachspiele angeht, so widerspricht sie dem jedem Menschen vertrauten Vorgang, daß verschiedene Lebensformen sich auseinander entwickeln bzw. einander verstehen können. Nicht nur können wir Sprachen ineinander übersetzen – wir können überhaupt nur feststellen, daß etwa ein bestimmtes Wort wie „virtus" im Deutschen nicht mit einem einzigen Worte wiedergegeben werden kann, weil wir im Prinzip verstehen können, was das Wort im Lateinischen bedeutet, welche Nuancen es aufgrund der zum Teil von den unseren abweichenden Wertvorstellungen der Römer hat usf.; und wir können diese verschie-

„Treatise" (I 4, 7), wo dieser seiner Freude darüber Ausdruck gibt, im Speisen, Kartenspielen und Plaudern eine Ablenkung von seinen philosophischen Grübeleien finden zu können.

[62] Einer der bedeutendsten Naturwissenschaftler unserer Zeit schreibt zu Recht zu diesem Ansatz: „Philosophers reduced the scope of their inquiries so much that Wittgenstein, the most famous philosopher of this century, said, ‚The sole remaining task for philosophy is the analysis of language.' What a comedown from the great tradition of philosophy from Aristotle to Kant!" (S. Hawking (1988), 174 f.)

denen Nuancen, wenn auch häufig nur paraphrastisch, gegebenenfalls durch Einführung neuer Ausdrücke in unsere Sprache, intersubjektiv verständlich wiedergeben. Die These von der Unbestimmtheit der Übersetzung setzt also das voraus, was sie leugnen will – die Verständlichkeit fremder Sprachen.

Aber ganz allgemein läßt sich unschwer begreifen, daß jede radikal pluralistische Philosophie dialektisch widersprüchlich ist. Wie kann jemand, der sich den Zugang zu einer anderen – subjektiven oder intersubjektiven – Monade im Prinzip versperrt, denn wissen, daß diese zweite Monade nicht mit einer dritten bestens kommunizieren kann? Das Sprachspiel der traditionellen Philosophie ist gewiß von demjenigen der „Philosophischen Untersuchungen" unterschieden; Wittgenstein kann es daher nur von außen beschreiben. Woher will er wissen, daß der universelle Anspruch dieses Sprachspiels, das Wesen aller Sprachspiele zu erfassen, unbegründet ist, ohne sei es in es einzudringen, was nach seinen Voraussetzungen unmöglich ist, sei es allgemeine apriorische Aussagen über das Wesen aller Sprachspiele zu fällen, was ebenfalls unmöglich sein soll (vgl. I § 67)? Wittgenstein begreift nicht, daß er für seine Destruktion der Philosophie jenen Allgemeinheitsanspruch immer schon präsupponiert, den er mit seiner Sprachspieltheorie zerstören will – sein Sprachspiel, das die Philosophie zur Bescheidenheit anhalten möchte, kann dies nur, weil es sich genau denselben Metastandpunkt anmaßt, den es der Philosophie vorwirft. „Daß Wittgenstein die Frage nach der Verbindlichkeit seiner eigenen Aussagen, die ihn im „Tractatus" in die Paradoxie geführt hatte, im Spätwerk befriedigend beantwortet hätte, wird man nicht behaupten wollen." (Apel (1967), 272)

1.3.3. Existenzphilosophie und Hermeneutik

Während die Sozialwissenschaften die paradigmatische Wissenschaft darstellen, die dem Marxismus zugrunde liegt, während das Wahrheitserlebnis in den exakten Naturwissenschaften zumindest die Anfangsphase der analytischen Philosophie bestimmt hat, sind die Geisteswissenschaften die Grundwissenschaft der dritten Hauptströmung der modernen Philosophie; die Erfahrung insbesondere der Kunst bildet den Hintergrund eines großen Teils der Existenzphilosophie und dessen, was sich aus ihr entwickelt hat. Es ist kein Zufall, daß einige der Existenzialisten – etwa Sartre und Camus – bedeutende Schriftsteller waren, daß der erste Teil des wichtigsten Werkes der philosophischen Hermeneutik, von Gadamers „Wahrheit und Methode" (1975), eine „Freilegung der Wahrheitsfrage an der Erfahrung der Kunst" versucht und daß Heideggers Spätphilosophie um das Problem der Dichtung kreist. In der Tat läßt sich als das Hauptverdienst insbesondere der deutschen Version dieser Richtung eine klare Erkenntnis des Sonderstatus des Verstehens angeben, also jener geistigen Operation, mit der wir die – meist, aber nicht notwendig sprachlichen – Objektivierungen anderer Subjekte erfassen. Verstehen ist offenkundig eine empirische Erkenntnisart, also nicht auf logische Deduktionen zurückzuführen, unterscheidet sich aber doch deutlich von jenen zwei Formen von Erfahrung, die von Descartes bis Kant (ja bis zum Wittgenstein des „Tractatus") im Zentrum der Philosophie standen: der äußeren Wahrnehmung von Objekten und der Selbstwahrnehmung. Will ich verstehen, was mir ein anderer zuruft, so kann ich nicht bloß a priori deduzieren: ich muß zuhören; ich darf aber das, was ich höre, auch nicht als bloßes akustisches Phänomen einstufen.[63]

Es ist kein Zufall, daß diese besonders schwierige geistige Tätigkeit erst spät in der Philosophiegeschichte als solche thematisiert wurde: Vico ist der erste, der eine neue Wissenschaft vom intersubjektiven Geist entwirft; nach ihm haben insbesondere Schleiermacher und Dilthey eigene hermeneutische Theorien ausgearbeitet. Es kann nicht überraschen, daß die besondere Schwierigkeit des Verstehens leicht zu relativistisch-skeptischen Konsequenzen verführt, um so mehr, als jede Theorie des Verstehens ihre Bewährung im Begreifen des Verstehens einer vergangenen Zeit findet und daher nahezu zwangsläufig auf das Problem der Geschichte führt. Auch der schwierigste Gegenstand des Verstehens, die Kunst – zu deren Wesen eine wie auch immer indirekte Form von Mitteilung gehört –, drängt einem leicht die Annahme auf, es gebe keineswegs so etwas wie objektive, methodisch rekonstruierbare Mitteilung; die zu zahlreichen Kunstwerken gehörende Ambivalenz wird leicht subjektivistisch mißverstanden – also so, als ob es von einem selbst abhänge, ob man das Kunstwerk so oder so verstehe, während es in Wahrheit *objektiv* vieldeutig ist. Die meisten der Philosophen, die sich um eine Analyse der spezifischen Unterschiede des Verstehens vom naturwissenschaftlichen Erklären bemüht haben, haben daher einen zwar inhaltlich umfassenderen, aber doch formal „weicheren", unmethodischeren Wahrheitsbegriff zugrunde gelegt als die Mehrzahl der analytischen Philosophen. Die epochale Bedeutung von Heideggers „Sein und Zeit" liegt darin, daß es die bis zu ihm gewissermaßen „regionalontologischen" Reflexionen über das Verstehen fun-

[63] Der Behaviorismus ist der rohe Versuch, das Problem der Erfahrung anderer Iche auf das Problem der Erfahrung ihrer Außenseiten zu reduzieren. Auch wenn es gewiß richtig ist, daß fremde Innenseiten uns nicht unmittelbar zugänglich sind, ist die Negation einer „hinter" ihnen stehenden Innenseite die Negation dessen, was ein anderes Subjekt von einem bloßen Objekt unterscheidet.

damentalontologisch überhöht.[64] In seinem Hauptwerk will Heidegger die Seinsfrage als die Grundfrage der Philosophie wieder aufrollen; er wählt dabei – im Sinne einer endlichen Transzendentalphilosophie – den Zugang über dasjenige endliche Seiende, das diese Frage zu stellen vermag – das Dasein. Zu Recht beharrt Heidegger auf der Differenz der Bestimmungen dieses Daseins (der Existenzialien) von denen des gegenständlich Seienden (den Kategorien); der traditionellen Ontologie wirft er vor, ihre angeblich allgemeingültigen Kategorien von den Dingen abstrahiert zu haben. Entscheidend an Heideggers Ansatz ist, daß das Dasein wesentlich als In-der-Welt-Sein gedeutet wird. Heidegger lehnt die Vorstellung ab, das Subjekt sei an sich, in seinem Wesen, ohne Weltbezug, der nur akzidentellerweise hinzukäme. Vielmehr ist nach ihm die jeweilige konkrete Bezugnahme zur Welt nur möglich, „*weil* Dasein als In-der-Welt-sein ist" (1979; 57). In dem Umgang des Daseins mit der Welt manifestieren sich die Dinge als Zuhandenes (68 f.), d. h. als je schon bezogen auf die einzelnen Zwecke. Im Zeug liegt ferner der Bezug auf *andere:* Das Feld, an dem man vorbeispaziert, gehört dem und dem, das gelesene Buch ist ein Geschenk von dem und dem. Ebensowenig wie dem Dasein der Weltbezug, ist dem Zeug die Relation zu den anderen äußerlich – „die so im zuhandenen, umweltlichen Zeugzusammenhang ‚begegnenden' Anderen werden nicht etwa zu einem zunächst nur vorhandenen Ding hinzugedacht, sondern diese ‚Dinge' begegnen aus der Welt her, in der sie für die Anderen zuhanden sind" (118). Von Wichtigkeit ist ferner, daß Heidegger die anderen nicht in Absetzung von dem einzelnen Ich versteht – „die Anderen sind vielmehr die, von denen man selbst sich zumeist *nicht* unterscheidet, unter denen man auch ist" (118). Ebendeswegen ist das Mitsein ein für das In-der-Welt-sein konstitutives Existenzial (121). Erst dieses Mitsein ermöglicht ein Seins- und Selbstverständnis. Erkenntnis einschließlich der Selbsterkenntnis geht dem Mitsein nicht voraus, sondern ist nur vor dessen Hintergrund denkbar; „das Sichkennen gründet in dem ursprünglich verstehenden Mitsein" (124). Auf der Basis dieser Überlegungen kann Heidegger die Konzeption jener „Einfühlung" zurückweisen, die „erst die Brücke schlagen (soll) von dem zunächst allein gegebenen eigenen Subjekt zu dem zunächst überhaupt verschlossenen anderen Subjekt" (124); vielmehr sei es so, daß die Einfühlung das Mitsein nicht konstituiere, sondern voraussetze (125). In seiner Analyse der drei Weisen des In-Seins, der Befindlichkeit, des Verstehens und der Rede, erhält letztere eine besondere Bedeutung: Die traditionelle Übersetzung der griechischen Definition des Menschen als ζῷον λόγον ἔχον mit „animal ratio-

[64] Nicht an Heidegger reichen Jaspers' Ausführungen über „Kommunikation" heran (1932; II 50–117).

nale" sei zwar nicht falsch, aber doch verdeckend-einseitig. Vielmehr zeige „der Mensch ... sich als Seiendes, das redet" (165).

In den Verfallsformen des Daseins erweist sich die Macht der Rede in Gestalt des Geredes. Seiner Ausgelegtheit vermag das in sie hineinwachsende Dasein „sich nie zu entziehen. In ihr und aus ihr und gegen sie vollzieht sich alles echte Verstehen, Auslegen und Mitteilen, Wiederentdecken und neu Zueignen. Es ist nicht so, daß je ein Dasein unberührt und unverführt durch diese Ausgelegtheit vor das freie Land einer ‚Welt' an sich gestellt würde, um nur zu schauen, was ihm begegnet" (169).

Diese Stelle, die Apel (1967; 264) ausführlich gewürdigt hat, ist aus verschiedenen Gründen bezeichnend. Einerseits zeigt sich in ihr eine klare Einsicht in die intersubjektive Konstitution des einzelnen Subjekts. Mit einer Eindringlichkeit und begrifflichen Schärfe, wie sie es vor „Sein und Zeit" nicht gegeben hat, arbeitet Heidegger heraus, daß die Subjekt-Objekt-Relation immer schon getragen ist von einer Subjekt-Subjekt-Relation (um mich hier einer traditionellen Terminologie zu bedienen, die Heidegger selbst verwerfen würde). Andererseits ist in ihr in nuce schon jene Negation der Autonomie des denkenden Subjekts enthalten, die die Spätphilosophie Heideggers kennzeichnet: Dem Gerede könne man sich, so scheint es auf den ersten Blick, ebensowenig wie Wittgensteins Lebensformen entziehen. Allerdings erkennt der zweite Abschnitt von „Sein und Zeit" eine Befreiung vom Man an, die den Erfolg des Buches entscheidend mitbegründet hat: das eigentliche Selbstsein im Vorlaufen zum Tode. In diesem Erfassen der eigenen Faktizität und Endlichkeit, in dieser „Entschlossenheit" entreißt sich das Dasein dem Verfallensein an die Alltäglichkeit. Aber nichts kann darüber hinwegtäuschen, daß dieser Ausbruchsversuch jene Autonomie nicht wiederherstellt, die das Ziel der traditionellen Philosophie war. Die Entschlossenheit ist wüst und leer – ihre Inhalte sind durch nichts Objektives bestimmt, das die Grundlage einer vernünftigen und freien Intersubjektivität abgeben könnte. Berühmt ist die von K. Löwith überlieferte Anekdote, ein Schüler Heideggers habe erklärt, er sei unheimlich entschlossen, er wisse nur nicht, wozu. Bezeichnend für den ethischen Nihilismus, der „Sein und Zeit" ebenso wie dem Szientismus zugrunde liegt, ist Heideggers Analyse der Begriffe von Schuld und Gewissen. Nicht daß es nicht gestattet wäre, traditionelle Begriffe umzudefinieren; und auch nicht das ist zu bemängeln, daß Heidegger in der Tatsache, daß das endliche Dasein als endliches nicht alle Möglichkeiten realisieren kann, eine Art ontologischer Schuld erkennt: Diesem Gedanken ist vielmehr Tiefe nicht abzusprechen. Was an Heideggers Ausführungen stört, ist, daß er den traditionellen Schuldbegriff praktisch eliminiert – auf der Grundlage des Begriffsgefüges von „Sein und Zeit" läßt sich nicht anders urteilen, als daß Adolf Hitler und Franziskus von Assisi gleichermaßen schuldig geworden sind. Im ontologischen Entwurf von „Sein und Zeit" haben ethische Normen keinen Platz – auf der einen Seite stehen die faktischen Üblichkeiten des Man, auf der anderen der Formalismus der Entschlossenheit. Es ist nicht übertrieben, wenn man feststellt, daß diese beiden Momente weltgeschichtlich in dem verzweifelten Aufschrei jener orientierungslos gewordenen Kleinbürger zusammengetroffen sind, der die Nationalsozialisten an die Macht gespült hat, und Heideggers Verhalten während des Nationalsozialismus ist daher nicht nur als eine persönliche Verfehlung, sondern durchaus als eine Folge seiner Philosophie zu betrachten.[65]

Aber nicht nur überwindet „Sein und Zeit" nicht das normative Vakuum, das die moderne Philosophie kennzeichnet. Ernster zu nehmen, weil immanenter ist der Vorwurf (den mit einer freilich anderen Ausrichtung sich der späte Heidegger selbst gemacht hat), daß der Ausgang vom Dasein kein adäquater Weg ist, die Seinsfrage zu beantworten. In der Tat können Heideggers brillante Phänomenanalysen trotz ihres tiefen Wahrheitsgehalts nicht darüber hinwegtäuschen, daß er, wenn auch mit umgekehrtem Vorzeichen, denselben Fehler begeht, den er der traditionellen Ontologie vorwirft – daß auch er Regionalontologie mit unbegründeten fundamentalontologischen Ansprüchen betreibt. Während ein großer Teil dieser Tradition Bestimmungen, die naturhaft Seiendem zukommen, zu Unrecht zu allgemein-ontologischen hochstilisiert hat, geht Heidegger von Bestimmungen des Daseins aus, von denen keineswegs notwendig einsichtig ist, daß sie dem Sein oder auch nur allem Seienden zukommen. Dies gilt insbesondere für die Zeitlichkeit. Keiner wird bezweifeln, daß damit (ebenso wie mit der aus ihr folgenden Sterblichkeit) eine grundlegende Eigenart des Daseins erfaßt ist, die etwa auch in der Kantischen ersten Kritik eine gebührende Rolle spielt, während sie in Descartes' Theorie der „res extensa" noch völlig ignoriert wurde.[66] Aber warum sollte daraus folgen, daß alles Seiende oder gar das Sein zeitlich ist? Ohnehin dürfte ein streng apriorischer Zugang zur Seinsfrage vorzuziehen sein; aber wenn man sich schon für einen gleichsam induktiven Weg entscheidet, dann kann man sich nicht mit einem, noch so ausgezeichneten Seienden begnügen, sondern muß verschiedene Seinstypen in den Blick zu bekommen versuchen. Normen und Werte aber, mathematische Entitäten, ja selbst Naturgesetze sind unter keinen Umständen als zeitlich zu interpretieren, und es spricht nicht für die Angemessenheit von Heideggers Zugang, daß er diese Phänomene im wesentlichen

[65] Siehe dazu gerade eben V. Farias (1989).

[66] Siehe Heideggers Interpretation der transzendentalen Einbildungskraft bei Kant (1929).

ignoriert. Aber nicht nur führt Heideggers ontologische Ausweitung der Begriffe von Zeitlichkeit sowie von Geschichtlichkeit (die er, Diltheys Historismus tiefer begründend, auf jene zurückführt) dazu, daß er ganze Phänomengruppen übersehen *muß;* er führt auch zu einer dialektischen Inkonsistenz: Es ist nicht möglich, jede Erkenntnis für geschichtlich zu halten, ohne daß sich damit auch diese Erkenntnis als geschichtlich und damit als im Prinzip schon überholt erweist.

Auch Heideggers Analyse des Zeitphänomens geht von vorgefaßten Selektionskriterien aus. So beeindruckend seine Untersuchungen zu den drei Zeitekstasen sind, so überzeugend sein Nachweis ist, daß *für das Dasein* die Zukunft eine Priorität vor der „Gewesenheit" hat, so wenig heißt dies, daß er alle Aspekte des Zeitbegriffs in den Blick bekommt und daß seine Zurückführung des wissenschaftlichen Zeitbegriffs auf die Zeitlichkeit des Daseins eine mehr als genetische Bedeutung besitzt. Gewiß ist die Wissenschaft aus der Lebenswelt hervorgegangen – aber schließt dies aus, daß die Wissenschaft tiefere, „seiendere" Dimensionen der Welt und vielleicht auch der Zeit erfaßt als die Lebenswelt? Es berührt den Leser eines nach 1905 erschienenen Buches über Sein und Zeit merkwürdig, daß Einsteins Revolutionierung des Zeitbegriffs nur in einer Fußnote erwähnt wird. Ebensowenig wie der Szientismus den Geisteswissenschaften, wird Heidegger den Naturwissenschaften gerecht; keiner der beiden Ansätze kann irgendwie beanspruchen, die Totalität der Wissenschaften zu erfassen oder gar zu begründen.

Problematisch ist ferner Heideggers Begriff des Daseins. Einerseits ist das Dasein klarerweise nicht auf den Menschen beschränkt; die Daseinsanalyse will mehr sein als ein anthropologischer Traktat, und in der Tat spielen zahlreiche Wesensmerkmale des Menschen wie etwa seine Sexualität in dem Werk keine Rolle. Heidegger scheint vielmehr von einigen Grundzügen des Menschen auszugehen, die auch auf andere endliche Geistwesen zutreffen könnten: Das Dasein kommt einem sterblichen, reflexiven (u. a. um seine Sterblichkeit wissenden), intersubjektiven, sich mit Gegenständen abgebenden Wesen zu. Aber was garantiert, daß diese Merkmale *notwendig* zusammen auftreten (was die Pointe des Ansatzes sein muß, wenn er mehr sein will als ein bloß anthropologischer bzw. wenn die Auswahl menschlicher Eigenarten mehr als beliebig sein will)? Warum ist etwa ein endliches Wesen notwendig intersubjektiv? Und wenn das nicht der Fall ist, wenn ein ontologisches Seinsverständnis auch bei einem Privatus denkbar wäre, was ist dann die Tragweite der Aussagen über das Mitsein? Warum sind sie mehr als Beschreibungen der *menschlichen* Daseinsform? Es rächt sich hier, daß Heidegger über keine Methode verfügt, apodiktische Aussagen zu begründen; hierin unterscheidet sich seine Version von Transzendentalphilosophie unvorteilhaft von derjenigen Kants und letztlich auch derjenigen Husserls. Denn so problematisch auch Husserls Rekurs auf Evidenzen ist, so bleibt doch anzuerkennen, daß Husserl das Geltungsproblem in einer ganz anderen Weise thematisiert hat als Heidegger, ja daß Heidegger unter begründungstheoretischem Gesichtspunkt einen bedeutenden Rückfall hinter Husserl darstellt, auch wenn die meisten seiner materialen Analysen Husserl weit hinter sich lassen: Die Überwindung der Weltlosigkeit von Husserls Subjektivität ist in der Tat eine großartige Leistung, von der man auch heute noch verstehen kann, daß sie als befreiend empfunden wurde. Doch geschieht dies (da Husserls subjektiver Idealismus nicht in einem objektiven Idealismus aufgehoben wird) um den Preis einer methodologischen Regression, die sich u. a. in dem unkontrollierten Rekurs auf Etymologien manifestiert, der im Spätwerk immer eigenwilligere Formen annimmt. In der ordinary language philosophy geht es immerhin noch um Strukturen, die einer Mehrzahl von Sprachen eignen; hier werden aber Herleitungsbeziehungen, die sich in einer Einzelsprache zwischen Wörtern zufällig finden, zu Argumenten für Wesenszusammenhänge.

Das Urteil über den späten Heidegger im Vergleich zu dem früheren muß ähnlich ambivalent ausfallen wie im Falle Wittgensteins. Einerseits ist anzuerkennen, daß Heideggers Wendung zu einer im weiteren Sinne des Wortes realistischen Philosophie, die dem Objekt einen klaren Primat gegenüber dem Subjekt einräumt, Momente wiederentdeckt, die in den meisten Ansätzen der modernen Philosophie verlorengegangen waren, aber zum Grundkern der traditionellen Philosophie gehörten. Daß die Wahrheit nicht *gemacht* werden kann, ist eine Erkenntnis, die nicht laut genug ausgesprochen werden kann. Aber sosehr sich in Heideggers Spätschriften Ahnungen finden, die an die vergangene große Philosophie erinnern, sowenig kann dies darüber hinwegtäuschen, daß Heideggers Spätphilosophie diese Einsichten der Tradition in einer Weise verzerrt, die es an einigen Stellen geradezu erlaubt, jene als Karikatur dieser zu bezeichnen. Und es spricht nicht für das 20. Jahrhundert, daß es sich – mangels besserer spekulativer Philosophie – Jahrzehnte lang von dieser Karikatur großer Philosophie hat behexen lassen, wobei natürlich wissenssoziologisch der Erfolg des späten Heidegger wesentlich dadurch begünstigt wurde, daß sein schicksalsgläubiger Ansatz Europa und besonders Deutschland von einer Verantwortung für die Verbrechen und Katastrophen freisprach, die es zu Heideggers Lebzeit über die Welt gebracht hatte.

Eine der Grundeinsichten der großen objektiv-idealistischen Tradition von Platon bis Hegel ist, daß das objektive Sein dann am ehesten erfaßt wird, wenn die Vernunft a priori und d. h. ohne Rückgriff auf Empirisches, also auf in diesem Sinne objektiv Gegebenes vorgeht, während objektivistischere Formen von Erkenntnis wie die Erfahrung nur Ergebnisse zeitigen können, die nicht notwendig und d. h. nicht im strengsten Sinne des Wortes objektiv sind. Auf diese Weise gelingt es, Autonomie und Objektivität zusammenzudenken, was zumal in der Ethik von größter Bedeutung ist. Genau diese Einheit von Objektivität und Autonomie wird aber von Heidegger zerstört – die Wendung zur Objektivität, die an sich zu begrüßen wäre, bedeutet bei ihm einen Abschied von der Autonomie. Ebendeswegen können Heideggers Behauptungen nicht irgendwie methodisch kontrolliert werden – wenn sie argumentativ rekonstruiert werden könnten, wäre dies ja ein Zeichen, daß sie das Produkt der neuzeitlichen Subjektivität und so vom Sein entfernt wären. Aber ebendeswegen schlägt Heideggers Objektivismus in den ungeheuersten Subjektivismus um, den die Philosophie dieses Jahrhunderts hervorgebracht hat – wer nicht dem geistigen Führer Heidegger zu folgen, wer nicht mit ihm dem Sein zu lauschen gewillt ist, der ist eben nicht zu retten. Natürlich verkleidet sich Heideggers Subjektivismus in objektivistische Gewänder – in Analysen etymologischer Herleitungszusammenhänge, in Interpretationen von Gedichten oder – zumal archaischen – Philosophemen. Aber da diese Interpretationen rationaler Kontrolle unzugänglich sind,[67] stellt sich das Problem auf einer höheren Ebene noch einmal: Es geht jetzt darum, Heideggers Interpretationen kritiklos zu folgen – denn jede Kritik würde beweisen, daß man der Seinsvergessenheit verfallen sei, daß man mit unserer ganzen Tradition spätestens seit Platon verlernt habe, auf das Sein zu hören. Damit wird Heideggers Spätphilosophie zu einem Paradebeispiel für einen doppelt verschanzten Dogmatismus – sie immunisiert sich gegen Kritik von vornherein dadurch, daß sie diese für Ausdruck ideologischer Verblendung erklärt und es sich dadurch erspart, auf diese Kritik einzugehen. Nun könnte Heideggers These, dem Sein gegenüber seien Argumente unangemessen, seine „Logosvergessenheit" (Apel (1967), 273) vielleicht richtig sein – wenn sie nicht offenkundig dialektisch widersprüchlich wäre. Denn die ganze *Theorie* von der Seinsvergessenheit will ja ein *Argument* dafür abgeben, warum wir nicht argumentieren wollen dürfen – sie präsupponiert also das, was sie verwirft. Wäre Heidegger wirklich konsequent, hätte er die Philosophie aufgegeben – er hätte entweder gedichtet oder das Denken dadurch zur Vollendung gebracht, daß er geschwiegen hätte. Ohnehin bleibt es im Rahmen von Heideggers Philosophie der Philosophiegeschichte, deren Linearität die Undifferenziertheit des traditionellen Fortschrittsmodells nur mit umgekehrtem Vorzeichen wiederholt, völlig ungeklärt, wie es zu Heideggers genialem Denken kam – woher diese großartige Erscheinung nach zweieinhalb Jahrtausenden Verfall?

[67] S. die treffende Kritik von K. Weimar und Ch. Jermann (1984), der ich viele meiner Einwände entnehme.

(Eine ähnliche Frage stellt sich mit Bezug auf Adornos These vom universalen gesellschaftlichen Verblendungszusammenhang, eine These, die so offenkundig dialektisch inkonsistent ist, daß es einer eigenen negativen Dialektik bedurfte, um über ihre Inkonsistenz hinwegzutäuschen.[68])

Dennoch läßt sich der Einfluß des späten Heidegger nicht begreifen, wenn nicht auch der bedeutende Kern seines Denkens anerkannt wird, das (um eine Trivialität zu sagen) zweifelsohne zu den kraftvollsten dieses Jahrhunderts, ja der ganzen Philosophiegeschichte gehört. Dieser Kern besteht darin, daß Heidegger die Gefahren der modernen Technik zu einer Zeit begriffen hat, als sich die vorherrschende Kultur kollektiv darüber hinwegtäuschte (s. besonders (1962)). Heidegger hat die Philosophie der Technik auf ein ganz neues Niveau dadurch gebracht, daß er die geistigen Wurzeln unserer technischen Zivilisation erfaßt und etwa mit dem naiven Vorurteil gebrochen hat, diese sei nur Folge einer Reihe glücklicher Erfindungen und Entdeckungen: Es ist vielmehr eine eigene forma mentis, die der modernen Technik zugrunde liegt. Aber Heidegger irrt, wenn er die Verselbständigung der Technik als notwendige Folge der neuzeitlichen Metaphysik deutet – die Verabsolutierung technischer Zweckrationalität ist nur vor dem Hintergrund eines (letztlich antimetaphysischen) Verfalls der Wertrationalität verständlich, die ihr keine Grenzen zu setzen vermag. Mit Heidegger beginnt jene undifferenzierte Rationalitätskritik, die nicht begreift, daß es verschiedene Formen von Rationalität gibt und daß die pauschale Diffamierung von Rationalität nicht nur keine Probleme lösen, sondern sie verschärfen wird. So hat Heidegger die klassische Unterscheidung von Verstand und Vernunft, also einer Form von Denken, die von unhinterfragten Prinzipien ausgeht, und einer anderen, die diese Prinzipien reflektiert, nicht angemessen begriffen – und zwar weder systematisch noch philosophiehistorisch. Ebensowenig hat er je verstanden, daß es so etwas wie eine eigene Wertrationalität gibt (d. i. die Vernunft in der Ethik), der durch die ungehemmte Ausbreitung der Zweckrationalität schon bedeutender Schaden erwachsen ist, die aber im Strudel einer generischen Rationalitätskritik noch viel schneller verschwinden wird als die Zweckrationalität, deren Unabdingbarkeit dem Eigeninteresse stets unmittelbar einleuchtet. Daher läßt sich durchaus sagen, daß Szientismus und Existenzphilosophie gleichermaßen zur

[68] Auf das Problem der absoluten Geltung des Widerspruchssatzes wird noch einzugehen sein. Hier sei schon festgestellt, daß die einzige Möglichkeit, aus dialektischen Theorien Sinn zu machen, darin besteht, an einer bestimmten Version des Widerspruchssatzes unbedingt festzuhalten – eben dies tut Hegels spekulative Dialektik im Gegensatz zu Adornos negativer Dialektik.

Zersetzung der Wertrationalität beigetragen haben, und insofern kann auch der Existenzphilosophie eine indirekte Schuld am Überhandnehmen technischer Rationalität nicht abgesprochen werden.

Ferner ist klar, daß das Problem der modernen Technik zwar ohne eine Transzendierung der technischen Rationalität nicht gelöst werden kann – aber ebensowenig ohne eine Einbeziehung technischer Rationalität als eines Mittels, das sich allerdings nicht verselbständigen darf. Heideggers quietistische Lösung – das Lob der Gelassenheit – ist keine adäquate Alternative: Denn sie würde dem Verhängnis seinen Lauf lassen, würde ein Abdanken vor jeder konkreten Verantwortung bedeuten. Ähnlich unverantwortlich ist Heideggers These vom Willen zur Macht als Erkenntnis – so der dritte Abschnitt der Nietzschemonographie –, eine These, die von großer Wirkung auf die Gegenwartsphilosophie ist: Viele Gedanken Foucaults lassen sich darauf (ebenso wie auf Horkheimers und Adornos Analyse der Dialektik der Aufklärung (1971)[69]) zurückführen. Natürlich impliziert der Wille zur Macht, zumindest wenn er intelligent ist, einen Willen zur Erkenntnis – denn eine erkannte Welt läßt sich besser beherrschen als eine unerkannte. Aber das heißt erstens nicht, daß auch die Umkehrung gilt – es gibt zweifelsohne ein rein theoretisches Erkenntnisinteresse, das sich mit dem Begreifen der Welt zufrieden gibt, ohne in sie eingreifen zu wollen, und das trotzdem die Anstrengung argumentativer Vermittlung auf sich nimmt: Mathematik und reine Naturwissenschaft sind Beispiele dafür. (Sicher setzt auch der Wille zur Erkenntnis als Wille eine Herrschaft über sich selbst voraus; aber das ist, wenn auch vielleicht eine Form von Macht, so doch keine, gegen die vernünftige Menschen etwas einzuwenden haben dürften.) Und zweitens ist vor einer generellen Dämonisierung der Macht zu warnen – u. U. kann es für denjenigen, der gewisse Einsichten hat, geradezu eine moralische Pflicht sein, Macht auszuüben, wenn nur dies große Übel verhindern kann. Gewiß verdirbt Macht wenn nicht immer, so doch regelmäßig; aber ebendeswegen mag es sinnvoll sein, daß moralisch integre Individuen – u. a. solche, für die reine Erkenntnis ein Wert an sich ist – Macht ausüben: Dies war bekanntlich Platons Argument. Diesen Gedanken gleichzustellen mit dem hemmungslosesten, von objektiven Werten und Wahrheiten entbundenen Willen zur Macht ist nicht nur theore-

[69] Daß Horkheimer und Adorno eine Dialektik im Prozeß der Aufklärung erkannt haben, macht durchaus eine bedeutende Leistung aus. Aber sie erkennen ebensowenig wie Heidegger, daß eine konsistente Kritik der Aufklärung eine spekulative eigene Position voraussetzt, ohne die sie entweder selbst eine Verlängerung der Aufklärung oder ein Ausdruck von Gegenaufklärung sein muß.

tisch grotesk – es ist auch praktisch ungeheuerlich, weil diese Gleichstellung auf eine Verharmlosung der unserem Jahrhundert eigentümlichen Verbrechen hinausläuft. Es ist dann eben alles Macht – vom Willen zur Erkenntnis eines Genies, ja vom Willen zur Selbstvervollkommnung eines Heiligen bis hin zum Vernichtungswillen eines politischen Kriminellen, und die Suche nach normativen Kriterien, die gestatten könnten, den einen Willen moralisch dem andern überzuordnen, ist auch nur Ausdruck eines verhängnisvollen Willens zur Macht. In dieser Perspektive verdampft jede normative Differenz zwischen Willensakten, und die hinter dieser Entlarvung anfangs erkennbare Absicht, kritisch auf Gefahren hinzuweisen, geht unter in einer Position, innerhalb deren der Standpunkt der Kritik keinen Sinn mehr macht.

Während die zeitgenössische französische Heideggerrezeption sich im wesentlichen auf dieser Linie bewegt, ist es das große Verdienst Gadamers, eines der substantiellsten Probleme des frühen Heidegger, die Frage des Verstehens, aufgenommen und weitergedacht zu haben. Sosehr „Wahrheit und Methode“ als Gegengewicht zur szientistischen Reduktion des Wissens eine bedeutende Funktion gehabt hat, sosehr das durch umfassende Kenntnis der geistesgeschichtlichen Tradition gesättigte Werk zu den wenigen Büchern der Nachkriegsphilosophie gehört, die ein gründliches Studium verdienen, sowenig kann es freilich beanspruchen, eine konsistente Lösung des hermeneutischen Problems gegeben zu haben. Einerseits will Gadamer zu Recht die am Anfang dieser Monographie skizzierte unerträgliche Situation überwinden, nach der die Geisteswissenschaften *über* die Vergangenheit, nicht *von* ihr lernen sollen; und nicht minder zu Recht begreift Gadamer, daß für einen solchen Ansatz adäquates Verstehen nicht auf das Erfassen der subjektiven Intentionen eines Autors reduziert werden darf. Aber die Zurückweisung dieser gewissermaßen „thetischen“, naiven Lösung des Verstehensproblem ist nicht verbunden mit einer synthetischen Lösung; Gadamers antithetische Lösung läuft vielmehr Gefahr, das Verstehen zu einem methodisch unkontrollierten, die Wissenschaftlichkeit der Geisteswissenschaften untergrabenden Vorgang zu machen. Denn erstens muß, auch wenn ein fruchtbares Verstehen die Intentionen des Autors des Interpretandums u. U. transzendieren muß, im Prinzip immer nachweisbar sein, ab welchem Punkt es diese Intentionen transzendiert. Mit anderen Worten: Es ist selbstverständlich nicht nur legitim, sondern sogar wünschenswert, bei der Interpretation etwa einer Schrift von Kant Probleme scharf herauszuarbeiten, die ihm vielleicht nur vage vorschwebten. Aber auch wenn dies im Einzelfall schwierig sein mag, muß es im Prinzip möglich sein, herauszufinden, was auf das Konto des Interpreten geht und was vom Interpretandum nicht nur an sich impliziert, sondern auch explizit gemeint worden ist.[70] Wenn man wie Gadamer erklärt, man könne immer nur anders, nie besser verstehen (1975; 280), dankt man vor dieser zugegebenermaßen schwierigen Aufgabe ab, und man kann im Grunde keine Geistesgeschichte mehr treiben, weil man letztlich nicht nur keine Erkenntnisfortschritte, sondern nicht einmal geistige Entwicklungen mehr feststellen kann: Es ist dann immer möglich, Cusanus nicht nur als Vorläufer der modernen Physik, sondern als jemanden zu interpretieren, der im Grunde dasselbe gemeint habe wie Newton; so etwas wie Mißverständnis kann es gar nicht geben. Das aber führt ebenfalls zur Selbstaufhebung: Denn Gadamer beraubt sich damit des Rechts, demjenigen, der ihm Absurditäten unterstellt, sagen zu können: „Es tut mir leid, aber Sie haben mich mißverstanden"; seine Position kann im Grunde gar nicht mehr intersubjektiv diskutiert werden, weil eine solche Diskussion zumindest als regulative Idee immer schon voraussetzt, daß es so etwas wie eine objektive Interpretation gebe.

Zweitens ist Gadamer der Vorwurf zu machen, daß seine Theorie auch mit Bezug auf die interessantere Dimension des Verstehens, die sich nicht mit der Welt subjektiver Meinungen, sondern objektiver Probleme befaßt, jeden Wahrheitskriteriums ermangle. Nach Gadamer verfügen wir nicht nur über keine Möglichkeit, den Intentionen eines Autors näher zu kommen; wir können nicht einmal immanent begründen, daß eine Interpretation zwar philologisch gewaltsam, aber doch sachlich fruchtbar ist. Und zwar können wir das deswegen nicht, weil Gadamer, für den Verstehen ein Geschehen ist, das die subjektive Vernunft immer schon transzendiert (XXVII), den eigenen philosophischen Wahrheitsanspruch nicht rechtfertigt und daher auf eine Vermittlung des Interpretandums mit der eigenen Position zum Zwecke eines normativ relevanten und verbindlichen Selbstverständnisses verzichten muß. Gadamers Begriff der Wirkungsgeschichte ersetzt ganz wie Heideggers Seinsgeschichte die Suche nach inneren Wahrheitskriterien durch die Faktizität dessen, was sich durchsetzt; die Klassiker sind in dieser Perspektive nicht groß, weil sie ernstzunehmende Lösungsvorschläge für objektive Probleme gemacht haben, sondern weil sie die Wirkungsgeschichte bestimmt haben, in und aus der wir denken. Mit dieser seiner These von der *prinzipiellen* Überlegenheit des Interpretandums gegenüber dem Interpreten (denn eine faktische besteht zweifelsohne in vielen Fällen) gibt Gadamer die Autonomie der Vernunft preis.[71] Besonders eigenwillig ist, wie Gadamer mit der Reflexionsphi-

[70] Diese Trennung ist bei Werken besonders schwierig, die wie die Platonischen Dialoge Kunstwerke sind und als solche bewußt nur andeuten.

[71] Zu Recht heißt es dazu bei Apel (1976 a; 47 f.): „Soll die Hermeneutik das Erbe der Aufklärung kritisch bewahren, so muß sie m. E. neben der Unterstellung der *virtuellen Überlegenheit des Interpretandum* auch die Einsicht Hegels

losophie umgeht, die mit dem Argument von der Unhintergehbarkeit der Wahrheit die Inkonsistenz einer historistischen Position nachweist, die sich die Wahrheit nicht zutraut (327 f.). Was soll der Einwand, das Argument sei formal? Damit wird es doch noch stringenter, da seine Geltung offenbar nicht von inhaltlichen Voraussetzungen abhängt. Mit seiner Zurückweisung zeigt Gadamer vielmehr eine Tendenz zur Selbstimmunisierung vor Kritik, die an Heidegger erinnert.

All dies ändert nichts daran, daß eine Grundlegung der hermeneutischen Wissenschaften nicht hinter Gadamer zurückfallen kann, ja daß in einer interessanten Dialektik Gadamers Aufwertung der Klassiker die deutsche Philosophie vom Bann des späten Heidegger befreit und ihr die Chance einer Rückbesinnung auf eine philosophische Tradition gegeben hat, die größer ist als die gegenwärtige. Ein tieferes Verständnis etwa des Deutschen Idealismus ist – man könnte geradezu von einer List der Vernunft sprechen – von Gadamer und seinen Schülern ausgegangen.

1.3.4. Die Antizipation der Transzendentalpragmatik in Peirce' und Royce' Konzeption der unbegrenzten (Interpretations-)Gemeinschaft

Vergleicht man Wittgenstein, Heidegger und Gadamer, so lassen sich bei allen Unterschieden doch zwei Gemeinsamkeiten feststellen. Erstens geht es allen drei Denkern entscheidend um intersubjektive Strukturen und Prozesse. Selbst im „Tractatus", in dem die semantische Dimension der Sprache vor der pragmatischen dominiert und Verständigungsprozesse keine Rolle spielen, steht die Sprache und nicht das Bewußtsein im Zentrum der Analyse; und die Lebensformen der „Philosophischen Untersuchungen" kreisen ausdrücklich um Prozesse der Mitteilung, die in der Hermeneutik als Verstehen thematisiert werden. Der zweite gemeinsame Punkt der genannten Denker ist, daß sie – zumindest in ihrer Spätphase – das Geltungsproblem nicht ernst nehmen. Das gilt einerseits für Fragen der praktischen Philosophie – weder Wittgenstein noch Heidegger noch Gadamer haben eine Antwort auf die Frage „Was sollen wir tun?" Andererseits gilt das für ihre eigene Position. Doch nicht nur rechtfertigen sie nicht ihre eigenen Aussagen, sie sagen Dinge, die mit dem, was sie präsupponieren müssen, damit diese Dinge sei es verstanden, sei es als wahr erkannt werden können,

in den prinzipiellen Anspruch der *reflexiven Selbstdurchdringung des Geistes* im Verstehen bewahren und daraus einen prinzipiellen *Beurteilungsprimat des Interpreten* herleiten: Wenn dieser nicht *sich* das Recht auf kritische Beurteilung des zu Verstehenden und insofern *sich* die Wahrheit zutraut, hat er sich noch nicht auf den Standpunkt einer *philosophischen* Hermeneutik gestellt, sondern beharrt auf dem einer Hermeneutik im Dienst eines dogmatischen Glaubens."

schlicht und einfach inkonsistent sind. Wittgensteins Lehre von der Irreduzibilität der Sprachspiele aufeinander und seine Leugnung einer Sonderstellung der Philosophie, Heideggers These von der Seinsvergessenheit, der sich niemand entziehen könne, Gadamers Behauptung, man könne nie besser, sondern immer nur anders verstehen und sei als Verstehender Teil eines Geschehens – all diese Aussagen kommen darin überein, daß sie den Autonomieanspruch der Vernunft leugnen und damit den eigenen Wahrheitsanspruch aufheben.

Das Interessante an den genannten Positionen ist freilich, daß die beiden gemeinsamen Punkte enger zusammenhängen, als es auf den ersten Blick scheinen mag. *Im Grunde soll nämlich die intersubjektive Instanz das Geltungsproblem lösen* – so ist die Pointe von Wittgensteins Privatsprachenargument, daß das Bedeutungsproblem durch den Abrichtungsprozeß beim Lernen des Sprachspiels gelöst werden müsse, und Gadamer führt – was bei Wittgenstein synchron ist, gewissermaßen ins Diachrone wendend – die Wahrheitsfrage auf den intersubjektiv-historischen Prozeß der Wirkungsgeschichte zurück. Nun scheint aber diese Ersetzung der spezifisch normativen Dimension der Geltung durch etwas Faktisches auch dann inakzeptabel zu sein, wenn dieses Faktische nicht ein natürlicher Gegenstand oder eine Bewußtseinstatsache, sondern eine intersubjektive Struktur ist – denn auch auf diese Weise wird der Autonomieanspruch der Vernunft vernichtet. Gewiß ist die Erfassung der eigenen Seinsweise des Normativen eine der schwierigsten Aufgaben der Philosophie, wahrscheinlich sogar die schwierigste, und die Versuchung, es mit etwas Tatsächlichem kurzzuschließen, ist sehr groß. Wir werden sehen, daß selbst Apel, dessen zentraler Gedanke darin besteht, die Intersubjektivitätsproblematik mit dem Autonomiegedanken zu verbinden, dieser Versuchung erlegen ist – jedenfalls wenn man seine Konsenstheorie der Wahrheit so deutet, daß sie nicht kriterial leer ist. Aber immerhin findet sich dieser Fehler bei ihm im Rahmen einer komplexeren Theorie, die dem Autonomiegedanken durchaus in einer Weise gerecht wird, die im 20. Jahrhundert ihresgleichen sucht.

In seinem eigenen Ansatz ist Apel in einem ganz besonderen Maße von Peirce beeinflußt, in dem man immer mehr nicht nur einen der Väter der modernen Logik (zumal einen Begründer der Relationenlogik), sondern auch, gegenüber James' psychologischer und Deweys soziologischer Version, den Vordenker eines *logisch* begründeten Pragmatismus, ja den bedeutendsten amerikanischen Philosophen zu sehen gelernt hat – und zwar u. a. aufgrund von Apels bahnbrechender Monographie (1975).[72] Während in den USA Peirce' Pragmatismus

[72] An weiterer Literatur zu Peirce s. etwa J. von Kempski (1952), H. Wennerberg (1962), R. Bernstein (1965), G. Wartenberg (1971).

und sein Beitrag zur Entwicklung der formalen Logik das Hauptinteresse auf sich gezogen haben und im Vergleich damit sowohl die transzendentalen Momente in seinem Ansatz als auch erst recht die evolutionistische Metaphysik seiner Spätzeit, die im Begriff einer „evolutionary love" gipfelt und zum Strukturtypus des objektiven Idealismus gehört, vernachlässigt wurden, hat Apel insbesondere die Momente einer „semiotischen Transformation" Kants in Peirce herausgearbeitet. Auch wenn Peirce nicht zu den wirkungsmächtigsten Denkern der Moderne gehört, auch wenn sein Werk ähnlich zersplittert ist wie dasjenige Apels und er es nie zu einer umfassenden Darstellung der eigenen Position gebracht hat, lohnt es hier, kurz auf einige der Grundgedanken des frühen Peirce einzugehen; denn Peirce kann als einer der wenigen modernen Philosophen beanspruchen, einerseits an einem klassischen Rationalitätsbegriff festgehalten, andererseits aber doch – anders als Husserl,[73] mit dem den späten Peirce freilich manches verbindet – das der modernen Philosophie eigentümliche Thema der

[73] Es ist im Rahmen dieser Abhandlung nicht möglich, Husserl auch nur aufs gröbste gerecht zu werden; ich will mich daher mit einer ganz knappen Bemerkung begnügen. Einerseits verdient Husserl als einer der energischsten antirelativistischen Philosophen dieses Jahrhunderts, als jemand, der am Gedanken der Philosophie als einer strengen und systematischen Wissenschaft festgehalten hat und ihr angesichts der Krise, in der sich Europa befand (und immer noch befindet), eine große Aufgabe zugewiesen hat, den höchsten Respekt. Andererseits müssen starke Zweifel daran bestehen, ob Husserls Versuch, die Philosophie auf Intuitionen zu gründen, sein gleichsam deskriptiver Ansatz, sein Verzicht auf Deduktionen in einer vom Skeptizismus zerfressenen Zeit überzeugen können – sosehr anzuerkennen bleibt, daß die phänomenologische Schule, was die Analyse der Innenseite betrifft, Leistungen erbracht hat, die alle vorherige Philosophie in den Schatten stellen. Ebenso drängt der Mangel einer normativen Ethik bei Husserl die Frage auf, ob dies mehr sei als ein kontingenter Zufall oder ob vielmehr ein phänomenologischer Ansatz nicht notwendig vor der die Phänomene transzendierenden normativen Dimension versagen müsse. Und schließlich kann schwerlich bestritten werden, daß bei Husserls Ausgang von der Subjektivität die Leugnung nicht nur einer realen Natur, sondern auch eines realen Anderen, also der Solipsismus, eine ernste Gefahr bleibt, sosehr die fünfte cartesianische Meditation und das umfangreiche Nachlaßmaterial „Zur Phänomenologie der Intersubjektivität" (1973) sich um eine Konstitution der Intersubjektivität bemühen – aber eben immer nur auf egologischer Grundlage. (Zu Husserls Intersubjektivitätstheorie s. etwa A. Diemer (1956), 269–373 und M. Theunissen (1965), 15–155.) – Es ist wohl kein Zufall, daß bei Sartre, für den wie für Husserl das cartesische „cogito", also der Ausgang vom atomisierten Subjekt, „le seul départ possible" ist (1943; 308), ausschließlich abartige intersubjektive Beziehungen im Mittelpunkt stehen; Sartre erhebt sich nicht zu einer Analyse affirmativer intersubjektiver Strukturen.

Intersubjektivität zur Fundierung der Philosophie eingesetzt zu haben. Zudem ist Apel ohne Kenntnisse Peirce' kaum richtig einzuordnen. Nicht berücksichtigt werden kann allerdings in diesem Rahmen Peirce' Spätphilosophie – weder seine Metaphysik der Evolution noch sein Begriff der Phänomenologie, der in manchem eine Rückkehr zur traditionellen Bewußtseinsphilosophie impliziert.

Schon bald hat Peirce die klassische *zwei*stellige Subjekt-Objekt-Relation des *Erkenntnis*prozesses für unzureichend gehalten; vielmehr gehe es darum, den *Zeichen*prozeß als für jede Erkenntnis konstitutiv zu begreifen. Dieser aber sei *drei*stellig und somit das nächstliegende Beispiel für die dritte der drei höchsten Kategorien der Peirceschen Philosophie, der „Drittheit" („Thirdness"). Während „Firstness" unmittelbare Qualitäten übergreift, steht „Secondness" für den Zusammenstoß einer Qualität mit einem Bewußtsein und „Thirdness" eben für den Zeichenprozeß. Denn ein Zeichen stehe für ein Objekt und vermittle einem Interpreten eine Bedeutung. „The easiest of those (sc. ideas in which Thirdness is predominant) which are of philosophical interest is the idea of a sign, or representation. A sign stands *for* something *to* the idea which it produces, or modifies. Or, it is a vehicle conveying into the mind something from without. That for which it stands is called its *object;* that which it conveys, its *meaning;* and the idea to which it gives rise, its *interpretant*." (1931 ff.; 1.339) Aufgrund seiner Einsicht in die konstitutive Bedeutung von Zeichen und Interpretation lehnt Peirce den tendenziellen Subjektivismus der neuzeitlichen Philosophie ab, wie er ihn besonders bei Descartes entwickelt sieht; in dem Aufsatz „Some consequences of four incapacities" kontrastiert Peirce das cartesische Methodenideal mit einigen Überzeugungen der scholastischen Philosophie, die er in veränderter Form gegen Descartes wieder zur Geltung bringen will. So ziehe erstens Descartes alles in Zweifel und halte zweitens die individuelle Gewißheit für das letzte Wahrheitskriterium; die Scholastik habe hingegen auf den Autoritäten der Kirche aufgebaut (5.264). Gegen Descartes hält es Peirce für unsinnig, ohne konkreten Anlaß alles zu bezweifeln; ferner lehnt er Evidenz als Basis der Wissenschaft ab. Vielmehr sei die Übereinstimmung der Wissenschaftler das entscheidende Wahrheitskriterium – eine Übereinstimmung, die auch dort, wo sie in der Gegenwart nicht erreicht werden könne, als regulative Idee die Suche nach der Wahrheit leite. „In sciences in which men come to agreement, when a theory has been broached it is considered to be on probation until this agreement is reached. After it is reached, the question of certainty becomes an idle one, because there is no one left who doubts it. We individually cannot reasonably hope to attain the ultimate philosophy which we pursue; we can only seek it, therefore, for the *community* of philosophers." (5.265) Ein starker sozialer Impuls, der ohne Gefahr für die menschliche Gattung nicht niedergedrückt werden könne, verhindere das Festhalten an eigenen Überzeugungen, ohne diejenigen anderer zu berücksichtigen (5.378). Der Konsens einer unbegrenzten Gemeinschaft löst bei Peirce somit die Evidenzauffassung von Wahrheit ab. Denn da Peirce die Kantische Auffassung von unerkennbaren Dingen-an-sich mit sinnkritischen Argumenten, die an Hegel erinnern, zurückweist (5.254 ff., 310, 452), wird ihm die Wirklichkeit zwar nicht deckungsgleich mit dem Erkannten, aber doch mit dem Erkennbaren; Erkennbarkeit impliziere jedoch eine zukünftige Erkenntnis durch eine Gemeinschaft (5.311, 331). Aus dieser Verbindung der Idee der Wahrheit mit der Idee einer unbegrenzten Gemeinschaft ergibt sich nach Peirce gerade für den Wissenschaftler die Pflicht, den eigenen Egoismus zu transzendieren und sich bedingungslos mit der zukünftigen Gemeinschaft als dem letzten Garanten von Wahrheit zu identifizieren. Wer nicht bereit sei, selbst seine eigene Seele zu opfern, um die ganze Welt zu retten, denke unlogisch; denn das soziale Prinzip wurzle in der semiotisch-intersubjektiv verstandenen Logik (5.354). In der Tat seien auch in dem empirischen Verhalten der meisten Menschen Kräfte am Werk, die sich rein egoistisch nicht erklären ließen – sei es die Bereitschaft, in Extremfällen sein Leben zu opfern, seien es Bemühungen um das, was nach dem eigenen Tod sein wird, seien es Wir-Gefühle (2.654, 5.355). Um logisch zu sein, müsse man nun nicht selbst zum Heroismus der Selbstaufopferung fähig sein – es genüge anzuerkennen, daß nur Handlungen, die den Maßstäben des Heros genügten, logisch seien (2.654). Allerdings hält Peirce die Frage, ob die Menschheit oder ein anderes Geschlecht vernünftiger Wesen für immer existieren werde, für unentscheidbar. Da es aber auch keine Argumente gegen diese Annahme gebe, sei man berechtigt, diese Hoffnung zu haben – eine Hoffnung, die, wie auch das Interesse an einer unbegrenzten Gemeinschaft und die Anerkennung der Möglichkeit, dieses Interesse für das höchste zu halten, zu den „indispensable requirements of logic" gehöre (2.655).

Zweierlei scheint an Peirce' Ansatz bemerkenswert. Erstens versucht Peirce, den Ausgang von Bewußtseinsprozessen durch die Analyse von Zeichenprozessen nicht zu ersetzen, sondern zu ergänzen. In Peirce' Kategorienlehre wird durchaus anerkannt, daß es einen vorsprachlichen Zusammenstoß von Bewußtsein und Qualität gebe; es wird allerdings darauf beharrt, daß eine Erkenntnis mit Objektivitätsanspruch nicht bei diesem Zusammenstoß stehenbleiben könne, sondern durch Zeichen vermittelt werden müsse. Diese Einbeziehung der Zeichendimension nimmt in manchem den Grundgedanken des „Tractatus" vorweg, die Philosophie statt auf die Analyse von Bewußtseinsprozessen auf die Analyse der Sprache zu gründen; aber jede szientistische Verkürzung des Erkenntnisbegriffs ist Peirce fremd. Darin liegt in der Tat seine zweite Leistung: Für Peirce ist die Ethik nicht nur nicht sinnlos; sie ist nicht einmal eine eigene, unbegründete Sphäre neben der Wissenschaft, sondern wesensnotwendig mit dem Projekt der Wissenschaft verbunden, insofern sie eine Voraussetzung der Logik ist. Allerdings basiert Peirce' Brückenschlag zwischen Wissenschaft und Ethik auf verschiedenen Voraussetzungen, die man durchaus in Zweifel ziehen kann. Erstens könnte eingewendet werden, daß auch bei dem Zugeständnis, daß objektive Erkenntnis sich als dreistelliger Zeichenprozeß realisiere, dies noch nicht jene Intersubjektivität garantiere, auf die es in Peirce' Argument ankommt. Auch ein Privatus könnte vielleicht einen Zeichenprozeß vollziehen; jedenfalls müßte diese Möglichkeit eigens ausgeschlossen werden. Nicht minder unbefriedigend ist Peirce' Substitution der Evidenztheorie der Wahrheit durch die Konsenstheorie. Ohnehin ist seine Kritik an Descartes' universellem Zweifel flach, weil sie eine geltungstheoretische Position – was bleibt übrig, wenn ich alles bezweifle? – in eine psychologische verwandelt; es kommt aber für Descartes' Projekt gar nicht darauf an, daß man *wirklich* bezweifelt, etwa einen Tisch vor sich zu haben. Aber auch wenn man Peirce durchaus zugeben kann, daß eine einsame Evidenz, an der man gegen alle anderen Mitmenschen festhält, nicht als Wahrheitskriterium gelten kann – ansonsten wären ja auch die Halluzinationen von Schizophrenen wahr –, so heißt dies noch lange nicht, daß ein Konsens ein besseres oder gar ein adäquates Wahrheitskriterium ist. Ebenso wie es verstockte Wahnsinnige gibt, gibt es auch Genies, die Tatsachen erkennen, die von allen anderen verleugnet werden. Gegen die Kopernikanische Hypothese herrschte ein allgemeiner Konsens, der auf gewichtige Autoritäten der Vergangenheit gegründet war; doch heute herrscht ein Konsens darüber, daß jener Konsens falsch war. Und warum sollte ein endgültiger Konsens am Ende aller Zeiten ein besseres Wahrheitskriterium sein? Es könnte ja sein, daß das Universum so konstruiert wäre, daß zu jenem Zeitpunkt alle Vernunftwesen Halluzinationen hätten, die aus irgendeinem Grunde – etwa weil alle die gleiche Droge genommen hätten – übereinstimmten; wäre deswegen ihr Wahn wahrer? (Und wenn man auch diese Möglichkeit vielleicht ausschließen könnte, so doch nur auf der Grundlage eines objektiven Idealismus, wie ihn der späte Peirce in der Tat entwickelt hat. Aber wir werden sehen, daß mit einem objektiven Idealismus einzig eine Kohärenztheorie der Wahrheit kompatibel ist.) Zudem: Etwas für wahr halten, nur *weil* ein anderer es für wahr hält, ist stets eine der Hauptursachen von Vorurteilen gewesen; man hält eher etwas für wahr, weil es einleuchtet, und fühlt sich bestärkt, wenn es auch anderen einleuchtet. Aber dieses kollektive Evidenzerlebnis setzt immer schon als Kriterium eine Evidenz voraus, die dem Konsens vorausgeht. Schließlich muß es auch noch evident sein, daß der andere zustimmt; ich muß einsehen können, daß ein Konsens vorliegt. Wohlgemerkt: Es geht hier keineswegs um eine Verteidigung der Evidenztheorie der Wahrheit. Was ich sagen will, ist, daß die Konsenstheorie kaum besser ist als die Evidenztheorie, sondern daß sie wie diese eine apriorische Kategorie zu Unrecht auf ein Faktum zurückzuführen versucht, ein Faktum, das jetzt intersubjektiv statt subjektiv ist, aber immer noch ein Faktum bleibt. (Und wenn die ultimate opinion kein Faktum, sondern eine regulative Idee ist, dann stellt sich die Frage, was gerade diese regulative Idee konkret zur Lösung des Wahrheitsproblems beitragen kann.)

Der letzte Einwand gegen Peirce' Ethikbegründung ist, daß sie nur für Wissenschaftler gilt und daß sie auf den unbedingten Einsatz für wissenschaftliche Erkenntnis beschränkt ist. Vielleicht ist es eine logische Pflicht, um der Wahrheit willen das eigene Leben zu opfern – aber ist es für einen Wissenschaftler auch Pflicht, von der Tötung eines Menschen Abstand zu nehmen, der aller Wahrscheinlichkeit nach nichts zum Fortschritt der Wissenschaft beitragen wird? Wohl deswegen sieht Apel in Peirce' Ansatz eine gewisse szientistische Verkürzung (1972 b; 355).

Derjenige, der nach Apel (1970 a; 199, 202, 204) Peirce' szientistische Beschränkung am konsequentesten überwunden und die hermeneutische Fragestellung radikalisiert hat, ist J. Royce. Obgleich Royce, der sowohl in Amerika als auch in Deutschland kaum rezipiert wurde,[74] nicht zu den großen Denkern gehört, obgleich sein Einfluß auf Apel geringer ist als der von Wittgenstein, Heidegger, Gadamer oder Peirce, ist es sinnvoll, hier kurz auf ihn einzugehen. Denn Royce kommt die philosophiehistorisch bedeutsame Stellung zu, als erster zwischen der Peirceschen Wendung zur Semiotik und zur Intersubjektivität und der Philosophie des absoluten Idealismus vermittelt zu haben – und vielleicht kann eine Rezeption seiner Philosophie dazu beitragen, eine Diskussion zwischen Hegelianismus, Pragmatismus, Hermeneutik und Transzendentalpragmatik in Gang zu bringen. Ursprünglich zur kleinen Gruppe amerikanischer Hegelianer gehörig, erkannte Royce immer mehr in der Peirceschen Philosophie Motive, die in seinen Augen über die Philosophie des Deutschen Idealismus hinauswiesen; nicht aber gab er deswegen den absolut-idealistischen Ansatz auf, sondern versuchte, in ihn die Peirceschen Impulse einzuarbeiten. „But I may assert that personally I am both a pragmatist and an absolutist, that I believe each of these doctrines to involve the other, and that therefore I regard them not only as reconcilable but as in truth reconciled." (1919; 258)

[74] Siehe etwa G. Marcel (1945), J. E. Smith (1950) und K.-Th. Humbach (1962).

Auf der einen Seite ließ sich Royce von Peirce u.a. zum Studium der modernen mathematischen Logik bewegen; auf der anderen Seite beeinflußte er, der „für den älteren Peirce mehr und mehr zum entscheidenden Gesprächspartner im Sinne einer religiös-spekulativen Metaphysik werden" sollte (Apel (1975), 246), Peirce' evolutionistische, um den Begriff der Liebe kreisende Spätphilosophie. Der entscheidende Anstoß, den Royce von Peirce empfing, beruht in dessen Theorie der Zeichen, der Interpretation und der Gemeinschaft der Wissenschaftler. In seinem „Mind"-Artikel von 1916 (1969; II 735–761) erklärt Royce es für den Grundfehler der Tradition, nur zwei Grundformen der Erkenntnis angenommen zu haben – nämlich „perception" und „conception". Neben diesen gebe es eine dritte, die auf die beiden ersten irreduzibel sei – „interpretation", die zwar der ganzen Tradition mehr oder weniger bekannt gewesen, aber erst von Peirce mit Schärfe herausgearbeitet worden sei (736 ff.). Alle sozialen Prozesse zwischen Menschen basierten auf der Interpretation von Zeichen (741); und da auch das *natur*wissenschaftliche Erkennen die Existenz einer Wissenschaftler*gemeinschaft* voraussetze und Loyalität gegenüber der Interpretationsgemeinschaft somit eine Bedingung der Möglichkeit wissenschaftlicher Forschung sei (1968; 331 f.), könne Interpretation den Vorrang vor den anderen Erkenntnisarten beanspruchen. „The individual has made his discovery; but it is a scientific discovery only in case it can become ... the property and the experience of the community of scientific observers." (323 f.) Gegen Bergsons Behauptung der Unmittelbarkeit der Selbsterkenntnis lehrt Royce in Anschluß an Peirce, auch die Kenntnis des eigenen Ich sei ebenso wie diejenige anderer Iche durch Zeicheninterpretation vermittelt; ja, in seinem Aufsatz „Self-Consciousness, Social Consciousness and Nature" (1969; I 423–461) erklärt Royce sowohl das Selbst- als auch das Objektbewußtsein für nur denkbar auf der Basis des Bewußtseins von anderen Geistern (bes. 425 f., 429).[75] Während Wahrnehmung eine dyadische Relation sei, seien an einem Akt der Interpretation – etwa einer Übersetzung – notwendig *drei* Geister beteiligt; denn hier werde von einem A einem B die Bedeutung des geistigen Zeichens eines C vermittelt (1969; II 745). Dies könne freilich auch innerhalb eines einzigen Geistes vor sich gehen, der sich etwa in der Gegenwart zum Zwecke einer zukünftigen Handlung auf vergangene Pläne besinne; die Zeichen seien hier vom Gedächtnis gegeben (741). Royce scheint diese Konzentrierung des Interpretationsprozesses in einem einzigen

[75] Es überrascht nicht, daß einer der Schüler Royce' G.H. Mead war, auch wenn er in seinem eigenen Ansatz (1968) die spekulativen Momente seines Lehrers aufgab und den Gedanken der Konstitution der Subjektivität durch die Intersubjektivität behavioristisch verkürzte.

Subjekt für einen defizienten Modus zu halten; begreife man, daß Interpretation nicht ein Akt, sondern das Wesen des Geistes sei (752), würde sich das ganze Solipsismusproblem auflösen, das auf der falschen Voraussetzung basiere, man würde sich, aber nicht die anderen unmittelbar kennen (756). Die „idea of the self" und die „idea of the community of the selves" seien wechselseitige Begriffe (760 f.); eine Welt ohne zumindest drei Geister – einen interpretierten, einen interpretierenden und einen angesprochenen – „would be a world without any real mind in it at all" (758).

In „The Problem of Christianity" hat Royce diese Gedanken metaphysisch-religionsphilosophisch überhöht. Während der erste Teil dieser tiefsinnigen Auseinandersetzung mit dem Christentum zu belegen versucht, daß der welthistorisch bahnbrechende und zentrale Gedanke des Christentums das Ideal einer „universal Community" gewesen sei, gilt der zweite Teil dem Nachweis, daß die Welt metaphysisch gesehen als solche Gemeinschaft der Interpretation gedeutet werden müsse. „*The world is the interpretation of the problem which it presents.*" (1968; 361) Von der triadischen Struktur der Interpretation her versucht Royce sogar die Zeitlichkeit (mit ihren drei Zeitmodi) und die Geschichtlichkeit der Welt zu begreifen (289). Eschatologisch deutet Royce – der in seinen völkerrechtlichen Vorstellungen auf lange Sicht einen Universalstaat erhoffte – das Ziel der Weltgeschichte als Herstellung einer universalen Interpretationsgemeinschaft (318). Ja, selbst die göttliche Natur will er, in philosophischer Auswertung der Trinitätslehre, als Interpretationsgemeinschaft begreifen (318). Nicht das Selbst, nicht der Logos, nicht das Eine, nicht das Viele, sondern die Gemeinschaft sei die bestimmende Kategorie seiner Philosophie (344).

Royce gehört, wie gesagt, nicht zu den großen Philosophen: Weder erreicht sein häufig eklektischer Ansatz jene innere Kohärenz, die die Größe jeder bedeutenden Philosophie, ja selbst offenkundig inkonsistenter und damit falscher Systeme ausmacht, noch läßt sich sagen, daß seine Einsichten in einem rigorosen Sinne des Wortes argumentativ ausgewiesen sind. Eine ausgearbeitete Theorie des richtigen Verstehens wird man bei Royce vergeblich suchen. Zudem hat er sicher die Bedeutung der Interpretation überschätzt: Royce tendiert manchmal dazu, alles in Interpretation aufzulösen, während schwerlich ein Zweifel daran sein kann, daß etwa die Natur vor ihrer wissenschaftlichen Erfassung und erst recht vor der Interpretation der entsprechenden wissenschaftlichen Ergebnisse besteht. Ferner braucht man einen das Phänomen der Interpretation transzendierenden Schlüssel, um festzustellen, ob die Werte einer fremden Kultur, die man interpretiert, moralisch richtig oder falsch sind, und ein solcher ist bei Royce im Gemeinschaftsgedanken mehr angedeutet als konkret ausgearbeitet. Immerhin wird man aber Apel zugeben müssen, daß einerseits erst

Royce „die Problemkonvergenz der von ihm rezipierten pragmatischen Semiotik mit der geisteswissenschaftlichen Hermeneutik erweist, andererseits derselbe Royce – als absoluter Idealist – von der situationsbezogenen Hermeneutik Gadamers weiter entfernt zu bleiben scheint als der Pragmatismus" (1970 a; 207). Zudem bleibt Royce' Grundthese, Objekt- und Selbstbewußtsein seien durch das Bewußtsein von anderen Geistern vermittelt, zwar für den Menschen empirisch plausibel; ihre Notwendigkeit wird aber nirgends belegt. Faszinierend ist sein Versuch, aus der triadisch gedeuteten Interpretation grundlegende Strukturen des menschlichen Geistes wie die drei Zeitmodi abzuleiten. Während die von Heidegger analysierten intersubjektiven Strukturen bei ihm in der Zeitlichkeit wurzeln, ist das Begründungsverhältnis bei Royce umgekehrt: Die Zeit fließt aus der Intersubjektivität. Diese ist in letzter Instanz göttlicher Natur: Royce hält nicht nur am Gottesgedanken, sondern auch am spezifisch christlichen – und d. h. trinitarischen – Gottesgedanken fest.

Eben dies war der Hauptdivergenzpunkt zu Peirce, der Gottes Allwissenheit durch den zukünftigen Konsens einer unbegrenzten Gemeinschaft als eine regulative Idee ersetzen wollte. In seiner Rezension von Royce' Schrift „The religious aspect of philosophy" (1885) schrieb Peirce: „Therefore I should say that God's omniscience, humanly conceived, consists in the fact that knowledge in its development leaves no question unanswered. The scepticism just spoken of would admit this omniscience as a regulative but not a speculative conception. I believe that even that view is more religiously fruitful than the opinion of Dr. Royce." (8.44) In der Tat wird man zugeben müssen, daß es nicht einfach ist, am Gottesgedanken festzuhalten; nicht viele Denker haben dies in der modernen Philosophie gewagt. Es bedarf besonderer argumentativer Anstrengungen, dies zu tun; und man wird füglich bezweifeln können, daß Royce' Anstrengungen ausreichend sind und daß er die unvermeidlichen Konsequenzen aus der Einführung des Gottesbegriffs gezogen hat. Nicht heißt dies aber, daß solche Anstrengungen von vornherein vergeblich oder gar unzeitgemäß sein müssen; das Faszinierende an Royce' Projekt ist ja gerade, daß er den Gottesbegriff zur Fundierung einer Theorie der Intersubjektivität und der Interpretation einsetzen möchte. In der Tat wird der dritte Teil dieser Monographie gegen die Transzendentalpragmatik eine absolut-idealistische Position auszuspielen versuchen – eine absolut-idealistische Position, die allerdings das Problem der Intersubjektivität als Grundfrage der modernen Philosophie ernst nimmt. Doch zunächst muß es um eine Darstellung der transzendentalpragmatischen Grundgedanken gehen.

2. Die transzendentalpragmatische Antwort auf die geistige Herausforderung der Vernunftkrise

Es ist *ex post* oft einfach zu erklären, auf welcher schlichten geistigen Operation der Erfolg eines bestimmten Ansatzes basiert – auch wenn es sehr schwierig ist, diesen Ansatz selbst zu finden. Der Grundgedanke der Transzendentalpragmatik, von verblüffender und genialer Einfalt, ist folgender: Die moderne Philosophie ist einerseits dadurch gekennzeichnet, daß die Subjektivität durch die Intersubjektivität abgelöst wird. Die Entdeckung zahlreicher zum begrifflichen Umfeld von Intersubjektivität gehöriger Phänomene und Probleme macht die bleibende Leistung der Moderne aus, hinter die es kein Zurück mehr geben kann. Andererseits sind fast alle nachhegelschen Philosophien inkonsistent. Sie sind selbstwidersprüchlich, weil sie das, was sie selbst präsupponieren – die Möglichkeit *philosophischer* Wahrheit –, entweder ausdrücklich negieren oder zumindest nicht begründend einholen. Sie reflektieren nicht auf das, was sie immer schon tun und tun müssen; sie begründen sich nicht selbst; kurz: sie verleugnen die Leistung der höchsten Form geltungstheoretischer Reflexion, die die Tradition in Gestalt der klassischen *Transzendentalphilosophie* entwickelt hat. Die Pointe der Transzendentalpragmatik besteht nun darin, den Gedanken der *Intersubjektivität* mit demjenigen der *Reflexion* zu verbinden – *sie ist eine reflexive Transzendentalphilosophie der Intersubjektivität.* Es scheint nicht pleonastisch zu sein, sie ausdrücklich als reflexive Transzendentalphilosophie zu bezeichnen; denn die Transzendentalphilosophie Kants sowie wohl auch die des frühen Peirce können insofern als irreflexiv bezeichnet werden, als sie nicht auf die Bedingungen der Möglichkeit der eigenen philosophischen Tätigkeit, sondern auf die Bedingungen der Möglichkeit von etwas von dieser ihrer Tätigkeit Unterschiedenem reflektieren – nämlich der modernen Naturwissenschaft. Kants Ansatz mag dabei als irreflexive Transzendentalphilosophie der Subjektivität, derjenige des frühen Peirce als irreflexive Transzendentalphilosophie der Intersubjektivität bezeichnet werden. Eine reflexive Transzendentalphilosophie der Subjektivität liegt offensichtlich in der Philosophie Fichtes vor, weswegen man m. E. die Transzendentalpragmatik als Fichteanismus der Intersubjektivität ansehen kann.[1] Alle die genannten Philosophien sind endliche Transzendentalphilosophien – denn das begründungstheoretische Prinzip, sei es Subjektivität oder

[1] Vgl. V. Hösle (1986).

Intersubjektivität, ist ihnen nicht das Prinzip des Seins. Um eine absolute Transzendentalphilosophie handelt es sich dann, wenn – wie im objektiven (d.h. absoluten) Idealismus – das mit transzendentalen Argumenten erschlossene Absolute zugleich als ontologische Struktur gedeutet wird.

Wichtig an der Apelschen Verbindung von Intersubjektivität und Transzendentalphilosophie ist, daß erst sie beanspruchen kann, der Intersubjektivität wirklich Gerechtigkeit erwiesen zu haben. Denn nur hier wird die Intersubjektivität als letztes Prinzip der Philosophie gedeutet, während sie in den begründungstheoretisch schwächeren Versionen vornehmlich als reales Phänomen in den Blick genommen wird.[2] Von den Dialogikern – M. Buber, F. Ebner, H. Ehrenberg, E. Grisebach, F. Rosenzweig – läßt sich sogar sagen, daß sie alle Gefahr laufen, mit der Transzendentalphilosophie auch die Autonomie der Vernunft preiszugeben und damit gerade das Spezifische menschlicher Intersubjektivität zu verfehlen. Ohnehin lassen sich diese Ansätze von einer der traditionellen Transzendentalphilosophie verpflichteten Position leicht dahingehend abwerten, sie hätten zwar möglicherweise einige neue Phänomene entdeckt, dies könne aber den neuzeitlichen Ausgangspunkt von der Subjektivität nicht berühren, da jene Phänomene aus dem Prinzip der Subjektivität hergeleitet werden könnten. Diese Form der Abweisung ist dann nicht mehr möglich, wenn der Intersubjektivität ein transzendentaler Status vindiziert wird, und eben dies geschieht in der Transzendentalpragmatik mit einem Pathos, das durchaus an den deutschen Idealismus erinnert; so ist etwa der Anspruch Apels, eine Letztbegründung zu leisten, seit Fichte, Schelling und Hegel kaum je wieder dagewesen.

2.1. Apels Denkweg

Wie gesagt, bedeutet eine einfache Struktur keineswegs, daß sie das Resultat eines kurzen Denkweges sei – im Gegenteil sind strukturell einfache Lösungen meistens genetisch die schwierigsten, während man auf umständliche Lösungen viel leichter kommt. Dies bestätigt sich

[2] Dies gilt etwa für Feuerbach, der im § 64 seiner „Grundsätze der Philosophie der Zukunft“ erklärt: *„Die wahre Dialektik ist kein Monolog des einsamen Denkers mit sich selbst, sie ist ein Dialog zwischen Ich und Du.“* (1975; 321) Aber solange Feuerbach diese Einsicht nicht zu einer konkreten methodischen Alternative zur Hegelschen Dialektik zu entfalten vermag, bleibt sein Gedanke nicht mehr als eine Versicherung, und es kann nicht überraschen, daß er diesem Gedanken unmittelbar zuwider handelt, wenn er Ich und Du mit Subjekt und Objekt gleichsetzt (§ 57).

auch für die Transzendentalpragmatik. Ihr Begründer, Karl-Otto Apel, hat sie erst im vorgerückten Alter entwickelt,[3] nach einem langwierigen Denkweg, der die Grundansätze der modernen Philosophie zum größeren Teil selbst durchschritten hat. Die in seinem Hauptwerk, der Aufsatzsammlung „Transformation der Philosophie", vereinten Abhandlungen belegen in der Tat, „daß die Position des Verfassers selbst eine Transformation durchgemacht hat" (1976a; I 7). Die Position, die man heute mit Apels Namen verbindet, ist nicht einmal kontinuierlich aus einer Auseinandersetzung mit der klassischen Transzendentalphilosophie hervorgegangen. Im Gegenteil, Apel hat erst spät zur transzendentalen Fragestellung überhaupt Zugang gefunden. Seine Werke belegen kaum eine erschöpfende Auseinandersetzung mit Kant oder dem deutschen Idealismus als jenen Philosophien, die seinem Ansatz strukturell am nächsten stehen; noch weniger ist Apel von den transzendentalen Richtungen der Antike oder des Mittelalters beeinflußt.[4] Seine Position läßt sich vielmehr ausschließlich aus Problemen der Philosophie des 20. Jahrhunderts erklären – einer Philosophie, die Apel in ihrer ganzen Breite wie nur sehr wenige kennt. Eben dies erklärt die Aktualität und Originalität seines Ansatzes, verglichen mit welchem die meisten Auffrischungen klassischer transzendentalphilosophischer Ansätze eher leblos wirken.

1922 in Düsseldorf geboren, wuchs Apel während der Krisen der Weimarer Republik auf und wurde der nationalsozialistischen Ideologie in einem Alter ausgesetzt, in dem er sie nahezu zwangsläufig widerstandslos aufnehmen mußte. 1940 wurde er mit seiner ganzen Abiturklasse Kriegsfreiwilliger; nach der Niederlage begann er 1945 in Bonn das Studium der Geschichte und Philosophie. In seinem eindrucksvollen Aufsatz über die nationale Katastrophe Deutschlands, der als einzige Arbeit autobiographische Reflexionen enthält (1988b), schildert Apel die Empfindungen, die er als Studienanfänger hatte,

[3] Apel gehört somit zu den Spätentwicklern in der Philosophie – wie auch der Begründer der neuzeitlichen Transzendentalphilosophie Kant. Obgleich auch in der Philosophie neue Ansätze meist in jungen Jahren entwickelt werden (man denke etwa an Berkeley, Fichte, Schelling, Schopenhauer), ist es in diesem Fach, anders als in Mathematik und Naturwissenschaft, auch möglich, in fortgeschrittenerem Alter Innovatives zu leisten. Siehe Aristoteles, Nikomachische Ethik VI 9, 1142a 11ff.

[4] Dies muß keineswegs zwangsläufig ein Nachteil sein, wie die Tatsache beweist, daß zahlreiche große Philosophen nur die unmittelbare Vergangenheit ihres Faches gut gekannt haben (etwa Fichte oder Husserl); im Gegenteil, in einer Zeit, in der das historische Interesse systematische Fragestellungen geradezu gelähmt hat, kann eine gewisse Unbefangenheit gegenüber der Tradition geradezu notwendige (wenn auch gewiß nicht hinreichende) Bedingung für Innovation sein.

sowie die geistigen Strömungen, denen er in dieser Zeit ausgesetzt wurde. Bald schon hatte er das Gefühl, Zeuge von etwas weltgeschichtlich Beispiellosem geworden zu sein – das Gefühl, daß das, wofür er sich eingesetzt hatte, in einem ganz einzigartigen Sinne falsch gewesen sei. Gleichzeitig konnte das geistige Angebot, das in der Zeit des Wiederaufbaus zur Verfügung stand, die Fragen nicht beantworten, die ihn quälten. Dies Angebot bestand erstens in der Geistes- und Philosophiegeschichte Diltheyscher Provenienz, die ihm besonders durch seinen Lehrer Erich Rothacker vermittelt wurde, zweitens in der sogenannten „re-education"-Literatur, die die erfahrene Katastrophe historisch durch die Zurückführung der deutschen Fehlentwicklung auf Figuren wie Luther, Hegel und Bismarck zu erklären versuchte, drittens in der Existenzphilosophie. In Apels späterer Deutung verharmlosten alle drei Ansätze das Wesen der deutschen Katastrophe: Der Historismus-Relativismus, der durch die Leugnung absoluter moralischer Prinzipien schon Anfang des Jahrhunderts das sittliche Bewußtsein gelähmt hatte, war nicht dazu berufen, ein solches Bewußtsein wiederaufzubauen, die „re-education"-Literatur verleugnete die weltgeschichtliche Anomalität dessen, was sich ereignet hatte, die existenzialistische Situationsethik gar lief darauf hinaus, es komme nicht darauf an, *wofür* man sich eingesetzt habe, sondern *wie* man es getan habe.

Dennoch fiel Apel zu jener Zeit, als sich seine Interessen nicht primär auf dem Gebiet der praktischen Philosophie befanden, sondern erkenntnis- und sprachphilosophischer sowie anthropologischer Natur waren, in den Bann der Heideggerschen Philosophie. „Dasein und Erkennen: eine erkenntnistheoretische Interpretation der Philosophie M. Heideggers" lautet der Titel seiner – nie als Buch veröffentlichten – Inauguraldissertation (Bonn 1950). Auch Apels Habilitationsschrift „Die Idee der Sprache in der Tradition des Humanismus von Dante bis Vico" (1963 a) – als Standardwerk zur Geschichte der Sprachphilosophie inzwischen allgemein anerkannt – bewegt sich noch in den Bahnen der hermeneutischen Philosophie. Den Einfluß Gadamers bezeugt u. a. die Rezension von „Wahrheit und Methode" (1963 b). Immerhin beginnt noch in den späten fünfziger Jahren die Auseinandersetzung mit der analytischen Philosophie, wie einige Aufsätze aus dieser Zeit belegen (1959, 1960). Doch sind diese Arbeiten noch stark darum bemüht, den angeblich prinzipiell irrationalen, unvordenklichen Charakter sprachlich vermittelter Geschichtlichkeit gegen den sprachanalytischen Versuch einer logischen Konstruktion der Sprache auszuspielen. So endet etwa der Aufsatz „Sprache und Wahrheit ..." von 1959, der dem Untertitel nach der „Vollendung der neopositivistischen Sprachphilosophie in der Semiotik von Charles Morris" gilt, mit der Frage, ob nicht der pragmatische Sprachgebrauch „eine poietisch-inkarnative Wahrheitsfunktion der Sprache" voraussetze und der Antwort: „So scheint es mir in der Tat zu sein: in eben dem Sinne, in dem der Durchschnittsmensch ... bereits zur Miete wohnt in dem ‚Haus des Seins', das in geisteswissenschaftlich relevanten Sinnereignissen der Sprachgeschichte entstanden ist" (1959; 166). Ähnlich hält der spätere Vertreter einer transzendentalen, allen Einzelsprachen vorausgehenden Sprachlichkeit noch (1960) gegen Schlicks Hoffnung auf die Ausbildung einer intersubjektiv allgemeingültigen Sprache daran fest, daß die in den einzelnen Umgangssprachen sich manifestierende Weltordnung „niemals theoretische Allgemeingültigkeit für jedes ‚Bewußtsein überhaupt' beanspruchen" könne, „selbst wenn sie eines Tages in Form einer Weltsprache für alle Menschen verbindlich sein würde. Sie ist prinzipiell dogmatischer Art, gleichsam der Logos des geschichtlichen Schicksals" (196). Erst in den sechziger Jahren fängt Apel an, sich von den relativistischen Implikationen der Hermeneutik zu lösen – im Rahmen einer immer intensiveren Auseinandersetzung mit der sprachanalytischen Philosophie. Apel kommt dabei das große Verdienst zu, als einer der wenigen Philosophen in der Welt zwischen diesen seinerzeit wohl einflußreichsten Strömungen der Philosophie, die einander im wesentlichen ignoriert hatten, ein Gespräch in Gang gebracht zu haben. Zumal dem Verhältnis von Heidegger und Wittgenstein gelten einige umfangreiche Studien (1966; 1967; 1968a). Besonders konzentrierte sich Apel dabei auf das Problem der Beziehung von Natur- und Geisteswissenschaften und der entsprechenden Methodologien, also auf das Thema der Relation von „Erklären" und „Verstehen" (1965). Apel entwickelte eine eigene differenzierende Wissenschaftslehre, die die Idee der Einheitswissenschaft sowohl in ihrer szientistischen als auch in ihrer hermeneutischen Form verwarf. Er billigte beiden Methoden ihr je eigenes Recht für spezifische Gegenstandsbereiche zu, lehnte aber ihre in einer monistischen Weltsicht gegründete Verabsolutierung ab. Immerhin versuchte er den Dualismus zwischen beiden durch die Einführung der Methode der Ideologiekritik zu mildern, die kausale Erklärungen für falsche Selbstverständnisse liefern sollte (1968b). Apel hat dieses Thema auch in den folgenden Jahren weitergeführt – 1978 gab er einen Sammelband zu dem Thema heraus, das er selbst in einer eigenen Monographie 1979 zu einem gewissen Abschluß brachte.

In Apels nicht-monistischer Wissenschaftslehre hat die Ethik noch keinen Platz – was nicht wunder nehmen kann, ist doch die Ethik sicher keine Wissenschaft im engeren Sinne des Wortes. Wohl aber entwickelt Apel Anfang der siebziger Jahre, gegen fast alle Denker dieses Jahrhunderts, insbesondere diejenigen, die ihn am nachhaltigsten beeinflußt hatten, die Überzeugung, daß die Ethik etwas Rationales sei und daß ihre Begründung möglich sei, auch wenn diese Begründung nur eine Letztbegründung sein könne. Drei Faktoren liegen dieser neuen Überzeugung zugrunde. Erstens hat Apel im Zusammenhang mit seinem Studium Wittgensteins und Heideggers einerseits die Intersubjektivität als gemeinsame große Entdeckung, andererseits die dialektische Inkonsistenz beider Ansätze als gemeinsamen großen Fehler erkannt. Um diesen Fehler zu vermeiden, läßt sich Apel auf transzendentale Fragestellungen ein, die er Ende der sechziger Jahre zu formulieren beginnt (1968b; 1972b). Auf einer transzendentalen Grundlage, die er mit der Sprach- und Intersubjektivitätsproblematik zu vermitteln sucht, scheint ihm aber plötzlich eine Begründung der Ethik möglich (1972a). Als zweiter Faktor ist Apels intensive Beschäftigung mit Peirce zu nennen, von dessen Schriften er 1967 und 1970 eine mit umfangreichen Einführungen versehene Auswahl in deutscher Übersetzung herausgibt. Peirce' Konsenstheorie der Wahrheit, sein Versuch einer Begründung der Ethik auf dieser Grundlage, haben Apel tief beeindruckt und fließen in seinen eigenen Ansatz stark ein. Drittens ist der Einfluß des sieben Jahre jüngeren Habermas zu erwähnen. Sosehr dieser auch selbst viele seiner Ideen Apels Anregung verdankt, sosehr, wenigstens in meinen Augen, Apels begründungstheoretisches Reflexionsniveau höher ist als dasjenige Habermas', so offenkundig ist doch, daß Apel, dessen Interessen bis zu den späten sechziger Jahren primär erkenntnis- und wissenschaftstheoretischer Natur waren, durch Habermas für die politische und allgemein die praktische Philosophie sensibilisiert worden ist. Apel selbst erkennt dies an: „Die Erweckung im Sinne einer Entdeckung der politischen Dimension der Philosophie selbst erfolgte in meinem Fall zweifellos durch Jürgen Habermas, genauer: durch seine Interpretation des *Neomarxismus,* die sich – in meiner Sicht – von vornherein durch hermeneutische Abweisung des *Szientismus-Reduktionismus* und – der Tendenz nach – durch Ersetzung der *eschatologisch-utopischen Geschichtsmetaphysik* durch *regulative Ideen* und *Postulate der praktischen Vernunft* im Sinne Kants auszeichnete." (1988b; 378) Der Explosion des lange abgewiegelten praktischen Sinnbedürfnisses, die gesamtgesellschaftlich 1968 stattfand, hat sich also u. a. die transzendentalpragmatische Letztbegründung zu verdanken.

Es ist besonders Apels Anspruch einer Letztbegründung der Ethik gewesen, der – neben sachlicher Kritik und heftiger Polemik – ein breites, internationales Interesse an der Transzendentalpragmatik geweckt hat, die Apel seither in einer großen Zahl von Aufsätzen ausgebaut und gegen Kritik aus verschiedener Richtung verteidigt hat. Soweit ich sehe, sind in den achtziger Jahren zwei wichtige Neuerungen hinzugekommen, die offenkundig zusammenhängen. Erstens hat sich Apel im Rahmen des Funk-Kollegs „Praktische Philosophie/Ethik" der Philosophiegeschichte und, allgemeiner, der Geschichte des ethischen Bewußtseins zugewandt, die er in Anlehnung an Kohlberg im Sinne einer Entwicklungslogik zu rekonstruieren und auf die eigene

Position teleologisch auszurichten suchte (1984). Zweitens hat Apel in den letzten Jahren – nachdem anfangs das Problem der Begründung der Ethik im Mittelpunkt stand – sich der Frage zugewandt, warum und inwiefern unter geschichtlichen Bedingungen, die von der Realisierung eines allgemeinen ethischen Zustandes weit entfernt sind, ein Zuwiderhandeln gegen ideale ethische Prinzipien gerechtfertigt sein kann. Verantwortungsethische Überlegungen, offensichtlich durch die gegenwärtige planetarische Krise der Menschheit aufgedrängt, gewinnen immer breiteren Raum.

Schon dieser kurze Überblick über Apels weitgespannte Interessen, seine Ideen, sein Programm gestatten das Urteil, daß es sich bei ihm um einen der wenigen originellen und kreativen Philosophen der Gegenwart, ja – mit Hans Jonas – um einen der bedeutenden Ethiker der Philosophiegeschichte handelt. Mag man mit ihm sachlich übereinstimmen oder nicht – dies formelle Faktum sollte auch von seinen Gegnern anerkannt werden. Gerade deswegen wird man allerdings um so mehr den Charakter seines Werks bedauern, das größerenteils in Aufsätze und Diskussionsbeiträge zersplittert ist, die sich teils ergänzen, teils manchmal wiederholen; der eine zentrale Gedanke wird verteidigt gegen alle möglichen gegnerischen Ansätze. Eine umfangreiche systematische Darstellung der eigenen Position ist Apel bisher nur mit Bezug auf die Erklären-Verstehen-Kontroverse gelungen, nicht mit Bezug auf die Ethik oder die Semiotik. Dies hängt wohl einerseits mit dem Charakter des gegenwärtigen internationalen Wissenschaftsbetriebs zusammen, der durch seine vielen Kongresse vom Schreiben von Büchern abhält, andererseits aber doch auch mit der inhaltlichen Struktur der Apelschen Philosophie, die, wie man sagen könnte, in einer punktuellen Einsicht besteht, die sich aus prinzipiellen Gründen zu einer umfassenden Theorie nicht zu entfalten vermag.[5]

2.2. Reflexivität und Sprache

Das, was Apel von seinen Anfängen bis zur Gegenwart als die bleibende Leistung der modernen Philosophie angesehen hat, ist die Überwindung dessen, was er methodischen Solipsismus nennt und was in

[5] Immerhin hat Apels Schüler W. Kuhlmann, einer der scharfsinnigsten Philosophen der Gegenwart, (1985 a) eine umfassende systematische Darstellung der Transzendentalpragmatik verfaßt, die als die beste Einführung in diese Position gelten kann und als bedeutende philosophische Leistung jeden Respekt verdient. Böhlers anregende und differenzierte Studie (1985) gilt anders als diejenige Kuhlmanns nicht so sehr begründungstheoretischen Fragen als vielmehr dem Handlungsbegriff.

seinen Augen die ganze neuzeitliche Tradition von Descartes bis zum Deutschen Idealismus (ja bis zu Husserl) kennzeichnet. Unter methodischem Solipsismus versteht Apel die Überzeugung, „daß im Prinzip ‚einer allein' etwas *als* etwas erkennen und dergestalt Wissenschaft treiben könnte" (1972c; 234), die Auffassung also, „daß, wenn der Mensch auch, empirisch gesehen, ein Gesellschaftswesen ist, die Möglichkeit und Gültigkeit der Urteils- und Willensbildung doch prinzipiell ohne die *transzendental-logische Voraussetzung einer Kommunikationsgemeinschaft,* also gewissermaßen als konstitutive Leistung des Einzelbewußtseins, verstanden werden kann" (1972a; 375). Diese Voraussetzung sei letzte Konsequenz der cartesischen Subjekt-Objekt-Metaphysik der Neuzeit (1965; 83) – einer Metaphysik, die notwendig „die Subjekt-Subjekt-Relation der ‚Verständigung' über etwas, in der man dem Anderen die Wahrheit bzw. die normativ richtige Entscheidung praktischer Fragen zutraut" (1973; 27), verfehle.

Eben die Ablehnung dieses methodischen Solipsismus sei den von Wittgenstein und Heidegger ausgehenden Versuchen einer Grundlegung der Hermeneutik gemeinsam (1965; 83). Die positive Kehrseite dieser Ablehnung sei die Orientierung an der Sprache. Diese neue Orientierung leite *ein drittes Paradigma* der abendländischen Metaphysik ein – nach der vorkantischen Ontologie und der transzendentalen Bewußtseinsphilosophie als den beiden ersten Paradigmen, in deren Zentrum Sein und denkende Subjektivität stünden, werde hier die sich sprachlich vermittelnde Intersubjektivität als Ausgangspunkt einer neuen prima philosophia geltend gemacht. Freilich verwickeln sich nach Apel die bisherigen Ausarbeitungen dieses Paradigmas in Widersprüche – Widersprüche, die den unvermeidlichen eigenen Geltungsanspruch untergraben und damit gerade das gefährden, was doch Ziel des dritten Paradigmas sein sollte: die intersubjektive Verbindlichkeit von Philosophie (vgl. 1967; 272).

Das gilt einerseits für Heidegger (insbesondere den späten) und Gadamer, andererseits für den ersten wie den zweiten Wittgenstein. In seiner eigenen Sprachphilosophie knüpft Apel zumal an beide Phasen Wittgensteins an, ja es ließe sich sagen, daß er eine Synthese von beiden anstrebt. Einerseits optiert Apel für eine Sprachkonzeption, die ihre intersubjektive, pragmatische Dimension nicht wie der „Tractatus" überspielt, sondern wie die „Philosophischen Untersuchungen" expliziert; andererseits lehnt Apel den relativistischen Pluralismus der „Untersuchungen" ab und hält wie der Wittgenstein des „Tractatus" an dem Gedanken *einer* transzendentalen Grundsprache fest. Diese Synthese ist nur dadurch möglich, daß Apel das zurückweist, was „Tractatus" und „Untersuchungen" verbindet: die Ablehnung von Reflexivität. Schon 1967 betont Apel, zur Behebung des prinzipiellen Widerspruchs des „Tractatus" sei es von entscheidender Bedeutung, „daß gerade die in der logischen Semantik verbotene Selbstreflexivität der Sprache und insofern der Erkenntnis möglich ist" (233; vgl. 1965; 36, Anm. 10). Die Tragweite dieser Forderung ist um so größer, wenn man bedenkt, daß die an den „Tractatus" anknüpfende logische Semantik etwa Carnapscher Prägung an dem Reflexivitätsverbot festgehalten hat, ohne dessen Durchbrechung eine Letztbegründung, wie wir noch sehen werden, in der Tat nicht möglich ist. Apel sieht das Wesen des Szientismus und seiner Abarten immer mehr in diesem Verbot – einem Verbot, das die differentia specifica menschlicher Sprache verfehle, die sich gerade durch ihre Reflexivität von Tier- wie von Computersprachen unterscheide (1972d; 298). Apels eigener transzendentaler Ansatz versucht gegen diesen Typus logisch-mathematischer Rationalität den Typus eigentlicher philosophischer Rationalität, die in reflexiver Selbstbesinnung liege, auszubauen. Apel hält die jenem Verbot zugrunde liegende Typentheorie, die die Selbstreflexion der traditionellen Subjektphilosophie durch einen infiniten Progreß von Metasprachen ersetzen will (1969; 315), für inkonsistent. Denn indem sie eine Einsicht über alle Sprachstufen beanspruche, widerspreche sie sich selbst (1970a; 184). Leider gibt Apel nicht näher an, auf welche andere Weise als mit der Typentheorie sich die logischen Antinomien vermeiden ließen; einmal äußert er sich dahingehend, daß die Möglichkeit von Antinomien nur in negativem Selbstbezug begründet sei, „wie das im radikalen Skeptizismus bzw. in der *Rede von der prinzipiellen Inkonsistenz umgangssprachlicher Rede über die Wahrheit der Rede* geschieht", so daß jedenfalls das generelle Verbot von Selbstbezug zu weit gehe (1972a; 409).

In diesem Zurückweisen von Reflexivität liege die Tatsache begründet, daß die Sprachanalyse das verscherze, was ihren Fortschritt über die Bewußtseinsphilosophie ausmache. Dieser bestehe (wie im Fall der Hermeneutik) in der Überwindung des methodischen Solipsismus, wie sie sich u.a. in der Ablösung der Erkenntnis- durch die Methode der Sinnkritik zeige, die Apel weiterführen will.[6] Freilich sei der frühe Wittgenstein mit der radikalen Ersetzung der denkenden Subjektivität durch die Sprache paradoxerweise wieder in den methodischen Solipsismus zurückgefallen: Ziel einer Kalkülsprache, die als irreflexives Bild der Realität vorgestellt wird, sei es gerade, intersubjektive Verständigungsprozesse zu eliminieren (1972c; 237). Daran ändere auch die umfassende Behandlung der Pragmatik als dritter Sprachdimension neben Syntax und Semantik durch Ch. Morris kaum etwas, auch wenn sich das Interesse in der Sprachphilosophie immer mehr auf sie verlagert habe (1970a; 179). Denn die Pragmatik bleibe hier eine objekti-

[6] Vgl. den sinnkritischen Lösungsversuch des Außenweltproblems (1967; 260, Anm. 54; 1972a; 394; 1976b; 73 und 79, Anm. 8).

vierend-behavioristische Disziplin, die sprachliches Verhalten von außen beschreibe und nicht als für den Theoretiker der Pragmatik in transzendentalem Sinne konstitutiv gedeutet werde (183 f.). In Apels Augen bedeutet Morris – ähnlich wie Mead – ebendeswegen einen Rückfall hinter Peirce, dessen triadische Rekonstruktion des Zeichenprozesses Apel transzendental interpretiert (1975; 225 ff.). Zeichen, Gegenstand, Interpretant bildeten die irreduzible Triade des Zeichenprozesses, der in einer behavioristisch verkürzten Pragmatik zu einer zweistelligen Relation verkümmere und den Interpretanten als wahrhaftes Subjekt eliminiere. Denn dieser werde zu einem Objekt empirischer Forschung, an dem sich die Stimulus-Reaktion-Relation auf die Zeichen beobachten lasse. Der Interpretant werde nur dann in seine Wahrheit gebracht, wenn er als Subjekt durch ein Kosubjekt ernst genommen werde – nämlich den Semiotiker, der sich selbst als Teil des Prozesses erfasse und nicht nur außerhalb stehe. „Diese dreistellige Relation aller geistigen Akte läßt sich nur aufgrund einer zumindest virtuellen Teilnahme an der Kommunikation ‚verstehen', d. h. aber: aufgrund der dreistelligen Basis einer Wissenschaftstheorie, welche die traditionelle Subjektproblematik nicht eliminiert, sondern sie als Problematik der menschlichen Kommunikationsgemeinschaft erneuert." (1975; 237 f.)[7] Apel erweitert daher die dreistellige semiotische Relation Objekt-Zeichen-(Zeichen-)Subjekt mit der entsprechenden semantischen, syntaktischen und pragmatischen Dimension um das Kosubjekt, das mit dem ersten Subjekt über Zeichen kommuniziere und mit ihm die Kommunikationsgemeinschaft konstituiere (1985; 86).

Tiefer als von Morris ist Apel von der Sprechakttheorie Austins (1962) und Searles (1969) beeinflußt. Denn die pragmatische Dimension, die diese analysieren, betrifft das Phänomen der Sprechakte, in denen wir, indem wir Aussagen äußern, etwas tun (z. B. versprechen, behaupten); diese werden nicht wie bei Morris als bloßes Objekt empirischer Forschung betrachtet, sondern auf ihre logischen Geltungsbedingungen hin untersucht. Als wichtigste Leistung der Sprechakttheoretiker gilt Apel die Entdeckung der performativ-propositionalen Doppelstruktur der Rede, also des Sachverhalts, daß Sätze nur in – eigens als solchen formulierbaren – Sprechakten ausgedrückt werden können, die daher die grundlegendere Einheit der Sprachphilosophie

[7] (1974) hat Apel auf der Grundlage seiner dreistelligen Deutung des Zeichenprozesses in Anschluß an Peirce verschiedene defiziente Formen von Philosophie abzuleiten versucht, die jeweils ein oder zwei Momente des Zeichenprozesses unterschlügen. Dazu gehört etwa der Semiotizismus, für den es nur Zeichen gibt. (1987 a), 45 äußert Apel die interessante Vermutung, Derrida sei ein Semiotizist.

sein müssen. Diese Entdeckung spielt im Zusammenhang mit Apels Theorie der Letztbegründung eine große Rolle. Allerdings wirft Apel (1985) dem späten Searle vor, (1983) im Rahmen einer intentionalistischen Bedeutungslehre zu einer Bewußtseinsphilosophie zurückgekehrt zu sein. Apel hält daran fest, daß Sprach- und Bewußtseinsapriori einander wechselseitig voraussetzen – die phänomenologische Evidenz müsse immer sprachlich interpretiert werden, und die vier Geltungsansprüche jedes Sprechakts deuteten auf eine intersubjektive Dimension. Apel folgt hier Habermas, der (1973) Verständlichkeit (der Äußerung), Wahrheit (ihres propositionalen Bestandteiles), Richtigkeit (ihres performativen Bestandteiles) und Wahrhaftigkeit (des sprechenden Subjekts) als Aprioris eines Sprechaktes aufwies.

Was Wittgensteins „Philosophische Untersuchungen" angeht, so erkennt Apel in ihnen einerseits eine tendenzielle Überwindung der Objektivierungstendenzen des „Tractatus"; er vergleicht ihre Sprachspielidee mit Heideggers Ausführungen über „Mitsein" und „Verstehen". Beide Konzeptionen ließen in ähnlicher Weise die solipsistische Theorie hinter sich, nach der man in den anderen sich erst einzufühlen habe (1966; 371). Ferner übernimmt Apel vom späten Wittgenstein die Kritik an dem Bezeichnungsmodell von Sprache; dieses Modell sei zwar nicht falsch, aber unzureichend (1972b; 333f.). Insbesondere hält Apel Wittgensteins These von der Unmöglichkeit einer Privatsprache für eine „für alles Philosophieren wahrhaft revolutionierende Einsicht" (1966; 370). In zahlreichen seiner Aufsätze beruft sich Apel auf diesen Gedanken[8] – allerdings begnügt er sich immer damit, Wittgensteins These zu wiederholen, ohne zu versuchen, sie zu beweisen. Einen solchen Beweisversuch vorgelegt zu haben, ist Kuhlmanns Leistung; er wird im kritischen Teil dieser Monographie erörtert werden. Andererseits verwirft Apel am späten Wittgenstein die Idee vom irreduziblen Pluralismus der Sprachspiele. Erstens geht Apel – synchron – von einer übereinzelsprachlichen kommunikativen Kompetenz des Menschen aus (1972d; 301f.) – also von einer Fähigkeit, von der einen Sprache zur anderen zu wechseln. Und zweitens könne – auf der diachronen Ebene – Wittgenstein mit seinem Modell „das eigentlich Geschichtliche des Verstehens, die Vermittlung zwischen den zerfallenden und entstehenden Sprachspielen (das normale Phänomen der Traditionsvermittlung) und wiederum die Vermittlung über die Zeiten hinweg" nicht fassen (376). Denn ein solches Verstehen setze ein gemeinsames, einheitliches Sprachspiel voraus. Daraus ergebe sich das Desiderat eines transzendentalen Sprachspiels, das den einzelnen Sprachspielen zugrunde liege und ihre Vermittelbarkeit ermögliche – eine Vermittelbarkeit, die auch

[8] Siehe z.B. (1965), 78f.; (1969), 328; (1972a), 399, Anm.56; (1972c), 260; (1972d), 285.

durch die jeweiligen einzelnen Sprachspiele selbst erfordert werde, die aufgrund ihrer inneren Widersprüchlichkeit nicht, wie Wittgenstein letztlich unterstelle, geschichtslos seien, sondern „über sich selbst hinausgedrängt und zur reflexiven Infragestellung ihrer Prinzipien Anlaß gegeben" hätten (1965; 92; vgl. 1969; 321f.). Dieses transzendentale Sprachspiel stelle die Philosophie dar, die es gegen den späten Wittgenstein zu rehabilitieren gelte.

Apels in kritischem Anschluß an Peirce, Morris, Wittgenstein, Heidegger, Austin und Searle entwickelte Sprachphilosophie ist die Grundlage für seine Lösung der Erklären-Verstehen-Kontroverse, für seine Idee reflexiver Letztbegründung sowie für seine Rekonstruktion der Geschichtsphilosophie. Es liegt in der Natur einer zum dritten Paradigma gehörigen Philosophie, daß die verschiedensten Disziplinen der Philosophie – von der Wissenschaftstheorie über die Ethik zur Geschichtsphilosophie – in der Sprachphilosophie wurzeln.

2.3. Erklären und Verstehen

Apels nicht-monistische Wissenschaftstheorie geht von einer differenzierenden Rationalitätstheorie aus, die in der letzten Zeit im Zusammenhang mit der pauschalen postmodernen Rationalitätskritik an Bedeutung gewonnen hat, da allein sie eine rationale, sich selbst nicht aufhebende Kritik an der Verabsolutierung einseitiger Formen von Rationalität ermöglicht (1988c). Im wesentlichen nimmt Apel vier Formen von Rationalität an. In seinem Buch über die Erklären-Verstehen-Kontroverse, das in der Auseinandersetzung mit von Wrights berühmtem Buch von 1971 und seinem neowittgensteinschen „New Dualism" eine Klärung und Vertiefung früherer Abhandlungen zu dem Thema leistet, heißt es: „Die *szientifische* Rationalität der Kausalanalyse setzt die *technologische* Rationalität des zweckrationalen Handelns[9] voraus, die ihrerseits die *hermeneutische* Rationalität des Verstehens bzw. der Verständigung und darin die *ethische* Rationalität voraussetzt." (1979; 27) Obgleich also Apel einen einfachen Rationalitätsbegriff zurückweist, läßt sich seine Theorie doch auch nicht als pluralistisch – im Sinne des Nebeneinanderbestehens verschiedener Formen von Rationalität – deuten. Denn die Ordnung und Hierarchie der Rationalitätsformen ist offenkundig: Die spätere Form von Rationalität ist der Grund der vorangehenden, die ohne sie nicht bestehen könnte. Inwiefern?

[9] Das zweckrationale Handeln differenziert Apel in instrumentelles und strategisches – in jenem geht es um Subjekt-Objekt-, in diesem um Subjekt-Subjekt-Relationen.

Apel ist nicht nur der Ansicht, daß der szientistische Versuch einer Reduktion aller Erkenntnis auf kausale Explanation aussichtslos ist – er ist vielmehr sogar der (von Royce antizipierten) Überzeugung, daß die erklärende Tätigkeit der Naturwissenschaft, als intersubjektive, ein Verstehen der Intentionen des Mitwissenschaftlers notwendig voraussetzt. Die Subjekt-Objekt-Relation des Erklärens sei immer schon in Richtung auf die Subjekt-Subjekt-Relation des gegenseitigen Verstehens transzendiert. Statt der zweistelligen Relation „x erklärt y" geht Apel von der dreistelligen Relation „x erklärt y für z" aus (267). So könnten zwei experimentelle Psychologen zwar vielleicht ihr Objekt, aber nicht einander kausal erklären (275), ja der Gedanke kausaler Erklärung müsse selbst verstanden werden (282). Apel meint in Anschluß an Kant, daß die Kategorie der Kausalität nicht logisch-semantisch, sondern nur transzendentalphilosophisch zu explizieren ist (82 ff.) und daß daher „die Frage nach der *Sinnkonstitution von Kausalität* als *kategorialer* Bedingung der Möglichkeit der Erfahrung zu erneuern ist" (92). Seine eigene Deduktion macht verständlich, warum bei ihm die technologische zwischen der szientifischen und der hermeneutischen Rationalität vermittelt. Apel versteht nämlich einerseits wie Kant Kausalität als Bedingung der Möglichkeit wissenschaftlicher Erfahrung (wobei er sich darüber Rechenschaft abgibt, daß diese Bedingung – anders als die vier Geltungsansprüche eines sinnvollen Sprechaktes – in einer radikalen Reflexion hintergangen werden kann). Er versteht aber andererseits Kausalität nicht „im Sinne Kants als reine Verstandeskategorie, sondern als Implikat des Begriffs der *(Interventions-)Handlung*" (101) – im wissenschaftlichen Experiment würde ich in den Naturverlauf intervenieren, und allein durch diese Intervention konstituiere sich der Begriff der Kausalität. Ohne einen Leib gebe es keine Wissenschaft (271 f.) – Apel spricht sogar von „Leibapriori" (141 ff.). Er versucht in diesem Zusammenhang das Problem der Willensfreiheit folgendermaßen zu lösen: Einerseits setze „das Verständnis der *Kausalnotwendigkeit* von Naturprozessen ... das Verständnis von *Handlungsfreiheit* im Sinne des möglichen Initiierens oder Verhinderns von Naturprozessen voraus"; umgekehrt setze aber auch Freiheit, vermittelt über instrumentelles Handeln, Kausalität voraus (103). Kausalerklärung und Handlungsverstehen seien somit komplementär, und mit dieser Sprachspielkomplementarität sei es unvereinbar, „die kausal effektiven Handlungen bzw. Intentionen selbst als Effekt der Naturkausalität zu denken" (190). So sei, auch ohne Kants Dinge-an-sich, die Apel mit Peirce ablehnt (106 f.), der Determinismus zurückgewiesen.[10] Obgleich Apel sich auf

[10] In seiner ausgezeichneten Darstellung der Transzendentalpragmatik rekonstruiert S. Petrucciani Apels Argument gegen den Determinismus damit, daß eine Handlung (und d. h. auch ein Argument als Sprechhandlung) nicht

das Leib-Seele-Problem nicht eigentlich einläßt, erörtert er doch die Frage, wie Intentionen kausal wirksam werden könnten; in der Quantentheorie sieht er eine Möglichkeit, für die Freiheit Raum zu gewinnen (232f.).

Motiverklärungen seien auf echte Kausalerklärungen irreduzibel, weil eine *logische* Beziehung zwischen Explanans und Explanandum, Intention und Handlung, bestehe. Intentionen seien begründet, nicht verursacht (192). Gegen A. Beckermann, der (1977) kausale Erklärungen auch für diejenigen menschliche Handlungen forderte, die Gründen folgen, und das Hempelsche Schema der Explanation aus Gesetzen und Antezedensbedingungen auch auf menschliche Handlungen anwandte, macht Apel geltend, der Gedanke „*universaler kontingenter Gesetze* einer möglichen *Kausalerklärung* menschlichen Handelns, wie er das Ideal des Szientismus darstellt", müsse die Möglichkeit totaler Regression des Menschen unterstellen (252). Denn wenn alles kausal erklärbar sei, dann sei nicht auszuschließen, daß die Menschheitsgeschichte auf nicht mehr verstehbare Prozesse der Sinnzerstörung hin determiniert sei. Zudem betont Apel in Anschluß an Popper, Innovationen könnten nicht vorhergesagt werden (53f.) – anders als in der Natur seien in der Geschichte keine Prognosen, sondern immer nur ex-post-Erklärungen möglich (184ff.). Einmal heißt es, indem man dem wissenschaftlichen Kollegen notwendig Wahrheitsfähigkeit zugestehe, erkenne man an, daß „eine deskriptive oder gar explanative Objektivierung seiner psychischen Akte oder seines Verhaltens" unmöglich sei (1976a; 27).

Allerdings lehnt Apel auch jenen „hermeneutischen Idealismus" ab, der kausale Erklärungen von Intentionen und Einstellungen von vornherein ablehne (1979; 290ff.). Solche seien vielmehr dort gestattet, ja geboten, wo irrationale Verzerrungen in den Einstellungen des zu verstehenden Kosubjekts vorlägen. In der Ideologiekritik und der Psychoanalyse sieht Apel – wie schon (1968b) – zwei Wissenschaften, die zwischen Erklären und Verstehen vermittelten[11] und die von einem emanzipatorischen Erkenntnisinteresse geleitet seien (300ff.) – so Apel in Anschluß an Habermas' berühmte Schrift von 1968. Allerdings warnt Apel vor einer Selbstaufhebung der Ideologiekritik, die dort eintrete, wo diese keine immanenten Wahrheitskriterien mehr anerkenne (302). Ebenso verwirft Apel jene Formen von Hermeneutik, die sich

zugleich als notwendiges Resultat einer von meinem Willen oder meiner Vernunft unabhängigen Kausalkette verstanden werden könne (1988; 121).

[11] Nur flüchtig erörtert Apel den erkenntnistheoretischen Status der biologischen Wissenschaften einschließlich der quasibiologischen Systemtheorie (307ff.). Eine Reduktion teleologischer Strukturen auf ihre kausale Entstehung lehnt er ab.

darauf beschränkten, die Einstellungen des anderen zu verstehen, und auf die Suche nach einem Bewertungskriterium verzichteten. Das führe zu den relativistischen Formen des Historismus, in denen die hermeneutische Rationalität sich von der ethischen Rationalität abgekoppelt habe; in Wahrheit müsse diese jene im Sinne einer teleologischen Interpretation der Geschichte leiten. Aber wie lassen sich ethische Normen anders als im Rückgriff auf historisch realisierte Systeme begründen? Eben diese Frage will die Theorie der Letztbegründung beantworten.

2.4. Letztbegründung und Ethik

Apels Anspruch, eine Begründung der Ethik zu leisten, ist zweifelsohne seine philosophisch originellste und weltanschaulich wichtigste Leistung. Wir haben ja gesehen, daß von Peirce' marginalen Überlegungen abgesehen keine der wirkungsmächtigen modernen Philosophien die Ethik in wirklich befriedigender Weise zu begründen versucht. Im Marxismus ist die Ethik Teil der Geschichtsphilosophie; und im Szientismus und Kritischen Rationalismus hat sie als objektive Theorie ebensowenig Raum wie im Existenzialismus und in der Hermeneutik. Die bedeutendsten ethischen Theorien des 20. Jahrhunderts – Moores und Schelers Wertethiken – verzichten von vornherein auf eine Begründung: Werte werden demnach in Intuitionen erfaßt, die argumentativ nicht ausweisbar sind. In der Tat ist nicht zu leugnen, daß eine Begründung der Ethik besonderen Schwierigkeiten ausgesetzt ist. Denn einerseits kann sie nicht empirisch sein – sind doch, aufgrund des Verbotes des naturalistischen Fehlschlusses,[12] normative Sätze auf empirische Sätze nicht zurückführbar (bzw. auf empirische Sätze nur dann, wenn diese mit apriorischen verbunden sind: So kann die Norm „Unter den Bedingungen c sollst du a tun" aus dem empirischen Satz „Unter den Bedingungen c ist a ein notwendiges Mittel für b" nur in Verbindung mit dem normativen Satz „Du sollst b tun" hergeleitet werden). Ebensowenig ist an eine Deduktion im Sinne der ersten Kritik Kants zu denken: Unmoralisches Handeln macht Erfahrung nicht

[12] Apel hat stets die Ansicht vertreten, aus deskriptiven seien präskriptive Sätze nicht zu gewinnen, und daher etwa Searles Versuch, Verpflichtungen aus Sprechakten wie Versprechen abzuleiten, als untauglich abgelehnt – Searle setze immer schon eine Norm voraus, nach der Versprechen zu halten seien (1976c; 56–80). Ebensowenig folge aus der Tatsache, daß die Geisteswissenschaften oder die Metaethik in Wahrheit gar nicht wertfrei seien, daß die von ihnen faktisch jeweils zugrundegelegten Wertentscheidungen rational seien (1972a; 379–395).

unmöglich; und so ist es kein Zufall, daß Kant in der zweiten Kritik auf eine Deduktion des kategorischen Imperativs verzichtet hat. Andererseits folgen ethische Sätze sicher nicht aus der *formalen* Logik – wo ist der analytische Widerspruch in dem doch wohl unethischen Satz „Töte so viele Menschen wie möglich, ohne dich dabei erwischen zu lassen"? Der Vergleich von Ethik und Mathematik, der in der Tradition zu den verbreitetsten Gemeinplätzen zählt,[13] legt seit der Entwicklung der nicht-euklidischen Geometrien relativistische Konsequenzen für die Ethik nahe.[14] Denn so wie es, unter Zugrundelegung verschiedener geometrischer Axiome, verschiedene Systeme geben kann, die alle gleichermaßen konsistent sind, so scheint es auch in der Ethik möglich zu sein, aus verschiedenen Axiomen verschiedene Normensysteme abzuleiten; dabei wäre es völlig unmöglich, rational zu entscheiden, welches der Axiomensysteme das richtige sei – es wären, sofern sie nur konsistent sind, alle gleichberechtigt, das Normensystem des Christentums nicht anders als das Normensystem des Nationalsozialismus.

Eben hier setzt Apels Idee der Letztbegründung ein. Unter Letztbegründung versteht Apel die *Begründung von Prinzipien* – eine Begründung, die nicht formallogisch zu leisten ist, da die formale Logik nur die Begründung *aus* Prinzipien, die Deduktion von Theoremen aus Axiomen zu leisten vermag. Aber lassen sich Prinzipien *begründen?* Offenbar steht dieser Anspruch Apels im Gegensatz sowohl zum Intuitionismus, der von einer argumentationslosen Schau der Prinzipien ausgeht, als auch, und zwar erst recht, zum Prinzipienskeptizismus und -relativismus, für den ein objektiver Zugang zu Prinzipien prinzipiell nicht möglich ist. Apels Gedanke einer reflexiven Begründung ist allerdings, wie wir sehen werden, der großen philosophiegeschichtlichen

[13] Man denke an Spinozas „Ethica more geometrico", an Locke (Essay IV 3, 18 und 20; IV 4, 7 und 9; IV 12, 8), an Leibniz (Nouveaux Essais IV 12, 8), an Kant (KdrV B 508/A 480; KdpV A 45, 167).

[14] Daß die Abneigung gegen die nicht-euklidischen Geometrien, die sich im letzten Jahrhundert nicht nur bei Philosophen, sondern auch bei Mathematikern von Rang findet, nicht nur aus der Enttäuschung darüber resultierte, die Mathematik sei keine apodiktische Wissenschaft, sondern vielmehr aus der Angst entsprang, mit der Apodiktizität der Mathematik würde auch ein verbindliches ethisches System schwinden, hat I. Tóth, wohl der originellste Vertreter einer geistesgeschichtlich orientierten Mathematikhistorie, in zahlreichen Abhandlungen – etwa 1972 und 1982 – gezeigt. – J. Beattie z. B. befürchtet in seinem „Essay" von 1770, geometrische „Paradoxe" würden die weitaus gefährlicheren ethischen nach sich ziehen: „But geometrical paradoxes would not rouse the attention of the public; whereas moral paradoxes, when men begin to look about for arguments in vindication of impiety and immorality, become interesting, and can hardly fail of a powerful and numerous patronage." (1974 f., I 102)

Tradition nicht so fremd, wie es auf den ersten Blick scheinen mag. Apels Originalität besteht vielmehr darin – freilich ist er auch hierin nicht ohne Vorläufer –, reflexive Argumente zur Begründung der *Ethik* eingesetzt zu haben. Dies hängt – da Ethik wesentlich mit Intersubjektivität zu tun hat – mit seiner intersubjektivitätstheoretischen Transformation der Philosophie zusammen. Apel strebt, wie schon gesagt, eine transzendentale Theorie der Intersubjektivität an – d. h. eine Transformation der Kantischen Position, die „den ‚höchsten Punkt', mit Bezug auf den die transzendentale Reflexion anzusetzen ist, nicht in der ‚methodisch solipsistisch' angesetzten ‚Einheit des Gegenstandsbewußtseins und des Selbstbewußtseins' erblickt, sondern in der ‚intersubjektiven Einheit der Interpretation' qua Sinnverständnis und qua Wahrheitskonsens" (1972a; 411). Von dieser Transformation erhofft sich Apel eine einheitliche philosophische Theorie, die die traditionelle Ontologie, die neuzeitliche Erkenntnistheorie und die moderne sprachanalytische Philosophie in sich aufhebe sowie eine Überbrückung des Gegensatzes von theoretischer und praktischer Philosophie leiste. „Der Verfasser glaubt – und man mag dies als seine operative Illusion ansehen –, daß von einer Transzendentalphilosophie, die eine Antwort auf die Frage nach den Bedingungen der Möglichkeit und Gültigkeit von *Konventionen* (Übereinkünften) geben kann, so etwas wie eine Letztbegründung der theoretischen und praktischen Philosophie und der Wissenschaft geliefert werden kann." (1976a; 7)

Im folgenden soll zunächst Apels Argument, das eine Letztbegründung leisten soll, analysiert werden, alsdann seine Anwendung auf die Ethik. Jenes Argument lautet in erster Annäherung: Wer argumentiert, setzt immer schon voraus, daß er im Diskurs zu *wahren* Ergebnissen gelangen kann, d. h. daß es Wahrheit gibt. Er setzt ferner voraus, daß der Gesprächspartner, mit dem er redet, im Prinzip der Erkenntnis der Wahrheit fähig ist; er hat ihn damit im emphatischen Sinne als Person anerkannt. Die Argumentationssituation ist für jeden Argumentierenden unhintergehbar; ein Versuch, mit dem Anspruch auf Wahrheit sich aus dieser Situation herauszureflektieren, ist hoffnungslos inkonsistent. „Wer nämlich überhaupt an der philosophischen Argumentation teilnimmt, der hat die soeben angedeuteten Voraussetzungen bereits implizit als *Apriori der Argumentation* anerkannt, und er kann sie nicht bestreiten, ohne sich zugleich selbst die argumentative Kompetenz streitig zu machen." (1976a; 62) Denn selbst derjenige, der die Argumentation abbricht, will damit etwas zum Ausdruck bringen, was einen Geltungsanspruch erhebt; „auch wer im Namen des existenziellen Zweifels, der durch Selbstmord sich verifizieren kann, oder im Namen des Konfliktes der Klasseninteressen das Apriori der Verständigungsgemeinschaft zur Illusion erklärt, bestätigt es zugleich dadurch, daß er noch argumentiert" (a. a. O.).[15] Und wenn der Gegner der Argumentation ausdrücklich darauf verzichtet zu argumentieren, dann wird sein Verhalten für alle Argumentierenden bedeutungslos – also auch für ihn als Argumentierenden, der sich somit der Möglichkeit eines rationalen Selbstverständnisses beraubt. „Wollte man in spekulativ-theologischen Begriffen reden, so könnte man sagen, daß der Teufel nur durch den Akt der Selbstzerstörung von Gott unabhängig werden kann." (1972a; 414)

Apel hat die logische Struktur dieser transzendentalen Reflexion immer schärfer herausgearbeitet. Er erkennt klar, daß es sich um ein Argument handelt, das der Form nach von einer formallogischen Deduktion völlig verschieden ist; während eine solche prinzipiell hypothetisch sei – *wenn* die Axiome gelten, gelten die Theoreme – und als solche prinzipiell keine Letztbegründung leisten könne, sei diese, als Selbstbegründung durch eine reflexive Besinnung, der Philosophie und nur der Philosophie möglich. Gerade die Struktur reflexiver Besinnung auf das immer schon Präsupponierte biete einen Ausweg aus dem Münchhausentrilemma, das in der Gegenwart besonders von H. Albert (1980; 13ff.) oder auch H. Lenk (1973; 94f.) gegen jede Möglichkeit von Letztbegründung geltend gemacht wird. Das Trilemma besagt, eine letzte Begründung sei nicht möglich, denn entweder werde der begründende Satz selbst begründet – das aber führe in den infiniten Regreß oder zu einem Zirkelbeweis; oder aber man verzichte auf seine Begründung – das aber sei dogmatisch und beliebig. Obgleich Albert meint, damit auch und gerade eine transzendentale Reflexion zu treffen (15), versucht Apel nachzuweisen, daß diese gerade eine Antwort auf das Münchhausentrilemma darstelle. So habe sich das Programm der Letztbegründung schon in der Antike gerade im Zusammenhang mit der Einsicht in die Aporie ergeben, vor die das Problem einer Begründung der Axiome des logisch-mathematischen Denkens gestellt habe (1976b; 57). Apel beruft sich (77, Anm. 1) insbesondere auf Aristoteles' Abwehr der Forderung, den Satz des Widerspruchs zu beweisen (Metaphysik IV 4, 1005 b35ff.). Bekanntlich belegt für Aristoteles die Forderung, alles zu beweisen, einen Mangel an philosophischer Bildung (1006 a5ff.). Der Sinn von Beweis setze nämlich voraus, daß es nicht für alles einen Beweis gebe; dies sei prinzipiell unmöglich, da dies in den infiniten Regreß führen würde. Was nun gerade den Satz des Widerspruchs angehe, so sei es leicht einzusehen, daß jeder, der einer beliebigen Behauptung widerspreche, ihn voraussetze, wenn er überhaupt etwas sage; wenn aber nicht, dann wäre es ebenso lächerlich, vernünftig mit jemandem reden zu wollen, der sich

[15] Ähnlich hat schon Heidegger das Verstummen als eine potentielle Mitteilung verstanden (1979; 164f.).

weigere, vernünftig zu sein, wie es absurd wäre, mit einer Pflanze zu diskutieren (a 11 ff.). Jeder Diskussion liege als Prinzip zugrunde, daß man etwas *sage,* d. h. für sich und den anderen etwas mit Wahrheitsanspruch vertrete; wer dies nicht tue, für den gebe es kein vernünftiges Gespräch – weder mit sich noch mit einem anderen (a 22 ff.).

Im Anschluß an Aristoteles strebt Apel eine „philosophische Letztbegründung auf nichtdeduktivem Wege“ an, die methodisch dadurch abgesichert werden soll, daß als letztbegründet jene Sätze zu gelten haben, die „weder ohne Selbstwiderspruch durch Kritik in Frage gestellt werden können noch ohne Voraussetzung ihrer selbst deduktiv begründet werden können“ (1976 b; 71). Dem kritischen Rationalismus wirft Apel eine „abstractive fallacy“ vor – er abstrahiere zu Unrecht von der pragmatischen Dimension des Gesprächs, auf der allein sich der Widerspruch desjenigen ergebe, der letztbegründete Sätze bestreite. So sei etwa das cartesische „cogito, ergo sum“ – für Apel ein weiterer paradigmatischer Fall für Letztbegründung – kein formallogischer Schluß. Im Anschluß an Hintikka (1962) hält Apel die Behauptung „cogito, sed non sum“ nicht für semantisch, sondern für pragmatisch widersprüchlich; der Widerspruch bestehe nicht zwischen den zwei Teilen des Satzes, sondern zeige sich nur aufgrund einer Reflexion des Sprechenden auf das, was Bedingung der Möglichkeit seines Sprechens sei. „Die unwiderlegbare Gewißheit des ‚cogito, ergo sum‘ beruht ... nicht auf einem axiomatisch objektivierbaren deduktiven Satzzusammenhang, sondern auf einer durch die *aktuelle Selbstreflexion des Denk- bzw. Sprechaktes* vermittelten *transzendentalpragmatischen Reflexions-Einsicht.*“ (73 f.) Über Descartes hinaus will Apel freilich nicht nur die Selbstgewißheit des Ich als letztbegründet gelten lassen. Auch der Satz „Du existierst nicht“ widerlege sich selbst; denn auch jene Selbstgewißheit sei nur denkbar „als Teil eines virtuell öffentlichen Gesprächs, genauer: als defizienter Modus eines solchen Gesprächs, in dem ich mir selbst der Andere bin“ (74).

Außer auf Aristoteles und Descartes bezieht sich Apel u. a. auf Wittgensteins Schrift „Über Gewißheit“, in der mit Nachdruck gezeigt wird, daß jeder sinnvolle Zweifel einen Bezugsrahmen voraussetzt. „Die *Fragen,* die wir stellen, und unsere *Zweifel* beruhen darauf, daß gewisse Sätze vom Zweifel ausgenommen sind, gleichsam die Angeln, in welchen jene sich bewegen.“ (1970; Nr. 341, S. 89; vgl. Nr. 346, S. 90) Zu sinnvollem Zweifel brauche es nämlich *Gründe* (Nr. 122, S. 40), die selbst nicht bezweifelt werden könnten. „Wer an allem zweifeln wollte, der würde auch nicht bis zum Zweifel kommen. Das Spiel des Zweifelns selbst setzt schon die Gewißheit voraus.“ (Nr. 115, S. 39) Ja, Wittgenstein akzeptiert – wenn auch ohne transzendentale Interpretation – den Gedanken, daß Argumente ein System voraussetzen. „Alle Prüfung, alles Bekräften und Entkräften einer Annahme geschieht schon innerhalb eines Systems. Und zwar ist dies System nicht ein mehr oder weniger willkürlicher und zweifelhafter Anfangspunkt aller unserer Argumente, sondern es gehört zum Wesen dessen, was wir ein Argument nennen. Das System ist nicht so sehr der Ausgangspunkt, als das Lebenselement der Argumente.“ (Nr. 105, S. 36)

W. Kuhlmann hat Apels Überlegungen zur Letztbegründung weiter präzisiert und mit allem Nachdruck darauf bestanden, daß der Widerspruch, in den sich derjenige verwickelt, der die Unhintergehbarkeit der Argumentationssituation argumentativ bestreitet, schon deswegen kein semantischer sein kann,[16] weil ansonsten die These von der Unhintergehbarkeit eine Tautologie wäre; bei ihr handle es sich dagegen um einen synthetischen Satz a priori (1985a; 88f.). Der Satz p „Die Regeln der Argumentation gelten für mich nicht“ sei notwendig falsch – denn entweder sei er kein ernsthafter Versuch, die Geltung der Argumentationsregeln zu bestreiten; dann aber brauche er auch nicht widerlegt zu werden. Oder er sei ein solcher Versuch – dann aber setze er die Geltung der Argumentationsregeln immer schon voraus (83f.). Was er sei – ein Sprechakt des Bestreitens –, widerspreche dem, was er sage. Denn Bezweifeln und Bestreiten seien Sprechakte, die gelingen oder mißlingen, sinnvoll oder sinnlos sein können – und sinnvoll seien sie nur dann, wenn sie bestimmte Voraussetzungen machten wie etwa diejenige der Geltung des Prinzips vom zu vermeidenden Widerspruch. Dieser sei keine beliebige Voraussetzung, die man von außen gegen p ins Feld führe und daher eigens rechtfertigen müsse. „Vielmehr haben wir, wenn wir uns auf das Problem, ob (p) zu halten ist, eingelassen haben, (p) immer schon verstanden als Versuch, unter Berufung auf eben dies Prinzip die Gegenthese zu (p) zu entwerten.“ (84, Anm. 33)[17] Für die Durchführung des Letztbegründungsarguments

[16] Allerdings läßt sich ein pragmatischer oder performativer Selbstwiderspruch durch Explikation des in jedem Sprechakt Präsupponierten in einer semantisch geschlossenen Sprache in einen formalen Widerspruch überführen – aber auf diese Explikation in strikter Reflexion kommt es eben an. Vgl. W. K. Essler (1982), 343.

[17] (1987b; 187) wendet Apel gegen C. F. Gethmann/R. Hegselmann (1977) ein, es sei verfehlt, noch eine Ableitung des Prinzips vom zu vermeidenden Widerspruch und des Prinzips vom ausgeschlossenen Dritten mit dem Argument zu verlangen, daß diese im Letztbegründungsbeweis vorausgesetzt würden. Denn auf diese Weise würde das transzendentalpragmatische Letztbegründungsargument in einen formallogischen Elenchos verwandelt und damit seiner nur in strikter Reflexion erfaßbaren Pointe beraubt. Apel unterscheidet scharf zwischen dem Prinzip performativer und demjenigen propositionaler Konsistenz: „Das Prinzip der *performativen Konsistenz* erweist sich auf diese Weise als *Organon und Kriterium* einer durchaus *explorativen und informativen Selbsterhellung der Vernunft,* und insofern ist es m. E. das wesentliche *Kriterium*

ist es nach Kuhlmann entscheidend, die bloß theoretische, d. h. objektivierende Einstellung aufzugeben und sie durch eine strikte Reflexion zu ersetzen. Man würde das Problem verkennen, wenn man glaube, man müsse (p) analysieren und gegen es andere Annahmen ausspielen, die ja immer nur hypothetisch bleiben könnten. Vielmehr komme es darauf an, auf das eigene Handlungswissen zu reflektieren, also auf das, was eine Analyse von (p) erst möglich mache – und was in der theoretischen Einstellung gleichsam „im Schatten der Abstraktion, die nur Kehrseite der Konzentration auf den thematischen Gegenstand ist", verbleibe (79). Es komme darauf an – so Kuhlmann in unbewußter Analogie zu Fichtes zentralem Gedanken –, „neben dem Thematischen auch das Thematisieren selbst zu sehen, ohne daß dazu die ursprüngliche Position aufgegeben und das eigene Handeln wieder nur selbstvergessen, nachträglich als fremder, distanzierter Gegenstand von außen betrachtet wird." (80) Zu einer gehaltvollen Theorie könne die reflexive Letztbegründung dadurch ausgebaut werden, daß die im Handlungswissen vom Argumentieren implizit enthaltene Argumentationstheorie explizit gemacht werde (111 ff.).

Weder Apel noch Kuhlmann bestreiten, daß die Einzelwissenschaften von Axiomen ausgehen, die anhand ihrer Konsequenzen an der Erfahrung überprüft werden müssen, daß die Wissenschaft fallibel sei, ihre Aussagen nicht sicher, sondern nur wahrscheinlich seien. Aber sie beharren auf der transzendentalen Differenz zwischen dem Sprachspiel der Wissenschaft und demjenigen der Philosophie, in dem erst festgelegt wird, was Fallibilität bedeuten kann. In der Übertragung von richtigen Einsichten in das Wesen der empirischen Wissenschaft auf die Philosophie selbst sehen sie eine illegitime Verabsolutierung dieser Einsichten, die gefährliche Folgen habe. So führt nach Apel der pankritische Rationalismus eines Albert auf der einen Seite zu einer „anarchischen Kritik um der Kritik willen, einer kritischen Vernunft ohne *Maßstäbe* der Kritik" (1976 b; 65), auf der anderen Seite werde er zu einer sich selbst immunisierenden Position. Denn wenn jemand behaupte „Keine Aussage ist sicher", dann könne er die Frage, ob auch diese Aussage unsicher sei, nur bejahen usw. ad infinitum; damit aber habe seine Aussage, deren Geltungsanspruch mit jeder Selbstanwendung geringer werde, keine stabile Bedeutung mehr, ja sie sei gegen Kritik immun. Denn wenn jemand eine sichere Aussage anführe, könne der Proponent immer erwidern: „Ich habe ja gesagt, daß nichts sicher sei – also auch nicht, daß nichts sicher sei." (vgl. Kuhlmann

der selbstreflexiven Diskursrationalität. Demgegenüber ist das formallogische Prinzip des zu vermeidenden *propositionalen Widerspruchs* „a und non-a" nur das entsprechende Kriterium des völlig *informationsfreien,* gerade deshalb aber *formalisierbaren Rationalitätstyps der formalen Logik und Mathematik.*" (190)

(1985b), 357ff.) Apel will in der Selbstanwendung des Fallibilismusprinzips sogar eine dem Lügner verwandte Antinomie erkennen: „Ist das ‚Fallibilismus'-Prinzip selbst fallibel, dann ist es insofern gerade nicht fallibel und umgekehrt." (1976b; 71) Insbesondere zieht Kuhlmann gegen den Einwand H. Keuths (1983) zu Felde, die Argumentationsregeln seien frei wählbar, ja es gebe nicht einmal einen festen Kern von ihnen. Wäre dem so, dann würde Argumentieren zu einer Privatsache, das nur demjenigen gegenüber gültig sein könnte, der dieselben Argumentationsregeln anerkenne; ja mehr noch: man könnte sie jederzeit wechseln, insbesondere wenn man unangenehmerweise widerlegt zu werden drohe. „Die Immunisierungsstrategien, an die der traditionelle Fallibilismus dachte, sind ein Kinderspiel gegen das, was dann erlaubt ist. Wahrheit und Sinn werden zur Privatsache von kleineren oder größeren Gruppen. Fallibilismus ist unter diesen Verhältnissen kaum noch eine sinnvolle Position." (1985b; 373)

Kuhlmann kritisiert das Münchhausentrilemma ferner damit, daß die Forderung nach Begründung doch nur dann einen Sinn gebe, wenn man voraussetzen könne, daß durch die Begründung ein größerer Grad an Evidenz erzielt werde. Wenn aber ein begründender Satz *immer* selbst genauso begründungsbedürftig bleibe wie der begründete, dann habe die Forderung nach Begründung keinen Sinn. Kurz: Daß einige Sätze begründungsbedürftig seien, könne nur bedeuten, daß dies *nicht* alle seien. Zudem gelte das Münchhausentrilemma doch nur bei axiomatisch-deduktivem Schließen. Dieses aber als einzig mögliche Form von Argumentation vorauszusetzen, sei dogmatisch, ja bedeute eine petitio principii (1985a; 64f.).

Die Theorie der Letztbegründung hat, wie gesagt, eine besondere Bedeutung für die Ethik – da hier, wo eine noch so probabilistische und fallibilistische Kontrolle durch die Erfahrung wegfällt, nur sie (oder die Berufung auf eine objektive, aber argumentativ nicht ausgewiesene Intuition) den ethischen Nihilismus überwinden kann. Aber warum sollte der Nachweis, daß die Situation rationaler Argumentation nicht das Produkt einer irrationalen Entscheidung, sondern im oben angegebenen Sinne unhintergehbar ist, für die Ethik Konsequenzen haben? Dies hängt mit Apels intersubjektivitätstheoretischer Transformation der Transzendentalphilosophie zusammen – insbesondere seiner von Peirce beeinflußten Konsenstheorie der Wahrheit, nach der erst ein letzter Konsens in einer unbegrenzten Argumentationsgemeinschaft eine vollständige Erkenntnis des Realen beanspruchen könne, das selbst nur als solchermaßen erkennbares einen sinnvollen Begriff ausmache.[18] Apel folgt Peirce in der Annahme, daß aus der Zielsetzung,

[18] Obgleich Apels Wahrheitstheorie letztlich konsenstheoretischer Natur ist, muß allerdings betont werden, daß Apel (wie im übrigen schon Peirce) zumal

auf diesen letzten Konsens hinzuarbeiten, spezifisch ethische Pflichten abgeleitet werden können. Allerdings betont Apel gegen Peirce, es komme darauf an, zu zeigen, daß *jeder* – also auch, aber nicht nur der wissenschaftlichen – Argumentation ethische Prinzipien zugrunde liegen. Ansonsten ließen sich nur hypothetische Imperative erzielen – nur wer die Zielsetzungen der Wissenschaft akzeptiere, sei verpflichtet, die für ihr Funktionieren erforderliche Ethik zu befolgen (1972a; 395ff., 423f.). Anders als die Wissenschaft sei aber die rationale Argumentation für jeden, der mit Wahrheitsanspruch auftrete, unhintergehbar, und diese Absolutheit sei in der Lage, einen *kategorischen* Imperativ zu begründen. So sei mit der Anerkennung rationaler Argumentation eine Gemeinschaft der Argumentierenden anerkannt; ihr gegenüber sei man verpflichtet, alle eigenen Ansprüche argumentativ zu rechtfertigen. „Der Sinn der moralischen Argumentation könnte geradezu in dem – nicht eben neuen – Prinzip ausgedrückt werden, daß alle *Bedürfnisse* von Menschen – als virtuelle *Ansprüche* – zum Anliegen der Kommunikationsgemeinschaft zu machen sind, die sich auf dem Wege der Argumentation mit den Bedürfnissen aller übrigen in Einklang bringen lassen." (425) Diese notwendig vorauszusetzende Argumentationsgemeinschaft differenziere sich in zwei Gestalten: in eine reale und eine ideale. „Wer nämlich argumentiert, der setzt immer schon zwei Dinge gleichzeitig voraus: Erstens eine *reale Kommunikationsgemeinschaft*, deren Mitglied er selbst durch einen Sozialisationsprozeß geworden ist, und zweitens eine *ideale Kommunikationsgemeinschaft*, die prinzipiell imstande sein würde, den Sinn seiner Argumente adäquat zu verstehen und ihre Wahrheit definitiv zu beurteilen." (429) Aus dieser doppelten Kommunikationsgemeinschaft leitet Apel zwei regulative Prinzipien der Ethik ab. „Erstens muß es in allem Tun und Lassen darum gehen, das *Überleben* der menschlichen Gattung als der *realen* Kommunikationsgemeinschaft sicherzustellen, zweitens darum, in der realen die *ideale* Kommunikationsgemeinschaft zu verwirklichen. Das erste Ziel ist die notwendige Bedingung des zweiten Ziels; und das zweite Ziel gibt dem ersten seinen Sinn, – den Sinn, der mit jedem Argument schon antizipiert ist." (431) Gewiß sind diese zwei regulativen Prinzipien noch abstrakt. Aber nach Apel sind sie das einzige, was a priori festgelegt werden kann. Innerhalb seiner zweistufigen Ethik gelten nur Verfahrensnormen a priori – alle materialen Normen sind in der jeweiligen Diskussion herauszuarbeiten oder in einem Gedankenexperiment zu gewinnen, das sich nach den Prinzipien der idealen Kommunikationsgemeinschaft richtet (Apel/Böhler/Kadelbach (1984), II 127ff.).

in der letzten Zeit durchaus evidenz- und kohärenztheoretische Momente in seine Wahrheitstheorie integriert hat. Siehe insbesondere (1987b).

Da Kuhlmann die Begründung der Ethik etwas differenzierter herausgearbeitet hat als Apel, will ich noch kurz auf seine diesbezüglichen Ausführungen eingehen. Bei ihm schlägt das Privatsprachenargument (nicht eine von Peirce beeinflußte Konsenstheorie der Wahrheit) die Brücke von der Theorie der reflexiven Letztbegründung zur Ethik, die systematisch somit a) auf der Einsicht in die Unhintergehbarkeit der Argumentationssituation und b) auf der Behauptung basiert, sinnvolle Erkenntnis sei nur möglich im Rahmen von und mit Bezug auf eine unbegrenzte Kommunikationsgemeinschaft (1985a; 181). Auf dieser Grundlage gelangt Kuhlmann zu vier Normen (184ff.): Die Unhintergehbarkeit des Willens zur Rationalität führt erstens zur Norm „Argumentiere rational!". Die Unhintergehbarkeit des Willens zum vernünftigen Konsens – der allein die Gültigkeit einer Argumentation bezeugen könne – impliziere zweitens die Norm: „Bemühe dich um einen vernünftigen Konsens!" Für die Begründung der dritten Norm ist der Gedanke wichtig, daß Argumentation eine Kooperation sei und daß daher Fragen der praktischen Kooperation beim Argumentieren eine wichtige Rolle spielten, auch und gerade als notwendige Bedingungen für eine sachgemäße Klärung theoretischer Probleme. „Offenbar sind Entscheidungen in diesen Fragen für den jeweiligen theoretischen Diskurs nicht belanglos und peripher, sondern im Gegenteil von größter Bedeutung. Man kann behaupten: Was im theoretischen Diskurs real möglich ist, das hängt direkt von der Qualität des zugehörigen praktischen (Geschäftsordnungs-)Diskurses ab." Insbesondere könne nur ein gewaltfreier Diskurs garantieren, daß wirklich die theoretisch relevanten Argumente, an denen wir ja nach Voraussetzung unbedingt interessiert sind, vorgebracht würden. Daher folge als dritte Norm: „Bemühe dich in allen Fällen, in denen deine Interessen mit denen anderer kollidieren könnten, um einen vernünftigen praktischen Konsens mit ihnen!" Da aber dies unter bestimmten Bedingungen – etwa wenn die anderen diese Norm nicht ebenfalls zu respektieren gewillt seien – ein unzumutbares Risiko darstellen könne, sei es wichtig, neben der idealen eine davon unterschiedene reale Kommunikationsgemeinschaft anzunehmen und die realen Bedingungen der eigenen Situation mitzuberücksichtigen. Das führe viertens zu jener Norm, die Apel (1972a) ohne weitere Vermittlung aufgestellt hatte: „Bemühe dich stets darum, zur (langfristigen) Realisierung solcher Verhältnisse beizutragen, die der Realisierung der idealen Kommunikationsgemeinschaft näherkommen, und trage stets dafür Sorge, daß die schon existierenden Bedingungen der möglichen Realisierung einer idealen Kommunikationsgemeinschaft bewahrt werden!"

In den zwei auf die reale wie auf die ideale Kommunikationsgemeinschaft bezogenen Aspekten seines ethischen Grundprinzips will Apel eine Synthese des Bewahrungsprinzips von Hans Jonas und des

Emanzipationsprinzips von Ernst Bloch sehen. In seiner Auseinandersetzung mit H. Jonas' bedeutendem Buch von 1979 erklärt sich Apel einesteils einverstanden mit Jonas' vor dem Hintergrund der ökologischen Krise entwickelter Kritik des utopischen Denkens und seiner Mahnung zur Selbstbegrenzung als der einzigen Möglichkeit, das Überleben der Menschheit sicherzustellen. Andernteils weigert sich Apel, die Idee des Fortschritts zu verabschieden, ja er beharrt darauf, daß eine Ethik der Bewahrung des Daseins und der Würde des Menschen nicht zu verteidigen sei, „ohne zugleich eine Ethik des *Fortschritts* in der Realisierung der Menschenwürde zu vertreten" (1986b; 203). Bewahrung und Fortschritt seien nur zusammen sinnvolle Konzeptionen; und auch wenn Apel materiale Utopien im Sinne von Platons „Staat" ebenso zurückweist wie jenen säkularisierten Messianismus mit der Verheißung eines neuen Menschen, der das Offensein für das Gute ebenso wie für das Böse definitiv überwunden habe, verpflichtet doch in seinen Augen die Idee der idealen Kommunikationsgemeinschaft „auf die progressive Realisierung der sozialen und politischen Bedingungen, die eine diskursive Organisation der kollektiven Verantwortung für kollektive Handlungen auf nationaler und internationaler Ebene allererst möglich machen." (213)

2.5. Ethik und Geschichte

Es wurde schon darauf hingewiesen, daß die Befolgung moralischer Normen unter bestimmten Bedingungen – wenn nämlich ein entsprechendes Verhalten der Gegenseite nicht garantiert ist – ein unzumutbares Risiko darstellen kann. Anders als die Gesinnungsethik Kants, für die nichts bezeichnender ist als Kants Verneinung der Frage, ob es gestattet sei, zur Rettung des Lebens eines Unschuldigen einen Mörder zu belügen, will die Transzendentalpragmatik (im Sinne der bekannten Weberschen Unterscheidung) eine *Verantwortungsethik* sein. Obgleich Apel schon (1972a) Andeutungen in diese Richtung gemacht hat, befassen sich seine ersten ethischen Arbeiten aus naheliegenden logischen Gründen primär mit der Frage der Begründung der Ethik. Erst in einer späteren Phase seines Denkens tritt „das Problem einer verantwortlichen Anwendung der Diskursethik *in der Zwischenzeit, in der die Anwendungsbedingungen noch nicht realisiert sind*", in den Vordergrund (1988a; 10). Apel gelangte in den letzten Jahren zu der immer deutlicheren Überzeugung, „daß das Problem der *geschichtsbezogenen Anwendung der Kommunikationsethik* im Unterschied zum bekannten Anwendungsproblem moralischer Normen als das eines *Begründungsteils B* der Ethik betrachtet werden muß" (11).

Ihre theoretische Grundlage haben diese Analysen zum Teil B der

Ethik in Überlegungen zum Spannungsverhältnis von idealer und realer Kommunikationsgemeinschaft, die deswegen besonders interessant sind, weil in ihnen eine Auseinandersetzung mit dialektischen Strukturen stattfindet. Nach Apel sind nämlich erstens sowohl die ideale *als auch die reale* Kommunikationsgemeinschaft a priori zu fordern – was vielleicht einer traditionellen Transzendentalphilosophie widerspreche (1978; 171 f.), nicht aber einer von Apel angestrebten *„Dialektik* (diesseits) *von Idealismus und Materialismus"* (1972a; 429). Zweitens sei deren Kontrast sowie die Möglichkeit, ihren Widerspruch zu überwinden, a priori vorauszusetzen (1978; 177). Und drittens sei die ideale Kommunikationsgemeinschaft als das Ziel, auf das es hinzuarbeiten gelte, in der realen Kommunikationsgemeinschaft schon präsent, und zwar als deren *reale* Möglichkeit (1972a; 429). Indem wir argumentierend kontrafaktisch die ideale Kommunikationsgemeinschaft antizipieren, realisieren wir in unserer Argumentation schon eine Struktur der idealen Kommunikationsgemeinschaft: „Man muß *das noch immer zu Realisierende* als etwas voraussetzen, das in anderer Weise *auch immer schon realisiert ist.* Von Beginn der Geschichte an muß es das gegeben haben." (1978; 173)

Diese Struktur ist nach Apel durchaus in Hegels Sinne als dialektisch zu fassen. Allerdings wirft Apel Hegel vor, ideale und reale Kommunikationsgemeinschaft unmittelbar identifiziert zu haben, indem er sich ans Ende der Geschichte gestellt habe, ohne die Zukunft mehr ernst nehmen zu können (1978; 174, 182). Die entscheidende Aporie Hegels liege „in ihrem *theoretisch-spekulativen ‚ex post factum'-Standpunkt,* d. h. in dem von Hegel spekulativ extrapolierten Standpunkt des ‚konkreten Begreifens', der im Unterschied zum endlichkeitsbewußten hermeneutischen Verstehen die Zukunft nicht mehr außer sich zu haben *scheint* und daher auch das Problem der Vermittlung des Verstehens mit einem bloß formalen Prinzip des Normativen *scheinbar* zum Verschwinden bringt. Von einem solchen Standpunkt aus läßt sich die *zukunftsbezogene Frage nach dem Sollen* gar nicht mehr verstehen: sie läßt sich nicht mehr in ihrem prinzipiellen Unterschied zu allem *reflexiven Begreifen der Welt als Geschichte* denken." (1983; 88) Doch wenn Hegel gewissermaßen die Endlichkeit unterschlagen habe, so sei es der entgegengesetzte Fehler der meisten Philosophen der Gegenwart (etwa Gadamers), nur von der Endlichkeit zu reden. „Das ist nur die eine Hälfte der Wahrheit. Wir leben auch unter der Antizipation dessen, was sich allein durch Endlichkeit nicht charakterisieren läßt. Aber wir leben auch unter den Bedingungen der Endlichkeit." (1978; 175) Dieses spannungsreiche Verhältnis sei der theoretische Grund für die eingangs erwähnte Tatsache, daß es in der Gegenwart nicht nur nicht immer möglich, sondern nicht einmal ethisch erlaubt sei, nach den Bedingungen der idealen Kommunikationsgemeinschaft zu handeln, die ein kommunikatives, nicht strategisches Verhalten zum Mitmenschen fordere. Unter den Bedingungen der Endlichkeit könne strategisches Verhalten geradezu geboten sein, „um im Effekt das Gute und nicht etwa den Erfolg der Bösen zu befördern, die sich ohnehin nicht nach dem kategorischen Imperativ richten, wie man als nicht Naiver zu wissen hat“ (170). Zur Rechtfertigung strategischen Handelns könne freilich immer nur das Argument dienen, daß es die Herstellung kommunikativen Handelns bezwecke. So seien die Asymmetrien etwa im Lehrer-Schüler-Verhältnis nur legitimierbar, weil Ziel dieser Beziehung gerade die Aufhebung von Asymmetrien sei. Entsprechend seien in der Demokratie – deren philosophische Legitimierung Apel ein besonderes Anliegen ist (1972a; 426; 1988b; 398ff.) – Befehle durch die Regierung dadurch gerechtfertigt, daß sie durch die Antizipation der idealen Kommunikationsgemeinschaft im Wahlakt vermittelt seien (1978; 183).

(1986a) hat Apel neben dem klassischen Universalisierungsprinzip der traditionellen formalistischen Ethik von Kant bis Habermas ausdrücklich ein moralisch-strategisches Ergänzungsprinzip eingeführt, das er mit der prinzipiellen Differenz legitimiert, „die zwischen der menschlichen Interaktion in *handlungsentlasteten Diskursen* und derjenigen bei *lebensweltlichen Interessenkonflikten* besteht“ (144). Einerseits scheint dieses Prinzip die scharfe Unterscheidung zwischen strategischer und konsensual-kommunikativer Rationalität in Frage zu stellen, die die Pointe der Diskursethik ausmacht (vgl. Apel (1984)). Denn wer sich mit den Hindernissen der unmittelbaren Anwendung des Universalisierungsprinzips auseinandersetze, könne nicht darauf verzichten, seinen Mitmenschen gegenüber strategisch zu handeln – und zwar nicht, weil er unterstellen dürfe, die *anderen* seien stets böse, sondern weil er den anderen ebenfalls das Recht zugestehen müsse, daß sie auch ihm einen strategischen Vorbehalt unterstellen. Doch setze diese *Vermittlung* von strategischer und konsensualer Rationalität andererseits ihren *Unterschied* gerade voraus, um dessen *Auflösung* es keineswegs gehen könne (145ff.).

Anhand des Problems der Lösung internationaler Konflikte im Atomzeitalter hat Apel seine politische Verantwortungsethik plastisch veranschaulicht und sie sowohl von einer abstrakten Gesinnungsethik als auch von einer moralfreien Politik unterschieden. Apel spricht hier von drei Normen, die jeweils auf die reale, die ideale Kommunikationsgemeinschaft und die Notwendigkeit ihrer Vermittlung bezogen seien, und er wirft dem abstrakten Pazifismus vor, nur die zweite Norm zu sehen und in naiver Weise von der Möglichkeit eines absoluten Neuanfangs der Geschichte auszugehen. Zwar erkennt Apel an, „daß *ohne* solche Aufforderungen zur radikalen Besinnung und zum Neuanfang, ob sie nun mehr religiös oder philosophisch motiviert sind, überhaupt kein Fortschritt in der Geschichte möglich ist" (258). Aber das ändere nichts daran, daß der verantwortliche Politiker diesen kontrafaktischen Unterstellungen nicht folgen dürfe – eben weil er eine konkrete Verantwortung für die Bewahrung des ihm anvertrauten sozialen Selbstbehauptungssystems habe. Trotzdem läuft Apels Position keineswegs auf eine moralfreie Realpolitik hinaus. Denn der Realpolitiker verkenne umgekehrt die erste Norm – er begreife nicht, daß er zwar strategisch handeln müsse, aber doch nur insofern er sich zugleich um die Veränderung von Verhältnissen bemühe, in denen dieses strategische Verhalten eine Notwendigkeit darstelle (259f.). Müsse man sich etwa zwischen den beiden Möglichkeiten entscheiden, das strategische Gleichgewicht durch ständiges Drehen an der Rüstungsspirale beizubehalten bzw. unter Aufrechterhaltung eines hinreichenden Abschreckungspotentials kontrolliert abzurüsten – also gewissermaßen zwischen der Auf- und der Abrüstungsvariante der Gegnerschaftsstabilisierung –, so lasse einen die wertneutrale Zweckrationalität in Stich: Denn für eine moralfreie Politik seien beide Möglichkeiten gleich funktional. Auf der Grundlage einer moralischen Politik sei hingegen der Einsatz für die zweite Möglichkeit geboten (263ff.).

Das Spannungsverhältnis von idealer und realer Kommunikationsgemeinschaft konstituiert, wie gesagt, die menschliche Geschichte. Mit dieser Begriffsbestimmung ist schon gegeben, daß die Rekonstruktion der Geschichte in den Geschichtswissenschaften von einer normativen Vorgabe geleitet sein muß – von dem Willen, in der Geschichte nach Möglichkeit die wechselseitige Durchdringung beider Kommunikationsgemeinschaften zu erkennen.[19] Nach Apel ist die Geschichte daher, bei allen partiellen Rückschritten, notwendig als Fortschritt zu verstehen – d.h. als Angleichung der realen an die ideale Kommunikationsgemeinschaft. „Es muß unterstellt werden, daß überhaupt von der Geschichte legitimerweise ein *Fortschritt* in der zwischenmenschlichen Verständigung und im Selbstverständnis der Menschen erwartet werden kann und erwartet werden soll." (1973; 57) Diese kritisch an Hegel orientierte Geschichtskonzeption spielt Apel gegen Gadamers Hermeneutik aus: Ihre Ablehnung der Möglichkeit einer ideologiekritisch-progressiven Weiterführung der Tradition ergebe sich aus dem Heideggerschen Erbe und der Weigerung, transzendental zu denken –

[19] Der sogenannte Historikerstreit hat an einem zugegebenermaßen besonders heiklen Fall die grundsätzliche Kontroverse zwischen einer wertenden und einer wertneutralen Geschichtsschreibung gezeigt, und man kann es nicht anders denn als symptomatisch für die gegenwärtige geistige Situation bezeichnen, daß die traditionelle Deutung der Geschichtsschreibung als einer Tätigkeit mit moralisch belehrenden Aufgaben gerade nicht von der „konservativen" Seite vertreten wurde.

d. h. die Bedingungen der Möglichkeit eines mit Wahrheitsanspruch auftretenden Umgangs mit der Tradition zu explizieren. Eine solche Reflexion führe notwendig zur Idee einer unbegrenzten Gemeinschaft – einer Idee, die im sokratischen Dialog und in der christlichen Konzeption der Gemeinde zum ersten Mal gedacht worden sei (58f.). Diese Vorstellung, deren Realisierung nach Apel das Ziel der Geschichte ausmacht, erlaube nun auch eine kritische Rekonstruktion der Geistesgeschichte, in der Apel eine Entwicklungslogik entdecken will. Der Sinn des Aufweises einer solchen Entwicklungslogik ergibt sich für Apel u. a. daraus, daß man auf diese Weise die scheinbare Relativierung, die die Geschichte für die Transzendentalphilosophie bedeutet, zurücknehmen, ja sogar – im Sinne des sogenannten Selbsteinholungsprinzips – empirisch plausibel machen kann, wieso das sich reflexiv selbst begründende Sprachspiel des philosophischen Diskurses allen anderen Sprachspielen überlegen ist und notwendig aus diesen hervorgeht. Diese Überlegenheit manifestiere sich *theoretisch* in dem performativen Selbstwiderspruch jedes argumentierenden Gegners Apels, *historisch* in der Selbstaufhebung defizienter Sprachspiele hin auf das philosophische Sprachspiel. In der Tat geht Apel davon aus, daß auch vorphilosophische Sprachspiele von einer inneren Spannung getrieben sind. Gegen Gehlens These von der reflexionslosen, unhinterfragten Unmittelbarkeit der archaischen Sittlichkeit weist er darauf hin, wie schon in der vorphilosophischen Epoche eine Auseinandersetzung *„der verschiedenen Institutionen der frühen Hochkulturen um die verbindliche Inpflichtnahme des menschlichen Verhaltens“* stattfindet; als Ausdruck dieses Kampfes deutet er sowohl zahlreiche Göttersagen als auch insbesondere die griechische Tragödie (Apel/Böhler/Kadelbach (1984), I 76f.).

Was die konkrete Rekonstruktion der Geistesgeschichte, und d. h. insbesondere der Geschichte des ethischen Bewußtseins, angeht, ist Apel stark von Habermas beeinflußt, der (1976) und (1983) die Studien Piagets (1973) und besonders Kohlbergs (1974; 1981) zur Entwicklung des moralischen Bewußtseins philosophisch rezipierte und gewissermaßen von der ontogenetischen in die phylogenetische Dimension projizierte.[20] Das, was Habermas und Apel an der philosophisch von Rawls (1975)[21] beeinflußten Position Kohlbergs besonders

[20] Zur neueren Diskussion s. L. Kohlberg (1983) und W. Edelstein/G. Nunner-Winkler (1986).

[21] Bei aller Bewunderung für Rawls bemängelt Apel doch sehr zu Recht an seiner Position, daß im Grunde auch Rawls dahingehend verstanden werden könne, er wolle die ethische Rationalität auf ein strategisch durchkalkuliertes Interesse zurückführen, wobei ihm diese Zurückführung nur durch die Einführung des „Schleiers der Unwissenheit“ gelinge. Dann aber stelle sich das Pro-

fasziniert, ist die kognitivistische Deutung der Moral – moralische Urteile sind demnach nicht bloßer Ausdruck subjektiver Gefühle, sondern vielmehr Manifestation einer intellektuellen Kompetenz. Kohlberg unterscheidet sechs – zwei präkonventionelle, zwei konventionelle und zwei postkonventionelle – Stufen, die jeweils auf differenziertere und äquilibriertere Weise eine Gerechtigkeitsstruktur repräsentieren. Von besonderem philosophischen Interesse sind die drei letzten Stufen – die „Law and Order-Moral" der vierten Stufe, die vertragstheoretische oder regelutilitaristische Einstellung der fünften Stufe und schließlich die autonome Ethik der sechsten Stufe, die sich an einem Universalisierungsprinzip nach Art des Kantischen orientiert. Von besonderem Interesse sind die Überlegungen Kohlbergs, Habermas' und Apels zu einer eventuellen Erweiterung des Modells um eine letzte, siebte Stufe. So hielt Habermas anfangs die diskursiv-argumentative Verständigung über Moralprobleme für eine eigene Stufe gegenüber der gleichsam monologischen Position einer autonomen Ethik im Sinne Kants (1976; 63 ff.). Kohlberg auf der anderen Seite erwog in seiner mit C. Power abgefaßten Abhandlung „Moral Development, Religious Thinking, and the Question of a Seventh Stage" eine Überhöhung der sechsten Stufe in einer religiös-metaphysischen Weltanschauung (1981; 311–372). Apel hält hingegen ganz wie Kant daran fest, daß das *Begründungsproblem* der Ethik nicht religiös zu lösen sei. Des näheren unterscheidet Apel zwei Bedeutungen der Frage „Warum moralisch sein?" In ihrer metaethischen Bedeutung lasse sich die Frage im Sinne der transzendentalpragmatischen Letztbegründung lösen: Diejenigen, die auf einer Beantwortung von Fragen wie „Warum moralisch (logisch, vernünftig) sein?" *vor* der Entscheidung zum Moralisch-(Logisch-, Vernünftig-)Sein beharrten, übersähen, daß man dann diese Fragen noch gar nicht als solche stellen könne. „Affirmativ ausgedrückt: Wer ernsthaft eine dieser Warum-Fragen aufwirft, der hat spätestens damit den Boden des argumentativen Diskurses betreten, und das besagt: er kann sich durch *Reflexion auf den Sinn seines Tuns* davon überzeugen, daß er die Regeln, d. h. die Normen, der rationalen, kooperativen Argumentation und damit zugleich auch die ethischen Normen einer Kommunikationsgemeinschaft notwendigerweise schon anerkannt hat." (1986 c; 353) Wohl aber könne die zweite Bedeutung jener Frage, die man die existenzielle nennen könne, auf diese Weise nicht beantwortet werden. Apel scheint an die Grundfrage der Dialek-

blem, warum gerade diese einschränkende Bedingung angenommen werden solle. Zudem wiederhole sich das alte Problem von Hobbes' Vertragstheorie, wonach das Prinzip, den Vertrag zu halten und auf kriminelle Vorbehalte zu verzichten, selbst nicht aus dem strategischen Interesse begründet werden könne (1988 d; 281 ff.).

tik von Kants zweiter Kritik zu denken – er spricht jedenfalls das Problem an, daß auch nach der Begründung des Sittengesetzes die Welt voller Ungerechtigkeit, ja sinnlos zu bleiben scheine, und erwähnt religiös-metaphysische Harmonievisionen als Lösungsversuche dieses Problems (348f.). Er erkennt an, daß bei der Umsetzung der kognitiven Einsicht, das Sittengesetz sei letztbegründet, in einen entsprechenden Willensentschluß (eine Umsetzung, die keineswegs automatisch garantiert sei) eine solche metaphysische Lösung eine stärker motivierende Kraft haben könne, hält aber daran fest, „daß die *religiös-metaphysische Stufe* 7 eigentlich einer anderen *formal-strukturellen Entwicklungsdimension* angehört als die vorausgesetzten 6 Stufen der Entwicklung der moralischen Urteilskompetenz: einer Stufenreihe, die man eher als parallele Ergänzung der Moralstufen begreifen sollte" (349).

Freilich geht Apel – anders als Kant und Fichte – nirgends näher auf diesen Übergang der Moral in die Religion ein. Er schlägt vielmehr – im Sinne seiner oben skizzierten Konzeption der Verantwortungsethik – als siebte Stufe ein ethisches Bewußtsein vor, das nicht wie der abstrakte Universalismus der „Moralität" von der geschichtlichen Entwicklung der „Sittlichkeit" absieht, sondern explizit damit rechnet, daß die meisten Mitmenschen noch lange nicht die sechste Stufe erreicht haben (während die Institutionen der modernen demokratischen Rechtsstaaten meistens schon auf universalistischen Prinzipien gründen – Apel nennt als zwei wichtigste Ausnahmen das Problem der zwischenstaatlichen Beziehungen und die durch die ökologische Krise aufgeworfenen Fragen). Daher gehe es in den praktischen Diskursen auch „um die Fähigkeit der einzelnen zur kommunikativen Vermittlung zwischen Diskurspartnern verschiedener Kompetenzstufen und – das muß gesagt werden – auch verschiedener Willensbereitschaft zur konsensualkommunikativen Konfliktlösung" (367).

In seiner Anwendung der Kohlbergschen Entwicklungslogik auf die Phylogenese des moralischen Bewußtseins sieht Apel den ersten ansatzweisen Übergang von der konventionellen zur nachkonventionellen Moral in der von Jaspers sogenannten Achsenzeit. Freilich sei es von Äußerungen der kritischen Infragestellung der eigenen Tradition noch ein langer Weg bis zur eigentlichen Philosophie. Eine scharfe Zäsur sieht Apel in den Sophisten, bei denen zum ersten Mal der Übergang von der vierten zur fünften Stufe sich in aller Klarheit ereigne. An ihnen zeige sich freilich die grundsätzliche Problematik dieses Übergangs, den Apel die Adoleszenzkrise der Menschheit nennt (Apel/Böhler/Kadelbach (1984), I 100). Wie in der ontogenetischen Adoleszenzkrise vollziehe sich dabei der Übergang zur nachkonventionellen Moralentwicklung unter Zeichen des Zweifels und Protestes, die häufig mit einer moralischen Regression im Sinne einer hedonistischen oder egoistisch-utilitaristischen Ethik verbunden sei. Apel stimmt der Bezeichnung der Sophistik als „pubertäre(r) Protestbewegung" „mindestens zum Teil" zu und erklärt mit dem Unbehagen an ihr die gegenaufklärerische Reaktion, die er in der Gegenwartsphilosophie besonders durch Gehlen repräsentiert sieht (101). Sokrates hingegen habe die sechste bzw. gar die siebte Stufe (im Sinne Habermas') vorweggenommen (100f., 104ff.). Verglichen mit ihm stelle die Polisethik Platons und Aristoteles' einen Rückfall dar – auch wenn „diese beiden Klassiker gleichwohl das begriffliche Rüstzeug für die Ausarbeitung einer *nachkonventionellen, universalen* Ethik im wesentlichen erst geschaffen haben" (107). So liege Platons Unterscheidung von Ideen und Ideaten letztlich der Unterscheidung von Normen und Fakten bzw. Sollen und Sein zugrunde. In der hellenistischen Kultur sei, im Zusammenhang mit der realen Vernichtung der griechischen Polis, eine kosmopolitische Ethik ausgebildet worden, doch der *„elitäre und sublim egoistische Aspekt der hellenistischen Intellektuellen-Ethik"* habe „ihre Unterlegenheit gegenüber der *christlichen Ethik der Erlösung aller Menschen durch die Gottes- und Nächstenliebe* letztlich bedingt" (109).

Eine weitere Grenze der antiken Ethik sieht Apel in dem Versuch, die Ethik mittels des Begriffs des Naturrechts auf die Natur zu gründen; die Verwerfung des hiermit begangenen naturalistischen Fehlschlusses habe die Menschheit erst dank des Glaubens an den außerweltlichen Gott vollziehen können. In der Neuzeit sieht Apel eine Wiederholung, wenn auch auf höherer Stufe, des Übergangs von der konventionellen zur postkonventionellen Moral. Mit der Reformation beginne das Weltbild des Mittelalters zu wanken, und in Machiavelli und Hobbes sieht Apel der Sophistik analoge Versuche, Ethik und Politik auf das Eigeninteresse zu gründen – Versuche, die zum Scheitern verurteilt seien. Erst Kant habe, ganz wie Sokrates nach der Sophistik, die sechste Stufe des moralischen Bewußtseins errungen (127).

Allerdings geht Apel nicht davon aus, daß Kants Errungenschaften definitiv in die Herzen der Menschheit eingedrungen seien. Ganz im Gegenteil dauert in seinen Augen die Adoleszenzkrise der Menschheit noch an – eine Krise, die um so gefährlicher werde, als die „Pubertierenden" heute über die Atombombe verfügten. Der schrecklichste Ausdruck dieser Verbindung von technischer Macht und szientistischer Ideologie auf der einen Seite, verzweifeltem Wertnihilismus auf der anderen Seite sei bisher der Nationalsozialismus gewesen – so Apel in der Deutung seiner eigenen Lebensgeschichte. In seinem am Anfang dieses zweiten Abschnitts zitierten partiell autobiographischen Aufsatz analysiert Apel die geschichtliche Entwicklung des christlichen Europas dahingehend, daß im Mittelalter die auf Stufe 3 einer Stammesgesellschaft befindlichen Germanen und Slawen allmählich auf die vierte Stufe gehoben wurden, die in der neuzeitlichen Beamtenmoral schließlich ihren klassischen Ausdruck gefunden habe. Mit der Aufklärung des 18. und 19. Jahrhunderts sei ein allgemeiner Übergang zur postkonventionellen Moral eingeleitet worden – doch die Frage, ob dieser Übergang glücken oder scheitern werde, sei keineswegs endgültig ausgemacht. „Das für Deutschland charakteristische Zusammentreffen einer – *nihilistisch-relativistischen* und *szientistisch-reduktionistischen* – Krise der Aufklärung im Sinne der *Stufe 4½* der Moral mit einer sozialen, politischen und ökonomischen Krise in der Zeit nach dem Ersten Weltkrieg könnte dann vielleicht als paradigmatischer Fall im Rahmen der andauernden Adoleszenzkrise der Menschheit verstanden werden." (1988b; 474)

3. Kritik der Transzendentalpragmatik

In einer Zeit, in der es zur opinio communis nicht nur der Mehrzahl der Einzelwissenschaftler, sondern auch der meisten Philosophen geworden ist, daß die Philosophie als umfassende Theorie letztlich abgewirtschaftet habe, nötigt das Apelsche Projekt erstens Respekt vor dem Mut seines Verfassers ab. Denn es ist offenkundig, daß Apel nichts Geringeres anstrebt als eine zeitgemäße Form von Erster Philosophie.[1] Ein solches Projekt – gar mit dem Anspruch auf Letztbegründung – gilt aber als obsolet und kann nahezu geschlossener Ablehnung sicher sein.[2] Auf besondere Irritation stößt ferner Apels Anspruch auf Originalität. Denn Apel will nicht nur einen Ansatz des 18. oder 19. Jahrhunderts mit ein paar Neuerungen als immer noch bedenkenswert vorschlagen – Apel will eine Transformation der klassischen Transzendentalphilosophie, in der die wichtigen Einsichten und der Paradigmenwechsel der modernen Philosophie aufgehoben sein soll. Kurz: Apels Philosophie erfüllt die formalen Bedingungen, die es dem Philosophiehistoriker bei einem vergangenen System erlauben, von einer bedeutenden Philosophie zu sprechen.

Auch inhaltlich kann die Transzendentalpragmatik Anspruch auf ein gründliches Studium erheben. Sie erfaßt die moralische Krise der Gegenwart mit klarem diagnostischem Blick und kann wie kaum eine andere Philosophie behaupten, einen argumentativ ausgewiesenen Vorschlag zur Begründung der Ethik zu haben. In einer Zeit des Irrationalismus und Nihilismus auf der einen, fader Erbaulichkeiten auf der anderen Seite mutet einen die argumentative Strenge, mit der die Transzendentalpragmatik an unbedingten ethischen Pflichten festhält, wie ein erratischer Block aus längst vergangenen Zeiten an. Apels Brükkenschlag zwischen Semiotik und Ethik, sein Entwurf einer Wissenschaftstheorie, die dem Ganzen menschlicher Erkenntnis gerecht zu werden versucht, seine philosophische Deutung der Geistesgeschichte – all das hat in der Gegenwart kaum seinesgleichen.

Nicht heißt dies freilich, Apel habe alle philosophischen Probleme gelöst – ja, selbst dies läßt sich bestreiten, daß er auch nur alles Wesentliche des von der Tradition schon Erreichten in seine Synthese

[1] So zu Recht O. Höffe (1982), 518.

[2] Einer der wenigen, die zum Letztbegründungsprogramm positiv Stellung bezogen haben, ohne doch zur transzendentalpragmatischen Schule zu gehören, ist J. Strangas, dessen tiefsinniger Aufsatz (1984) Bewunderung verdient.

„aufgehoben" habe. So fällt auf, daß Apel ganze Disziplinen unterschlägt. Die Naturphilosophie spielt bei ihm kaum eine Rolle, Überlegungen zur Philosophie der Mathematik sucht man vergebens. Ebenso fehlen bei ihm Reflexionen zur Ästhetik oder zur Religionsphilosophie. Auch innerhalb der praktischen Philosophie klaffen erstaunliche Lücken. Das klassische Problem einer Unterscheidung von (natur)-rechtlichen und moralischen Normen wird von ihm ebenso ignoriert wie die Frage der Legitimation der Strafe. Im folgenden kann es nicht darum gehen, all diese Lücken anzuführen. Vielmehr will ich mich auf vier Hauptpunkte beschränken, in denen mir Stärken wie Schwächen des Apelschen Ansatzes besonders deutlich zu werden scheinen. Erstens muß es um das Problem der Letztbegründung gehen, das im Zentrum der Apelschen Philosophie steht. Zweitens muß der Apelsche Versuch einer Transformation der Transzendentalphilosophie aus einer Bewußtseins- in eine Intersubjektivitätstheorie näher erörtert werden. In einem dritten Abschnitt wird es darum gehen, mit reflexiven Argumenten den Grundgedanken des objektiven Idealismus stark zu machen und die materialen Differenzen einer Philosophie dieses Typus von der Transzendentalpragmatik zu untersuchen. Viertens und letztens will ich Folgen dieses Perspektivenwechsels für die Ethik analysieren.

3.1. Reflexive Letztbegründung

3.1.1. Genetische Voraussetzungen für voraussetzungslose Erkenntnis

Es ist unmöglich, sich auf das Problem der Letztbegründung ernsthaft einzulassen, wenn man sich nicht vorher Rechenschaft darüber abgegeben hat, daß man hier eine Frage berührt, von der man nicht ohne weiteres voraussetzen darf, daß sie in der öffentlichen Meinung unparteiischer Prüfung gewiß sein kann. Die gereizte Reaktion, der man diesem Schlagwort gegenüber allenthalben begegnet, ist offenkundig, und man kann zugeben, daß das Wort mißverständlich ist: Es scheint zu unterstellen, es gehe hier um infallible Erkenntnis, ja um den Abschluß des Projektes der Philosophie. Beides ist aber, wie ich noch zeigen werde, gar nicht mit dem Problem der Letztbegründung verbunden; es geht dabei vielmehr um die einfache Frage, ob jede nichtempirische[3] Erkenntnis hypothetisch sei. Können wir immer nur sagen:

[3] Die Frage, ob *empirische* Data unmittelbar gegeben sein können (wie etwa die Phänomenologie Husserls und des späten Peirce lehren) oder ob auch sie *stets* das Resultat eines interpretativen Vermittlungsprozesses sind (wie Hegel und der frühe Peirce meinen und wofür heute auf der Grundlage der evolutio-

Wenn a, *dann* b; oder gibt es Fälle, bei denen wir, ohne irgendwelche im Prinzip beliebige Voraussetzungen, sagen können: a gilt ohne Wenn und Aber (a mag dabei der Widerspruchssatz, der kategorische Imperativ oder anderes sein – es geht zunächst gar nicht um seinen Inhalt)? In Anbetracht der Wichtigkeit und sachlichen Relevanz dieser Frage mutet einen jene Gereiztheit in der Tat merkwürdig an, zumal sie sich anderen Positionen gegenüber, die eher im Verdacht stehen, selbstwidersprüchlich und damit auch irrational zu sein, nicht im gleichen Maße einstellt. Woher rührt diese Aversion? Sie rührt aus der in der Tat zutreffenden Einsicht, daß das Problem der Letztbegründung nicht ohne Folgen für unser Leben sein kann. Probleme dieser Art haben aber naheliegenderweise mit stärkeren psychologischen Widerständen zu rechnen als die immer noch ungelöste Frage, ob das Praenomen des Cornelius Tacitus Gaius oder Publius war, und daher kann die verbreitete Irritation einer bestimmten Fragestellung gegenüber geradezu ein Indiz für ihre Tragweite sein. Man ahnt dumpf, daß die eigene Lebensführung durch eine absolutistische Position in einer Weise in Frage gestellt wird, die innerhalb einer pluralistischen Gesellschaft ganz ungewöhnlich ist, und fühlt sich herausgefordert. Die Irritation wird noch verstärkt, wenn die Position, um die es geht, irgendwie im Verdacht steht, altväterlich zu sein, wenn ihre Anerkennung *isoliert.* Wer wäre nicht gerne modern oder gar postmodern – auch auf Kosten der Wahrheit, die Moden gegenüber eine erhabene Gleichgültigkeit und Unbeirrbarkeit besitzt? Und wem kann man zumuten, sich zurückzubesinnen auf eine Position, die gewisse Ähnlichkeiten zu jenen Denkformen zu haben scheint, aus denen sich emanzipiert zu haben die eigene Identität ausmacht? In der Tat ist es psychologisch um so schwerer, zu dem Begriff des Absoluten zurückzukehren, wenn man etwa als Kind in einem borniert christlichen Elternhaus aufgewachsen ist und sich unter ungeheuren seelischen Schmerzen davon befreien mußte oder wenn man selbst lange Zeit versucht hat, den naiven Glauben an etwas Absolutes zu rationalisieren und dabei gescheitert ist. Das Wort „Letztbegründung" erinnert dann an eine unter Leiderfahrungen überwundene Lebensphase, und es ist nicht überraschend, daß man bei seiner Äußerung zusammenzuckt.[4]

nären Erkenntnistheorie mit neuen Argumenten plädiert werden könnte), spielt in dieser Abhandlung keine Rolle.

[4] Man kann es nur mit psychischen Mechanismen wie antitheologischen Affekten erklären, daß gegen die Letztbegründung immer wieder der Vorwurf ausgespielt wird, hier würden theologische Ideen „säkularisiert". Denn da Genesis und Geltung nicht viel miteinander zu tun haben (s. Anm. 6), da insbesondere eine Theorie nicht dadurch fragwürdig wird, daß zu ihren genetischen Vorläufern fragwürdige Theorien gehören (welche Theorie hätte keine

Aus dem Gesagten erhellt schon, daß es für den Vertreter des Gedankens der Letztbegründung, der voraussetzungslosen Erkenntnis nicht notwendig ist anzunehmen, daß alle Menschen diesen Gedanken anerkennen müssen. Ebensowenig wie von Lindemanns Beweis für die Transzendenz der Zahl π dadurch in Frage gestellt wird, daß ihn (nach der Auskunft kompetenter Mathematiker) nur wenige verstanden haben, ebensowenig hängt die Geltung der Letztbegründung von ihrer Anerkennung durch alle ab, auch wenn letztere – ceteris paribus[5] – wünschenswert ist. Ein Satz ist dann voraussetzungslos wahr, wenn zu seiner Begründung keine weiteren Sätze erforderlich sind. Das heißt aber nicht, daß der geistige Akt, in dem er erfaßt wird, keine genetischen Voraussetzungen hätte. Genesis und Geltung sind hier, wie überall, zu unterscheiden – ihre Verwechslung ist eine der Hauptursachen für geistige Verwirrungen, und es kann in einer Zeit wie der unseren, in der im Bildungssystem genetische Fragestellungen geltungstheoretische fast völlig verdrängt haben, nicht häufig genug die Irreduzibilität der Geltung einer Sache auf ihre Genesis hervorgehoben werden – denn alles ist genetisch entstanden, nicht alles aber gilt (ist wahr, gut usf.).[6] Ja, genetische und geltungstheoretische Voraussetzungen sind

genetisch fragwürdigen Vorläufer?), kann man nur explanatorisch an die Tatsache herangehen, daß in der Letztbegründungsdiskussion immer wieder der Säkularisierungsvorwurf erhoben wird. So hat Albert als Quelle des Glaubens an voraussetzungsloses Denken die causa-sui-Metaphysik „entlarvt" (1980; 14) – wie lange vor ihm schon Feuerbach in den „Grundsätzen der Philosophie der Zukunft" (§ 13; 1975; 263).

[5] „Ceteris paribus" sagte ich, weil zuviel Nachdenken über das Letztbegründungsproblem bei einer ungeeigneten Persönlichkeitsstruktur zu eigenwilligen Verformungen der Seele, so etwa zu einem Verlust natürlicher Unmittelbarkeit, führen kann. Die Aktualisierung der sich reflexiv distanzierenden Einstellung von allem Gegebenen, die eine notwendige Bedingung für Letztbegründung ist, birgt Gefahren in sich, vor denen man warnen muß, denn kaum jemand wird daran zweifeln, daß einem verkrampften Intellektuellen, der seinen Entschluß, moralisch zu leben, zwar letztzubegründen vermag, dem aber jede spontane Sittlichkeit abgeht, derjenige vorzuziehen ist, der über Begründungsfragen nie nachgedacht hat, aber auf anmutige Weise dem Sittengesetz gemäß lebt. Die Beschäftigung mit reflexiven Begründungsstrukturen darf nicht zur Sublimation des Grundlasters des modernen Intellektuellen werden, ständig um sich selbst zu kreisen und zu keinem direkten Gegenstandsbezug in der Lage zu sein, der nicht durch die Reflexion getrübt wird, daß es die eigene, ganz besondere Partikularität sei, die sich gerade mit diesem Problem abgebe.

[6] Da es auf geltungstheoretischer Ebene wirklich nicht schwer ist, die Identifizierung von Genesis und Geltung als illegitim nachzuweisen, darf man sich, nach der sachlichen Widerlegung, fragen, wie es genetisch zu dieser irrtümlichen Identifizierung gekommen ist, zumal sie bei vielen inzwischen als Selbst-

nicht nur unterschieden – es besteht sogar ein Verhältnis umgekehrter Proportionalität zwischen beiden. Die nach dem Vorbild Peanos axiomatisierte Arithmetik ist geltungstheoretisch sicher weniger voraussetzungsvoll als die Arithmetik eines Schulbuches, das zahlreiche Voraussetzungen macht, die im Grunde bewiesen werden könnten; ebendeswegen ist aber dieses genetisch weniger voraussetzungsvoll – es bedarf einer geringeren Intelligenz, einer kürzeren Ausbildung, um es zu fassen. Es ist also zwischen den Voraussetzungen der Wahrheit einer Theorie und den Voraussetzungen der Erkenntnis der Wahrheit dieser Theorie zu unterscheiden, ja man kann sagen: *Es ist stets genetisch voraussetzungsvoller, geltungstheoretisch weniger voraussetzungsvoll zu denken.* (Dieser allgemeine Satz folgt aus der Tatsache, daß die Minderung geltungstheoretischer Voraussetzungen ein Kriterium für Erkenntnisfortschritt ist und daher das Produkt einer langen Entwicklung sein muß.) Sollte es also so etwas wie geltungstheoretisch voraussetzungsloses Erkennen geben, dann kann man durchaus davon ausgehen, daß dieses genetisch zahllose Voraussetzungen hat – biologischer, psychischer, sozialer und historischer Natur. Eine differentialpsychologisch relevante Voraussetzung ist, neben einem gewissen philosophischen Training, auch die durch Emotionen nicht getrübte Vorurteilsfreiheit bei der Prüfung dieser Frage. Wo die Bereitschaft fehlt, Widerlegungen zu

verständlichkeit gilt. Die Ursache scheint mir zu sein, daß man immer mehr Menschen ausbildet, die sich mit der sozialwissenschaftlichen Frage befassen, wie es zu einem bestimmten Wertesystem gekommen sei, aber immer weniger, die die darauf irreduzible ethische Frage, warum ein Wertesystem besser sei als ein anderes, auch nur zu fassen (geschweige denn zu beantworten) vermögen. (Ähnliches findet im Zusammenhang mit der Substitution der Wissenschaftstheorie durch die Wissenschaftshistorie inzwischen auch bezüglich der Wahrheitsfrage statt.) Da jene genetisch Argumentierenden sich nun einbilden, überall Bescheid zu wissen, müssen sie meinen, da sie nur genetische Fragestellungen beherrschen, geltungstheoretische müßten mit ihnen identisch sein. – Nun ist in der Tat anzuerkennen, daß es zu jeder geltungstheoretischen Frage, die sich auf der Ebene von Gründen bewegt, eine korrespondierende genetische gibt, die von den Ursachen handelt, aus denen das geltungstheoretisch Richtige erkannt oder getan worden sei. So ist es durchaus legitim, sich etwa mit den psychischen Ursachen zu befassen, die einen Philosophen für die Letztbegründung interessieren. Aber man wird auch auf genetischem Gebiet nur Bedeutendes leisten können, wenn man zuerst das entsprechende geltungstheoretische Problem erfaßt hat – wer nicht weiß, was das Letztbegründungsproblem sachlich bedeutet, wird nie adäquat (und d. h. eben auch: von innen her) erfassen können, warum sich ein Philosoph ihm verschreibt; seine genetische Erklärung wird äußerlich, d. h. auf der Ebene der Triebfedern verbleiben, die ihm aus der eigenen Erfahrung vertraut sind. Ein unbedeutender Mensch wird die Entdeckungen eines bedeutenderen auch genetisch nie vollständig erklären können.

akzeptieren und lange für richtig Gehaltenes unter dem Zwang des stärkeren Arguments aufzugeben, da kann die Theorie der Letztbegründung in der Tat nicht ankommen – aber nicht deswegen, weil sie nicht apodiktisch wahr wäre.

Warum ist das Problem der Letztbegründung so wichtig? Wie schon gesagt, kann allein dann, wenn es eine nicht-hypothetische Erkenntnis gibt, sinnvollerweise von einem kategorischen Imperativ ausgegangen werden – andernfalls gibt es nur hypothetische Imperative, die besagen: „Wenn du a willst, mußt du b tun". Welches a ich aber will, hängt ganz von mir ab – es gibt kein Kriterium dafür, legitime Ziele von illegitimen abzugrenzen. Und wenn man darauf verweist, daß alle Menschen nach Glück streben, so bleibt gegen jede eudämonistische Ethik der alte Einwand übrig, daß wir nicht ausschließen können, daß bestimmte Wesen glücklicher werden, wenn sie verbrecherisch handeln, als wenn sie es nicht tun. Zwar besteht kein Zweifel, daß der verfolgte Heilige glücklicher ist als der ihn verfolgende Verbrecher – schon allein deswegen, weil es jenem gelungen ist, bestimmte Persönlichkeitsschichten freizulegen, die die Quellen eines tieferen Glückes sind, als demjenigen, der nur alle seine sinnlichen Wünsche befriedigt, bekannt werden kann. Aber das heißt nicht, daß jemand mit der Persönlichkeitsstruktur etwa eines Göring glücklicher geworden wäre, wenn er sein Leben als Privatier verbracht hätte (und die Möglichkeit, sich für ein heiligmäßiges Leben zu entscheiden, hatte ein Wesen wie er nicht); unter Gesichtspunkten der Zweckrationalität mag, bei den Präferenzen, die jemand wie er hatte, seine Lebensentscheidung, wenigstens zwölf Jahre „anständig zu leben", durchaus sinnvoll gewesen sein. Dies ist zumindest nicht auszuschließen, sondern müßte wohl empirisch erforscht werden (auch wenn Glück ein sehr schwer objektivierbarer Begriff ist) – während die Frage, ob seine Lebensentscheidung moralisch akzeptabel ist, keiner solchen empirischen Untersuchung bedarf. Damit ist aber jeder Eudämonismus in der Ethik schon widerlegt. – Daß schließlich der heroische Akt der Selbstaufopferung in bestimmten Situationen zur sittlichen Pflicht werden kann, ist nur auf der Grundlage einer streng deontologischen, jedenfalls nicht-eudämonistischen Ethik zu begreifen, während jede andere Ethik dieser höchsten Bewährung des Sittlichen mit Unglauben oder, schlimmer noch, mit Zynismus gegenüberstehen muß. (An der Tristesse dieses Zynismus ändert auch die Tatsache nichts, daß es zugegebenermaßen Fälle gibt, in denen das Martyrium eine Lösung der Bequemlichkeit ist oder gar die einzige Weise, in der eine frustrierte tyrannische Persönlichkeit ihre Wünsche in sublimierter Form befriedigen kann.)

Nun ist, wie ebenfalls schon gesagt, der Gedanke der Letztbegründung keineswegs die einzige Möglichkeit, um an dem kategorischen Imperativ als der Grundlage der Moral festzuhalten. Während die deduktive Methode zwar Theoreme beweisen kann, dabei aber stets schon die Erkenntnis von Axiomen voraussetzt, die Frage ihrer Erkennbarkeit also ungelöst läßt, hat die traditionelle Philosophie mit Begriffen wie Intuition ein Erkenntnisvermögen postuliert, das nichtempirische erste Prinzipien ohne jede argumentative Vermittlung unmittelbar erfaßt.[7] (Bei Aristoteles etwa findet sich diese Lösungsstrategie bezüglich der Frage nach der Erkenntnis erster Prinzipien unvermittelt neben der transzendentalen Rechtfertigung des Widerspruchssatzes in der „Metaphysik", ja neben der begründungstheoretisch unhaltbaren Position, die Einsicht in die Prinzipien verdanke sich der Induktion.) Dieser Begriff der Intuition ist von zwei anderen Formen von Intuition zu unterscheiden, mit denen er häufig verwechselt wird und die zweifelsohne in jeder Erkenntnistheorie eine wichtige Rolle spielen müssen. Erstens ist anzuerkennen, daß der Prozeß des Einsehens (den man gelegentlich Intuition nennt) bei jeder Erkenntnis eine notwendige Rolle spielt. Auch bei einer mathematischen Deduktion muß mir *einleuchten,* wie jeder Schritt aus dem anderen folgt; und gibt es so etwas wie eine Letztbegründung, bei denen die ersten Prinzipien in welcher Weise auch immer *begründet* werden, dann muß mir diese Art der Begründung ebenfalls irgendwie einleuchten. Aber die Intuition in jenem ersten Sinne meint mehr. Denn dort ist das Einleuchten nicht nur notwendige, sondern auch hinreichende Bedingung für ein Wahrheitserlebnis, ja für die Wahrheit eines Satzes selbst. Die Intuition ist dort eine besondere und ausgezeichnete Form der Erkenntnis, während sie hier nur die subjektive, geltungstheoretisch vielleicht sogar neutrale Seite jedes Erkenntnisprozesses darstellt. Hier ist Intuition mit Methode kompatibel, dort ist sie die Negation jedes methodisch kontrollierten Vorgehens, eben weil Methode Vermittlung impliziert, jene Intuition aber reine Unmittelbarkeit ist.[8]

[7] Kennzeichnend für die Letztbegründung ist, daß sie Vermittlung und Unmittelbarkeit gleichermaßen hinter sich läßt – der infinite Begründungsregreß wird überwunden und somit etwas Unbedingtes (und damit in gewissem Sinne Unmittelbares) erreicht, aber dieses Unbedingte ist *in sich selbst* vermittelt.

[8] Dennoch will ich nicht ausschließen, daß es eine solche reine Intuition – im Sinne einer reinen Anschauung oder reiner Fühlakte – gibt; wichtige Argumente sprechen in der Tat dafür (insbesondere wird man durch die Frage nach der Zugänglichkeit fremder Innenseiten in diese Richtung getrieben). Aber ich würde mit Nachdruck meinen, daß es auf der Metaebene ein apriorisches, reflexives Argument für eine solche Intuition geben muß – etwa nach der Art des späten Peirce, der eine Erstheit von Drittheit forderte, also einen unmittelbaren (im weitesten Sinne des Wortes ästhetischen) Akt, in dem vermittelte Denkprozesse als Einheiten erfaßt würden. So ist dem argumentativen Prozeß

Zweitens sprechen wir von Intuition, wenn wir uns bezüglich eines empirischen Sachverhaltes eine Überzeugung bilden, die zwar meistens verifiziert wird und insofern durchaus rational heißen kann, die aber nicht irgendwie begründet werden kann. So gibt es Menschen, die einem mit annähernder Sicherheit sagen können, ob eine Person, die sie eben zum ersten Mal gesehen haben, katholisch oder protestantisch, erstes oder letztes Kind, ehrlich oder unehrlich ist usf., ohne freilich in der Lage zu sein, ihre Vermutung zu begründen. Diese Form von Intuition wird man dahingehend erklären, daß eine *unbewußte* Wahrnehmung von bestimmten Zügen der Physiognomie, der Körpersprache usf. stattgefunden hat, die häufig mit einer bestimmten psychischen Struktur korreliert sind; nur das Resultat kommt einem zum Bewußtsein, nicht aber die empirischen Indizien, die zu diesem Resultat führen, das also durchaus nicht unvermittelt ist, wenn es uns auch so scheint, da die Wahrnehmungen und Induktionen unbewußt ablaufen. (Im Sinne der evolutionären Erkenntnistheorie kann man davon ausgehen, daß die Algorithmen, nach denen unser ratiomorpher Apparat unbewußt arbeitet, sich in einem langwierigen Selektionsprozeß durchgesetzt haben.) Es versteht sich nach dem Gesagten von selbst, daß diese Form von Intuition nichts mit derjenigen zu tun haben kann, mit der wir angeblich erste Prinzipien erfassen. Denn jene Erkenntnisform ist erstens empirisch,[9] diese hingegen nicht-empirisch; jene ist zweitens nur scheinbar unvermittelt, diese hingegen beansprucht ausdrücklich, in einem radikalen Sinne unvermittelt zu sein; jene basiert drittens auf unbewußten Denkprozessen, diese spielt sich angeblich ganz im Bewußtsein ab.

Freilich zeigt gerade dieser Vergleich der ersten mit der dritten Form von Intuition, warum es so leicht ist, intuitionistischen Positionen gegenüber den Reduktionisten zu spielen. Beruft sich jemand auf seine

der Letztbegründung das unmittelbare Gefühl der Einheit mit dem Absoluten korreliert.

[9] Allerdings wird man davon ausgehen müssen, daß auch bei apriorischen Fragen eine Intuition in diesem dritten Sinne besteht – ein mathematisches oder philosophisches Genie ist eben derjenige, der instinktiv und mit unbeirrbarer Sicherheit spürt, in welcher Richtung er forschen muß, um einen guten Beweis zu finden. Natürlich ersetzt diese Intuition nicht den Beweis, aber ohne eine solche Intuition sind kreative Leistungen nicht möglich. – M. E. ist eine kausalwissenschaftliche Explanation von Genialität durchaus möglich; ich vermute, daß der ratiomorphe Apparat des Genies so arbeitet, daß er unbewußt untaugliche Wege als solche erkennt, sie wegselektiert und sich auf die wenigen übriggebliebenen konzentriert. Genialität ist somit einerseits etwas Prälogisches, andererseits ist davon auszugehen, daß es eine Logik der Genialität gibt, die schwer zu erfassen ist, aber mit dem zu tun hat, was die Tradition Topik nannte.

Werteinsicht, so läßt sich unschwer entgegnen, an seiner subjektiven Gewißheit werde nicht gezweifelt; aber diese sei eben nur ein Resultat bestimmter Sozialisationsprozesse und habe keinen Anspruch auf objektive Geltung. Zwar kann der genetische Reduktionist die Annahme eines Sittengesetzes nicht widerlegen – denn über Geltungsfragen läßt sich mit genetischen Mitteln nichts ausmachen; aber es ist nicht schwer, die Position desjenigen, der sich auf ein Faktum seines Bewußtseins wie etwa das Sittengesetz beruft und dafür nicht zu argumentieren weiß, durch reduktionistische Erklärungen dieses Faktums zu erschüttern. (Schlimmer ist die Situation im Falle der Willensfreiheit, da die Freiheitsintuition nicht nur genetisch leicht erklärt werden kann, sondern weil gegen sie auch starke geltungstheoretische Argumente sprechen.) Weiß man etwa, wie das Gewissen zustande gekommen ist, verliert seine scheinbare Unmittelbarkeit viel von ihrer numinosen Würde, und besondere geltungstheoretische Anstrengungen werden erforderlich. Nach Nietzsches und Freuds explanatorischen Erklärungen des moralischen Bewußtseins hat eine intuitionistische Ethik es sehr, sehr schwer. Deswegen muß das Programm der Letztbegründung jeden anziehen, der von der Absolutheit – d. h. der Unbedingtheit und Unnachlaßlichkeit – des Sittengesetzes durchdrungen ist und der trotzdem bestimmte argumentative Bedürfnisse hat, die durch intuitionistische Theorien nicht befriedigt werden können.

Fragt man sich, welche genetischen Voraussetzungen gegeben sein müssen, damit jemand Interesse an dem Problem der Letztbegründung entwickelt (und ohne ein solches Interesse läßt sich nicht erwarten, daß jemand die intellektuellen Strapazen auf sich nimmt, die mit der Einsicht in jenes Problem verbunden sind), so lassen sich ein hoher moralischer Sinn und ein Unwille, sich mit Glaubenstatsachen oder gar Meinungen zufriedenzugeben,[10] als ausgezeichnete genetische Prädispositionen angeben. Der Seele eines Menschen muß neben einer bestimmten theoretischen Intelligenz auch ein gewisser Enthusiasmus, zumindest, so möchte man sagen, gleichsam das psychische Pendant dessen, was man einen sehnigen Körper nennt, eignen, damit sie sich zu jener Fragestellung erheben kann. Derjenige, dessen Interessenkreis über Geld, Macht und Meinung nicht hinausreicht, wird das Letztbe-

[10] Dies heißt nicht, daß eine gewisse Form von Glauben nicht auch in der Philosophie als *genetische* Bedingung nötig wäre. Ohne ein Grundvertrauen in die Vernunft (das selbst noch argumentativ ausgewiesen werden muß), ohne die Hoffnung, man könne selbst in seinem Leben ein wenig als Diener dieser Vernunft wirken, schließlich ohne eine Liebe zur Vernunft (d. h. ohne die emotive Anerkennung des Werthaften der objektiven Vernunft und der ihr gewidmeten subjektiven Tätigkeit), also ohne die drei theologischen Tugenden in ihrer dem Philosophen eigentümlichen Ausprägung, ist Philosophie zum Scheitern verurteilt.

gründungsargument vielleicht zwar abstrakt verstehen, aber nicht in jener Weise internalisieren können, die für seine Ausführung und Weiterentwicklung eine notwendige Bedingung ist. Fichtes Satz, was für eine Philosophie man habe, hänge davon ab, was für ein Mensch man sei,[11] ist völlig richtig, wenn man ihn genetisch und nicht geltungstheoretisch versteht; und Fichtes kraftvolle Person paßt in der Tat zu seiner Philosophie, die nach der platonischen Entdeckung des Letztbegründungsproblems im Liniengleichnis den tiefsten Versuch darstellt, das Problem zu durchdenken.[12]

Aber selbst wenn jemand an ethischen Fragen nicht interessiert ist, selbst wenn er nur theoretische Interessen hat, wird er, wenn er nur lange genug über das Problem der Begründung und der Wahrheit nachdenkt, zu dieser Fragestellung getrieben werden. In diesem Sinne läßt sich paradoxerweise sagen, daß der Letztbegründer eine radikale skeptische Ader haben muß: Er darf sich mit keinem unbegründeten Resultat zufrieden geben, sondern muß immer nachfragen – aber er muß sich eben auch fragen, ob dieses Nachfragen ohne einen letzten Ausgangspunkt überhaupt noch sinnvoll sein kann.[13] Verglichen mit ihm ist der Relativist von einer ungeheuren geistigen Trägheit – denn bei seiner Position gibt es keinen Erkenntnisfortschritt, ja, wie wir noch sehen werden, seine Position kann in einem gewissen Sinne gar nicht in Frage gestellt werden, da sie gegen jede Kritik immun ist. Der Letztbegründer zweifelt in einem ganz anderen Sinne als der Relativist, der sich in seine Position so dogmatisch eingepökelt hat, daß er aus ihr gar nicht mehr vertrieben werden kann. Der Letztbegründer nimmt das Wesen philosophischen Fragens ernster als der Skeptiker; er muß durch den Skeptizismus hindurchgegangen sein, auch wenn er nicht bei die-

[11] Erste Einleitung in die Wissenschaftslehre; (1971), I 434.

[12] Zuzugeben ist allerdings, daß Fichtes Persönlichkeit einige unerfreuliche Züge aufweist – seine Aggressivität und Arroganz lassen ihn gewiß nicht als einnehmenden Menschen erscheinen. Andererseits entspringt Fichtes Versuch, „den Leser zur Einsicht zu zwingen“, seinen radikalen demokratischen Überzeugungen, während Platons Zurückhaltung bei der Mitteilung seiner zentralen Lehren Ausdruck einer aristokratischen Gesinnung ist, die sich von vornherein damit abgefunden hat, daß gewisse Wahrheiten nicht für jeden mitteilbar sind.

[13] Sosehr der Philosoph sich selbst auf die kontraintuitivsten Gedanken einlassen muß, sosehr er also die Möglichkeit ernst nehmen muß, daß es keine Außenwelt, kein Sittengesetz usw. gebe, um es in seinem Fach zu etwas zu bringen, sosehr wird er doch in seinem äußeren Verhalten von unauffälliger Normalität sein – denn nur psychische Stabilität wird ihm die Sekundärtugenden verschaffen, deren er dringend bedarf, um jene Fragen sachgemäß zu analysieren. Der größte Gegensatz zum Philosophen ist der intellektuelle Chaot, der, statt jene Gedanken geistig zu beherrschen, von ihnen zerrissen wird.

ser Position stehenbleiben kann, gerade weil er sie konsequent zu durchdenken vermag. Zwar mag dem Laien die Zurückweisung des Skeptizismus als ein Rückfall auf eine primitivere Bewußtseinsform erscheinen; es ist aber wichtig zu erkennen, daß die transzendentale forma mentis durch den Skeptizismus vermittelt ist und ebendarin vom Dogmatismus grundsätzlich unterschieden ist. Die Fähigkeit, sich in reflexiver Einstellung von allem zu distanzieren, ist in der Tat etwas spezifisch Menschliches, was das Wesen von Subjektivität in tiefster Weise charakterisiert (auch wenn sie erstmals in der Sophistik ausdrücklich gesetzt worden und nur in der Moderne zu einem Massenphänomen geworden ist). Aber gerade wenn sich diese Fähigkeit als solche erfaßt und ihren Geltungsgrund thematisiert, wird sie zu einer transzendentalen Reflexion getrieben, die den Skeptizismus radikal transzendiert, der jene Fähigkeit nur zur Hälfte aktualisiert.

3.1.2. Beweis der Letztbegründung

Während die meisten Argumente gegen die Letztbegründung nicht streng geltungstheoretischer Natur sind und ich es mir daher ersparen kann, hier auf sie einzugehen, zumal ich dies (1987 b) schon getan habe, kann das Münchhausentrilemma tatsächlich beanspruchen, ein bedeutendes Argument gegen die Letztbegründung darzustellen. Zwar ist das Argument (das auf Münchhausens Versuch, sich selbst am Schopfe aus dem Sumpfe zu ziehen, anspielt) bei weitem nicht so neu, wie Albert zu meinen scheint; es geht weit hinter Fries und den frühneuzeitlichen Skeptizismus zurück;[14] aber das kann kein Grund sein, es nicht ernsthaft zu prüfen. Im folgenden möchte ich, im Anschluß an das Münchhausentrilemma, einen Beweis für die Letztbegründung entwickeln, den ich anderswo schon veröffentlicht habe (u. a. 1987 b), allerdings mit einer wichtigen Modifikation, die ihn etwas komplexer, aber nicht weniger schlüssig macht.[15] Dieser Beweis (in der alten

[14] Angelegt ist das Trilemma bei Aristoteles (Analytica posteriora, A 3). Der zweite, vierte und fünfte Tropus des Agrippa (Diogenes Laertius IX 88 f.; Sextus Empiricus, Pyrrhonische Grundrisse I 164–169) entsprechen den drei Hörnern des Trilemma.

[15] Ich verdanke diese Modifikation der scharfsinnigen Kritik von Thomas und Ulrich Unnerstall, für die ich ihnen auch an dieser Stelle danken möchte. – Es ist bedauerlich, aber bezeichnend, daß hingegen Albert in seinem Beitrag von 1989 den wirklich entscheidenden Mangel des Beweises nicht entdeckt hat, sondern außer der Anführung der Trivialität, daß es ja auch falsche synthetische Sätze a priori gebe (was richtig ist – die meisten Sätze des Kritischen Rationalismus sind selbstwidersprüchliche, also falsche synthetischen Sätze a priori –, aber den Beweis nicht im mindesten in Frage stellt), kein einziges

ebenso wie in der korrigierten Fassung) unterscheidet sich von der Apelschen Version, bei aller Gemeinsamkeit der Stoßrichtung und des Zieles, doch in einer wesentlichen Hinsicht, was sich daraus ergibt, daß ich im folgenden auf die Begründung einer objektiv-idealistischen Philosophie abziele. Im Rahmen einer solchen Philosophie muß aber der ontologische Stellenwert des Beweises anderer Natur sein als im Rahmen der Transzendentalpragmatik.

1. Das Münchhausentrilemma behauptet, Letztbegründung sei unmöglich. Gemeint ist damit, daß es keine nicht-hypothetische apriorische Erkenntnis, also keine notwendig zu akzeptierenden synthetischen Sätze a priori geben könne. (Ein Satz ist dann letztbegründet, wenn es ihm gegenüber nicht sinnvoll möglich ist, zu behaupten, wenn man bestimmte nicht notwendig falsche Voraussetzungen mache, könne man ihn zu Recht bezweifeln.) Bemerkenswert an dieser Aussage ist folgendes. Nach dem Münchhausentrilemma ist jede Erkenntnis nicht-empirischer Natur hypothetisch; es läßt sich also immer nur sagen, daß etwas unter der Voraussetzung von etwas anderem gelte (und zwar offensichtlich unter der Voraussetzung von etwas nicht notwendig Wahrem; denn notwendig wahre Voraussetzungen sind nicht das, was man Hypothesen nennt). Alle apriorische Erkenntnis ist in dieser Perspektive bedingt, keine unbedingt (absolut). Daraus folgt, daß es keine Letztbegründung geben könne. Aber eben dieses Resultat ist verdächtig. Denn wie kann nach dem Münchhausentrilemma eine Aussage überhaupt in einem mehr als hypothetischen Sinne widerlegt werden? Wie ist es denkbar, daß eine Aussage wie „Es muß nicht-hypothetische apriorische Erkenntnis geben" kategorisch zurückgewiesen werden muß? Das wäre doch nur dann denkbar, wenn sie inkonsistent wäre – wo aber ist in ihr der Widerspruch? Wie kann der Satz „Letztbegründung ist unmöglich" – der offenbar weder analytisch noch empirisch ist – in irgendeinem voraussetzungslosen Sinn als wahr gelten? Offenbar ist der Satz „Letztbegründung ist unmöglich" selbstwidersprüchlich. Denn er stellt eine Unmöglichkeitsbehauptung dar, Unmöglichkeitsbehauptungen sind aber in Notwendigkeitsbehauptungen überführbar („Es ist unmöglich, daß a" besagt soviel wie „Es ist notwendig, daß non-a").

Notwendigkeitsbehauptungen aber können begründungstheoretisch als letztbegründete Aussagen verstanden werden; „Es ist notwendig,

Argument entwickelt, dafür aber seinem Ressentiment um so freieren Lauf gelassen hat. Als Argument kann ich seinen Homonymievorwurf deswegen nicht gelten lassen, weil eine nicht begründungstheoretische Rekonstruktion der Modalbegriffe bei nicht-empirischen Sätzen keinen Sinn macht; „notwendig" kann hier nichts anderes heißen als „letztbegründet". Vgl. Anm. 16.

daß a" heißt ebensoviel wie „Es ist letztbegründet, daß a".[16] „Letztbegründung ist unmöglich" heißt somit „Es ist letztbegründet, daß es keine Letztbegründung gibt", und dieser Satz ist offenkundig dialektisch widersprüchlich. Aus dem Münchhausentrilemma folgt vielmehr, daß es selbst eine geltungstheoretische Voraussetzung macht, die nicht in irgendeinem starken Sinne des Wortes notwendig ist, eine Voraussetzung also, die man machen kann oder nicht machen kann. Was ist diese Voraussetzung? Nun, offensichtlich die, daß jede nicht-empirische Erkenntnis axiomatisch-deduktiv verfahre, also von Axiomen ausgehe, die selbst nicht begründet werden können und die man in einem Akt distanzierender Reflexion als nicht notwendig wahr einsehen kann. (Natürlich sind die Axiome innerhalb eines Axiomensystems wahr und nicht hypothetisch-gültig; aber es geht hier um die Möglichkeit, auf einer Metaebene die Kontingenz der Axiome zu denken.) *Unter dieser Voraussetzung* gibt es in der Tat keine Letztbegründung; das Trilemma besagt also, daß es unter der Voraussetzung, daß nur deduktive Erkenntnis und somit per definitionem keine Letztbegründung möglich sei, keine Letztbegründung gebe – eine in der Tat plausible Annahme, die sich auf die Tautologie „a impliziert a" reduziert. Wenn es aber nur unter bestimmten Voraussetzungen so ist, daß es voraussetzungsloses Denken nicht gibt, so gibt es unter anderen Voraussetzungen voraussetzungsloses Denken. Wer die Erkenntnis so beschränkt, wie es der Kritische Rationalismus tut, für den gibt es keine Letztbegründung; wer eine andere Form von Erkenntnis (nämlich Reflexion anstatt bloßer Deduktion) zuläßt, der muß mit Letztbegründung rechnen. Diese Möglichkeit radikal auszuschließen, ist eine törichte Form von Inkonsistenz – denn der radikale Ausschluß wäre gerade eine Erkenntnis mit Letztbegründungsanspruch. Wer zeigen könnte, daß es keine Letztbegründung geben kann, der hätte gerade das bewiesen, was er widerlegt hätte.

Geltungstheoretisch irrelevant ist die Versicherung, man sei bisher

[16] Natürlich gibt es mehrere Notwendigkeitsbegriffe – so ist für einen Deterministen alles Wirkliche, ja im Grunde alles Mögliche notwendig, wobei „möglich" verstanden wird als „kompatibel mit den gegebenen Naturgesetzen und den faktischen Antezedensbedingungen". Aber natürlich sind auch andere Antezedensbedingungen und ein anderes System von Naturgesetzen logisch möglich, so daß jener Möglichkeitsbegriff zu speziell ist. – Da es hier aber um begründungstheoretische Fragen und nicht um reale Ereignisse geht, ist eine Auseinandersetzung mit diesen alternativen Modalbegriffen nicht erforderlich. Im idealen Bereich kann m. E. „notwendig" nur „letztbegründet" bedeuten; denn auch wenn man eine reine Intuition zugestände, so könnte man immer nur sagen, die von dieser Intuition eingesehenen Sätze seien wahr, nicht hingegen notwendig wahr – denn wie könnte ein Intuitionist bei Axiomen den Unterschied zwischen „wahr" und „notwendig wahr" explizieren?

keiner letztbegründeten Erkenntis begegnet. Denn erstens ist es jedem, der mit dem Induktionsproblem vertraut ist, klar, daß aus der Tatsache, daß man bisher keiner solchen Erkenntnis begegnet sei, nicht folgt, daß man sie auch in Zukunft nicht antreffen werde. Und da zweitens Letztbegründetheit keine empirische Qualität ist, mag es durchaus sein, daß der Skeptiker letztbegründeten Sätzen begegnet ist, aber sie nicht als solche erkannt hat. Gerade wenn ein Wechsel von der objektivierenden zur reflexiven Einstellung erforderlich ist, um die Argumentationsweise, die zur Letztbegründung führt, zu erfassen, mag es durchaus sein, daß es Menschen gibt, die zu diesem Blickwechsel nicht in der Lage sind, die unfähig sind, das, was sie sagen, auf die Aussage selbst anzuwenden, die unfähig sind, neben dem Gegenstand ihrer Äußerungen diese selbst im Blick zu behalten. Dafür mag man sie bedauern – geltungstheoretisch relevant ist das Faktum ebensowenig, wie Farbblindheit die Existenz von Farben widerlegt.

Von geltungstheoretischem Interesse ist hingegen folgender Versuch, mit unserer Kritik an dem Satz „Letztbegründung ist unmöglich" fertigzuwerden. Zwar sei zuzugeben, daß es unter bestimmten nicht notwendig falschen Voraussetzungen Letztbegründung gebe; aber diese Voraussetzungen seien eben auch nicht notwendig wahr, sondern hypothetisch, so daß Leugnung und Annahme von Letztbegründung zwei grundsätzlich gleichberechtigte Positionen seien. Die Zurückweisung von Letztbegründung sei dogmatisch und daher abzulehnen, aber dasselbe gelte von derjenigen Position, die Letztbegründung als notwendig statuiere. Die „relativistische" sei zwar nicht der „absolutistischen" Position überlegen; aber ebensowenig sei das Umgekehrte der Fall. Letztbegründung sei nur möglich, d. h. eigentlich kontingent (denn Kontingenz und Notwendigkeit schließen einander aus, während Notwendigkeit ein Sonderfall von Möglichkeit ist).

2. Was ist an dieser zweiten Position problematisch, die besagt: „Unter bestimmten nicht notwendig falschen, aber auch nicht notwendig wahren Voraussetzungen gibt es nicht-hypothetische apriorische Erkenntnis"? Das Bedenken, das sich sofort aufdrängt, läßt sich so formulieren: Wenn es nicht-hypothetische Erkenntnis nur unter bestimmten Voraussetzungen gibt, die man annehmen oder verwerfen kann, dann ist sie eben keine nicht-hypothetische Erkenntnis – denn ihre Geltung hängt eben von Hypothesen ab.[17] Dieses Argument scheint mir weiter-

[17] So widerspricht sich der tolerante Metarelativist, für den Relativismus und Absolutismus zwei gleichberechtigte Positionen darstellen; indem er beide für gleichberechtigt erklärt, hat er sich in Wahrheit für die erste entschieden. Denn der Absolutismus wird nicht ernst genommen, wenn er bloß als eine gleichberechtigte Möglichkeit angesehen wird, während der Relativismus keineswegs auf eine größere Anerkennung Anspruch erheben kann. Zwischen

hin gültig, auch wenn ich (1987 b) zu schnell auf die Notwendigkeit von nicht-hypothetischer Erkenntnis geschlossen habe. Damals habe ich so argumentiert: Entweder ist letztbegründete Erkenntnis unmöglich, kontingent oder notwendig – unmöglich und kontingent kann sie nicht sein, also muß sie notwendig sein. In diesem Argument klafft in der Tat eine Lücke. Denn zwar ist es richtig, daß der Satz „Es ist unmöglich, daß es nicht-hypothetische apriorische Erkenntnis gibt", also „Es ist letztbegründet, daß es keine letztbegründete Erkenntnis gibt" inkonsistent ist. Der Satz „Nur unter nicht notwendig wahren und nicht notwendig falschen Voraussetzungen gilt ‚es gibt nicht-hypothetische apriorische Erkenntnis' (= p)" (= q) ist hingegen (anders als der Satz „Nur unter Voraussetzungen gibt es nicht-hypothetische apriorische Erkenntnis") nicht unmittelbar inkonsistent. Wie kann man trotzdem über ihn hinauskommen?

Zunächst ist es wichtig zu sehen, daß q zwar nicht an sich, aber mit dem Satz p inkonsistent ist. Wenn p wahr ist, wenn es also letztbegründete Erkenntnis gibt, dann kann es nicht von nicht notwendig wahren Voraussetzungen abhängen, daß p: Aus der Wahrheit von p folgt also seine Notwendigkeit. (Evidenterweise gilt diese Beziehung nur für den besonderen Satz p, von dem wir reden – sie gilt sonst nicht. Aber es ist zutiefst irreführend anzunehmen, daß Beziehungen, die für normale Sätze gelten, auch für Sätze gelten müssen, die erst festlegen, was ein normaler Satz ist. Analytisches Denken ist dem Wesen des Endlichen, das von anderem begründet ist, angemessen, es versagt beim Erfassen dessen, was anderes und sich selbst begründet. Doch selbstverständlich muß dies konkret aufgezeigt werden, und der konkrete Aufweis der Nichtigkeit bestimmter Differenzierungen im Absoluten erweitert die Theorie des Absoluten, da sie sie um Kategorien bereichert.) Gibt es wirklich nicht-hypothetische apriorische Erkenntnis, dann hat es keinen Sinn zu sagen, diese Erkenntnis gebe es nur, wenn wir bestimmte (nicht notwendig wahre) Voraussetzungen über das menschliche Denken usw. machten – denn dann wäre sie eben keine voraussetzungslose Erkenntnis. Gibt es auch nur eine einzige letztbegründete Erkenntnis, dann ist der Satz, daß es letztbegründete Erkenntnis gibt, der unmittelbar aus jener Erkenntnis folgt, ebenso voraussetzungslos gültig, d. h. letztbegründet wie diese. Es mag zwar sein, daß jene Erkenntnis nur gilt, wenn wir bestimmte Voraussetzungen über das menschliche Denken machen – aber wenn p wahr ist, dann folgen aus p eben die genannten Voraussetzungen über das Wesen der menschlichen Erkenntnis und gelten insofern selbst absolut (sind notwendig wahr),

Absolutismus und Relativismus besteht in diesem Sinne eine absolute Asymmetrie, der derjenige nicht gerecht werden kann, der sich auf die Metaebene zurückzieht und sich einbildet, dadurch über den Parteien zu schweben.

sind jedenfalls nicht von einer beliebigen Setzung abhängig. – Natürlich folgt nicht nur der Satz „Es ist notwendig (letztbegründet, voraussetzungslos gültig), daß es nicht-hypothetische apriorische Erkenntnis gibt" (= r) aus p, sondern auch p aus r. Ja, p folgt aus r gleich in einem doppelten Sinne: Wenn letztbegründet ist, daß p, dann ist p a fortiori wahr; zudem haben wir eine letztbegründete Erkenntnis (nämlich r), so daß auch deswegen p wahr sein muß. Aber in diesem eigentümlichen Fall gilt auch die Umkehrung, daß aus dem besonderen Satz p r folgt: Allgemeines und Einzelnes sind hier äquivalent.

Bisher ist nur die Äquivalenz von p und r, aber keineswegs schon p gezeigt (womit unser eigentliches Beweisziel r erwiesen wäre). Wenn p wahr ist, dann gilt r, und q ist somit falsch; aber in der zweiten, negativen Kategorie – derjenigen der Kontingenz – findet eine Verdopplung statt, es besteht also die Möglichkeit, daß p falsch und somit q wahr ist. Diese Möglichkeit habe ich (1987 b) nicht ausdrücklich ausgeschlossen. Dennoch folgt aus der ebenerwähnten Äquivalenz etwas Wichtiges: Da p r impliziert, impliziert non-r, also q, non-p. Aus dem Satz „Es ist nicht letztbegründet, daß p" folgt also die Falschheit von p, da p nicht mit ihm kompatibel ist. Dies ist nicht nur überraschend, sondern (bedenkt man, daß auch non-p nicht letztbegründet sein kann) geradezu beunruhigend – erinnert dieses Resultat doch an Gödels erstes Theorem, da wir hier einen Satz haben, der zwar nicht letztbegründet ist, von dem wir aber trotzdem *wissen,* daß er wahr ist. Aber ist ein notwendig wahrer Satz nicht ein letztbegründeter Satz? Ist die Behauptung nicht eigenwillig, non-p sei zwar nicht letztbegründet, dennoch könnten wir die Wahrheit von p kategorisch ausschließen (denn dann wäre q notwendig falsch)? Reduziert sich dann nicht q auf den eingangs als selbstwidersprüchlich nachgewiesenen Satz, daß nicht-hypothetische apriorische Erkenntnis unmöglich sei?[18]

[18] Nehmen wir an, der Satz „Es gibt keine Letztbegründung" sei Gegenstand einer wahren Intuition, sei also nicht letztbegründet (um den Widerspruch zu vermeiden). Dann aber würden erstens der Satz, daß es keine letztbegründeten Sätze gibt, und zweitens der Status dieses Satzes, der selbst nicht letztbegründet sein könnte, nur aus der Notwendigkeit folgen, daß sich der – Letztbegründung und Relativismus gleichermaßen verwerfende – Intuitionismus nicht selbst widerspräche; ihre Wahrheit wäre also begründbar. Eben dann aber wäre diese Intuition keine Intuition im klassischen, der Begründung entgegengesetzten Sinne mehr. Der radikale Intuitionismus, scheint es, ist einerseits konsistent möglich, geht andererseits von einer unbewiesenen Grundvoraussetzung aus (daß es keine Letztbegründung gebe) – aber gerade letzteres ist seine Pointe, nur so ist er konsistent; die zweite Bedingung reduziert sich daher auf die erste, und damit bricht der Intuitionismus zusammen, für den ja dialektische Konsistenz zur Selbstbegründung nicht ausreichen darf. Die Theo-

Zudem: Der Satz q ist offenbar inkonsistent mit dem Satz „Es ist letztbegründet, daß q" (=t). Denn – die Analogie des folgenden Arguments zu Gödels zweitem Theorem wird jedem auffallen – wäre q letztbegründet, dann wäre auch non-p, das aus q folgt, letztbegründet; das widerspräche aber q. Außerdem wäre t eine letztbegründete Erkenntnis, was p und damit non-q implizierte. Mit demselben Argument läßt sich natürlich zeigen, daß auch non-t nicht letztbegründet sein kann. Damit reduziert sich die Kontingenzbehauptung auf den infiniten Regreß sich ständig zurücknehmender Behauptungen „Unter bestimmten nicht notwendig wahren Voraussetzungen gilt, daß man nicht letztbegründen kann, daß es keine letztbegründete Erkenntnis gibt; aber selbst diese Beziehung gilt nur unter bestimmten nicht notwendig wahren Voraussetzungen usw. usf.". Man kann, auch ohne radikaler Sinnkritiker zu sein, Zweifel daran haben, daß eine solche Behauptung, die im Grunde nichts behauptet, sinnvoll ist. Ja, mehr noch: Wenn man über das unscheinbare Wörtchen „usw." reflektiert, dann erkennt man, daß man den infiniten Regreß – der, würde er wirklich durchgeführt, unaussprechbar und unerkennbar wäre – nur dadurch bewältigt, daß man ihn auf eine allgemeine Struktur der stets gleichen Wiederholung zurückführt. Damit ist aber ein Konstanzprinzip präsupponiert, der dem Sinn (wenn es einen solchen gibt) der Kontingenzaussage dialektisch widerspricht. Kurz: Der infinite Regreß ist als Figur nur faßbar, wenn man eine allgemeine Struktur als solche behaupten kann (und zwar nicht bloß hypothetisch, weil dasselbe Problem sich erneut stellen würde). Ebendies ist aber nur möglich, wenn man den infiniten Regreß in den Sätzen q, non-t usw. transzendiert und sich dazu durchringt, gegen alle infinitistischen Vorurteile der Moderne zu behaupten:

3. non-p ist falsch (oder sinnlos); p ist wahr; r ist wahr: Es ist notwendig, daß es nicht-hypothetische apriorische Erkenntnis gibt; es ist letztbegründet, daß es Letztbegründung gibt.

Gegen den eben skizzierten Beweis können verschiedene Einwände erhoben werden. Erstens könnte gesagt werden, er sei zwar stringent, aber doch formal – wir wüßten nur, *daß* es letztbegründete Erkenntnis gebe, aber nicht, *was* letztbegründet sei. Darauf ist zu entgegnen, daß einer der wichtigsten argumentativen Schritte in dem Beweis die Einsicht in die Äquivalenz von p und r war; und in der Tat ist das Resultat, daß es letztbegründete Erkenntnis gibt, selbst letztbegründet. Ja, jeder Schritt in dem Beweis muß als letztbegründete Wahrheit angesehen

rie der Letztbegründung expliziert, was der Intuitionismus nur voraussetzt – nämlich dialektische Kohärenz als notwendige und hinreichende Bedingung für die Begründung der eigenen Wahrheit.

werden,[19] so daß wir durchaus eine Reihe letztbegründeter Erkenntnisse haben. Eine Analyse der Struktur dieses Beweises verspricht also weiteren Aufschluß über die Struktur letztbegründeter Erkenntnis.

3.1.3. Zur Methode der Letztbegründung

Auffällig ist zunächst, daß der Beweis für die Notwendigkeit von Letztbegründung ein negativer Beweis ist. Auch wenn ein Denker vom Range Kants negative Beweise in der Philosophie, anders als in der Mathematik, für unzulässig hält (KdrV B 817 ff./A 789 ff.), ist es leicht zu begreifen, daß Letztbegründung (die bei Kant nicht zufällig keine Rolle spielt) nicht auf einem direkten Beweis basieren kann. Denn dieser führt in der Tat in den infiniten Regreß; und wenn man den Abbruch des Beweisverfahrens in einer Form der Intuition vermeiden möchte, bleibt als Beweisform nur der indirekte Beweis übrig. Für die Notwendigkeit apagogischer Beweise in der Philosophie ist hiermit selbst ein apagogischer Beweis geführt; die Theorie ist somit selbstkonsistent. (Natürlich ist nicht ausgeschlossen, daß sich die Philosophie nach der reflexiv-apagogischen Begründung ihrer Prinzipien für ihre Konkretisierung des direkten Beweises bediene.)

Klar ist allerdings, daß der apagogische Beweis in der Philosophie von demjenigen in der Mathematik spezifisch unterschieden ist. Denn in der Mathematik bleibt auch der negative Beweis erstens an die axiomatisch-deduktive Form gebunden, setzt also bestimmte im Rahmen der Theorie unbeweisbare Axiome voraus; und zweitens ist der Gegenstand des mathematischen Beweises - etwa Mengen, Zahlen, Punkte – von der Tätigkeit des Beweises unterschieden, während im Letztbegründungsbeweis Tätigkeit und Gegenstand, Subjekt und Objekt koindizieren: Der Beweis beweist in letztbegründeter Form, daß es letztbegründete Beweise gibt. Als apagogisch muß der Beweis der Notwendigkeitsaussage in der Unmöglichkeits- und der Kontingenzaussage Widersprüche erkennen – und zwar Widersprüche nicht zu anderen vorausgesetzten Sätzen (sonst wäre der Beweis ja hypothetisch), sondern in ihnen selbst. Da aber die Notwendigkeitsaussage

[19] Daraus folgt (worauf mich Thomas Unnerstall hinweist, dem ich viele Gedanken und Hinweise zu diesem Thema verdanke), daß aus der Widerlegung der Unmöglichkeitsaussage unmittelbar zur Notwendigkeitsaussage übergegangen werden könnte – denn die Einsicht in die Selbstwidersprüchlichkeit der Unmöglichkeitsaussage muß selbst eine letztbegründete Einsicht sein. Allerdings ist diese Metaeinsicht erst am Ende des Beweises zu gewinnen – denn erst der Letztbegründungsbeweis klärt, was ein Beweis ist, während in einem formalen Beweis immer schon vorausgesetzt wird, was beweisen heißt, und bestimmte davon unterschiedene Dinge bewiesen werden.

keine Tautologie ist, kann der Widerspruch in jenen Aussagen nicht semantischer Natur sein – er muß pragmatischer (oder performativer) Natur sein.[20] Der Widerspruch besteht also nicht zwischen zwei Satzteilen, etwa Subjekt und Prädikat, sondern zwischen dem, was der Satz als Satz, der ernst genommen werden will, immer schon präsupponiert, und dem, was er behauptet, zwischen dem, was er ist, und dem, was er sagt. So ist die Aussage „Letztbegründung ist unmöglich" eine Aussage, die ihrer Form nach, als Unmöglichkeitsaussage, beansprucht, letztbegründet zu sein; die Möglichkeit einer solchen letztbegründeten Erkenntnis wird aber von ihr in ihrer expliziten Aussage geleugnet. Ähnlich bestreitet die Aussage „Nur unter Voraussetzungen gilt, daß nur unter Voraussetzungen gilt, daß nur unter Voraussetzungen gilt usw.", daß eine voraussetzungsunabhängige Aussage möglich ist; mit dem „usw." setzt sie aber voraus, daß es *ein* allgemeines Prinzip gibt, das den infiniten Regreß allgemeinverbindlich regelt. (Ohne ein solches Prinzip könnte der Satz gar nicht mitgeteilt werden, da es unendlicher Zeit bedürfte, um ihn zu fassen.) Natürlich kann jeder pragmatische Widerspruch in einen semantischen überführt werden, wenn man das in der Satzform Implizierte expliziert; aber man verfehlt die Pointe reflexiver Argumente, wenn man sie axiomatisiert und etwa sagt: Der Beweis setze eben voraus, daß z. B. Sätze Wahrheitsansprüche erheben, und diese Voraussetzung sei eine beliebige Hypothese (also keine notwendig wahre Voraussetzung). Denn auf diese Weise fällt man von der reflexiven Ebene auf die axiomatische zurück, deren Überschreitung gerade der Sinn des Letztbegründungsbeweises ist; indem man sich weigert, darauf zu reflektieren, daß der eigene Einwand Wahrheit und Letztbegründung immer schon voraussetzt, zeigt man, daß man den Sinn des Beweises nicht begriffen hat. Ebenso verfehlt man die Pointe, wenn man im Sinne des späten Husserl erklärt, es handle sich hier um eine Intuition; denn Intuitionen sind notwendig unvermittelt, während der Witz des Letztbegründungsbeweises in einer recht komplexen Argumentation besteht. Reflexive Argumente sind ein Drittes zu Deduktion und Intuition; und wer sie im Sinne der einen oder der anderen verkürzt, geht an ihrem Wesen vorbei.

Wie gesagt, sind letztbegründete Sätze Sätze, deren Negationen pragmatisch widersprüchlich sind. Sie sind keine analytischen Sätze, da ihre Negation nicht semantisch widersprüchlich ist; da aber in ihrer Negation doch ein Widerspruch besteht (wenn auch besonderer Art), könnte man auch bestreiten, daß sie synthetisch seien, und sie weder analytisch noch synthetisch nennen. Will man sie aber mit Kuhlmann synthetische Sätze a priori nennen, muß jedenfalls klar sein, daß sie

[20] Ohne diese Terminologie findet sich die Unterscheidung zwischen zwei Formen des Widerspruchs in dem wichtigen Buch von R. Heiss (1932; 84).

von den synthetischen Sätzen a priori der ersten Kritik Kants unterschieden sind. Denn nach Kant ist die Verbindung von Subjekt und Prädikat in den synthetischen Sätzen a priori nur durch ein Drittes möglich – die Anschauung bei den Sätzen der Mathematik und die Möglichkeit der Erfahrung bei den Grundsätzen des reinen Verstandes; eine von diesem Dritten losgelöste synthetische Erkenntnis a priori ist undenkbar, weswegen Kant eine Anwendung der Grundsätze auf die Noumena ablehnt (KdrV B 193 ff./A 154 ff., B 315/A 259, B 357/A 301, B 764 f./A 736 f., B 769 f./A 741 f.). Der Beweis der Gültigkeit synthetischer Sätze a priori bedarf also nach Kant weiterer Voraussetzungen als dieser Sätze selbst; ja, Kant hält es ausdrücklich für undenkbar, daß ein nicht analytisch falscher Satz in sich widersprüchlich sein könne, daß es einen anderen Widerspruch geben könne als den zwischen Subjekt und Prädikat (B 621 ff./A 593 ff.) – eben auf dieser Überzeugung basiert ja seine Ablehnung des ontologischen Gottesbeweises. Aus diesen Gründen ist Kants transzendentale Deduktion der Grundsätze der Erfahrung nicht wirklich unhintergehbar – *setzt* sie doch die Möglichkeit von Erfahrung *voraus,* die im Gegensatz zum Wahrheitsanspruch eines jeden Satzes konsistent in Frage gestellt werden kann.[21]

Die Erkenntnis, daß absolute (letztbegründete) Sätze nur indirekt durch Selbstaufhebung der entgegengesetzten Position bewiesen werden können, ist nicht neu. Sie geht auf Platon, ja vermutlich schon auf den historischen Sokrates zurück.[22] Eine große Rolle spielt sie in den begründungstheoretischen Reflexionen des letzten Jahrhunderts. So widmet etwa Trendelenburg (1840; II 320–331) dem indirekten Beweis feinsinnige Untersuchungen; er verweist nicht nur auf Platons Sophistikkritik, sondern zeigt auch, daß von Aristoteles über Spinoza und Leibniz bis zu Hegel die Grundprinzipien der eigenen Philosophie stets indirekt bewiesen wurden. Auch wenn Trendelenburg wie Aristoteles diesen Beweis nur für eine Nothilfe hält, erklärt er, es liege „in

[21] Vgl. R. Aschenberg (1978), 335 f. mit Bezug auf KdrV B 765/A 737, wo Kant den Zirkel in seinem Vorgehen expliziert: Die Transzendentalphilosophie begründe die Möglichkeit von Erfahrung, die sie aber selbst voraussetze. In der Tat ist es einer der grundsätzlichsten Mängel der drei Kantischen Kritiken – ein Mangel, den Fichte am klarsten erkannt hat –, daß sie stets ein geltungstheoretisches Faktum *voraussetzen* (die Geltung der Mathematik und Naturwissenschaft, des Sittengesetzes, ästhetischer Urteile) und auf dieser Grundlage seine Rekonstruktion versuchen.

[22] Vgl. V. Hösle (1984), 282 ff., 353 ff., 427 ff.; Ch. Jermann (1986), 76 ff. Zur Selbstaufhebungsfigur im hellenistischen Skeptizismus und bei Cusanus s. V. Hösle (1984), 664 ff., 700. – Ein Meister im indirekten Beweis ist Raimundus Lullus, der dessen Bedeutung auch theoretisch reflektiert hat; vgl. Ch. Lohr (1984), 83.

der Natur der Sache", daß die Prinzipien einer Philosophie nicht anders als indirekt bewiesen werden könnten (331). In Royce' Aufsatz „The Problem of Truth in the Light of Recent Discussion" lesen wir: „In sum, an absolute truth is one whose denial implies the reassertion of that same truth." (1969; II 708) Beim frühen Husserl – in den „Logischen Untersuchungen" – ebenso wie im Neukantianismus spielen Reflexionen zum apagogischen Beweis ebenfalls eine wichtige Rolle.[23] Bei Rickert heißt es z. B., man müsse untersuchen, „ob eine solche Verneinung sich durchführen läßt, *ohne daß man dabei zugleich die Möglichkeit des Urteilens überhaupt leugnet* und die Verneinung infolgedessen als Urteil sich selbst aufhebt. Ein anderes Verfahren als dieses besitzen wir zur Begründung der *letzten* Voraussetzungen des Erkennens nicht." (1928; 237 f.)

Dennoch kann man nicht daran zweifeln, daß all die genannten Autoren weit hinter Apels Argumentationsniveau, der Explizitheit seiner Analysen zurückbleiben. So hält Rickert das von ihm vorgeschlagene Verfahren nur für eine Notlösung, zu der es zwar keine Alternative gebe, die aber trotzdem nicht geeignet sei, „einen *absolut* voraussetzungslosen Standpunkt" zur Verfügung zu stellen (238), und schließt an diese Ausführungen ein Kapitel über „Die petitio principii der Erkenntnistheorie" an (245–250) – eine Struktur, die er für unvermeidlich hält, die aber seines Erachtens den eigenen Ansatz relativiert. Anders steht zum Zirkel der Spätidealist H. Ulrici, der Apels Letztbegründungsformel am nächsten gekommen zu sein scheint. Ulrici fragt sich, ob die Denknotwendigkeit bewiesen werden könne, und erkennt klar, daß das „nur auf einen *Zirkelschluß* hinauslaufen könne ... Soll also die Denknothwendigkeit selbst als solche bewiesen werden, so hieße das nur, die Denknothwendigkeit aus der Denknothwendigkeit beweisen, d. h. die Denknothwendigkeit bewiese nur sich selbst, indem das zu Beweisende zugleich vorausgesetzt würde." Freilich sei es die Eigenart dieses Zirkels, unvermeidlich zu sein, und die Denknotwendigkeit könne nicht nur nicht *bewiesen,* sondern auch nicht *bestritten* werden. „In der That kommt die Philosophie aus diesem Zirkel schlechterdings nicht heraus ... Mit andern Worten: das Denken ist die nothwendige Voraussetzung alles Beweisens, weil letzteres nur die Form oder Entwicklungsweise des Denkens ist. Nun läßt sich aber die Existenz des Denkens nicht leugnen, bestreiten oder bezweifeln. Denn dieß Leugnen, Bestreiten, Bezweifeln ist selbst schon Denken ... Das Denken beweist mithin in der That seine eigene Existenz, weil es eben im Stande ist, seine eigene Existenz zu leugnen, und in diesem Leugnen, in dieser Selbstnegation doch gerade ... sich selbst affirmirt. Eben damit erfaßt es sich selbst als *nothwendig* seyend. Denn nothwendig ist das, des-

[23] Zur Rolle transzendentaler Argumente in der sprachanalytischen Kantrezeption – etwa bei Strawson – s. R. Aschenberg (1982).

sen Nichtseyn ein sich selbst vernichtender Widerspruch ist, mithin sich selbst aufhebt ..." Nach Ulrici ist dies Denken der eigenen Notwendigkeit geradezu das Wesen des Denkens. „Denn das Denken ist nur nothwendig, indem und weil es sich selbst als seyend beweist und damit nothwendig *denkt;* die Nothwendigkeit seines Seyns mithin die Nothwendigkeit seines Sichdenkens, dieß aber nur das Denken selbst, sofern es die Nothwendigkeit seiner selbst denkt ... Oder indem das Denken seiner selbst absolut gewiß, sich selbst als seyend faßt und *beweist,* so beweist es eben damit, daß es selbst wesentlich *Beweisen* ist." (1841; 48 f.)

Aber auch dieses schöne Zitat Ulricis ändert nichts daran, daß Apel zu Recht beanspruchen kann, die Struktur letztbegründeter Sätze in einer bis zu ihm unerreichten Weise präzisiert und insbesondere den fraglichen Widerspruch in der Negation des zu beweisenden Satzes als einen nicht semantischen, sondern pragmatischen erkannt zu haben. So trifft Apels Letztbegründungsformel durchaus das Wesentliche. Danach hat ein Satz p als letztbegründet zu gelten, wenn er

a) nicht ohne pragmatischen Selbstwiderspruch bestritten und

b) nicht ohne daß seine Geltung vorausgesetzt würde, bewiesen werden kann.

Die Bedingung a) ergibt sich, wie eben ausgeführt, als die einzige Möglichkeit, den infiniten Begründungsregreß des direkten Beweises zu vermeiden. Die Bedingung b) mag zwar zunächst befremden, aber es ist unschwer zu sehen, daß sie nur die andere Seite desselben Zusammenhangs darstellt: Wenn die Negation von p p voraussetzt, so doch nur, weil p das expliziert, was jeder Satz – als illokutiver Akt – impliziert; also muß auch ein Satz, der p beweisen wollte, selbst p auf performativer Ebene voraussetzen. Um ein Beispiel anzuführen: Wer zeigen will, daß es Wahrheit gibt, und zu diesem Behufe auf den pragmatischen Widerspruch in der Aussage „Es gibt keine Wahrheit" verweist, die offenbar einen Wahrheitsanspruch erhebt, der setzt in der Tat bei diesem Argument selbst voraus, daß es Wahrheit gibt – ansonsten könnte er gar nicht argumentieren. (Es geht, wohlgemerkt, nicht darum, daß p, wie man gelegentlich lesen kann, nicht ohne petitio principii bewiesen werden kann; denn unter petitio principii versteht man in der Regel den Beweis eines Satzes unter Rückgriff auf ihn als Prämisse, also um einen Vorgang auf der objektivierten propositionalen Ebene; das Voraussetzungsverhältnis, von dem hier die Rede ist, spielt sich aber auf der performativen Ebene ab. In der Tat ist nicht auszuschließen, daß, wenn es mehrere letztbegründete Sätze gibt, einige dieser Sätze aus anderen Sätzen dieser Gruppe ohne petitio principii abgeleitet werden können, auch wenn sich diese Sätze wechselseitig auf performativer Ebene voraussetzen.[24])

[24] S. den scharfsinnigen Aufsatz von A. Berlich (1982), 257 f.

Gegen Apels Letztbegründungsformel wurde von Gethmann und Hegselmann (1977; 346 ff.) als Kritik vorgebracht, erstens sei die der Bedingung a) zugrunde liegende Voraussetzung, pragmatische Widersprüche seien zu vermeiden, unbegründet; und zweitens werde doch gemeinhin die petitio principii als etwas Negatives angesehen, so daß es abwegig sei, in der Unmöglichkeit, sie zu vermeiden, etwas Affirmatives zu sehen.

Zu dem ersten Punkt dieser Kritik ist zu sagen, daß es in der Tat so zu sein scheint, daß der Letztbegründungsbeweis einige Prinzipien der klassischen Logik voraussetzt – in der oben vorgeschlagenen Version neben dem Satz vom zu vermeidenden Widerspruch etwa das tertium non datur und einige weitere logische Axiome. Hierin liegt in der Tat ein Problem, dessen umfassende Lösung mir an dieser Stelle nicht möglich ist. Die zu befolgende Lösungsstrategie ist allerdings klar: Es ist – wie Apel selbst deutlich erkannt hat – als Mißverständnis zurückzuweisen, wenn man das Verhältnis formale Logik – Letztbegründungsbeweis so faßt, daß dieser jene im Sinne einer formalen Apodeixis voraussetzt. Der Witz des Letztbegründungsbeweises besteht gerade darin, das axiomatische Modell des Beweises zu transzendieren, und man verfehlt seine Pointe, wenn man bei der Analyse des zugegebenermaßen schwierigen Verhältnisses von formaler und transzendentaler Logik auf ein formallogisches Modell zurückfällt. Die formale Logik ist – wie die Mathematik und sämtliche Einzelwissenschaften – eine Hypothesiswissenschaft, die einerseits Axiome, andererseits Ableitungsregeln voraussetzt, und es ist an die transzendentalen, reflexiven Argumente die Forderung zu stellen, diese Axiome und Ableitungsregeln zu begründen – und keineswegs umgekehrt.[25] Auf der Grundlage des Letztbegründungsbeweises müßte es im Prinzip möglich sein, von den verschiedenen möglichen logischen Systemen dasjenige auszuzeichnen, das dem Letztbegründungsbeweis zugrunde liegt. Eine solche Begründung würde in der Tat eine gewisse Form von Zirkularität involvieren, aber, wie wir noch sehen werden, eine von der petitio principii unterschiedene – denn jeder Proponent eines logischen Systems setzt, wenn er einen Beitrag zur Philosophie leisten und nicht bloß syntaktische Spielereien vorschlagen will, eben selbst voraus, daß er eine *wahrheitsfähige* Theorie vorschlägt, und wenn sein logisches System – anders als die klassische Aussagenlogik – es ihm nicht gestattet, diesen Wahrheitsanspruch einzuholen, dann gilt eben: Um so schlimmer für sein System. Freilich ist damit nicht gesagt, daß nur die klassische Aussagenlogik für den Letztbegründungsbeweis in

[25] Diese wichtige Einsicht hat schon Fichte gehabt; sie wird durch die Mängel der formalen Logik zu seiner Zeit nicht berührt.

Frage kommt; diese Frage ist, wie gesagt, nicht Thema dieser Abhandlung.[26]

Klar ist jedenfalls, daß der Widerspruchssatz Bedingung der Möglichkeit jeder Kritik ist[27] – wer den Widerspruchssatz aufgibt, beraubt sich selbst der Möglichkeit, eine andere Position immanent zu kritisieren (etwa die, die am Satz vom Widerspruch festhält), ja, er kann im Grunde die eigene Position gar nicht mehr von einer anderen unterscheiden, da die Aufgabe des Widerspruchssatzes die Aufhebung der Wahrheitswertdifferenz zur Folge hat.[28] Natürlich könnte der Bestreiter

[26] Einen bemerkenswerten Versuch einer dialogischen, argumentationstheoretischen Fundierung der Logik legten Lorenzen und Lorenz (1978) vor.

[27] Schwieriger ist das tertium non datur zu begründen, das in der Mathematikgeschichte immer wieder in Frage gestellt wurde (etwa im Intuitionismus Brouwers). Aber erstens hat Brouwer das tertium non datur nur für einen bestimmten Bereich in Frage gestellt; und zweitens ließe sich gegen Kant sagen, daß gerade die Mathematik als axiomatische, nicht letztbegründete Wissenschaft auf indirekte Beweise zwar nicht ohne Schaden, aber doch ohne Zerstörung ihres Charakters als Wissenschaft verzichten könne, während in der Philosophie prinzipiell keine andere Art des Beweises der letzten Voraussetzungen denkbar ist. Drittens muß der Opponent stets eine dritte Möglichkeit jenseits des Widerlegten und des dadurch indirekt Bewiesenen konkret benennen, damit seine Kritik nicht bloß abstrakt ist; vielleicht wird sich dann zeigen, daß diese Möglichkeit keine Möglichkeit, sondern eine Unmöglichkeit ist. Dies ist in der Tat im Letztbegründungsbeweis der Fall, der selbst triadisch ist. Allgemein gibt es zu fast allen Problemen drei mögliche philosophische Positionen: zum Problem der Begründung die des naiven Dogmatismus, der seine Prinzipien aus Evidenzen bezieht, die des sich selbst aufhebenden totalen Relativismus und die der sich selbst begründenden Transzendentalphilosophie. Diese ist selbst schon das tertium, das jener Einwand sucht.

[28] Gelegentlich wird zuungunsten des Widerspruchssatzes darauf verwiesen, daß dieser Satz von bedeutenden Philosophen geleugnet worden sei. So hat sich in der Diskussion mit Apel Albert überraschenderweise zu einer positiven Bezugnahme auf Adorno herabgelassen und gegen Apels These, man könne nicht behaupten, der Satz des Widerspruchs gelte nicht, eingewendet: „Er (sc. Adorno) hat's ja behaupet!" (Apel/Böhler/Kadelbach (1984), II 92) Darauf ist erstens zu entgegnen, daß Apel und Albert das Wort „behaupten" homonym verwenden. Denn Apel meint mit „behaupten" offensichtlich „mit dem begründeten Anspruch auf Wahrheit etwas vertreten", Albert hingegen „bestimmte Sätze formulieren". In diesem Sinne des Wortes ist es in der Tat möglich, gar mancherlei zu behaupten, was in jenem Sinne nicht behauptet werden kann; so gibt es in einem Lande mit Meinungsfreiheit nichts, was einen hinderte, allerlei Widersprüchliches zu erzählen. Ähnlich homonym wird das Wort „möglich" verwendet; so ist es selbstverständlich möglich zu *meinen,* es gebe zwar unendlich viele nach den Peano-Axiomen zu konstruierende Zahlen, aber nur endlich viele Primzahlen, oder es sei alles gleichermaßen wahr – das folgt schon daraus, daß diese Meinungen durchaus zu finden,

des Widerspruchssatzes erklären, dieses Argument, das seine Kritik an jenem Satz in Frage stelle, setze selbst die Logik voraus; man könne von ihm, der den Satz nicht anerkenne, nicht erwarten, daß er logisch sei – aber damit würde er auf einer Metaebene wiederum auf Konsistenz Anspruch erheben. Wer den Satz des Widerspruchs leugnet, oszilliert ständig zwischen seiner Anerkennung und Verwerfung; und nur das periodische Wiederanerkennen des Widerspruchssatzes kann einen anderen motivieren, sich überhaupt auf diese Position einzulassen; aber die Unfähigkeit, diese Bedingung der Möglichkeit jedes Interesses, das man seiner Position entgegenbringt, auch als solche zu explizieren, ist der Grund, warum man diese Position auf die Dauer eben nicht ernst nehmen kann. Zwar ist es in gewissem Sinne wahr, daß derjenige, der den Widerspruchssatz leugnet, immanent nicht widerlegt werden kann – denn der Widerspruchssatz ist Bedingung der Möglichkeit immanenter Widerlegung. Aber es ist absurd, diese Unmöglichkeit immanenter Widerlegung gleichzusetzen mit der Unmöglichkeit, etwa in der hyperbolischen Geometrie einen inneren Widerspruch zu entdekken; denn die hyperbolische Geometrie behauptet etwas im Gegensatz zu etwas anderem, der Leugner des Widerspruchssatzes hingegen behauptet *nichts*. Es ist daher töricht, diese Position widerlegen zu wollen; man kann denjenigen, der, um dem Letztbegründungsbeweis zu entgehen, sich auf sie zurückzieht, nur als bestaunenswerten Gegenstand ansehen, der einer psychischen Krankheit – dem Wirbel der eigenen Subjektivität – verfallen ist. Wie alle psychischen Krankheiten ist freilich auch diese Krankheit interessant. Wie kommt es zu ihr? Offenbar ist sie getragen von dem Wunsch, allem Gegebenen gegenüber in die Metaeinstellung zu gehen, in der es als bloß möglich, als von der eigenen Setzung abhängig erscheint; und sosehr diese Einstellung in der Entwicklung des einzelnen Menschen und der ganzen Gattung eine wichtige Funktion hat – sie allein ermöglicht die Überwindung von Traditionen und eine Neubegründung dessen, was gelten soll, aus der Autonomie der Vernunft –, sowenig ist ihre Verabsolutie-

also wirklich sind –; dennoch verwickelt sich derjenige, der jenes meint, in Widersprüche, so daß die entsprechenden mathematischen und logischen *Sachverhalte* nicht möglich sind. Man hüte sich vor der Verwechslung psychischer und logischer Sachverhalte. – Zweitens wird jede *rationale* Rekonstruktion einer dialektischen Theorie nicht umhin können, zwischen mindestens zwei Formen des Widerspruchssatzes zu unterscheiden. Der Satz „Eine Theorie, die sich widerspricht, kann nicht wahr sein" ist für jedes Vernunftwesen unhintergehbar; nicht gilt dies aber von dem Satz „Es gibt nichts, was sich widerspricht". Nur diesen, nicht jenen Satz hat Hegel in Frage gestellt, nach dem sich nicht nur inkonsistente Theorien, sondern auch alles Endliche widerspricht – nicht aber das Absolute und die es wiedergebende Theorie. Vgl. V. Hösle (1987 a), 156 ff.

rung ein Zeichen geistiger Überlegenheit. Sie ist die Perennierung der Adoleszenzkrise, die Weigerung, erwachsen zu werden und d. h. aus der Destruktion zur Neubegründung überzugehen, für die der Widerspruchssatz die elementarste Bedingung ist – und zwar der Widerspruchssatz als Satz vom ausgeschlossenen performativen Selbstwiderspruch, weil allein auf dieser Grundlage synthetische Sätze a priori möglich sind, die auch dort vorausgesetzt werden, wo der Satz vom ausgeschlossenen performativen Widerspruch als unsinnig oder als bloße Möglichkeit betrachtet wird, wie wir im Letztbegründungsbeweis gesehen haben.

Auf diesen Einwand ließe sich leicht entgegnen, er würde einen Zirkel darstellen – denn er setze jenen Beweis voraus, dessen voraussetzungslose Geltung zur Diskussion stehe. Damit kommen wir zu dem zweiten Vorwurf Gethmanns und Hegselmanns, eine petitio principii gelte doch als etwas, das man vermeiden müsse.[29] Hier ist es von Bedeutung, zwischen der petitio principii im Beweis letztbegründeter Sätze und innerhalb eines formalen Beweises zu unterscheiden, was nicht nur Apels Gegner unterlassen haben, sondern etwa auch Rickert nicht getan hat. Daß die petitio principii im zweiten Sinne nicht akzeptabel ist, bestreitet kein Vernünftiger – mit ihr ließe sich ja, wie schon Aristoteles weiß (Analytica priora B 16), alles beweisen. Aber die petitio principii, um die es hier geht, ist davon völlig unterschieden. Erstens wurde schon gesagt, daß man beim Letztbegründungsbeweis gar nicht von petitio principii reden sollte, weil letztbegründete Sätze von jedem, also auch dem sie beweisenden Satz auf *performativer* Ebene vorausgesetzt werden. Zweitens sind etwa mathematische Axiome jederzeit beweisbar – durch im Rahmen der übrigen Axiome mit ihnen äquivalente andere Sätze, die allerdings dann selbst unbeweisbar sind. Daß die letztbegründeten Sätze als Präsuppositionen vorausgesetzt werden, ist hingegen ein Verhältnis, das durch kein mögliches Axiomensystem zu umgehen ist. Und drittens ist entscheidend, daß die

[29] Eigenwillig ist der Einwand Gethmanns und Hegselmanns, nach Apels Kritierien könne ein Aristokrat beweisen: „Genau diejenigen Normen sollen von allen befolgt werden, die von Individuen aristokratischer Herkunft gesetzt werden." (348) Denn erstens könnte nicht nur ein Nicht-Aristokrat, sondern auch jeder Aristokrat diesen Satz ohne einen Hauch von Selbstwiderspruch bestreiten (er könnte etwa der Ansicht sein, daß vernünftige Normen zu gelten hätten, von wem auch immer sie gesetzt seien). Zweitens ließe sich dieser Satz im Rahmen einer umfassenderen (m. E. falschen) Theorie durchaus ohne petitio principii, ja auch ohne Präsupposition seiner Wahrheit beweisen. Der entscheidende Punkt ist, daß kein Widerspruch auftritt, wenn man von der eigenen aristokratischen Herkunft, Nationalität, Augenfarbe usf. abstrahiert, wohl aber wenn man von der eigenen Abstraktions- und Argumentationsfähigkeit mit Wahrheitsanspruch abstrahiert.

Bedingung b) in Verbindung mit der Bedingung a) gilt. Daß ein letztbegründeter Satz sich selbst präsupponiert, heißt somit, daß auch seine Negation ihn präsupponiert. Genau dies gilt aber bei einer petitio principii im gewöhnlichen Sinne nicht; so ist es durchaus konsistent möglich, das euklidische Parallelenpostulat zu bestreiten. Eine petitio principii in einer formalen Theorie kann also von dem Zirkel der Selbstbegründung nicht scharf genug abgegrenzt werden. Dennoch ist die faszinierende Struktur zuzugeben, daß zwischen etwas Negativem – der petitio – und etwas Positivem – der Selbstbegründung – *gewisse* Analogien bestehen, und es bedarf in der Tat eines scharfen Blickes, um zwischen beiden zu unterscheiden – so wie ja auch die „Unwiderlegbarkeit" der Leugnung des Satzes vom ausgeschlossenen Widerspruch formale Ähnlichkeiten mit einer letztbegründeten Position hat.

3.1.4 Die Fallibilismuskontroverse

An Alberts gegen Apel vorgebrachtem Fallibilismuseinwand sind zwei Momente zu unterscheiden, die weder Albert noch Apel ausreichend klar auseinanderhalten, obgleich die entsprechende Begriffsklärung für eine Lösung der Streitfrage unerläßlich ist. Die Behauptung, daß wir uns immer irren können, ist eine psychologische These, gegen die nichts absolut Grundsätzliches einzuwenden ist; ja, von jeder Theorie der Wahrheit und ihrer Erkenntnis ist zu fordern, daß sie auch die Möglichkeit des Irrtums erklärt. Die These, daß Letztbegründung nicht möglich ist, ist hingegen eine These, die sich auf die Struktur von Begründung bezieht und daher einen ganz anderen Status hat als die erste, auch wenn Albert beide Thesen für äquivalent zu halten scheint. Denn wer von Letztbegründung spricht, beansprucht keineswegs infallible Einsichten; er behauptet nur, daß eine nicht-hypothetische Erkenntnis möglich ist, die anderer Art ist als die in den axiomatisch-deduktiven Wissenschaften erreichte.

Um mit dem zweiten, philosophisch relevanteren Problem zu beginnen, so läßt sich durchaus sagen, daß es mit dem Letztbegründungsbeweis schon entschieden ist. Hier geht es nur darum, unter konkreter Bezugnahme auf die Argumente Apels und Alberts das oben Gewonnene zu veranschaulichen und zu konkretisieren. Die transzendentalpragmatische Kritik am Fallibilismusprinzip gipfelt in der Behauptung, dieses Prinzip führe zu einer dem Lügner verwandten Antinomie, was von den Fallibilisten energisch bestritten wird. Allerdings ist zunächst ein Schnitzer auszuräumen, den beide Seiten häufig begangen haben. Als Beispiel für eine Antinomie führen sie den Lügner in Gestalt des Satzes des Kreters Epimenides „Alle Kreter lügen" bzw. in der verallgemeinerten Form „Alle Menschen lügen" an (Apel/Böhler/Kadelbach (1984), II 90, 115). Dieser Satz ist in Wahrheit aber gar nicht antinomisch, sondern notwendig falsch. Denn zwar gilt, daß, wenn er wahr ist, er auch falsch ist; wenn er aber falsch ist, dann ist er keineswegs notwendig wahr – denn die Negation des Satzes ist sehr wohl kompatibel mit seiner Falschheit. Ein wirklich antinomischer Satz ist hingegen „Dieser Satz ist falsch“ oder „Hiermit lüge ich“, also Sätze, die nur über sich sprechen.[30] Die Sätze des Relativismus, die ja nicht nur sich selbst die Wahrheit nicht zutrauen, sondern die eigene Beschränktheit auch anderen unterstellen, sind somit nicht antinomisch, sondern schlicht und einfach falsch.

Was ist Alberts Grundsatz „Alles ist fallibel“ (der offenbar äquivalent sein soll mit „Nichts ist letztbegründet“ bzw. gar mit der viel stärkeren Behauptung „Letztbegründung ist unmöglich“)? Albert akzeptiert die Selbstanwendung dieses Satzes, die keineswegs zu einer Antinomie noch zu notwendiger Falschheit führen soll; „denn bei ihr taucht nur die Konsequenz auf, sie selbst sei auch prinzipiell bezweifelbar – was übrigens sogar mit ihrer absoluten Richtigkeit vereinbar wäre“ (1975; 123). Nicht ganz einfach zu verstehen ist der Nachsatz. Was meint Albert mit absoluter Richtigkeit? Meint er, daß sein Satz *voraussetzungs-*

[30] Strenge Reflexivität ist nur notwendige, nicht hinreichende Bedingung für Antinomien. Wichtig ist, daß der Selbstbezug negativ ist, genauer daß eine ausdrückliche Negation von Selbstbezug stattfindet; ansonsten entsteht die Antinomie nicht: „Dieser Satz ist wahr“ kann wahr oder falsch sein, ist aber jedenfalls nicht antinomisch. Zur Struktur von Antinomien s. das grundlegende Buch von Th. Kesselring (1984) sowie den scharfsinnigen und klärenden Beitrag von D. Wandschneider (1990), der u. a. auf das Verhältnis von Antinomien und pragmatisch widersprüchlichen Sätzen eingeht (die ebenso streng zu unterscheiden sind wie Kontradiktionen von Antinomien: In Antinomien wird der pragmatische Widerspruch gleichsam auf inhaltlicher Ebene expliziert). Aus dem Gesagten folgt, daß ein Lösungsversuch der Antinomien, der jede Form von Selbstbezug ausschließt, über das Ziel hinausschießt; eben dies tut die Typentheorie, die schon daher abzulehnen ist. Darüber hinaus hat P. Várdy (1979) in einem wichtigen Aufsatz gezeigt, daß der der Typentheorie zugrunde liegende Satz „Selbstbezug ist verboten“ die Antinomie reproduziert, die er beseitigen möchte. Denn frage ich, ob sich jenes Verbot auf sich selbst bezieht, so ergibt sich bei einer positiven Antwort, daß es sich nicht auf sich beziehen darf; verneine ich hingegen die Frage, so doch nur, weil ich das Verbot auf den Satz selbst anwende. (Der Verweis auf den infiniten Regreß von Metaebenen ist keine Lösung, weil ich, wie im Letztbegründungsbeweis angedeutet, diesen nur fassen kann, wenn ich einen allgemeinen, die Metaebenen übergreifenden Satz präsupponiere.) Kurz: Genau dann, wenn jenes Verbot sich nicht auf sich bezieht, bezieht es sich auf sich. (Nicht antinomisch ist hingegen der Satz „Negativer Selbstbezug ist verboten“.) – Das Russell-Wittgensteinsche Reflexivitätsverbot ist jedenfalls schon aus logischen Gründen nicht haltbar – um von philosophischen zu schweigen: Der Schaden, den es in der Philosophie dieses Jahrhunderts angerichtet hat, ist unermeßlich.

los gültig sei? Was soll aber dann heißen, daß wir den Satz trotzdem bezweifeln können? Meint Albert mit „bezweifeln" die Fähigkeit, eine gewisse Stimmung in sich aufkommen zu lassen, in der alles seine Bestimmtheit und Klarheit verliert? Daß diese Fähigkeit existiert, mag durchaus sein; sie möge von Psychologen näher untersucht werden; die Philosophie geht sie nichts an. Daß sich Albert unter Zweifeln einen Akt ohne jeden Geltungsanspruch vorstellt, wird in der Tat nahegelegt durch seine Äußerung, Kuhlmann übersehe den Unterschied zwischen Bezweifeln und Bestreiten (1982; 72 f.). Denn einerseits ist es natürlich richtig, daß Bezweifeln und Bestreiten nicht dasselbe sind; andererseits ist es auch klar, daß Bezweifeln auf Bestreiten zurückführbar ist – wenn es ein Akt mit Geltungsanspruch sein soll. Denn „ich bezweifle p" bedeutet zwar nicht „ich bestreite p", wohl aber „ich bestreite, daß die für p angeführten Gründe zureichend sind" (bzw., wenn man Intuitionen zuläßt, „ich bestreite, daß p Gegenstand einer legitimen Intuition ist").

Wenn Alberts Bezweifeln also nicht auf ein Bestreiten zurückführbar ist, dann ist es in der Tat nicht nötig, näher darauf einzugehen. Ist dies aber der Fall, dann muß er, da er die Selbstanwendung zuläßt, sich so ausdrücken: „Ich behaupte, daß jede Behauptung und jede Begründung voraussetzungsabhängig ist – das gilt aber auch für meine These." Damit ist Albert natürlich genötigt, die Apelsche These für genauso möglich wie die seine zu erklären; es ist daher nicht ganz einzusehen, warum er gegen Apel polemisiert. Bestenfalls könnte er sagen, Apel vertrete die eine mögliche Ansicht, nach der der Fallibilismussatz falsch sei; er habe sich für die andere entschieden, nach der alles fallibel sei; aber da er wisse, daß er irren könne, gestehe er Apel seine Ansicht zu. Apel wäre hingegen keineswegs genötigt, Albert gegenüber gleichermaßen tolerant zu sein; er könnte sagen, Albert irre zweifelsohne, ohne sich im mindesten zu widersprechen. Schon das würde einen unparteiischen Beobachter dazu führen, Apels Position als die stärkere anzunehmen.

Doch Albert kann nicht nur Apel nicht widerlegen; er ist sogar außerstande, die Überlegenheit der eigenen Position gegenüber jedem Dogmatismus, der sich auf unausgewiesene Überzeugungen beruft, darzutun. Nach dem Obigen muß er jede solche Position mit der seinen für gleichrangig halten. Apel muß dies nicht; ja, er beansprucht, letztbegründen zu können, daß empirische Erkenntnis prinzipiell nicht letztbegründet sein könne (Apel/Böhler/Kadelbach (1984), II 87). Apel hat es somit viel leichter, die – nicht universale, sondern relative – Wahrheit des Fallibilismus für jenen Teilbereich der Erkenntnis festzuhalten, für den sie in der Tat gilt, unterscheidet er doch zwischen empirischen und somit falliblen Erkenntnissen und Erkenntnissen über die Bedingung der Möglichkeit empirischer Erkenntnis, die selbst nicht fallibel sind, insofern sie selbst erst erlauben, festzustellen, wann eine Erkenntnis als fallibel gelten kann und wann nicht (II 87 f.). Albert, dessen letztes philosophisches Motiv ist, die Menschheit vor dem Dogmatismus zu bewahren, erreicht hingegen gerade das Gegenteil, u. a. weil es (in einer bezeichnenden dialektischen Notwendigkeit) gerade für einen universellen Fallibilisten leicht ist, sich prinzipiell gegen jede Kritik zu immunisieren: Denn nach ihm können wir ja nie *sicher* sein, daß wir uns geirrt haben. Insofern führt gerade der Pankritizismus zum härtesten Dogmatismus zurück – wie leider gerade Albert beweist, dessen Fähigkeit, die Argumente der Gegenseite auch nur zu verstehen, eigenwillig unterentwickelt ist und dessen letzte Arbeiten sich auf immer heiserere Polemik reduzieren.

Unverständlich ist mir auch, was die an Albert erinnernde Aussage Keuths bedeutet (1983; 1989), er werde seinen Fallibilismus aufgeben, wenn ihm eine infallible Erkenntnis gezeigt werde. Wie stellt sich Keuth eine solche Erkenntnis vor? Da man ihr Infallibilität nicht ansehen wird können, muß er, wenn seine Aussage mehr als ein Lippenbekenntnis sein soll, eine Methode angeben, die letztbegründete Erkenntnis auszeichnet; wenn er das nicht tut, könnte er bei jeder Erkenntnis sagen: „Ich erkenne die Methode nicht an, die du benützt." Ja, er könnte sagen: „Auch wenn du die richtige Methode benützt, so hast du doch *möglicherweise* einen Fehler gemacht; also kann ich weiterhin bei meiner Position beharren." Irrtümlich ist ferner Keuths – von Kuhlmann (1985; 361) akzeptierte – Aussage, der Satz „Keine Aussage ist sicher" (1) sei nicht äquivalent mit „‚Keine Aussage ist sicher' ist nicht sicher" (2). Denn da Keuth die Selbstanwendung akzeptiert, folgt (2) aus (1). Doch auch die Umkehrung gilt: Wenn (1) falsch ist, wenn es also auch nur eine einzige sichere Aussage gibt, dann ist auch (2) falsch, weil dann nämlich (1) nicht unsicher, sondern sicher falsch ist. Da also (1) und (2) äquivalent sind (usw. ad infinitum), trifft jedes Argument gegen die sich in einem infiniten Regreß ständig zurücknehmende Behauptungsreihe (2), (3) usw. usf. auch (1), das daher aufgegeben werden sollte.

Im Wiener Kreis, auf den der Kritische Rationalismus zurückgeht, kursierte bekanntlich die These, der Sinn eines Satzes sei (die Methode) seine(r) Verifikation.[31] Müßte man nicht von seinen kritischen Nachkommen wenigstens die These erwarten, der Sinn eines Satzes sei die Methode seiner Falsifikation? Zumindest aber doch, daß es überhaupt eine verbindliche Methode der Falsifikation gebe.[32] (Zwar

[31] Vgl. F. Waismanns Bericht über Wittgenstein (1967; 47).

[32] Ich halte die durch Peirce inaugurierte, vom logischen Positivismus weitergeführte Methode der Sinnkritik mit Apel für eine der fruchtbarsten Methoden philosophischer Kritik; freilich mit zwei Einschränkungen. Erstens

können möglicherweise auch Falsifikationsmethoden falsifiziert werden, aber auch dazu braucht man eine höherrangige Falsifikationsmethode. Die Bedingung der Möglichkeit *aller* Falsifikationsmethoden ist aber, daß es Wahrheit und Falschheit gebe und daß der Satz vom Widerspruch gelte; wer selbst dies bezweifelt, hebt jede Möglichkeit von Falsifikation – und damit den Sinn von Zweifel auf.) Wer auf die Ausführung einer solchen *verbindlichen* Methode verzichtet, zerstört die Idee von Kritik. Doch im Grunde geht selbst diese Behauptung zu weit. Denn da (1) in die unendliche Selbstrücknahme führt, muß man sagen, daß der radikale Fallibilist nichts zerstört, sondern gar nichts behauptet. Der radikale Fallibilismus ist eine so schwache, nichtssagende Theorie, daß man wohl urteilen muß, sie sei gar nicht falsch, sondern sinnlos – ganz im Sinne jener von Carnap völlig zu Recht als Paradigma für sinnlose Sätze angeführten Behauptung: „Einige Dinge sind babig, andere sind es nicht; aber unser jämmerlicher Verstand reicht nicht hin, zu erkennen, was babig und was nicht-babig ist."

Die Sterilität der Position Alberts zeigt sich auch darin, daß er es vermieden hat, mehr zu Apels Versuch einer transzendentalpragmatischen Aufdeckung von Argumentationsvoraussetzungen zu sagen, als daß auch er fallibel sei. Immerhin wäre es interessant zu erfahren, ob nach Albert Apels Methode zu sichereren Erkenntnissen führen könne als die empirische oder die logisch-deduktive, ob der Wahrheitsanspruch der Transzendentalpragmatik mit demjenigen der Erfahrungswissenschaft auch nur vergleichbar sei oder ob die ganze Methode transzendentaler Besinnung abwegig sei. Auf eine konkrete vergleichende Analyse verschiedener Erkenntnismethoden hat sich Albert nicht eingelassen – was Kuhlmanns These bestätigt, daß auch das Reden über Wahrscheinlichkeitsgrade Wahrheit voraussetzt, so daß, wer diese leugnet, auch jenem entsagen muß.[33] Völlig abwegig ist

ist klar, daß nicht nur empirisch validierbare bzw. falsifizierbare Sätze sinnvoll sind, sondern auch jene synthetischen Sätze a priori, zur Überprüfung von deren Geltungsanspruch eine klare Methode zur Verfügung steht. Und zweitens ist zwar zuzugeben, daß es sinnlose Fragen gibt – sei es daß sie faktisch Falsches („hast du aufgehört, zu stehlen?"), sei es daß sie logisch Widersprüchliches („was ist der Grund der Letztbegründung?") voraussetzen; aber dieser Nachweis ist immer konkret zu führen, weil die Zurückweisung einer Frage als sinnlos sonst allzu leicht zur Immunisierung vor kritischen Einwänden führt.

[33] Der schwierige Begriff der Wahrscheinlichkeit kann hier nicht näher erörtert werden. Klar ist, daß das Reden von statistischen Wahrscheinlichkeiten („Die Wahrscheinlichkeit, daß der Würfel 6 zeigt, ist ⅙") Naturgesetze voraussetzt (und damit den synthetischen Satz a priori „Es gibt Naturgesetze"); doch auch die Zuschreibung von Wahrscheinlichkeiten an individuelle historische Ereignisse („Es ist wahrscheinlich, daß Alexander von der Verschwörung gegen

schließlich Alberts Kritik, Apels Letztbegründungsanspruch führe dazu, daß wir unsere moralischen Überzeugungen nicht mehr für revisionsbedürftig hielten (1982; 88). Denn diese Kritik setzt offenbar voraus, daß eine Revision dieser Vorstellungen und somit daß normative Sätze sinnvoll sind. Über welche Methode verfügt nun aber Albert, normative Sätze zu begründen – außer über das nur in der Sphäre der Zweckrationalität verbleibende Kriterium der Kontraproduktivität? Ja, wer seinen praktischen Traktat liest (1978), kann sich des Eindrucks nicht erwehren, Albert vermöge nicht zu begreifen, daß das ganze Letztbegründungsprogramm mit der Notwendigkeit zu tun hat, über die Sphäre der Zweckrationalität hinauszukommen.

Wesentlich interessanter als die Albertsche ist die Auffassung Berlichs, der zugibt, daß Apels Methode transzendentaler Besinnung sinnvoll sei, daß sie zu Recht – im Gegensatz zu anderen Erkenntnisformen – ein Letztes aller Erkenntnis als Objekt zu umkreisen beanspruche, daß aber ihre Erkenntnis dieses Letzten nicht selbst jeder Kritik enthoben sei. Es sei zwar sinnvoll, transzendentalpragmatisch vorzugehen, aber auch mit dieser Methode könne man irren. „Wenn sie auch nicht zu ‚letztem' Wissen gelangt, so zielt sie doch auf ein (fehlbares und hintergehbares) Wissen vom ‚Letzten'. Und obgleich keines ihrer transzendentalen Argumente der Kritik entzogen werden kann, läßt sich ihre Fragestellung, die eine transzendentale Argumentation erfordert, wohl schwerlich zurückweisen." (1982; 276) Aus dieser Äußerung erhellt, daß Berlich zwei Dinge, die von Albert vermengt werden, klar auseinanderhält – einerseits die Notwendigkeit einer Reflexion auf ein letztes Prinzip und andererseits die Möglichkeit einzelner Fehler der endlichen Vernunft. In der Tat ist unschwer zu sehen, daß etwa jemandem, der einen mathematischen Beweis vorlegt, zwei strukturell verschiedene Einwände gemacht werden können. Erstens kann man ihm sagen, man hätte im Beweis einen Fehler gefunden; der eine Schritt folge in Wahrheit gar nicht aus dem vorangegangenen. Zweitens kann man viel grundsätzlicher seine Axiome bestreiten: Seine Deduktion sei zwar in Ordnung – aber man lehne seine Axiome ab. Diesen zweiten Einwand wird man nun der transzendentalpragmatischen Letztbegründung nicht machen können, wenn man den Letztbegründungsbeweis und damit die Möglichkeit eines voraussetzungslosen Denkens akzeptiert. Doch auch im voraussetzungslosen philosophischen Denken kann man Fehler machen – ebenso wie in einer mathematischen Deduktion. Auch bei der Letztbegründung sollte man nicht vergessen, daß man ein Sterblicher ist. Allerdings ist die Wahrscheinlichkeit, daß man einen Irrtum begehen kann, um so größer, je länger der Beweis ist. In der

Philipp wußte") setzt m. E. Gesetze der Politik, der Interpretation von historischen Texten auf ihre Zuverlässigkeit hin usw. voraus.

Einsicht, daß es Wahrheit gibt, kann man sich schon deswegen nicht irren, weil ohne Wahrheit Irrtum unmöglich ist (es muß ja wahr sein, daß wir uns irren, zumindest irren können); dieser Zusammenhang ist so unmittelbar, daß ein Irrtum nicht unterlaufen kann, anders als in längeren Beweisen, wo sich Fehler einschleichen können. Freilich kommt es immer auf den Nachweis des *konkreten* Fehlers an – das herablassende Lächeln des „kritischen" Kopfes gegenüber jeder, auch der komplexesten Theorie, seine Überzeugung, daß auch in ihr *vielleicht* und *möglicherweise* ein Fehler stecke, stellt nicht jenen Erkenntnisfortschritt dar, den jede sachliche Kritik bedeutet.

Ein transzendentaler Ansatz unterliegt allerdings von einer anderen Richtung aus möglicher Kritik. Diese Richtung ist nicht die regressive Richtung der Begründung, sondern gewissermaßen die progressive der weiteren Entwicklung des Ansatzes. So gibt es ja auch bei Apel mehrere letztbegründete Sätze. Je mehr Sätze dieser Struktur aber entdeckt werden, desto mehr korrigieren und präzisieren sie einander. Sie relativieren sich insofern, als sie miteinander in Beziehung, in Relation gesetzt werden – dies, denke ich, sollte dem Holismus zugegeben werden. Allerdings ist es wichtig, zwischen zwei Varianten des Holismus zu unterscheiden, deren eine mit Letztbegründung kompatibel, deren andere mit dieser Idee inkompatibel ist. Denn auszuschließen ist gewiß, daß durch neue Entdeckungen der Grundansatz aufgegeben werden könnte. Wir sind immer schon in der Wahrheit, auch wenn wir stets weitere Fortschritte in ihrer Erfassung machen können – aber diese Fortschritte sind nur möglich dank eines kategorialen Rahmens, *innerhalb* dessen sie sich abspielen. Wir sind, um im Bilde zu reden, immer schon im Absoluten und zugleich auf dem Wege zu ihm. Wir sind auf dem Wege, weil das Absolute durch einen einzelnen menschlichen Geist nicht erschöpft werden kann, weil neue Einsichten die bisherigen in einen neuen Raum stellen und *in diesem Sinne* relativieren können; aber all dies gilt nur, weil in diesem Prozeß das Absolute schon präsent ist. Sucht man nach einem Bild, so ist es irreführend, von einer Linie zu sprechen, die sich einem in unendlicher Entfernung gelegenen Punkt nähert; denn die Linie könnte den Punkt nur treffen, wenn derjenige, der sie zöge, schon wüßte, wo jener Punkt läge; die Wahrheit können wir nur suchen, wenn wir sie irgendwie schon kennen. Weitaus tiefer ist das auf Cusanus' „De docta ignorantia" zurückgehende Gleichnis von dem einem Kreis einbeschriebenen Polygon. Je größer die Zahl der Ecken des Polygons wird, desto mehr nähert es sich dem Kreis an, dem es allerdings nie gleich wird, solange die Zahl seiner Ecken endlich bleibt; aber bei aller Differenz hält das Gleichnis doch fest, daß auch das einfachste Polygon *immer schon im Kreis* ist. So kann auch die erste, noch undifferenzierte transzendentale Erkenntnis (etwa daß es apriorische Wahrheit gibt) darauf Anspruch erheben, absolut zu sein, auch wenn erst die Explikation dieser Erkenntnis zu einem System den genauen Sinn jener Aussage zu präzisieren vermag.[34] Nach der oben befolgten Methode liegt es nahe, die These „Alles ist präzisierbar" auf sich selbst anzuwenden; interessanterweise ergeben sich jetzt nicht die Probleme, vor die die These „Alles ist fallibel" stellt. Denn indem wir zu präziseren Erkenntnissen gelangen, präzisieren wir auch die Metaaussage, daß alles präzisierbar ist, indem wir immer schärfer erkennen, was genau und in welchem Sinne einer Präzisierung fähig ist.

M. E. liegt eine intuitive Einsicht in diesen eben skizzierten Sachverhalt dem unerschütterlichen Gewißheitserlebnis der großen Philosophen zugrunde (etwa Parmenides', Descartes', Spinozas, Fichtes, Hegels). Bei allen Problemen, die sie sicher selbst gesehen haben (denn wir irren wohl nicht in der Annahme, daß sie intelligenter und kritischer waren als ihre heutigen Kritiker), erkannten sie doch mit absoluter Sicherheit, daß aus dem Sein oder der Vernunft nicht herausgeschritten werden könne. Es ist das untrügliche Zeichen einer unphilosophischen Natur, wenn man, bei der korrekten Erkenntnis einiger Detailfehler in den Argumenten der großen Philosophen für das Absolute, nicht mehr die Kraft besitzt, an ihrem Grundgedanken festzuhalten. Und zwar ist es deswegen ein Zeichen unphilosophischer Gesinnung, weil der Abschied etwa von der Idee der Letztbegründung aufgrund des Arguments, mit ihr seien ernste Schwierigkeiten verbunden (was in der Tat richtig ist, denn alles Große und Schöne ist schwierig), nicht mit der Reflexion einhergeht, daß die nun eingenommene eigene Position nicht nur ebenfalls mit Schwierigkeiten verbunden ist, sondern schlicht und einfach inkonsistent ist: Der Versuchung, eine negative Position für allen Einwänden enthoben zu halten, erliegen die meisten. Das Absolute ist zwar sicher raffinierter, als selbst die subtilsten Letztbegründer denken; aber undurchsichtig ist es nicht, und man kann durchaus davon ausgehen, daß es aus aller konstruktiven Kritik gestärkt hervorgeht.

3.1.5. Zum ontologischen Stellenwert des Bewiesenen

Der für Apels Theorie zentrale Terminus des pragmatischen oder performativen Selbstwiderspruchs führt zu einigen Schwierigkeiten, auf die hier deswegen einzugehen ist, weil sie bedeutende Konsequenzen haben. Zunächst ist freilich anzuerkennen, daß Apel mit der Unterscheidung von semantischen und pragmatischen Widersprüchen eine wichtige kategoriale Differenzierung in die Erste Philosophie einge-

[34] Apel scheint dieser Aussage zuzustimmen (1987 b; 194 f.); s. auch Kuhlmann (1987 a), 115, Anm. 64.

führt hat. Das terminologische und begriffliche Rüstzeug hat Apel durch die Sprechakttheorie vermittelt erhalten. Allerdings ist das Phänomen des pragmatischen Widerspruchs schon seit langem bekannt, gibt es doch seit Jahrhunderten eine literarische Gattung, die u. a. aus pragmatischen Widersprüchen ihre Lebenskraft bezieht – ich meine den Witz.[35] Zahlreiche Witze schon der Antike beruhen darauf, daß jemand etwas sagt, was sich zwar nicht semantisch, sondern pragmatisch widerspricht. So berichtet eine der alten *Vitae* Ovids (wohl im Anschluß an Tristia IV 10, 23–26), der Dichter habe als Knabe gegen den Willen seines Vaters (der wie die angesehenen Römer seiner Zeit Beschäftigung mit der Dichtung als unsittlich ablehnte) häufig Verse geschrieben, und als er deswegen eines Tages von seinem Vater verprügelt worden sei, habe er geschrien: „parce mihi! numquam versificabo, pater!“[36] Freilich wird dieses Versprechen den Vater schwerlich vom Schlagen abgebracht haben – widerlegt es sich doch unmittelbar selbst; der Satz ist ein Pentameter. Ähnlich wird im Philogelos, einer spätantiken Witzsammlung, folgende Anekdote erzählt (§ 193): Zu einem Grobian kam einst ein Freund, um ihn zu besuchen. Auf sein Klopfen antwortete der Grobian unwirsch: „Ich bin nicht da.“ Der andere lachte und sagte, er höre doch, daß er da sei, worauf der Grobian wütend entgegnete: „O du gemeiner Kerl! Wenn es mein Diener gesagt hätte, hättest es du ihm geglaubt. Ich aber komme dir nicht glaubwürdiger vor als er?“ Der Witz beruht hier also nicht so sehr auf dem pragmatischen Widerspruch als auf der Unfähigkeit des Grobians, ihn zu fassen. Wie ein moderner Semantiker abstrahiert der Grobian völlig von dem Selbstbezug sowie von der Situation, in der er spricht, und ärgert sich darüber, daß seiner Aussage weniger geglaubt werde als der semantisch äquivalenten seines Dieners.

Die angeführten Fälle pragmatischen Widerspruchs weisen allerdings auf ein philosophisches Problem hin, das von Apel nur unzureichend reflektiert wurde. Nicht alle Sätze, die mit seiner Formel letztbegründet werden können, sind philosophisch interessant; vielmehr können durchaus kontingente Zustände dazu gehören. So kann man m. E. drei verschiedene Niveaus pragmatischer Widersprüche unterscheiden: Erstens gibt es pragmatische Widersprüche, die an bestimmte Ausdrucksformen gebunden sind und die ich selbst vermeiden kann, indem ich etwa, um das Beispiel aus Ovid anzuführen, statt in Versen in Prosa spreche oder indem ich die Sprache wechsle; „Ich spreche kein Wort deutsch“ ist pragmatisch widersprüchlich, aber ich kann den

[35] S. etwa R. Heiss (1959), 93 ff. Ähnliches gilt für das Phänomen des Komischen, dessen Struktur durch die Anwendung der Kategorie des pragmatischen Widerspruchs wesentlich klarer wird.

[36] Vgl. A. L. Wheeler (1925), 7.

Widerspruch vermeiden, indem ich mich ausdrücke „Non parlo neanche una parola di tedesco". Solche Sätze können natürlich bewiesen werden, ohne daß ihre Geltung präsupponiert würde. Zweitens gibt es Sätze, die *ich selbst* nicht bestreiten kann, ohne mich in einen pragmatischen Widerspruch zu verwickeln, und deren Geltung ich bei jedem Beweis, den ich versuche, präsupponieren muß – die aber trotzdem nicht die geringste ontologische Notwendigkeit haben. So kann ich nicht bestreiten, ich sei lebendig oder auch nur wach; es ist aber durchaus möglich, daß ich morgen schlafe oder tot bin, ja daß morgen jedes endliche Subjekt tot ist, ja es ist in einem ontologischen Sinne des Wortes selbst dies kontingent, daß ich in diesem Augenblick, in dem ich gerade schreibe, noch lebe, auch wenn es für mich notwendig ist, anzunehmen, ich lebte noch. Drittens gibt es aber Sätze, die qua Sätze, unabhängig von einer bestimmten Situation und einer bestimmten Person, unhintergehbar sind. Beispiele sind Sätze wie „Es gibt etwas", „Es gibt wahre Sätze", „Es gibt letztbegründete Sätze", „Selbstwidersprüche sind zu vermeiden". Offenbar ist der begründungstheoretische Stellenwert dieser drei Gruppen von Sätzen sehr unterschieden, und so schlage ich vor, den Widerspruch in Sätzen des letzten Typs einen dialektischen (im Gegensatz zu einem analytischen) zu nennen; im folgenden werde ich von pragmatischem Widerspruch nur reden, wenn ein Widerspruch vorliegt, wie er Sätze des ersten und des zweiten Typs charakterisiert.[37]

Um einen dialektischen Widerspruch handelt es sich demnach nicht schon bei jedem Widerspruch zwischen performativem und propositionalem Teil eines Satzes; ein dialektischer Widerspruch kommt vielmehr Sätzen an sich zu – und zwar unabhängig davon, wer, ja ob sie überhaupt ein endliches Wesen ausspricht. Natürlich wäre es ein Fehler, den Widerspruch in einen analytischen zu verwandeln und ihn damit zu objektivieren; die Reflexion ist vielmehr stets unabdingbar nötig. Aber in der Reflexion kann ich erkennen, daß die Wahrheit des Letztbegründungsbeweises nicht von dem Akt abhängen kann, in dem ich gerade auf ihn reflektiere; denn ansonsten wäre der Beweis vielleicht nur für mich gültig, jedenfalls wäre er gewiß ungültig gewesen, bevor er erfaßt wurde, und würde gewiß wieder ungültig werden, wenn alle ausstürben, die ihn erfaßt hätten. Es kann aber Apels Ernst nicht sein anzunehmen, daß, wenn die wenigen Transzendentalpragmatiker ein-

[37] Ich folge in manchem J. Passmore (1961; 58–80), der drei Typen von „self-refutation" unterscheidet – pragmatische, ad hominem und absolute. Mit den beiden ersten meint er Selbstwidersprüche, die von einer bestimmten Situation abhängen (z. B. wenn jemand sagt „Ich bin jetzt nicht hier"); für philosophisch bedeutsam hält er zu Recht nur Sätze des dritten Typus (z. B. „Es gibt keine Wahrheit").

mal alle aussterben sollten, ohne einen philosophischen Nachwuchs zu hinterlassen (und mit dieser Möglichkeit ist durchaus zu rechnen), seine Letztbegründungsidee falsch würde. Dies widerspräche erstens der Idee der Letztbegründung, deren Geltung nicht von einem – zumindest scheinbar – so kontingenten Faktum wie dem Vorhandensein einiger Philosophen abhängen kann; denn dann wäre sie eben keine Letztbegründung, sondern geltungstheoretisch von etwas anderem, und gar etwas Empirischem, abhängig. Und zweitens widerspräche sie dem weiteren Hauptanliegen Apels, die Intersubjektivität zu begründen – denn nichts würde garantieren, daß die Reflexion, dank der ich den Letztbegründungsbeweis einsehe, sich auch bei anderen finde. Strikte Reflexion auf das, was ich kontingentes Wesen gerade mache, ist nicht in der Lage, Intersubjektivität zu konstituieren; dazu ist vielmehr eine gewisse Abstraktion von mir erforderlich. Gerade wenn der Letztbegründungsbeweis einen objektiven Geltungsanspruch erhebt (und was sollte einen stärkeren Anspruch erheben, da er allein klärt, was Geltung ist?), kann er nicht von einem privaten Akt abhängen, von dem er vielmehr abstrahieren muß. Allerdings würde seine Objektivierung, seine Umwandlung in eine subjektivitäts- und reflexionslose axiomatische Theorie seine Zerstörung bedeuten. Ein Drittes jenseits von objektivierender Abstraktion und strikter Reflexion ist vielmehr erforderlich – die Annahme, daß der Beweis zwar eine objektive, jeder endlichen Subjektivität und Intersubjektivität vorausgehende Struktur aufdeckt, daß er aber gleichzeitig selbst das Werk einer absoluten Reflexion ist. Im Philosophen, der den Letztbegründungsbeweis denkt, ist das Absolute präsent; er hat teil an einer Struktur, die das Prinzip alles Seins, aller Erkenntnis, allen Wertes ist.

Wohlgemerkt: Es geht hier nicht darum, einen platonischen Ideenhimmel zu fordern, in dem gewissermaßen das objektive Pendant des subjektiven Akts des Letztbegründungsbeweises ein versteinertes Dasein führt. Zwar ist die Annahme eines Reiches des Logischen, das weder auf Natürliches noch auf Psychisches noch auf intersubjektive Akte zurückzuführen ist, in der Tat notwendig; wir werden darauf zurückkommen. Aber anders als Freges Drittes Reich kann die ideale Welt, in der der Letztbegründungsbeweis an sich ist, nicht als irreflexiv gedacht werden. Denn der Letztbegründungsbeweis beschreibt erstens eine reflexive Struktur, und zweitens kann er selbst dem Absoluten nicht äußerlich sein; denn dann wäre das Absolute durch etwas vermittelt, was außerhalb seiner wäre, wäre also selbst nicht absolut. Die dem Letztbegründungsbeweis zuzuordnende Struktur ist daher eine reflexive, sich selbst begründende, sich als sich selbst begründend begründende Struktur, die sich in dem, der sie denkt, selbst denkt. Es kommt alles darauf an, das Absolute nicht (wie in den fideistischen Theologien) als einen dem endlichen Denken äußerlichen Gegenstand zu fassen – es ist vielmehr das Wesen des Denkens, sein innerster Kern, dem das Denken sich nicht als einem übermächtigen Objekt zu unterwerfen hat, sondern in dem allein es frei ist.[38] Allerdings kann zugegeben werden, daß das Absolute, eben weil es in der gewöhnlichen objektivierenden Einstellung nicht erfaßt werden kann, demjenigen, der nicht auf sich zurückblicken, reflektieren, spekulieren kann, als ungeheuer fremd erscheinen muß – als das Fremdeste, was es gibt, eben weil es ganz anderer Natur ist als alles Objektivierbare. Aber es ist das Fremdeste nur, weil es das Nächste ist, die absolute Notwendigkeit nur, weil es außerhalb seiner nur Bedingtheit und damit keine Freiheit gibt. Wer es begriffen hat, für den fallen Theonomie und Autonomie zusammen.[39]

3.2. Letztbegründung und Intersubjektivität

Bevor die eben angedeuteten Überlegungen auf die Grundprinzipien des objektiven Idealismus hin weiterentwickelt werden, soll auf das zweite Hauptthema der Transzendentalpragmatik eingegangen werden, die Intersubjektivität. Die Grundtendenz dieses Abschnittes ist einerseits positiv: Mir scheint in der Tat, daß Apels These von den drei Paradigmen im Prinzip richtig (wenn auch, wie ich gleich zeigen werde, einseitig) ist. Es ist m. E. wahr, daß die neuzeitliche Philosophie das Problem der Intersubjektivität unterschätzt hat (bezeichnenderweise war ihr das Wort noch gar nicht bekannt). Dies hat verschiedene negative Folgen, deren Überwindung Apel sich zu Recht vorgenommen hat. Erstens kommt in der traditionellen Philosophie der intersubjektive Geist zu kurz – die Grundkategorien sind Objekt und Subjekt, und darunter können weder das andere Subjekt noch gar intersubjektive Gebilde subsumiert werden; eine Philosophie des intersubjektiven Geistes hat nicht zufälligerweise in Kants System keinen Platz. Zweitens hat die traditionelle Philosophie (insbesondere bei Kant) die Ethik zu einseitig auf das isolierte Subjekt gegründet; seine Beziehungen zu anderen Subjekten werden als nur akzessorisch, nicht als wesentlich gedeutet. Diese beiden Mängel hat schon Hegel *partiell* überwunden. Was aber Hegel nicht überwunden hat, ist drittens der Theoretizismus,

[38] Das Absolute muß zwar allem Empirischen gegenüber transzendent sein; nicht heißt dies aber, daß es der Vernunft gegenüber transzendent wäre, denn der Gedanke eines im Prinzip Unerkennbaren ist dialektisch widersprüchlich.

[39] An einer schönen, vereinzelten Stelle bekundet Apel Sympathien für die mystische „Tradition der Ineinssetzung von *Autonomie* und *Theonomie*“ (Apel/Böhler/Kadelbach (1984), II 143, Anm. 14), verwirft sie aber mit Rücksicht auf die Freiheit zum Bösen. Wir werden auf diesen Punkt noch zurückkommen.

der bei ihm an Radikalität sogar die ganze Tradition vor ihm überbietet. Für Hegel ist das Ziel des Universums dessen Erkenntnis durch das einsame Subjekt; intersubjektive Beziehungen sind nicht Selbstzweck, sondern nur werthaft, sofern sie zur Erreichung dieses Zieles beitragen. Ebendeswegen beantwortet die praktische Philosophie bei Hegel nicht die Frage „Was soll ich tun?", sondern beschränkt sich auf die Erkenntnis der vorgegebenen sittlichen Wirklichkeit (s. oben S. 47f.).

Doch sosehr Apels Stoßrichtung überzeugt, sowenig scheint mir andererseits sein Versuch überzeugend, die Letztbegründungsproblematik mit der Ablösung der Subjektphilosophie unmittelbar zu verknüpfen. An manchen Stellen seiner Schriften scheint Apel geradezu vorauszusetzen, daß Letztbegründungsanspruch und Intersubjektivitätsphilosophie notwendig Hand in Hand gehen. Diese These aber ist zumindest historisch falsch, wie etwa die Philosophien Descartes' und Fichtes belegen, die als *Subjektphilosophien* Letztbegründungsargumente entwickelt haben. Dagegen würde Apel freilich einwenden, dieses Faktum beweise sachlich nichts; diese Philosophen hätten ihre Methode nicht richtig anzuwenden gewußt. Auf der Grundlage des Privatsprachenarguments wollen Kuhlmann und er eine Brücke von der Letztbegründung zur Intersubjektivität schlagen. Ebendeswegen wird die Hauptaufgabe dieses Abschnittes sein, jenes Argument zu analysieren. Aus Raumgründen kann ich hier nicht auf die kaum überschaubare Sekundärliteratur zu diesem Argument eingehen;[40] daß ich zumal von Ayers Kritik an Wittgenstein (1954) beeinflußt bin, wird ohnehin auffallen. Ich beschränke mich vielmehr auf eine Analyse der zwei interessantesten Rekonstruktionen des Arguments, derjenigen Kripkes und derjenigen Kuhlmanns. Ich werde freilich zeigen, daß keine der beiden Rekonstruktionen das beweist, was zu beweisen ist. Daraus folgt natürlich nicht, daß das Argument nicht doch von jemand anderem hieb- und stichfest gemacht werden könnte. Aber Zweifel daran sind begründet, zumal ich kurz das Szenario des geistigen Lebens eines etwaigen Privatus entwerfen werde, ein Szenario, in dem jeder, der an jenem Argument festhält, einen Widerspruch würde entdecken müssen. Aber obgleich ich der Ansicht bin, daß auch ein Privatus Wahrheitserlebnisse, ja selbst moralische Pflichten haben könnte, bin ich durchaus davon überzeugt, daß Intersubjektivität eine höhere Kategorie ist als Subjektivität. Die Argumente dafür sind freilich in meinen Augen nicht transzendentaler, sondern spekulativer Art; sie setzen einen objektiven Idealismus voraus, wie er im nächsten Abschnitt entwickelt werden wird. Auf einen solchen objektiven Idealismus weist also nicht nur eine Weiterentwicklung des Letztbegründungsarguments hin, sondern auch das Anliegen, die Subjekt- in eine Intersubjektivitätsphiloso-

[40] S. etwa G. Pitcher (1968) und O. R. Jones (1971).

phie zu transformieren. Dieser objektive Idealismus ist nun keineswegs notwendig ein Rückfall auf das erste Paradigma, wie man zu unterstellen geneigt sein könnte. In der Tat stellt das Hegelsche System schon eine Synthese von erstem und zweitem Paradigma dar – eine Möglichkeit, die in Apels zu wenig differenziertem Dreierschema keinen Platz hat. Hegel hat einerseits die Subjektphilosophie von Descartes bis zu Kant und Fichte rezipiert und fruchtbar weitergedacht; andererseits hat er aber diese mit der Platonischen Tradition des objektiven Idealismus zu vermitteln gewußt. Etwas Analoges ist auch mit Bezug auf das dritte Paradigma möglich – ein objektiver Idealismus der Intersubjektivität mag zwar ein ehrgeiziges Projekt sein, aber er ist m. E. möglich, ja „an der Zeit".

3.2.1. Das Privatsprachenargument

Bevor näher auf jenes Projekt eingegangen werden kann, soll das Privatsprachenargument geprüft werden. Auffällig bleibt zunächst, daß Apel, so häufig er sich auch auf Wittgensteins These beruft, auch nicht ein einziges Mal den Versuch unternimmt, den Satz Wittgensteins, der zunächst nichts mehr ist als eine Versicherung, irgendwie zu begründen. Dies ist um so störender, als – jedenfalls nach der Rekonstruktion Kripkes, die in meinen Augen die *philosophisch* (nicht notwendig philologisch) überzeugendste ist – Wittgensteins Argument auf Annahmen basiert, die mit dem Gedanken der Autonomie der Vernunft und damit a fortiori mit dem der Letztbegründung inkompatibel sind. Wohlgemerkt: Es ist nicht nur so, daß der späte Wittgenstein vom Gedanken der Letztbegründung denkbar weit entfernt ist – sein Argument gegen Privatsprachen macht nur Sinn, wenn es *keine* Letztbegründung gibt. Auch wenn Apels Denkstil insgesamt weit entfernt ist von jenem matten Eklektizismus, der sich von einem Philosophen dies, von einem anderen jenes herauspickt, ohne darauf zu achten, ob es miteinander kompatibel ist, auch wenn Apel durchaus beanspruchen kann, verschiedene Denkströmungen zu einer kraftvollen Synthese vereint zu haben, so läßt sich doch bezüglich seines Rekurses auf Wittgensteins Privatsprachenargument der Vorwurf nicht vermeiden, hier sei etwas herangezogen worden, was Apel zwar brauchte, was aber in Wahrheit mit seinen sonstigen Intentionen nicht verträglich ist. Um so mehr ist es als Kuhlmanns Verdienst zu schätzen, eine von Wittgensteins Prämissen abweichende Rekonstruktion des Privatsprachenarguments vorgeschlagen zu haben – auch wenn sie m. E. ebenfalls inakzeptabel ist.

Nach Kripke (1982; 78 ff.) lassen sich die „Philosophischen Untersuchungen" grob in drei Teile gliedern. Im ersten (§§ 1–137) verwirft Wittgenstein die Sprachtheorie des „Tractatus" und entwickelt eine Alternative, die um den Begriff des Gebrauchs zentriert ist, im zweiten

(§§ 138–242) entfaltet er das, was Kripke das skeptische Paradox nennt, im dritten (§§ 243 ff.) zieht er einige Konsequenzen aus diesem Paradox (u. a. das Privatsprachenargument). Nach Kripke ist der zentrale Abschnitt der zweite, und daher ist in seinen Augen das Privatsprachenargument dem Grundsätzlichen nach schon in den Paragraphen *vor* § 243 enthalten (so insbesondere in § 202). Was ist nun dieses skeptische Paradox, das Wittgenstein in seiner Spätphase entdeckt hat?

Es geht um das Problem der Regel (und damit auch der Bedeutungen). Bekanntlich kann jede Regel bis zu jedem gegebenen Zeitpunkt nur endlich viele Anwendungen gehabt haben. Woher weiß ich dann, wie ich die Regel weiter anwenden soll? Man nehme etwa die durch „plus" bezeichnete Additionsfunktion. Es wird immer zwei größte Zahlen geben, die ich bis zu einem bestimmten Zeitpunkt addiert habe; sie seien beide kleiner als a. Woher weiß ich, daß ich mit „plus" nicht eigentlich eine Funktion namens „quus" gemeint habe, die so definiert ist: „x quus y = x plus y, wenn x, y kleiner als a sind; = 5 andernfalls"? Natürlich ist jeder Lösungsversuch aussichtslos, das Problem dadurch zu umgehen, daß man die Bedeutung von „plus" auf die Bedeutung eines anderen Begriffs zurückführt und etwa sagt, die Plus-Funktion sei als allgemeine, von bestimmten Zahlen unabhängige Funktion eingeführt worden. Denn der Skeptiker kann leicht entgegnen, mit „unabhängig" habe man seinerzeit „quunabhängig" gemeint usf.usw. (Die Nähe zu Goodmans pathologischen Prädikaten ist offenkundig.) Nichts in der Geschichte meines Bewußtseins scheint garantieren zu können, daß die Antwort „5" auf die Frage nach der Summe zweier Zahlen, von denen mindestens eine größer ist als a, weniger gerechtfertigt ist als die Antwort, die man normalerweise erwarten würde. Kripke weist besonders die dispositionalistische Bedeutungstheorie zurück. Denn auch Dispositionen bleiben auf endlich viele Fälle bezogen; und wenn man von idealisierten Dispositionen ausgeht, ist der Zirkel offenkundig: Die Idealisierung hat im Hinblick auf das Resultat stattgefunden, das man erreichen wollte. Zudem gibt es auch Dispositionen zu Irrtümern. Ebensowenig kann die Lösung befriedigen, diejenige Antwort sei die richtige, die eine Maschine geben würde – denn davon abgesehen, daß die Maschine nach Begriffen mit bestimmten Bedeutungen konstruiert werden muß, kann sie kaputtgehen. Der zentrale Punkt all dieser Einwände ist, so Kripke, daß das in Rede stehende Problem eben nicht ein deskriptives, sondern ein normatives ist, was die Dispositionstheorie ebenso wie die Maschinentheorie übersehen. „The point is *not* that, if I meant addition by ‚+', I *will* answer ‚125', but that, if I intend to accord with my past meaning of ‚+', I *should* answer ‚125'. ... The relation of meaning and intention to future action is *normative,* not *descriptive.*" (37)

Was ist nun Wittgensteins Lösung des von ihm entdeckten Problems? Seines Erachtens kann es eine Lösung gar nicht geben, wenn das Individuum, das die Regel befolgt, allein ist – in diesem Fall würde jeder, der glaubte, einer Regel zu folgen, dieser auch wirklich folgen; das aber widerspräche dem Begriff der Regel (§ 202). „If our considerations so far are correct", schreibt Kripke (89), „the answer is that, if one person is considered in isolation, the notion of a rule as guiding the person who adopts it can have *no* substantive content. There are, we have seen, no truth conditions or facts in virtue of which it can be the case that he accords with his past intentions or not. As long as we regard him as following a rule ‚privately', so that we pay attention to *his* justification conditions alone, all we can say is that he is licensed to follow the rule as it strikes him." Da aber dieses Resultat inakzeptabel ist, müssen wir annehmen, daß keiner einer Regel privat folgen kann – daß es also keine Privatsprache geben kann – und daß die Gemeinschaft den Regelgebrauch korrigiert. Ich darf auf die Frage, was $x+y$ sei (mit x oder y größer als a) deswegen nicht mit „5" antworten, weil mich meine Umgebung als wahnsinnig ansehen würde – dies ist Wittgensteins Lösung und die Grundlage seines Arguments gegen Privatsprachen.

Es bedarf freilich keines großen Scharfsinns, um zu erkennen, daß diese Lösung ebenso inakzeptabel ist wie die Lösungen, die auf Dispositionen des Geistes oder auf das Maschinenmodell zurückgreifen – wie viele Skeptiker ist Wittgenstein stärker in der Destruktion als in der Konstruktion. Was alle drei Lösungen kennzeichnet, ist, daß sie ein normatives Problem auf ein Faktum der empirischen Welt zurückführen wollen – auf ein Faktum der physischen Welt die Maschinentheorie, auf ein Faktum der Welt des Bewußtseins die Dispositionstheorie, auf ein Faktum der Welt des intersubjektiven Geistes die Wittgensteinsche Lösung.[41] Und bei allen Differenzen zwischen den drei Ansätzen läßt sich doch leicht erkennen, daß gegen alle dieselben Einwände ausgespielt werden können. Kripke selbst legt großen Wert auf den Parallelismus seiner Einwände gegen die Maschinen- und gegen die Dispositionstheorie (35), und er selbst deutet an, daß gegen Wittgenstein ähnliche Einwände möglich sind wie gegen diese beiden ersten Theorien. Denn natürlich kann Wittgenstein nicht ausschließen, daß ein *kollektiver* Wandel in einer Gemeinschaft dazu führt, daß nun alle mit „plus" die quus-Funktion meinen, und es versteht sich von selbst, daß

[41] Die Welt des intersubjektiven Geistes ist *nicht* identisch mit Poppers dritter Welt. Denn Popper begeht den Fehler, in seiner dritten Welt zwei ontologisch ganz verschiedene Dinge zusammenzunehmen – einerseits ideale Entitäten wie Zahlen, die unabhängig von Raum und Zeit bestehen, andererseits intersubjektive Gebilde wie Institutionen, Kunstwerke, Theorien, die eines raumzeitlichen Substrats bedürfen. Siehe Kap. 3.3.3.

nach ihm dieser Wandel unkritisierbar ist.[42] Ja, der einzelne, der sich gegen diesen Wandel sträuben würde, würde von der Gemeinschaft als Wahnsinniger behandelt werden; wie ja umgekehrt die Gemeinschaft denjenigen als Kranken behandelt, der unerwartete und unberechenbare Antworten auf mathematische oder sonstige Fragen gibt. Das Interessante an Wittgensteins Lösung ist, daß natürlich zwischen beiden Fällen nicht zu unterscheiden ist – recht hat immer die Gemeinschaft. Ob ein einzelner Holokaustphantasien entwickelt, meint, ihre Realisierung entspräche der eigentlichen Bedeutung von „gut", und daraufhin von der Gesellschaft in eine psychiatrische Klinik eingewiesen wird – oder ob umgekehrt eine ganze Gesellschaft einen Wertwandel durchmacht, nach dem der Holokaust das eigentlich Gute ist, und diejenigen, die sich gegen diesen Wertewandel sperren, in ein Konzentrationslager sperrt: Bei Wittgenstein hat die Gemeinschaft immer recht, und es gibt keine normative Instanz jenseits der faktischen Übereinstimmung der Mehrheit und ihrer realen Lebensform.

Das Grundproblem dieser Theorie ist evident. Unfähig, die irreduzible Eigenständigkeit des Normativen und Idealen zu erfassen – das weder auf etwas Natürliches noch auf etwas Subjektives noch auf etwas Intersubjektives zurückzuführen, sondern ihr absoluter Grund ist –, setzt sie dieses mit einem intersubjektiven Faktum gleich.[43] Aber wenn diese Gleichsetzung gestattet ist, dann ist nicht einzusehen, warum es nicht auch mit einem subjektiven oder physischen Faktum identifiziert werden darf. Wenn die Antwort auf das skeptische Problem diese ist, daß die Gemeinschaft immer recht hat, warum sollte sich die Antwort

[42] Zwar erklärt Kripke, Wittgensteins Theorie sei keine soziale Transformation der Dispositionstheorie: „What follows from these assertability conditions is *not* that the answer everyone gives to an addition problem is, by definition, the correct one, but rather the platitude that, if everyone agrees upon a certain answer, then no one will feel justified in calling the answer wrong." (112) Aber diese Platitüde ist tatsächlich nicht der Rede wert – sie gälte in allgemeiner Form übrigens auch für den Privatus, und es ist nicht einzusehen, warum, wenn die normative Dimension bei der Gemeinschaft verschwinden darf (bzw. wenn ihre Existenz von dem zufälligen Vorhandensein eines faktischen Dissenses abhängt), man nicht dem Privatus gönnen sollte, bei seiner von keinem anderen kontrollierten Regelbefolgung immer recht zu haben.

[43] Es geschieht hier etwas der Humeschen Lösung des Kausalitätsproblems Ähnliches. Hume erkennt, daß das scheinbar physische Faktum der Kausalität auf einer objektivistischen Grundlage nicht begründet werden kann und führt es auf etwas Subjektives zurück (nämlich auf Erwartungen); Wittgenstein erkennt, daß das Bedeutungsproblem subjektivistisch nicht gelöst werden kann und führt es auf etwas Intersubjektives zurück. Bezeichnend ist im Sinne der These von den drei Paradigmen der Wechsel von der Objektivität zur Subjektivität bzw. von der Subjektivität zur Intersubjektivität; in beiden Fällen wird die normative Dimension verfehlt.

verbieten, daß dort, wo keine Gemeinschaft ist, der einzelne immer recht hat? Warum wendet Wittgenstein gegen eine subjektivistische Bedeutungstheorie ein, sie sei beliebig, um dann eine intersubjektivitätstheoretische Version des Dezisionismus aufzutischen?

Es geht hier nicht darum, Wittgensteins Problem zu lösen – angedeutet sei nur, daß das Problem überhaupt nur verstehbar ist, wenn es lösbar ist, wenn es also aufgrund verbindlicher normativer Kriterien stabile Bedeutungen gibt.[44] Worum es hier geht, ist erstens zu zeigen, daß sein Privatsprachenargument auf absurden Voraussetzungen basiert. Wenn wir zur Lösung des Bedeutungsproblems keiner normativen Dimension bedürfen – und das setzt Wittgenstein bei seiner intersubjektivistischen Lösung des Problems voraus –, dann ist es eine offenbare Ungerechtigkeit, subjektivistische Lösungen zu verwerfen, weil sie nicht normativ sind. Wenn es aber eine normative Lösung des Bedeutungsproblems gibt (etwa platonischer Natur), dann könnte sich vermutlich der Privatus auf sie genauso berufen wie eine Gemeinschaft, und das Privatsprachenargument würde ebenfalls zusammenbrechen. Zweitens ist generisch darauf zu verweisen, daß es sich Apel zu leicht macht, wenn er den methodischen Solipsismus mit dem Argument widerlegen will, er führe notwendig zum Dezisionismus (1969; 328). Denn einerseits gibt es auch einen intersubjektivitätstheoretischen Dezisionismus – wahr und gut ist, was der Mehrheit so scheint –; und diese Version des Dezisionismus ist nicht viel weniger abstoßend als die subjektivitätstheoretische, auch wenn sie zur verbreiteten Ideologie sich selbst mißverstehender Demokratien geworden ist. Und zweitens ist die traditionelle Subjektphilosophie etwa bei Descartes, Kant und Fichte, anders als bei Stirner, keineswegs dezisionistisch; es geht ja niemals um die kontingente eigene Partikularität, sondern stets um eine

[44] Vgl. Kripke (1982), 13f., 21. Damit ist freilich nur gezeigt, daß es eine Lösung geben *muß*, auch wenn wir noch nicht wissen, welche. M. E. muß die Lösung des Bedeutungsproblems – wie auch immer modifizierter – „platonischer" Natur sein, auch wenn dieser Ansatz nur eine notwendige, nicht eine hinreichende Bedingung für eine Lösung ist (s. die zutreffenden Erwägungen Kripkes 53 f.). Konkret ist zur Überwindung der Wittgensteinschen Paradoxie der Begriff der Einfachheit entscheidend (Kripkes Einwände dagegen – 38 ff. – setzen zu Unrecht voraus, daß die Überwindung des Problems auf einem empirischen Faktum, nicht einer logischen Struktur basieren muß). So ist klar, daß – um mich hier auf das strukturverwandte Problem Goodmans zu beziehen – „rot" einfacher ist als „grot", und zwar nicht aus definitorischen Gründen (denn die Definitionen sind umkehrbar), sondern weil ich ein einziges Farbmuster brauche, um jemandem zu zeigen, was rot ist, hingegen zwei, damit er das Prädikat „grot" korrekt anwenden kann. Analog gehe ich davon aus, daß es objektive Einfachheit bei logischen Begriffen gibt – wobei „objektiv" heißen muß: auf den Letztbegründungsbeweis bezogen. Aber dies kann hier nicht näher ausgeführt werden.

Struktur, die auf eine Dimension des Normativen, ja des Absoluten bezogen bleibt. Müßte man zwischen der traditionellen, normativ eingebundenen Subjektphilosophie und einer der dezisionistischen Intersubjektivitätsphilosophien der Gegenwart wählen, müßte sich jeder vernünftige Mensch für die erste entscheiden. Glücklicherweise gibt es eine dritte Möglichkeit.

Kuhlmanns Rekonstruktion des Privatsprachenarguments (1985; 145 ff.) hat sich vollständig von den Wittgensteinschen Prämissen gelöst. Doch leider verwechselt er zwei Dinge, die streng zu unterscheiden sind, so daß er nur einen Teil dessen beweist, was er sich zu beweisen vornimmt – aber nicht den, auf den es in seinem Systemansatz zum Zwecke der Begründung der Ethik ankommt. So will Kuhlmann erstens zeigen, daß eine uns prinzipiell unzugängliche Privatsprache nicht existieren kann. Seine Argumentation läßt sich so zusammenfassen:

1. Eine Privatsprache ist unmöglich, wenn eine entsprechende Aussage „A spricht eine Privatsprache" prinzipiell nicht verifiziert werden kann. Diesen ersten grundlegenden Satz in der Form einer Implikation beweist Kuhlmann etwa gegen Stroud (1968; 255), nach dem transzendentale Argumente nur zeigen, daß wir etwas notwendig so *denken* müssen, nicht aber, daß etwas notwendig so *ist,* in einer reflexiv-sinnkritischen Argumentation, die an Hegels und Peirce' Kritik an Kants Dingen-an-sich erinnert. Nach Kuhlmann liegt diesem Einwand eine Betrachtungsweise zugrunde, die ihre eigenen Denknotwendigkeiten objektiviert und sich über sie hinwegsetzt, ohne zu reflektieren, daß sie – als Denken – diesen Denknotwendigkeiten selbst unterliegt. Eine Aussage über Unerkennbares, das gleichzeitig als möglich ausgegeben werden soll, ist entweder falsch oder sinnlos.

2. Der Satz „A spricht eine Privatsprache" kann nur dann als wahr gelten, wenn die Privatsprache identifizierbar und jener Satz selbst verständlich ist. Die erste Bedingung beweist Kuhlmann im Anschluß an Apel mit dem Argument, daß Sprechen, insofern es ein regelgeleitetes Verhalten ist, nur dann als solches verstanden werden kann, wenn die Regeln verstanden werden, denen die Sprache folgt. Die zweite Bedingung ergibt sich nach Kuhlmann daraus, daß ein entsprechender Satz nur auf diese Weise ein Beitrag zu unserem Problem sein könnte. Er muß also entweder in der Sprache formuliert sein, die Kuhlmann zugrunde legt (die deutsche Sprache), oder in einer in sie übersetzbaren Sprache. Eine solche Sprache könnte aber nicht als Privatsprache gelten, wäre sie doch virtuell anderen Subjekten zugänglich.

3. Wenn aber, damit der Satz „A spricht eine Privatsprache" wahr sein kann, diese Privatsprache und jener Satz verständlich sein müssen, kann es keine Privatsprache geben, d. h. keine Sprache, die anderen Subjekten prinzipiell unzugänglich ist.

Es ist klar, daß der Nerv der Argumenation Kuhlmanns in der Tatsache besteht, daß er schon von einer öffentlichen Sprache ausgeht. Alles, was als existierend angesehen werden kann, muß, wenn nicht in dieser Sprache gesagt, so doch auf diese Sprache zurückgeführt werden können. Wenn man Kuhlmann diese für keinen, der ihm widerspricht, hintergehbare Voraussetzung zugesteht, ist sein Beweis (der a fortiori jede Form von Sprachrelativismus tödlich trifft) in der Tat stringent. Doch bevor dieser Punkt näher analysiert wird, muß auf Kuhlmanns ersten Schritt eingegangen werden, der problematisch erscheinen könnte. Allerdings meine ich, daß der zugrundeliegende Gedanke, daß Denknotwendigkeiten zugleich ontologische Notwendigkeiten sein müssen, richtig ist; er wird in meiner Kritik der Transzendentalpragmatik noch eine wichtige Rolle spielen. Freilich sind gewisse Differenzierungen nötig. Wenn man von dem Letztbegründungsbeweis ausgeht, so erscheint mir jeder Versuch, das in ihm Bewiesene als bloß subjektiven (oder meinetwegen intersubjektiven) Denkzwang zu entwerten, dialektisch widersprüchlich. In Analogie zum Letztbegründungsbeweis läßt sich folgender indirekter Beweis entwickeln:

1. Letztbegründete Erkenntnis kann mit der Wirklichkeit (was das auch immer sein mag: ein transzendenter Gott, die Natur, andere Subjekte) unmöglich etwas zu tun haben – denn sie ist apriorisch, „also" nur subjektiv. Dieser Satz ist offenbar inkonsistent. Denn woher will jemand wissen, daß – angenommen es gäbe eine vom Denken unterschiedene Wirklichkeit – diese von anderen Gesetzen als denen des Denkens bestimmt ist? Da letztbegründete Erkenntnis notwendige Erkenntnis ist, wir also außerhalb der von ihr festgelegten Grenzen nichts erkennen können, könnten wir nie wissen, daß es eine von anderen Gesetzen bestimmte Wirklichkeit gibt. Wir könnten dies bestenfalls vermuten.

2. Letztbegründete Erkenntnis hat mit der Wirklichkeit möglicherweise nichts zu tun. Doch auch dieser Satz ist dialektisch widersprüchlich. Denn wenn es wirklich letztbegründete, also apodiktische Erkenntnis gibt, dann ist es nicht möglich, sich *legitimerweise,* also mit einem Wahrheitsanspruch aus ihr herauszureflektieren und sie zu relativieren – *psychologisch* ist der Akt selbstverständlich möglich, aber wenn er nur psychologisch möglich ist, dann braucht er hier nicht ernst genommen zu werden. Wenn ich mich auf ein Metaniveau über meine letztbegründete Erkenntnis zu heben und diese mit einer fiktiven Wirklichkeit zu vergleichen mich anschicke, dann vergesse ich, daß der Witz des Letztbegründungsbeweises eben dieser war, zu begreifen, daß letztbegründete Erkenntnis die Bedingung der Möglichkeit jeder Behauptung mit Geltungsanspruch, also auch eines solchen Vergleichs war. Die Erkenntnisweise einer Ameise mag ich mit einer objektiven Welt vergleichen, aber eben nicht meine eigene, weil ich diese, anders als die Erkenntnis der Ameise, für meinen Vergleich immer schon voraussetzen muß. Daraus folgt:

3. Letztbegründete Erkenntnis ist zugleich Erkenntnis einer objektiven Wirklichkeit.

Verschieden von der These der objektiven Geltung des Letztbegründungsbeweises ist die Annahme, daß es nichts Objektives gibt, was wir nicht *erfahren* können. Hier wird man gewisse Unterscheidungen treffen müssen. Wenn es ein Kategoriensystem gibt, das aus dem Letztbegründungsbeweis folgt, dann gilt das eben Entwickelte auch für dieses System – wenn etwa das Kausalitätsprinzip zu diesem Kategoriensystem gehören sollte, dann würde es keinen Sinn machen, wie Kant eine Welt zu fordern, die ihm nicht untersteht. Wohl aber müssen wir zugeben, daß es anthropologische Einschränkungen unseres Erkenntnisapparates gibt, die keineswegs notwendig objektive Schranken sind – unsere dreidimensionale Raumanschauung wäre ein Beispiel. Aber wir können sie als bloß subjektive Schranke doch nur erkennen, weil wir subjektiv in der Lage sind, uns über sie zu erheben – und zwar dank der streng begrifflichen Struktur der modernen Mathematik. In der Tat sind wissenschaftliche Theorien sicher weniger an anthropologische Schranken gebunden als die lebensweltliche Naturerfahrung. Während die Anschauung hintergehbar ist (denn ich präsupponiere sie nicht, wenn ich sie in Frage stelle), ist es die letztbegründete begriffliche Erkenntnis nicht. Die Wissenschaft scheint dabei eine Mittelstellung zu haben, die entscheidend davon abhängt, wie sehr man sie an empirische Erfahrung bindet. Wie immer man auch diesen Grad der Abhängigkeit von der Erfahrung näher bestimmen wird, klar ist jedenfalls, daß die Wissenschaft an bestimmte Formen von Erfahrung, etwa an Messungen gebunden ist, auch wenn sie sich dank moderner Apparaturen immer mehr von der spezifisch menschlichen Wahrnehmung gelöst hat.

Woher weiß man, daß die objektive Welt so ist, daß sie vollständig *erfahren* werden kann? M. E. ist zum Beweis dieser These der Letztbegründungsbeweis nicht unmittelbar ausreichend, eben weil es ohne dialektischen Selbstwiderspruch möglich ist, zu bezweifeln, daß die Welt so ist, daß sie empirisch erfahren werden kann (auch wenn die Annahme unsinnig zu sein scheint, daß es an der Welt etwas gebe, von dem wir *sicher* sein können, daß es nie erfahren werden könnte). Hier sind Brückenprinzipien erforderlich, die bei Kuhlmann fehlen, auch wenn sie – in einer objektiv-idealistischen Perspektive – vielleicht begründet werden könnten. Besonders schwierig und wichtig sind diese Brückenprinzipien mit Bezug auf die Erfahrung des anderen Subjektes. Denn auch wenn wir nicht wissen und auch über keine Methode zu verfügen scheinen, um herauszufinden, wie man sich etwa als Biene fühlt, so können wir doch einiges über die Bienensprache sagen; wir wissen etwa, welche Informationen Bienen einander übermitteln. Dies hängt natürlich damit zusammen, daß die Bienensprache (wenn man sie überhaupt Sprache nennen will, wissen wir doch nicht einmal, ob Bienen eine Innenseite haben) keine Privatsprache ist; sie ist an ein wahrnehmbares „intersubjektives" Verhalten gebunden, das uns allein zugänglich ist, während uns fremde Innenseiten verschlossen bleiben.

Nehmen wir einmal an, es gebe ein rationales Subjekt, das privatisch spräche. Da es nur eine Vernunft geben kann, wäre das begriffliche System dieses Privatus im Prinzip rekonstruierbar – dies muß m. E. Kuhlmann zugegeben werden. „Im Prinzip" heißt hier: Wenn wir es empirisch entschlüsseln könnten, könnte es uns zwar fremd, aber nicht unverständlich erscheinen. Aber wie könnten wir es empirisch entschlüsseln? Wenn dieses Sprechverhalten nicht irgendwie objektiviert würde (dadurch daß dieses Wesen etwa Tagebuch führte, einsam vor sich hin spräche usf.), wäre es – so scheint es – uns prinzipiell unzugänglich. Es schiene, als hätten wir hier etwas, von dem wir nicht nur nicht sicher sein könnten, ob wir es je erkennen könnten, sondern von dem wir sicher sein könnten, daß wir es nie erkennen könnten. Kann man daraus folgern, daß eine solche sich nicht mündlich oder schriftlich objektivierende Privatsprache auch ontologisch unmöglich ist? M. E. könnte man das allerhöchstens auf der Grundlage eines Brückenprinzips tun, das, wie gesagt, nicht unmittelbar aus dem Letztbegründungsbeweis folgt, aber vielleicht trotzdem begründet werden könnte. Doch selbst ein solches Prinzip könnte die Möglichkeit einer sich nicht mündlich oder schriftlich objektivierenden Privatsprache einräumen – wenn diese trotzdem erfahrbar wäre. Um die Erfahrbarkeit einer solchen Privatsprache zu garantieren, müßte man allerdings (wenn man nicht eine unmittelbare, nicht durch Leibliches vermittelte Kommunikation zwischen zwei Subjekten annehmen will) eine strikt dualistische Lösung des Leib-Seele-Problems ausschließen. (Dieses Resultat ist um so bemerkenswerter, als die Transzendentalpragmatiker stark zu einer dualistischen Lösung tendieren.) Denn wenn wir davon ausgehen könnten, daß eine klare Korrelation[45] zwischen Physischem und Psychischem besteht, dann würde die Beobachtung jenes Privatus (natür-

[45] Die Korrelation wäre sicher nicht eineindeutig, wie aus dem wenigen folgt, das man inzwischen über das menschliche Gehirn weiß. – Wenn ich von nicht-dualistischer Lösung des Leib-Seele-Problems spreche, meine ich nicht, daß Zustände der Innenseite durch physikalische Prädikate definiert werden können (dies ist offenkundig unmöglich, und insofern bin ich Dualist), sondern ich meine nur, daß zwischen beiden Welten eine Korrelation besteht, die durch überaus komplexe Gesetze bestimmt ist, die beide Welten übergreifen. Ohnehin ist im Phänomen der Sprache, das die frühneuzeitliche Metaphysik bezeichnenderweise ignorierte, der Dualismus von Innen- und Außenseite tendenziell schon überwunden – denn in ihm findet eine physische Objektivierung von Innenseite statt.

lich einschließlich seines Gehirns[46]) uns – bei weiteren Fortschritten der Gehirnforschung – gewisse Einblicke in seine Privatsprache geben, die somit keine Privatsprache im strengen Sinne des Wortes mehr wäre.

Bisher ging es darum, den ersten Teil von Kuhlmanns Rekonstruktion des Privatsprachenarguments zu überprüfen. Dieser basiert einerseits auf dem Argument, daß es prinzipiell Unerkennbares nicht geben könne, andererseits auf der Tatsache, daß Kuhlmanns Untersuchung in einer öffentlichen Sprache stattfindet. In der Tat ist klar, daß jeder, der Kuhlmann widersprechen will, nur dann einen konkreten Beitrag zum Privatsprachenproblem geben kann, wenn er etwas anführt, was in Kuhlmanns Sprache übersetzbar ist – also etwas, was eben nicht privatsprachlicher Natur ist. Wer sich auf eine intersubjektive Diskussion einläßt, um das Prinzip der Intersubjektivität zu bestreiten, der hat verloren – der Solipsist, der verzweifelt die anderen davon überzeugen will, daß nur er existiert, ist gewiß eine groteske Erscheinung. Aber was ist zu tun mit dem schweigenden Solipsisten – bzw., in unserem Fall, mit dem Privatus, der auf Privatisch das Privatsprachenargument prüft? Seine Leugnung der Unhintergehbarkeit einer öffentlichen Sprache dürfte, wenn sie auf Privatisch stattfindet, für ihn wohl konsistent sein. Doch wir, die wir diesen Fall in einer öffentlichen Sprache analysieren und diskutieren,[47] können, ja müssen nach dem oben Gesagten,

[46] Kripke meint zu Recht, es sei empirisch falsch, daß jedem unterscheidbaren Zustand der Innenseite ein verschiedenes Ausdrucksverhalten entspreche. „It seems to me that we have sensations or sensation *qualia* that we can perfectly well identify but that have no ‚natural' external manifestations; an observer cannot tell in any way whether an individual has them unless that individual avows them." (103, Anm. 83) Aber daraus folgt nicht, daß verschiedene Zustände der Innenseite bei identischem Zustand des Gehirns denkbar seien; das muß bei einer nicht-dualistischen Lösung des Leib-Seele-Problems vielmehr ausgeschlossen werden.

[47] Ich sehe hier ganz von dem Problem ab, daß ich, der ich hier schreibe, meinen könnte, Deutsch sei in Wahrheit keine öffentliche Sprache, weil nur ich allein existiere und alles andere meine subjektiven Illusionen seien. Diese solipsistische Position ist radikaler als alles, was Kuhlmann und Apel erwägen; denn Kuhlmann etwa *setzt* einfach *voraus*, daß er eine öffentliche Sprache spricht. M. E. ist der konsequente Solipsismus zwar eine zutiefst unsittliche Position, ja der Höhepunkt der Unsittlichkeit, so daß kaum jemand es aushält, sich für eine längere Zeit ernsthaft auf ihn einzulassen (nur so kann man es erklären, daß ein so scharfsinniger Geist wie Berkeley zwar die Realität der Außenwelt, aber doch nicht – was überaus naheliegend, ja bei seinem Ansatz die einzig konsequente Position gewesen wäre – die Realität anderer Geister geleugnet hat). Aber er ist sehr schwer zu widerlegen; denn der Satz „Es gibt eine reale Außenwelt", der eine notwendige (nicht hinreichende) Bedingung für seine Widerlegung ist, ist ein synthetischer Satz a priori, der, um begründet zu werden, zumindest eines Punktes bedarf, der nicht subjektiv ist – eben das

wenn wir jene Brückenprinzipien akzeptieren, annehmen, daß auch dieser Fall uns *im Prinzip* zugänglich ist. Dies, denke ich, kann Kuhlmann zugegeben werden.

Aber Kuhlmann will noch mehr beweisen. Er will nicht nur zeigen, daß etwas nur dann als sprachliche Äußerung gelten kann, wenn es der unbegrenzten Kommunikationsgemeinschaft im Prinzip verständlich ist; er will auch zeigen, „daß diese Kommunikationsgemeinschaft selbst notwendige Bedingung dafür ist, daß ein x eine sprachliche Äußerung ist" (168). Klar ist, daß mit dieser zweiten These etwas Neues gemeint ist. Denn es wäre denkbar, daß ein einsam aufgewachsenes Individuum für sich selbst eine Sprache entwickelt, die Regeln folgt, und daß diese Sprache zwar von anderen Menschen entschlüsselt werden kann, daß aber trotzdem eine Rücksicht auf andere Vernunftwesen bei der Ausbildung der Sprache jenes Privatus nicht stattgefunden hat. Diese Frage entspricht dem sprachphilosophischen Problem, ob Sprache nur Werkzeug des Gedankens sein kann oder ob sie von Anfang an eine intersubjektive Dimension impliziert. Die intersubjektive Verständlichkeit könnte ja nur Konsequenz eines regelbefolgenden Verhaltens sein, eine Konsequenz, die nicht als solche intendiert ist. Dagegen argumentiert Kuhlmann, daß dann die entsprechende verstehbare Äußerung keine sprachliche Äußerung sei; das sei sie nur, wenn das sie äußernde Subjekt sie von vornherein so gemeint habe, daß sie von Zustimmung oder Widerspruch anderer betroffen werden könne (174).

Kuhlmanns Argument für diese weitergehende These ist keineswegs so überzeugend wie dasjenige für seine erste Behauptung. Denn natürlich kann man mit Kuhlmann Sprache so *definieren,* daß sie immer schon auf mögliche Kommunikation angelegt ist. Dann ist freilich sein Beweis für seine These trivial: Eine Sprache, zu deren Wesen die Intention von Kommunikation gehört, kann es offensichtlich nur geben, wenn Kommunikation intendiert ist. Die philosophisch interessante Frage ist aber doch: Kann es ein regelgeleitetes Sprechen geben, das von der intersubjektiven Dimension völlig abstrahiert, freilich der Analyse anderer Subjekte zugänglich ist, ohne daß diese doch irgendwie intendiert ist? Ebendiese Frage hat Kuhlmann nicht beantwortet, obwohl er (176 f.) so tut, als hätte er diese Möglichkeit ausgeschlossen.

Natürlich kann man auf das brutum factum verweisen, daß die Vernunftwesen, die wir kennen, nämlich die Menschen, gesellschaftliche Wesen sind, daß sie ihre Gedanken über die Tradition vermittelt erhalten und daß für die Entwicklung ihres Selbstbewußtseins intersubjektive Prozesse konstitutiv sind. Die Erfahrungen, die man mit den soge-

Absolute, das ich als von meiner Endlichkeit unterschieden erkennen muß. Descartes' Weg, die Außenwelt über das Absolute zu beweisen, ist der einzig gangbare, auch wenn seine konkrete Ausführung mangelhaft ist.

nannten Wolfskindern gemacht hat, deuten darauf hin, daß Kinder, die alleine, ohne Ansprechpartner aufgewachsen sind, bleibende geistige Schäden davongetragen haben.[48] All dies zu bestreiten, liegt mir fern – aber es ist klar, daß diese Bemerkungen nur den Status anthropologischer Einsichten, nicht transzendentaler Reflexionen haben.[49] Eine starke Theorie müßte doch behaupten, daß jedes (endliche) Vernunftwesen *notwendig* sozial sei – dies ist, wenn ich richtig sehe, der Anspruch der Transzendentalpragmatiker, und wegen dieses Anspruchs ist ihre These philosophisch so wichtig. Denn erstens sind vom Menschen verschiedene endliche Vernunftwesen nicht auszuschließen (von dieser Position sollte die Philosophie mit Kant und Husserl und gegen Hegel zumindest aus methodischen Gründen ausgehen), und zweitens bliebe, auch wenn die Menschen die einzigen endlichen Vernunftwesen in diesem unermeßlichen Kosmos wären, die Frage ungelöst, ob alle ihre Eigenschaften – so etwa die Sozialität – notwendig zu einem Vernunftwesen dazugehören. Aber diese Frage scheint mir Apel nicht in einer verbindlichen Weise beantwortet zu haben, es sei denn mit „quasitranszendentalen" Verweisen auf anthropologische Konstanten im Sinne einer von Heidegger beeinflußten philosophischen Hermeneutik. (Das Wort „quasitranszendental" findet sich gelegentlich bei Apel; es scheint mir äußerst ungeschickt, ja geradezu eine contradictio in adiecto – wie dies etwa das Wort „halbabsolut" wäre.)

3.2.2. Erkenntnisse und Pflichten eines Privatus. Zur Konsenstheorie der Wahrheit

Die Idee eines Vernunftwesens, das ohne jedes Wissen um die Existenz anderer Menschen zu verbindlicher Erkenntnis gelangt, scheint

[48] Zu den „Wolfskindern" s. die informative Abhandlung von Malson in: L. Malson/J. Itard/O. Mannoni (1972, 7–104). – J. Bruner hat (1987) schön gezeigt, wie das Kind mit der Sprache zugleich die Kultur lernt, der es zugehört.

[49] Fichte hat bekanntlich in der „Grundlage des Naturrechts" eine Deduktion der Intersubjektivität versucht. Aber sein Beweis ist nicht zwingend: Denn er weist darauf hin, daß jedes endliche Geistwesen durch ein anderes zur Selbstbestimmung aufgefordert, d. h. erzogen werden sollte. Das erste endliche Geistwesen sei aber durch Gott erzogen worden. Wenn aber diese Möglichkeit zugestanden wird, dann ist eine Welt mit Gott und einem einzigen endlichen Geistwesen nicht auszuschließen. Zu prüfen wäre ein alternativer Beweisversuch, nach dem endliche Geistwesen *einander* den Funken des Selbstbewußtseins angezündet hätten, ohne daß dabei ein einzelner schon Selbstbewußtsein gehabt hätte. Selbstbewußtsein wäre in dieser Perspektive das Resultat einer kollektiven Anstrengung.

somit nicht a priori ausgeschlossen werden zu können. Sie ist in reinster und strengster Konsequenz in einem Werk entwickelt worden, das in der Diskussion um die Transzendentalpragmatik m. W. bisher nicht erwähnt wurde, obwohl es im 17. und 18. Jahrhundert, also nicht von ungefähr in der Epoche der europäischen Aufklärung, viel gelesen und übersetzt (ins Niederländische z. B. von einem Freunde Spinozas) wurde; Einfluß übte es u. a. auf Defoe aus. Ich meine den philosophischen Roman „Hayy ben Yaqdhan" des Ibn Tufayl (ca. 1115–1185; lat. Abubacer), der, ohne eigentliche philosophische Originalität, doch die Grundgedanken der arabischen Aufklärung prägnant zusammenfaßt.

Es kann hier nicht darum gehen, auch nur die wichtigsten Ideen dieses Romans zu erörtern. Erwähnt werden soll nur seine Haupthandlung, da sie als das konsequenteste Gegenprogramm zur Transzendentalpragmatik verstanden werden kann. Der Held des Romans, Hayy ben Yaqdhan, an dessen Entwicklung Ibn Tufayl die menschliche Geistesgeschichte veranschaulicht, wächst allein auf einer Insel auf, von einer Gazelle großgezogen. Er beobachtet die Tiere auf der Insel und vergleicht sich mit ihnen; er erkennt, daß er zum Werkzeuggebrauch in der Lage ist und daß er dadurch seine physische Schwäche ausgleichen kann. Nach dem Tode seiner „Mutter" seziert er sie; er beginnt, andere Tiere zu fangen und zu vivisezieren und gelangt zu umfassenden zoologisch-anatomischen Kenntnissen. Doch begnügt er sich nicht damit; er analysiert die ganze körperliche Welt um ihn herum, erkennt das allem Gemeinsame und die differentiae specificae der einzelnen Dinge. Er bildet immer abstraktere Begriffe; nach einem Studium der Gestirne gelangt er – über den kosmologischen Gottesbeweis – zur Erkenntnis Gottes. Seine Ethik basiert auf seiner rationalen Theologie: Er – dem, wie er erkennt, es allein in der sublunaren Welt gegeben ist, über Gott nachzudenken – will sich der unkörperlichen Ursache immer mehr angleichen; er hält eine Pflege des eigenen Körpers nur für vertretbar, sofern sie notwendig ist zur Schau Gottes, mit dem er sich schließlich in der unio mystica vereint.

Hier könnte der Roman eigentlich enden. Doch durch einen Zufall verschlägt es Açal – eine Allegorie der vita contemplativa – auf die Insel. Dieser ist gar nicht glücklich, einem anderen Menschen zu begegnen, da er in Ruhe meditieren wollte. Aus seinem Verhalten erschließt Hayy, Açal sei ebenfalls ein Wesen, das Gott kenne; er zwingt ihn, mit ihm zu kommunizieren. Doch es gibt Schwierigkeiten, da Hayy bisher sprachlos gedacht hatte; Açal muß ihm erst die Sprache beibringen, was er um so lieber tut, als er hofft, die Seele des armen Wilden zum Islam bekehren zu können. Doch zu seiner großen Überraschung muß er erkennen, daß Hayy – gleichsam ein wandelnder Beweis der Übereinstimmung von Vernunft und Glauben – durch reines Denken von selbst schon zu allen wichtigen Glaubensartikeln gekommen ist. Er erzählt ihm von den Kompromissen, die der Islam als Volksreligion mit der Phantasie der einfachen Menschen habe eingehen müssen, und bewegt ihn dazu, zu den anderen Menschen zu gehen und ihnen den reinen Gottesglauben beizubringen. Doch Hayys Missionsversuch schlägt fehl. So kehren beide auf ihre Insel zurück und leben dort, der Gottesschau ergeben, in völliger Zurückgezogenheit.

Faszinierend an der Schrift ist der radikale methodische Solipsismus. Die Erkenntnis wird völlig sprachfrei konzipiert; zu Selbstbewußtsein gelangt man nach diesem Werk auch ohne jeden Bezug auf andere Subjekte; die höchste Frömmigkeit besteht in der Hinwendung zum göttlichen Grund der Welt und im totalen Desinteresse an anderen Menschen. Diese Einsamkeit führt keineswegs zu Mängeln in der intellektuellen Ausbildung; im Gegenteil, in der Tatsache, daß sein Held auch ohne jeden Traditionsbezug zu seinen Überzeugungen gekommen ist, sieht Ibn Tufayl die größte Garantie für die Wahrheit eines philosophisch gedeuteten Islams.

Im folgenden soll der von Ibn Tufayl erörterte puzzle case näher analysiert werden. Ich nehme dabei mehrere Änderungen gegenüber Ibn Tufayl vor, um seinen Fall möglichst überzeugend zu machen. Ich behaupte natürlich nicht, daß der im folgenden näher beschriebene Privatus irgendwo in unserem Kosmos existiert, ja nicht einmal, daß die Entstehung eines solchen Wesens mit den uns im Augenblick bekannten Naturgesetzen kompatibel ist. Wohl aber behaupte ich, daß nicht nur formallogisch, sondern auch wenn man transzendentale Brückenprinzipien zugrunde legt, nach denen alles, was ist, im Prinzip erfahrbar sein muß, die Existenz eines Privatus nicht unmöglich ist, der Erkenntnisse mit einem objektiven Wahrheitsanspruch haben kann. Derartige Gedankenspiele scheinen mir in der Philosophie äußerst nützlich, um vermeintliche Notwendigkeiten in Frage zu stellen.

Erstens sei zugestanden, daß unser Privatus nicht zur Spezies Homo sapiens sapiens gehört, da durchaus manches dafür spricht, daß das Genom dieser Spezies intellektuelle Leistungen an ein intersubjektives Angesprochensein in früher Kindheit koppelt. Doch diese Voraussetzung scheint nicht allgemein notwendig zu sein, und so nehme ich an, daß es Wesen mit einem Genom geben kann, das ihre geistigen Leistungen aus der Auseinandersetzung mit Objekten und aus Akten der Introspektion entspringen läßt. Klar ist, daß solche Wesen keine Nesthocker sein können, ja, um die Sachlage zu vereinfachen, nehme ich an, daß diese Wesen sei es durch generatio aequivoca, sei es durch vegetative Fortpflanzung aus dem Kadaver eines Wesens von der gleichen Spezies entstehen (und zwar könne aus einem Kadaver jeweils nur ein einziges solches Wesen entstehen). Zweitens gehe ich davon aus, daß dieser – sterbliche und etwa aus der Beobachtung an Tieren und aus der Erfahrung einer eigenen Krankheit um seine Sterblichkeit wissende – Privatus zeit seines Lebens mit keinem anderen Geistwesen in Berührung kommt. Drittens nehme ich an, daß unser Privatus nicht sprachfrei denkt; ich räume Peirce und Apel ein, daß geistige Akte nicht bloße „Zweitheit" sein können, also der Zusammenstoß einer sinnlichen Qualität mit einem Bewußtsein, sondern daß sie „Drittheit" voraussetzen, also die *begriffliche* Interpretation dieser Qualitäten in einem Zeichensystem. Aber dieses Zugeständnis impliziert noch keineswegs einen Übergang zur Intersubjektivität – auch wenn ein Zeichen zwischen Subjekt und Objekt stets vermitteln muß, so weist diese triadische Relation noch nicht notwendig auf ein anderes Subjekt. Zugestanden sei ferner, daß unser Privatus schreiben kann; der Zweck seines Schreibens sei, sich eine Erinnerungsstütze für später zu verschaffen. Nehmen wir an, wir würden nach dem Tode dieses Privatus auf seine Insel kommen und würden seine Aufzeichnungen finden. Sie würden uns als Produkte eines Geistwesens vorkommen und wir würden versuchen, sie zu entziffern. Es ist keineswegs ausgeschlossen, daß uns dies gelänge – wenn das noch erhaltene Material umfangreich wäre, wenn der Privatus etwa verschiedene Wörter mit Zeichnungen verbunden hätte, wenn wir einige Gegenstände seiner Umgebung kennen würden, wenn wir davon ausgehen könnten, daß er logisch denkt, würden wir seine Sprache wahrscheinlich entschlüsseln können.

Was schließt a priori aus, daß wir zu folgenden interessanten Resultaten kämen? Wir könnten, so scheint mir, in seinen Aufzeichnungen erstens viele Naturbeobachtungen finden. Er könnte etwa verschiedene Lebewesen auf der Insel beschreiben, ja er könnte aus Beobachtungen an den Sternen eine allgemeine astronomische Theorie entwickeln. (M. E. ist dafür nicht einmal ein leiblicher Eingriff in die Naturwirklichkeit nötig; Apels These vom Leibapriori als Bedingung der Möglichkeit der Wissenschaft scheint mir falsch, auch wenn zuzugeben ist, daß – vorausgesetzt, daß die Naturgesetze so sind, wie sie nun einmal sind – bei ihrer *näheren* Erforschung Experimente erforderlich sind. Aber man sollte nicht vergessen, daß die erste strenge empirische Wissenschaft der Menschheit die Astronomie war, also eine Wissenschaft, die nur auf Beobachtungen, nicht auf Experimenten basierte.[50]) Für seine Astronomie bräuchte er natürlich Mathematik, und so ist die Erwartung plausibel, seine Aufzeichnungen würden auch viele mathematische Beweise enthalten. Beobachtungen an sich selbst, an den eige-

[50] Man könnte sich (in Weiterführung von Reids „Idomenians" in „An Inquiry into the Human Mind", Ch. I, S. IX) Wesen vorstellen, die – gleichsam als denkende Pflanzen – nur aus einem Auge auf einem Stengel bestehen und reine und angewandte Mathematik treiben. Ob dieser Fall wirklich denkbar ist, mag hier offenbleiben; unser Privatus verfüge aus Gründen der Einfachheit über Lokomotion, ja über die Fähigkeit, in die Natur einzugreifen.

nen Bedürfnissen würden sich in psychologischen Reflexionen niederschlagen, die uns zwar etwas karg anmuten würden, da so vieles an der menschlichen Psychologie mit intersubjektiven Prozessen zu tun hat, die aber trotzdem eine gründliche Prüfung lohnten. Wir fänden nämlich in ihnen auch Einsichten, die fast schon zur Erkenntnistheorie gehörten. So könnte unser Privatus die Erfahrung machen, daß ihm manchmal etwas richtig scheint, was ihm am nächsten Tag falsch erscheint, daß diese Instabilität aber dort nicht mehr der Fall ist, wo ihm – besonders in der Mathematik – ein *Beweis* geglückt ist: Bewiesene Sätze erscheinen ihm heute und morgen als wahr, während Vermutungen keinen solchen Status haben.[51] Er würde erkennen, daß die Vernunft einen höheren Status als andere Vermögen wie etwa die Phantasie hat, insofern sie erstens größere Stabilität besitzt und insofern sie zweitens der Maßstab ist, um über ebendiese Frage zu entscheiden. Diese Einsicht – so ginge aus den Aufzeichnungen unseres Privatus hervor – habe ihn zu reflexiven Argumenten getrieben, deren Höhepunkt, so könnten staunende Transzendentalpragmatiker lesen, der Letztbegründungsbeweis darstelle.[52] Allerdings wäre er so allgemein gehalten wie oben skizziert, wo bewußt kein Bezug auf Intersubjektivität stattfand. Aus diesen reflexiven Argumenten würde unser Privatus auch ethische Folgerungen ableiten, die im Tenor an Kants „Grundlegung zur Metaphysik der Sitten" erinnern könnten (auch wenn natürlich der Gedanke eines Reichs der Zwecke fehlen würde). In einem Abschnitt mit dem allgemeinen Titel „Pflichten" (in denen historisch gebildete Leser auffallende Ähnlichkeiten zu den „Pflichten gegen sich" betitelten Kapiteln traditioneller abendländischer Ethiken fänden) könnte man etwa lesen, als schwacher Sünder habe er oft vor der Versuchung gestanden, Südfrüchte zu essen statt Mathematik und Philosophie zu treiben. Er habe aber begriffen, daß das Vermögen, um die

[51] Zwar kann man vielleicht Wittgenstein den Satz zugeben: „Es kann nicht ein einziges Mal nur ein Mensch einer Regel gefolgt sein." (§ 199) Aber wenn man den Satz wörtlich nimmt, dann kann es sich nach ihm auch dann um eine Regelbefolgung handeln, wenn *ein* Mensch *mehrmals* einer Regel folgt – nicht nur, wenn mehrere Menschen einmal oder mehrmals einer Regel folgen. Im folgenden gehe ich von jener ersten Möglichkeit aus. In der Tat hat, glaube ich, jeder Philosoph einmal die Erfahrung gemacht, daß er in Gedankengängen, die er für sich ausgearbeitet und noch keinem mitgeteilt hatte (vielleicht auch niemandem mitzuteilen die Absicht hatte), einen Fehler entdeckte und korrigierte – der Wahrheitsanspruch ist also zumindest nicht an faktische intersubjektive Kontrolle gebunden.

[52] Nicht auszuschließen ist, daß unser Privatus seinen Letztbegründungsbeweis mit sinnkritischen Überlegungen (gegen eine im Prinzip unerkennbare Wirklichkeit) abgestützt hätte; denn Sinnkritik ist durchaus auch auf dem Boden eines methodischen Solipsismus denkbar.

Frage rational zu entscheiden, ob das Essen von Südfrüchten oder das Studium der Philosophie besser sei, die Vernunft sei; diese habe daher einen höheren Anspruch auf Pflege als das niedere Begehrungsvermögen. Wem es wirklich darum gehe, eine verbindliche Antwort auf diese Frage zu finden, also eine Antwort, mit der er auch noch gegen Ende seines Lebens zufrieden sein könne, der müsse auf die Vernunft setzen und den Südfrüchtekonsum einschränken, zumindest soweit dieser der bestmöglichen Entfaltung der Vernunft hinderlich sei. – Fehlen würden in seinen Aufzeichnungen natürlich Beiträge zu einer Theorie des intersubjektiven Geistes sowie eine Analyse der Pflichten gegen andere, während ästhetische Überlegungen denkbar wären.

Was können Apel und Kuhlmann gegen die Möglichkeit eines solchen Privatus sagen? Nach Kuhlmann könnten zwar seine Aufzeichnungen nicht als sprachliche Äußerungen verstanden werden, aber die Willkürlichkeit und Zirkularität seiner Definition ist manifest. Warum sollen wir die Aufzeichnungen eines Privatus nicht ernst nehmen dürfen, der – so geht jedenfalls aus den erhaltenen Texten hervor – sich nie die Frage gestellt hat, ob es andere Vernunftwesen gibt, der sich aber trotzdem aufrichtig darum bemüht hat, alle seine mathematischen Beweise so stringent wie nur möglich (d. h. so, daß er bei täglicher kritischer Prüfung weiterhin mit ihnen zufrieden sein würde) abzufassen? Einen Punkt wird man Kuhlmann allerdings zugeben müssen. *Falls* unser Privatus je die Möglichkeit anderer Vernunftwesen erwogen hat (ich betone nochmals, daß mir diese Annahme nicht notwendig zu sein scheint), dann wird er natürlich glauben müssen, daß etwa seine mathematischen Beweise, aber auch sein Letztbegründungsbeweis von diesen anderen Vernunftwesen als wahr anerkannt werden müßten – denn er geht ja davon aus, daß sie wahr sind, d. h. die Vernunft dazu nötigen, sie zu akzeptieren. Aber er würde deswegen noch keineswegs zum Konsenstheoretiker der Wahrheit. Denn er würde zu Recht daran festhalten, daß etwas nur deshalb unter idealisierten Bedingungen auf einen universalen Konsens stoßen würde, weil es wahr ist, und nicht umgekehrt. Insbesondere würde er erkennen, daß die Aussage „Ich kann von keiner Aussage sicher wissen, ob sie wirklich wahr ist, bevor ich darüber nicht den universalen Konsens der idealen Kommunikationsgemeinschaft in Erfahrung gebracht habe" sicher falsch, da dialektisch widersprüchlich ist – und zwar nicht nur für einen Privatus, sondern auch für etwaige soziale Vernunftwesen.[53] Zumindest für letztbegründete Erkenntnisse würde er den Rekurs auf eine Kommunikationsgemeinschaft als überflüssig erkennen.

In der Tat kann kein Zweifel sein, daß die Konsenstheorie der

[53] S. dazu die trefflichen Aufsätze von W. Doelemann (1984), 128 und Ch. Jermann (1987), 362.

Wahrheit entweder tautologisch oder falsch ist – zumindest für den theoretischen Diskurs, auf den ich mich an dieser Stelle allein beschränke, aber, wie ich später zeigen werde, zu einem großen Teil auch für den praktischen Diskurs. Richtig, aber eben in einem trivialen Sinne richtig, ist die These, daß das Wahre in einem letzten rationalen Konsens von allen Vernunftwesen anerkannt werden würde. Da dieser Konsens aber nicht antizipiert werden kann, da wir nicht einmal wissen, ob es ihn je real geben wird, ist eine so gefaßte Konsenstheorie der Wahrheit kriterial leer. Genausogut könnte man sagen: Wahr ist, was von Gott oder jedenfalls einem unfehlbaren Geist als wahr anerkannt werden würde. Da uns freilich kein direkter Weg zu einem dem Bewußtsein transzendenten Gott gewiesen ist, würde uns diese Theorie bei der Lösung der Frage „Ist dieses oder jenes wahr?" nicht weiterhelfen – ebensowenig wie die metaphysische Korrespondenztheorie der Wahrheit, die zwar ebenfalls nicht falsch, aber kriterial leer ist. Denn natürlich macht es Sinn anzunehmen, daß es eine von Theorien und Erfahrungsdaten unterschiedene Wirklichkeit gibt, aber wir haben nur dann Anlaß anzunehmen, daß eine Theorie diese Wirklichkeit widerspiegelt, wenn sie alle bekannten *Erfahrungsdaten* in ein kohärentes *Ganzes* integriert. *Innere* Kriterien entscheiden also über den Anspruch einer Theorie, eine äußere Wirklichkeit wiederzugeben, zu Recht subjektiv einzuleuchten und Gegenstand eines letzten Konsenses zu sein (um die drei *Konsequenzen* (nicht *Geltungsgründe*) einer wahren Theorie zu nennen, die offenbar den drei Metakategorien von Objektivität, Subjektivität und Intersubjektivität entsprechen).

Das Problem, das wir gerade erörtern, ist strukturanalog zu einer Fragestellung des Platonischen „Euthyphron". In diesem Dialog wird die These vertreten, genau das sei fromm, was alle Götter liebten (9 c ff.). Sokrates ist mit dieser Äquivalenz zwar einverstanden, sieht aber noch ein Problem: Ist etwas fromm, weil die Götter es lieben, oder lieben es die Götter, weil es fromm ist? (10 a) Sokrates versucht nachzuweisen, daß nur die zweite Erklärung – die einen theologischen Voluntarismus vermeidet – sinnvoll ist; und entsprechend kann man zwar eine Äquivalenz von Wahrheit und Anerkennung durch die unbegrenzte Kommunikationsgemeinschaft zugeben, wenn man nur daran festhält, daß die Wahrheit nicht von dieser Anerkennung abhängt, sondern vielmehr diese Anerkennung über die bloß faktische Zustimmung hinausreichende Wahrheitskriterien voraussetzt.[54] Wird dies geleugnet, dann ist zwar die Konsenstheorie der Wahrheit nicht

[54] S. etwa H. M. Baumgartner (1982) und L. B. Puntel (1978), 163: „Daß Habermas den Konsens nicht als einen zufällig faktischen, sondern als einen begründeten, d. h. potentiell universalen, auffaßt, heißt, daß der von ihm gemeinte Konsens nichts anderes besagt als universale Kohärenz."

mehr kriterial leer, aber dafür ganz sicher falsch. „Die Konsenstheorie als eine gehaltvolle Wahrheitstheorie steht und fällt mit einer *formalen* Charakterisierung der Rationalität von Konsensen; aber gerade diese formale Rationalitätsbedingung macht sie falsch. Wenn man dagegen, was nach dem Vorangegangenen naheliegt, den Rationalitätsbegriff nicht-formal zu fassen versucht, wird die Konsenstheorie leer", heißt es in einer der besten Analysen der Diskursethik und ihres Wahrheitsbegriffs.[55] (Die strukturelle Ähnlichkeit des Apelschen Versuches, das Geltungsproblem durch Antizipation einer zukünftigen Entwicklung zu lösen, mit dem marxistischen Ansatz der Normenbegründung, dessen Aporien oben analysiert wurden, ist auffallend.)

Ein Konsens ist nur dann ein rationaler, wenn er bestimmten dem Konsens vorausgehenden Kriterien folgt – nämlich denjenigen von Evidenz und Kohärenz. Dies hat Apel (1987 b) eingeräumt; er versucht aber weiterhin dem Konsensprinzip eine kriteriale Bedeutung, ja gleichsam die Rolle des Züngleins an der Waage zu verschaffen. „In diesem Zusammenhang läßt sich die regulative Funktion der *Konsens*-Theorie insbesondere als solche der Entscheidungsfindung im Falle von *Konflikten* zwischen den, in anderen Wahrheitstheorien spezifizierten, Wahrheitskriterien verdeutlichen: so z. B. im Falle des Konfliktes zwischen *Falsifikations-Evidenzen (Anomalien)* und dem *Kriterium der Eingliederbarkeit* einer Theorie in größere theoretische Zusammenhänge." (147) Doch ist unschwer zu sehen, daß auch in diesem Fall der Konsens nicht ein drittes, gleichberechtigtes materiales Kriterium neben Evidenz und Kohärenz ist, sondern zwar durchaus ein Ziel jeder Forschung, aber ein vollständig formales und kriterial leeres. Jedenfalls besteht kein spezifischer Unterschied zu den Situationen, in denen der von Apel beschriebene Konflikt nicht auftritt. Denn auch im Fall dieses Konfliktes – der in der Wissenschaftsgeschichte in der Tat gar nicht selten ist – geht es doch darum, einen *vernünftigen* Kompromiß zwischen beiden Kriterien zu finden, und das Metakriterium für die Vernünftigkeit eines solchen Kompromisses zwischen beiden Kriterien hängt keineswegs vom faktischen Konsens ab, sondern auch in diesem Falle gilt, daß der Konsens dann vernünftig ist, wenn er sich nach einem ihm vorausgehenden Metakriterium richtet. Dieses Metakriterium genauer zu explizieren ist sicher nicht einfach, und da eine positive Wahrheitstheorie nicht die Aufgabe dieser Monographie ist, darf ich mich mit einigen äußerst knappen Hinweisen begnügen. Eine Falsifikationsevidenz gegen eine Theorie wird man um so ernster nehmen, je unmittelbarer sie ist – was bei den hochkomplexen modernen Apparaturen, bei denen sich Fehler leicht einschleichen können, in immer geringerem Maße der Fall ist – und je weniger *kohärent* die Theorie ist,

[55] A. Wellmer (1986), 72.

gegen die sie sich richtet. „Kohärent" heißt nicht bloß „konsistent" (das sollte jede Theorie sein); vielmehr spielen Kriterien wie Einfachheit (d.h. eine möglichst geringe Zahl von unabhängigen Axiomen, aus denen möglichst viel deduziert werden kann), ein gewisser Grad von Apriorizität (wie sie etwa durch das Gedankenexperiment garantiert ist, das der speziellen Relativitätstheorie zugrunde liegt), ja sogar Schönheit zu Recht eine wichtige Rolle. Einsteins Souveränität gegenüber angeblichen Falsifikationsevidenzen gegen die allgemeine Relativitätstheorie war völlig berechtigt, und sie wäre es auch gewesen, wenn die ganze Kommunikationsgemeinschaft der Physiker aus welchen Gründen auch immer aufgrund jener „Evidenzen" seine Theorie aufgegeben hätte. Kurz: Der Konsens ist nie, auch nicht in der von Apel bemühten Konfliktsituation, ein Wahrheitskriterium.

Dennoch scheint mir, daß die Transzendentalpragmatik einer richtigen Intuition auf der Spur ist. Kehren wir zu unserem Privatus zurück. Nehmen wir an, er würde sich einmal die Frage stellen, ob es andere endliche Vernunftwesen im Universum gebe (auch wenn das Sich-Einlassen auf diese Frage keineswegs eine Bedingung der Möglichkeit dafür ist, daß er wahrheitsfähige Aussagen treffen kann). M. E. müßte er – hätte er die Überzeugung, in einer vernünftigen Welt zu leben – diese Frage tatsächlich bejahen, ja er müßte sich darum bemühen, soweit möglich, mit anderen Vernunftwesen in Kontakt zu kommen, und zwar aus drei recht verschiedenen Gründen. Erstens müßte die Erfahrung der Fehlbarkeit, die jedes endliche Wesen (auch ohne intersubjektive Kontrolle) an sich selbst machen kann, ihn begierig machen, andere Wesen kennenzulernen, die zwar auch fehlbar wären, aber vielleicht doch von den seinen abweichende Stärken und Schwächen hätten. Denn auf diese Weise könnte er von ihnen lernen, und da er die Wahrheit als eine unhintergehbare Kategorie erfaßt hätte, da er es somit für seine Pflicht hielte, unbedingt nach Wahrheit zu streben, würde er einen intellektuellen intersubjektiven Austausch als durch das Streben nach Wahrheit bedingte Pflicht anerkennen. Klar ist allerdings, daß auf diese Weise der intersubjektive Austausch nur als *Mittel* einen Wert und keineswegs Selbstzweckcharakter hätte. Selbstzweckcharakter hätte nur das *subjektive* Erfassen des Wahren. Unter bestimmten empirischen Bedingungen würde die Kommunikation für ihn jeden Wert verlieren – wenn er nämlich feststellen würde, daß er *von* den anderen Subjekten nichts lernen könnte, etwa weil sie wesentlich weniger intelligent wären als er. Immerhin könnte er einiges *über* sie lernen, und dazu könnte ihn sein Wissensdurst motivieren. Zu diesem Zwecke wäre eine bestimmte Form von Kommunikation mit ihnen weiterhin nützlich, aber sie hätte eine andere Struktur als die ersterwähnte. Doch auch die erste Form – etwa das gemeinsame Betreiben von Mathematik – bliebe, wie gesagt, stets instrumentell. Wir werden im Zusammenhang mit Apels Begründung der Ethik noch darauf zurückkommen, an der – wie hier schon klar wird – dies befremdlich ist, daß sie (ähnlich Rawls) Intersubjektivität auf einen egoistischen Interessenkalkül zu gründen sucht.[56]

Zweitens aber könnte der Privatus an Intersubjektivität auch dann interessiert sein, wenn er glaubte, er könne von anderen nichts lernen. Nehmen wir an, er wäre objektiver Idealist (unmöglich ist dies nicht, denn der Grundgedanke des objektiven Idealismus könnte ebenso wie die Letztbegründung auch von einem Privatus eingesehen werden). Als solcher wüßte er, daß das Individuum in einem bestimmten Sinne Schein gegenüber dem Absoluten ist, daß es also z. B. nicht darauf ankommt, daß *ich* das Absolute begreife, sondern darauf, daß ein endlicher Geist überhaupt das Absolute begreift. Eine rein natürliche Welt ohne einen endlichen Geist, der diese Welt, ja das Absolute begriffe, käme ihm weniger werthaft vor als eine Welt mit einem solchen Geist, und da er damit rechnen müßte, einmal zu sterben, müßte er sich Sorgen machen über den Zustand der Welt nach seinem Tode. Er würde daher (falls er auf seiner Insel keinem anderen Privatus begegnen und diese Insel nicht verlassen könnte) versuchen, seine Einsichten etwa einer Flaschenpost anzuvertrauen, in der Hoffnung, etwaige andere Vernunftwesen würden sie finden; sie bräuchten sodann mit der harten Arbeit des Denkens nicht von vorne anzufangen und könnten weiterkommen als er. Für den Privatus auf diesem Reflexionsstand wäre der Andere nicht nur als Mittel interessant, als jemand, von dem er lernen könnte; er würde eine Pflicht gegen andere erkennen, nämlich diejenige zur Mitteilung der Wahrheit. Das Erfassen der Wahrheit würde ihm zwar immer noch als einsamer Akt erscheinen, aber in seinen Augen wäre es werthafter, wenn dieser Akt – sei es diachron, sei es durchaus auch synchron – mehrfach da wäre, als wenn er sich nur in ihm abspielte. Doch auch wenn mehrere Subjekte gleichzeitig existierten, so wäre werthaft daran nur die Vervielfachung jenes Erkenntnisaktes. Dieser wäre strukturell stets privater Natur, auch wenn mehrere solcher Akte parallel nebeneinander – aber eben nicht miteinander – stattfänden. (Dies ist im wesentlichen Hayys Standpunkt.)

Drittens aber könnte unser Privatus folgende Überlegungen entwikkeln. Ihn könnte plötzlich der erschreckend neuartige Gedanke versuchen, daß – falls es andere Vernunftwesen geben sollte – in ihrem *Miteinander* eine höhere, affirmativere Struktur realisiert sein könnte als in dem einzelnen Erkenntnisakt, ja als in dem Nach- und Nebeneinander mehrerer solcher Akte. Dafür könnte in seinen Augen folgendes spre-

[56] Vgl. Jermann (1987), 363 f. Allgemein bin ich Ch. Jermann für zahlreiche und klärende Anregungen zu den in diesem Abschnitt entwickelten Überlegungen dankbar.

chen. Sicher, würde er sich sagen, ist die Spiegelung der Natur in einem Subjekt höher als die bloße Natur; sicher ist die komplexe reflexive Struktur der Subjektivität etwas Höheres als die dumpfe Selbstbezüglichkeit des Tieres, als die nicht empfindende Selbsterhaltung der Pflanze, als die Trägheit der leblosen Materie. Aber wäre nicht die Begegnung zweier Subjekte, in der das eine dem anderen nicht zum Forschungsobjekt und auch nicht zum bloßen Mittel für die – bestenfalls parallele – einsame Schau der Wahrheit würde, wäre nicht eine solche Begegnung, die sich selbst als Selbstzweck erfaßte, etwas Größeres als die einsame Subjektivität? Wäre nicht die wechselseitige Erkenntnis zweier Subjekte eine Struktur, die beanspruchen könnte, eine Synthese zu sein der Subjekt-Objekt-Relation, die asymmetrisch ist, und der reflexiven Selbsterfassung der Subjektivität, in der Subjekt und Objekt identisch, ohne eine gewisse Selbständigkeit voneinander, sind?

Derartige nicht mehr transzendentale, sondern spekulative Gedanken müßten den Privatus demütigen. Denn sie würden das tiefe Gefühl der Autonomie, das er bis dahin besaß, in unerhörter Weise in Frage stellen, sie würden bedeuten, daß der Privatus so, wie er ist, nicht die höchste Struktur des geschaffenen Universums ist, auch wenn er mit seiner Subjektivität über die unheimliche Fähigkeit verfügt, von allem zu abstrahieren. Nur scheinbar könnte der Privatus sich mit folgendem Argument beruhigen: Es sei für ihn möglich, von der Intersubjektivität zu abstrahieren, ohne diese als Geltungsgrund der Abstraktion vorauszusetzen. So sei es zwar richtig, daß jemand, der in einer Gemeinschaft argumentativ die Argumentationsgemeinschaft bestreite, sich in einen dialektischen Widerspruch verwickle, während derjenige, der in einer Gemeinschaft argumentiere und seine Präsuppositionen expliziere, den Widerspruch vermeide; diese zweite Position sei der ersten überlegen. Aber mit welchem Rechte könne man diese zweite Position für der dritten desjenigen überlegen halten, der zwar nicht die Voraussetzung einer Argumentationsgemeinschaft mache, aber auch nicht intersubjektiv argumentiere? Sicher stimme es, daß ein Privatus verloren habe, wenn er sich darauf einlasse, einem anderen seine Position zu vermitteln, und daß, wenn er dies nicht tue, die Argumentationsgemeinschaft nicht nur keine Möglichkeit, sondern auch keine Pflicht habe, seine Ansichten irgendwie zu berücksichtigen. Die Position eines (methodischen) Solipsisten, der so konsequent sei, niemanden mit seinen solipsistischen Auffassungen zu behelligen, sei aber ebenso konsistent möglich wie die des Intersubjektivitätstheoretikers; widersprüchlich sei nur diejenige des Solipsisten, der von den anderen anerkannt haben wolle, daß er Solipsist bleiben dürfe.[57]

Gegen diesen Gedankengang könnte nun der Privatus selbst folgen-

[57] Dieser Punkt ist besonders von Jermann urgiert worden (1987; 361).

des einwenden. Er müßte sich sagen, daß – *falls* es eine Intersubjektivität geben sollte – jener Gedankengang als wahr auch von jedem anderen endlichen Vernunftwesen eingesehen werden könnte, und insofern würde er die *potentielle* intersubjektive Geltung seines Arguments eben doch präsupponieren müssen. D.h.: Er könnte zwar wahrheitsfähig denken, ohne daß ihm der Gedanke an Intersubjektivität je käme; sobald aber der Gedanke aufgetaucht wäre, müßte er einen möglichen Bezug zur Intersubjektivität zugestehen.

Die Tatsache, daß es ihn, den Privatus, gebe (was ich gegen die Transzendentalpragmatiker nicht für unmöglich halte), wäre ebenfalls kein Argument gegen die These von der Überlegenheit der Intersubjektivität über die Subjektivität (eine These, die ich mit den Transzendentalpragmatikern teile). Denn wer den Vorrang einer Struktur vor einer anderen behauptet, braucht keineswegs auszuschließen, daß jene defiziente Struktur existiert. So bestreitet ja auch nicht ein Vertreter der Unhintergehbarkeit der denkenden Subjektivität, daß es nicht-denkende Wesen wie Steine, Pflanzen, Tiere gibt. Ähnlich kann und soll man m. E. die prinzipielle Möglichkeit eines Privatus zugeben und dennoch daran festhalten, daß ein derartiges Wesen (sollte es irgendwo existieren) in der Seinshierarchie eine Zwischenstellung zwischen den Tieren und den sozialen Vernunftwesen hat. Warum stehen soziale Vernunftwesen höher als Privati?

Soweit ich sehe, kann man drei Stufen von Vernunftwesen unterscheiden. Erstens ist ein Privatus denkbar, der nie den Gedanken der Intersubjektivität gefaßt hat. Dieser Privatus kann m. E. durchaus konsistent und wahrheitsfähig denken, aber er kann – wenn man Intersubjektivität auch nur als möglich zugesteht (und das kann in der Tat von niemandem bestritten werden, auch nicht von dem Privatus, der den Gedanken gefaßt hat) – nicht beanspruchen, eine globale Theorie der Welt zu haben, weil in dieser eine Lücke klafft. Er würde die Intersubjektivität nicht thematisieren, während eine intersubjektive Theorie wie diese hier in öffentlicher Sprache vorgelegte durchaus beanspruchen kann, den Privatus zu erfassen. Auch wenn Subjektivität und Intersubjektivität zwei sich selbst erfassende Strukturen sind, so besteht doch unter dem eben genannten Gesichtspunkt eine absolute Asymmetrie – so wie das einsame Subjekt zwar Steine und Pflanzen thematisieren, aber nicht von ihnen thematisiert werden kann, so kann die Intersubjektivität den Privatus übergreifen, wird aber nicht von ihm gedacht. Zweitens aber könnte ein Privatus existieren, der den Gedanken der Intersubjektivität im Medium des rein subjektiven Denkens gefaßt hätte; in diesem Fall würde die genannte Asymmetrie zwischen Subjektivität und Intersubjektivität nicht bestehen. Allerdings müßte dieser höherentwickelte Privatus zugeben, daß seine Gedanken im Prinzip von anderen Vernunftwesen anerkannt werden müßten; und er müßte eine Spannung zwischen der Form seiner Erkenntnis – dem rein subjektiven Denken – und deren Inhalt – der Intersubjektivität – zugeben, eine Spannung, die bei dem ersten Privatus, der auf den Gedanken der Intersubjektivität nie gekommen war, nicht bestand. Ebendiese Spannung, so begriffe er, könne nur aufgehoben werden im Rahmen einer *intersubjektiv* ausgearbeiteten Theorie der *Intersubjektivität.* Zwar könnte unser Privatus selbst diesen letzten Gedanken noch im Medium des rein subjektiven Denkens fassen, und vielleicht fänden wir in den Aufzeichnungen einer solchen Höchstform von Privatus Beiträge zu einer reinen Theorie der Intersubjektivität. Aber die theoretische Brillanz dieser Beiträge könnte ihn nicht darüber hinwegtäuschen, daß er das, was er thematisiert, nicht selbst erreicht hätte, daß Form und Inhalt in ihm nicht versöhnt wären. Er hielte es für seine Pflicht, den Schritt zur Intersubjektivität zu wagen, wenn er ihm irgendwie möglich werden sollte, und zwar auf der Grundlage einer rein deontologischen Ethik, die die höchstmöglichen Strukturen zu realisieren gebietet. Zwar könnte er, auf der Grundlage der oben skizzierten spekulativen Argumente, ungeheure Persönlichkeitserweiterungen und Glückserfahrungen, die alles ihm aus seiner einsamen Spekulation Vertraute zu übertreffen schienen, aus intersubjektiven Begegnungen zu gewinnen wähnen, und unmoralisch wäre es nicht, wenn er, im Rahmen des sonst Erlaubten, an der Realisierung eines solchen intersubjektiven Glücks arbeitete. Wäre er klug, könnte er jedoch leicht vorhersehen, daß die Erzielung eines solchen Glückes keineswegs garantiert wäre, ja daß aus der Begegnung mehrerer endlicher und fehlbarer Geister – von Geistern zudem, die mit jener ihm aus ihm selbst vertrauten unheimlichen Fähigkeit zur Abstraktion, dem Prinzip des Bösen, ausgestattet wären – wahrscheinlich mehr Unordnung und Leid erstehen würde, als durch jenes Glück je wettgemacht werden könnte. (Er würde sich wünschen, er wäre wenigstens von Anfang an an andere Vernunftwesen gewöhnt worden, weil er zu Recht annähme, es wäre dann bedeutend leichter, sie auszuhalten; ja, vielleicht würde er dem Schöpfer der Welt zürnen und sich fragen, warum er nicht dafür gesorgt hätte, daß Privati wie er nicht hätten entstehen können.) Dennoch würde, wenn auf seiner Insel schließlich einmal doch ein Schiff anlegen sollte, die sanfte, aber unnachlaßliche Stimme der Pflicht siegen; in der Autonomie seiner monologischen Vernunft gegründet, würde sie ihn dazu ermahnen, den Übergang in die Welt des intersubjektiven Geistes zu riskieren; er würde seinem höheren Selbst, der allgemeinen Vernunft, folgen, sein Kreuz auf sich nehmen und, am besten auf alles gefaßt, sich zu jenem Schiffe aufmachen.[58]

[58] Sollten aus jenem Schiffe zwei Missionare steigen, ein islamischer und

3.3. Letztbegründung und objektiver Idealismus

Der objektive Idealismus gehört gewiß nicht zu den populären Philosophien der Gegenwart. Wer seine Grundidee verteidigt, muß damit rechnen, zu befremden, ist sie doch sehr weit entfernt von den Meinungen, die sich öffentlicher Gunst erfreuen. Die Schwierigkeit, in der ich mich befinde, ist um so größer, als es hier nicht darum gehen kann, die Position, die mir vorschwebt, systematisch zu entwickeln. Beschränken muß ich mich vielmehr darauf, in Auseinandersetzung mit der Transzendentalpragmatik einige ihrer Probleme zu nennen, die m. E. beseitigt werden könnten, wenn man den Boden des objektiven Idealismus betritt. Allerdings meine ich, daß ein zeitgemäßer objektiver Idealismus viel von der Transzendentalpragmatik lernen kann, daß er insbesondere gegenüber traditionellen Formen in einem intersubjektivitätstheoretischen Sinne transformiert werden müßte. Im folgenden will ich dabei so vorgehen, daß ich erstens seine Grundidee skizziere, zweitens Argumente für diese Idee anführe, drittens andeute, was die Integration des Intersubjektivitätsgedankens in den objektiven Idealismus konkret bedeutet, und viertens die entscheidenden Differenzen der objektiv-idealistischen Konzeption gegenüber der Transzendentalpragmatik ausarbeite.

3.3.1. Der Grundgedanke des objektiven Idealismus

Was heißt überhaupt objektiver Idealismus? Ich übernehme den Terminus von Dilthey, der in seiner berühmten Typologie philosophischer Systeme von Naturalismus, subjektivem und objektivem Idealismus spricht. Natürlich beruht auch diese Typologie auf Idealisierungen, natürlich ist sie weiter differenzierbar: Insbesondere kann sie mit den drei Paradigmen Apels verbunden werden, so daß man etwa einen subjektiven Idealismus der Subjektivität (Kant/Fichte) von einem subjektiven Idealismus der Intersubjektivität (Apel) oder einen objektiven Idealismus des ersten Paradigmas (Platon) von einem objektiven Idealismus des zweiten Paradigmas (Hegel) unterscheiden kann. Aber all dies heißt nicht, daß die Diltheysche Typologie nicht philosophisch von großer Bedeutung wäre – zumal wenn es, wie ich es (1984) versucht habe, gelingt, die Philosophiegeschichte im Sinne einer Entwicklungslogik zu rekonstruieren, die vom Naturalismus über den subjektiven Idealismus zum objektiven Idealismus führt. Vereinfacht läßt sich die Logik, die den einzelnen Übergängen zugrunde liegt, folgendermaßen wiedergeben.[59]

ein christlicher, so würde der Privatus in der (philosophisch gereinigten) Botschaft des letzteren die schmerzlichere, aber tiefere Wahrheit erkennen.

[59] Zu ihrer näheren Ausführung s. (1987 b), 234 ff., ja – als deren konkrete

1. Für den Realismus (der gewöhnlich auf den Naturalismus hinausläuft, aber doch eine allgemeinere Position als dieser darstellt) ist das eigentlich Seiende eine dem Bewußtsein transzendente Realität, insbesondere die naturhafte Wirklichkeit. Das Bewußtsein – subjektiver oder kollektiver Natur – spiegelt diese Wirklichkeit. Der Wahrheitsbegriff ist korrespondenztheoretischer Natur. Eine Erkenntnis gilt als objektiv, wenn sie möglichst passiv ist. Als grundlegende Erkenntnis gilt die Erfahrung.

Die Probleme des Empirismus sind oben anhand einer besonderen Form des Empirismus, nämlich des Logischen Empirismus, schon erörtert worden und brauchen hier nur noch erwähnt zu werden. Ohne synthetisch-apriorische Sätze gibt es keine Induktion, insbesondere aber gibt es keine objektive Ethik und Ästhetik. Ein naturalistischer Empirismus hat daher nahezu unvermeidlich nihilistische Konsequenzen in der Ethik und Ästhetik. Ja, paradoxerweise läuft ein Empirismus ohne synthetische Sätze a priori auf die Leugnung einer bewußtseinsunabhängigen Außenwelt hinaus – denn der Satz „Es gibt eine bewußtseinsunabhängige Außenwelt" ist weder analytisch noch empirisch.

2. Unter subjektivem Idealismus verstehe ich Philosophien, die auf die konstitutive Funktion spontaner Erkenntnistätigkeiten verweisen, mögen diese subjektiver oder intersubjektiver Natur sein, und die wegen dieses konstruktiven Charakters der menschlichen Erkenntnis ihr keine strenge Objektivität zuschreiben. Allerdings sind hier verschiedene Formen zu unterscheiden. Entweder kann der Konstruktivismus sich darauf beschränken, von einem „hypothetischen" Apriori zu sprechen, das, wie im Falle Poppers, der falsifikatorischen Kontrolle durch die Realität untersteht; oder man nimmt an, den verschiedenen konstruktiven Entwürfen entspreche jeweils eine verschiedene Welt; man erhält auf diese Weise wie etwa beim späten Wittgenstein und den von ihm beeinflußten Richtungen eine irreduzible Pluralität von Sprachspielen. Der anspruchsvollste subjektive Idealist, Kant, versteht hingegen unter apriorischer Erkenntnis notwendig wahre, nicht bloß hypothetische Erkenntnis und nimmt apodiktische synthetische Sätze a priori an. Allerdings kann Kant diese apriorischen Sätze nicht wirklich für objektiv halten, stammen sie doch aus dem Subjekt; er hält sie somit nur für *subjektiv* notwendig. Das mag für die Ethik akzeptabel sein; da Kant deren Sätze für nicht zurückführbar auf naturwissenschaftliche Sätze hält, fällt seine Welt freilich dualistisch auseinander in die Welt der Normen und die der Fakten.

Ausprägung in der modernen Philosophie – den ersten Teil dieser Monographie.

In der theoretischen Philosophie handelt sich Kant mit seiner subjektivistischen Deutung der synthetischen Sätze a priori die Problematik der Dinge an sich ein. Diese werden zwar bei Fichte beseitigt – aber um einen recht hohen Preis. Fichte nimmt – radikaler noch als der späte Husserl, der das Außenweltproblem offenläßt – keine objektive Natur an. Für ihn ist es nicht so, daß das Subjekt aus der Natur erklärt werden kann; umgekehrt ist die Natur aus dem Subjekt zu erklären. Konkret heißt das, daß die Natur dem Subjekt gegenüber keineswegs präexistent ist und d.h.: daß sie nichts mehr ist als ein Konglomerat subjektiver Empfindungen. Diese Position ist in der Tat nicht einfach zu widerlegen; aber es ist klar, daß sie tiefeingewurzelten realistischen Überzeugungen, ja dem ganzen Programm der modernen Naturwissenschaft widerspricht.[60] Die Position Fichtes und Husserls, die von dem einzelnen Bewußtsein ausgeht, hat darüber hinaus mit dem schwierigen Problem des Solipsismus zu kämpfen; und die Vermutung ist nicht unbegründet, daß dieses Problem unlösbar ist, wenn man sich einmal auf den Standpunkt der Bewußtseinsimmanenz gestellt hat.[61] Wenigstens wird man Apel zugestehen müssen, daß er dieses zweite Problem durch seine intersubjektivitätstheoretische Transformation der Transzendentalphilosophie gelöst hat; doch die erste Frage – die nach der Stellung der Natur – bleibt bei ihm ungeklärt. Denn einerseits deutet sein von Peirce übernommener sinnkritischer Realismus darauf hin, daß er durchaus an eine dem Bewußtsein vorausgehende Natur glaubt; andererseits hat sich Apel bisher geweigert, die vom späten Peirce gezogenen objektiv-idealistischen Konsequenzen zu akzeptieren.

3. Objektiv-idealistisch ist eine Position dann, wenn sie annimmt, daß es synthetisch-apriorische Erkenntnis gibt und daß diese Erkenntnis zugleich Erkenntnis von etwas der subjektiv-intersubjektiven Vernunft Vorausgehendem ist. Diese Auffassung ist einerseits die dem unbefangenen Bewußtsein natürlichste, andererseits für die räsonierende Reflexion die befremdlichste. Denn einerseits nimmt jeder normale Mensch

[60] Eigenwillig scheint mir, daß Habermas (1981) den Husserlschen Begriff der Lebenswelt wieder aufgegriffen hat. Nicht daß es illegitim wäre, auf Husserl zurückzugreifen – im Gegenteil –; aber man kann doch schwerlich seinen Lebensweltbegriff gegen das moderne wissenschaftliche Weltbild ausspielen, ohne seinen subjektiven Idealismus zu teilen. Dieser aber dürfte mit dem historischen Materialismus inkompatibel sein, zu dem sich doch Habermas sonst bekennt.

[61] Ein weiteres Problem der Position der Bewußtseinsimmanenz besteht darin, daß – wie man nicht erst seit Freud weiß – das Subjekt nicht eigentlich das ist, was es zu sein sich vorstellt; seine z. T. durch unbewußte Vorgänge verursachten Handlungen verraten viel mehr von seinem Wesen als sein Bewußtseinsstrom.

an, er sei durch die Fähigkeit zum Denken der Wirklichkeit näher als nicht-denkende Wesen. Andererseits stellt sich der Reflexion die Frage: Wie ist es möglich, daß das apriorische Denken, also das Denken, das ohne Bezug auf eine Außenwelt operiert, die Wirklichkeit erfassen kann? Offenbar ist die einzige mögliche Antwort diese: Die Natur ist – wie im subjektiven Idealismus – nichts Geistfremdes, aber sie ist – wie im Realismus – nicht Prinzipiat des endlichen Geistes, sondern eines Prinzips, das Natur und endlichem Geist gleichermaßen vorausgeht.

Dieses Prinzip läßt sich als *objektive Vernunft* fassen. In der Annahme, daß eine solche Vernunft im vollsten Sinne des Wortes *ist* und daß sie weder auf die Natur noch auf das subjektive Bewußtsein noch auf den intersubjektiven Geist reduzierbar ist, besteht die Pointe des objektiven Idealismus. Ja, mehr noch: Der objektive Idealismus hält diese objektive Vernunft nicht für eine Seinssphäre neben anderen, sondern für das Wesen aller realen Sphären. Während der Naturalismus das Sein der Natur, der Psychologismus Bewußtseinszustände, die Transzendentalpragmatik intersubjektive Anerkennungsprozesse für das eigentliche und erste Sein hält, hält der objektive Idealismus jene objektive Vernunft für den Grund allen Seins. Sie ist zugleich der Grund aller Geltungsansprüche, aller Normen und Werte – denn die eigentümliche Dimension des Normativen und Idealen ist für den objektiven Idealismus gegenüber allem Faktischen (also Natur, subjektivem und intersubjektivem Geist) transzendent. Diese objektive Vernunft kann nicht sinnlich wahrgenommen werden; auch ist sie nicht Gegenstand der Introspektion oder der Interpretation. Sie ist Gegenstand des Denkens. Sie ist anders als die Natur nicht räumlich, anders als subjektive Bewußtseinsakte nicht zeitlich; sie ist in diesem Sinne von allem Realen strenger unterschieden, als es etwa physische Objekte voneinander oder selbst etwas Physisches von etwas Psychischem ist. Aber eben weil sie nicht räumlich oder zeitlich ist, wäre nichts irreführender als die Auffassung, sie sei in einem anderen Ort oder zu einer anderen Zeit: Sie ist weder im Raum noch in der Zeit. Sie ist der Inbegriff aller apriorischen Wahrheiten, die das Sein der Welt bestimmen und von dem endlichen Denken im Rückgang auf sich selbst erfaßt werden. Insofern ist sie allem Seienden immanent. Es ist leicht zu sehen, daß der objektive Idealismus eine Synthese von Realismus und subjektivem Idealismus darstellt. Denn wie der Realismus nimmt er an, daß es eine von dem subjektiven oder intersubjektiven Denken unabhängige Natur gibt; wie der subjektive Idealismus geht er davon aus, daß das Denken autonom ist, auch wenn es gerade in seiner Spontaneität an etwas Absolutem, nicht von ihm Gesetztem, sondern es Setzendem teilhat.

3.3.2. Argumente für den objektiven Idealismus

Im folgenden werde ich drei Argumente für den objektiven Idealismus anführen. Erstens – und dies ist das begründungstheoretisch stärkste Argument – möchte ich zeigen, daß der objektive Idealismus aus dem Letztbegründungsbeweis folgt. Zweitens und drittens möchte ich zeigen, daß nur der objektive Idealismus unsere beiden tiefeingewurzelten Überzeugungen, daß es eine objektive Naturwissenschaft und daß es ein Sittengesetz gebe, zu begründen vermag. Diese beiden letzteren Argumente setzen – nach Art Kants – die Richtigkeit der entsprechenden Intuitionen voraus, die in Wahrheit selbst begründungsbedürftig wären. Nicht als eigenes Argument für den objektiven Idealismus will ich hier anführen, daß nur er die Religion auf den Begriff zu bringen vermag. Denn erstens ist dies, denke ich, jedem offenkundig, und zweitens kann man heute nicht davon ausgehen, daß die Affinität einer Philosophie zur Religion ein Argument für diese darstelle; für viele scheint eher das Umgekehrte der Fall zu sein.[62]

Der Letztbegründungsbeweis ist, wie wir schon gesehen haben, nicht kompatibel mit einer subjektivistischen Deutung (s. oben S. 177ff.). Der Letztbegründungsbeweis würde mißverstanden werden, wenn er als eine private Meinung gedeutet würde, die nur einen subjektiven Denkzwang wiedergibt, wenn seine Wahrheit als abhängig von meiner partikularen Einsicht erschiene. Denn dann wäre er eben nicht voraussetzungslos gültig; wir haben aber oben gesehen, daß seine voraussetzungslose Gültigkeit äquivalent ist mit der Wahrheit des Satzes, es gebe letztbegründete Sätze. Dies heißt aber schon, daß der Beweis Tathandlung einer objektiven Vernunft ist, die in ihm sich selbst beweist. Nehmen wir an, dem wäre nicht so, sondern der Letztbegründungsbeweis hinge in einem *geltungstheoretischen* Sinne von der Struktur unseres Denkens oder gar unseres Gehirns ab. Das könnte nur bedeuten, daß es keine voraussetzungslose Erkenntnis gäbe; der Letztbegründungsbeweis zeigt aber, daß diese Annahme nicht möglich ist, und da er fundamentaler ist als alle möglichen Ansichten über die Natur unseres Geistes oder gar unseres Gehirns (legt er doch fest, was überhaupt eine begründete Annahme ist), muß man auf seiner Grundlage eben jene Ansicht verwerfen. Es wäre absurd, angebliche erkennt-

[62] Ganz absehen muß ich hier von ästhetischen Fragen. Unklar ist mir insbesondere, ob man – etwa im Sinne der Phänomenologie Husserls – von einer reinen Anschauung ausgehen darf. Zwar legt die Philosophie Schelers (des objektiven Idealisten unter den Phänomenologen) die Vermutung nahe, daß der Gedanke mit einem objektiven Idealismus kompatibel sein könnte. Aber ob er auch aus ihm folgt?

nisanthropologische Einsichten, von denen man sich im Laufe seines Lebens überzeugt haben mag, gegen eine Theorie auszuspielen, die die Bedingung der Möglichkeit jeder Einsicht – also auch jeder erkenntnisanthropologischen Einsicht – ist. Man zeigte damit nur, daß man nicht transzendental zu denken vermöchte und d. h. den Letztbegründungsbeweis nicht verstanden hätte. Denn seine Pointe ist, daß es etwas gibt, was die Bedingung der Möglichkeit einer jeden Erkenntnis mit Wahrheitsanspruch ist; dieses muß daher jeder empirischen Einzelerkenntnis vorausgehen. Wenn eine solche Erkenntnis ihrer Grundlage widerspräche, dann zerstörte sie ihren eigenen Geltungsgrund; sie müßte also notwendig falsch sein. Wohlgemerkt: Es ist nicht ausgeschlossen, daß unsere Denkfähigkeit an unser Gehirn gekoppelt ist und daß sich dessen Strukturen in einer langen Evolution gebildet haben. Dies will ich an dieser Stelle weder leugnen noch behaupten (auch wenn ich von der Richtigkeit der entsprechenden Annahmen überzeugt bin), weil es für den Gang meiner Argumentation vollständig irrelevant ist. Denn wäre dem so, dann würde das nur bedeuten, daß wir a priori wüßten, daß die Welt so eingerichtet worden sein muß, daß sie Gehirne hervorbringen kann, die letztbegründeter Erkenntnis fähig sind. Wir sehen also, daß eine „materialistische" Erkenntnistheorie durchaus mit dem Letztbegründungsbeweis kompatibel ist; ja, sie hätte gegenüber einer nicht-materialistischen sogar den entscheidenden Vorteil, daß sie bestimmte Grundprinzipien einer apriorischen Naturphilosophie herzuleiten gestattete.

Aber selbst wenn eine nicht-materialistische Leib-Seele-Theorie richtig wäre, wäre es mit dem Letztbegründungsbeweis nicht kompatibel, anzunehmen, es gebe möglicherweise eine Welt, die nicht von den im Letztbegründungsbeweis implizierten Kategorien bestimmt wäre. Denn das könnte nur bedeuten, daß der Letztbegründungsbeweis keine apodiktische Erkenntnis wäre. Man erinnere sich an das oben S. 187 f. Gesagte, das das entscheidende Argument für den objektiven Idealismus darstellt. Es hülfe nichts, wenn man einräumte, der Letztbegründungsbeweis sei zwar für unser Denken gültig, aber nicht für die Welt – denn es wären doch immer wir, die eine solche mögliche Welt dächten und damit dem Letztbegründungsbeweis widersprächen. Die Aussage „Es gibt möglicherweise etwas, was wir nicht denken können" ist dialektisch selbstwidersprüchlich – denn ebendamit denken wir es. Daraus folgt schon, und zwar ohne aus der Immanenz des Denkens herauszutreten, die ontologische Valenz des Letztbegründungsbeweises und ebendamit der Grundgedanke des objektiven Idealismus. Natürlich ist es nicht ausgeschlossen, daß die Welt Bestimmungen hat, die aus dem Letztbegründungsbeweis nicht folgen, sondern empirischer Natur sind und von denen wir nicht sicher sein können, ob wir sie je in Erfahrung bringen werden. Aber das schließt nicht aus, sondern *setzt* vielmehr *voraus,* daß die im Letztbegründungsbeweis implizierten Kategorien für alles, was ist, gelten, auch wenn sie nur notwendige und nicht hinreichende Bedingungen für das Seiende sind. Aber eben dieses Zugeständnis genügt, um zu behaupten: Es gibt nichts, dem nicht der Letztbegründungsbeweis vorausgeht; er konstituiert somit nicht nur unsere Erkenntnis, sondern auch alles Seiende. Nur die Koinzidenz von Sein und Erkennbarkeit im Absoluten erklärt, wieso wir im Bereich des Endlichen, das durch deren Differenz gekennzeichnet ist, im Prinzip wahrheitsfähig sind. Damit ist ein subjektiver Idealismus nach Art Kants schon überschritten, auch wenn mit allem Gesagten durchaus eine Auffassung à la Fichte kompatibel ist, die Natur sei kein unmittelbares Prinzipiat des absoluten Prinzips, sondern durch den subjektiven Geist vermittelt. Inkompatibel ist aber mit dem Gesagten Fichtes Vermengung des absoluten reflexiven Prinzips mit den durchaus hintergehbaren Strukturen der realphilosophischen Subjektivität, die etwa Zeitlichkeit voraussetzen, und daher legt sich eine Theorie nahe, nach der die objektive Vernunft zunächst die Natur konstituiert, und zwar derart, daß sie den subjektiven und den intersubjektiven Geist hervorzubringen vermag, ja hervorbringen muß.

Die eben skizzierte Auffassung mag religiös erscheinen; und in einem tieferen Sinne ist sie dies auch. Aber es kann nicht scharf genug betont werden, daß sie mit der modernen Wissenschaft vollständig kompatibel ist, *ja in Wahrheit ihre Grundlage ist.*[63] Denn wenn es so ist, daß die moderne Wissenschaft synthetische Sätze a priori voraussetzt, dann ist keine realistisch-empiristische Theorie in der Lage, die Wissenschaft zu fundieren; wenn es so ist, daß die moderne Wissenschaft kausalwissenschaftlich den Übergang von der Natur zum Geist aufzuklären in der Lage ist,[64] dann ist die zuletzt erwähnte stärkste Form von subjektivem Idealismus (die Fichtesche) ebenfalls nicht in der Lage, die Wissenschaft zu begründen. Der objektive Idealismus hingegen vermag erstens die zur Begründung der Wissenschaft erforderlichen synthetischen Sätze a priori zu liefern und ihnen zweitens objektive Notwendigkeit zuzuschreiben. Das größte aller Wunder – daß es keine Wunder geben kann, sondern daß die Natur *an sich* (nicht nur wie sie uns

[63] Ich spreche hier nur von den empirischen Wissenschaften und sehe von der Mathematik ab. Denn einerseits ist in dieser Wissenschaft die Annahme, es gebe ideale Entitäten, äußerst naheliegend; andererseits wirft das Verhältnis der mathematischen Methode zu reflexiven Begründungsstrukturen Schwierigkeiten auf, auf die ich hier nicht eingehen kann.

[64] Ich bin überzeugt, daß die evolutionäre Erkenntnistheorie einige wichtige Einsichten zur Genese der menschlichen Erkenntnis aufzuweisen hat; das Geltungsproblem hat sie aber nicht nur nicht gelöst, sondern nicht einmal als Problem erfaßt.

erscheint) streng gesetzlich verfaßt ist – ist nur auf der Basis eines objektiven Idealismus zu begreifen.

Diese Einsicht ist so neu nicht. Das Programm der modernen Wissenschaft ist auf dem Boden der Idee der *rationalen* Theologie, d. h. des objektiven Idealismus, erwachsen; Spinoza, Leibniz und Newton sind objektive Idealisten, die bei allen Mängeln im Detail (insbesondere ist die Vernachlässigung reflexiver Begründungen zu nennen) doch in der Einsicht übereinkommen, daß ein philosophisch geläuterter Gottesbegriff durch die moderne Wissenschaft nicht in Frage gestellt, sondern vielmehr vorausgesetzt werde.

Allerdings wird etwa der objektive Idealismus Spinozas, ungeachtet der Wahrheitsmomente seiner Ethik, der kontrafaktischen Natur des Sittengesetzes nicht gerecht. Seit Hume und Kant ist klar, daß die Ethik nicht auf Seiendes gegründet werden kann, und dies könnte leicht dazu verführen, einen subjektiven Idealismus im Sinne Kants zu favorisieren. Wenn es nicht möglich ist, die Ethik auf die Naturwissenschaft zu gründen, wie jede realistische Philosophie vergeblich versucht, dann ist die Schlußfolgerung nur zu naheliegend, Naturwissenschaft und Ethik seien zwei aufeinander irreduzible Sphären der Erkenntnis. Aber das grundsätzliche Problem dieser dualistischen Position ist offenkundig. Da die Normen der Ethik in der natürlichen Welt realisiert werden *sollen,* stellt sich die unvermeidliche Frage: Was garantiert, daß die Normen in der Natur auch wirklich *realisierbar* sind? Dieses Problem wird bei Kant nicht befriedigend gelöst; und der gesinnungsethische Charakter seiner Ethik ist eine notwendige Folge dieses ungelösten metaphysischen Problems. Immerhin nähern sich seine Lehre von den Postulaten sowie seine dritte Kritik, die diese Frage umkreisen, objektiv-idealistischen Konsequenzen. Aber eine wirklich zwingende Lösung dieser Frage ist nur auf der Grundlage eines expliziten objektiven Idealismus möglich; und d. h. wenn man annimmt: Weder begründet das Sein das Sollen, noch sind Sein und Sollen zwei aufeinander irreduzible Sphären, sondern das Sein stammt aus dem Sollen, oder besser: das (dem endlichen Geist eigentümliche) Sollen und das Sein sind beide Prinzipiate einer idealen, normativen Sphäre. Daher scheint mir Kohlberg recht zu haben mit seiner Einführung einer religiös-metaphysischen Interpretation des Weltalls als siebter Stufe des ethischen Bewußtseins, und Apels Einwände gegen Kohlberg verfehlen die Notwendigkeit eines Übergangs von der Moral zur Religion. Denn zwar kann man Apel zustimmen, daß das Geltungsproblem der Moral auch ohne Reflexionen auf ein der moralischen wie der natürlichen Welt zugrunde liegendes absolutes Prinzip gelöst werden kann, aber daraus folgt nicht, daß religiös-metaphysische Fragen für die Ethik ausschließlich die motivatorisch-psychologische Bedeutung hätten, die Apel ihnen zuzugestehen bereit ist. Vielmehr ist es ein immanent philosophisches Problem, das zur Annahme jenes absoluten Prinzips und damit zum objektiven Idealismus führt: das Problem, warum das Sittengesetz die empirische Wirklichkeit zu bestimmen vermag, wenn es doch nicht aus ihr stammt.

3.3.3. Intersubjektivität und objektiver Idealismus

Sosehr sich m. E. jemandem, der konsistent denken will, der objektive Idealismus als Philosophie geradezu aufdrängt, sowenig will ich behaupten, die zwei größten Systeme des objektiven Idealismus – das Platonische und das Hegelsche – seien in jeder Hinsicht befriedigend. Der objektive Idealismus ist zwar wohl diejenige Philosophie, die am ehesten auf Konsistenz Anspruch erheben kann; aber er ist dies nur dank seiner Komplexität; und ebendeswegen ist seine Ausführung nicht einfach. Als endliche, geschichtliche Wesen (was wir *auch,* aber nicht nur sind) können wir nicht hoffen, *das* System des objektiven Idealismus zu finden. Auch wenn die Annahme rational ist, die Welt sei ein vernünftiges Ganzes, dürfen wir durchaus davon ausgehen, daß ihre Komplexität all das übertrifft, was selbst die größten Geister sich vorstellen können. Natürlich ist dies kein Argument gegen den immer wieder zu erneuernden Versuch, ein System der Philosophie auszuarbeiten – im Gegenteil. Nur als systematische kann die Philosophie beanspruchen, dem Ganzen des Seins annähernd gerecht zu werden, während eine unsystematische Philosophie sich zwar unter bestimmten subjektiven oder historischen Bedingungen als die einzige durchführbare Möglichkeit erweisen kann, aber stets unzulänglicher bleiben wird als ein gutes System – so fehlbar dieses auch sein mag. Ja, wir können sogar hoffen, wenn wir die Tradition des objektiven Idealismus ebenso wie die Hauptergebnisse der zeitgenössischen Wissenschaften gründlich studieren, in einigen Punkten weiter zu sehen als jene titanischen Gestalten der Vergangenheit; auch Zwerge haben bekanntlich Chancen, weiter zu blicken, wenn sie sich der richtigen Größenverhältnisse bewußt bleiben und den Aufstieg auf die Schultern der Riesen wagen. Was ist der Hauptmangel der Riesen der Vergangenheit? M. E. besteht er darin, daß die traditionelle Philosophie das Intersubjektivitätsproblem nicht ausreichend in den Blick bekommen hat. Darüber ist schon gesprochen worden; hier geht es darum, zu skizzieren, was die Integration der Intersubjektivitätsproblematik in den objektiven Idealismus konkret bedeutet.

Zunächst ist klar, daß die Metakategorien einer solchen Philosophie nicht bloß Subjekt und Objekt sein können. Das *andere* Subjekt ist weder als Objekt noch als Subjekt adäquat bestimmt; es ist vielmehr beides zugleich. Es unter die Objekte zu subsumieren wäre die Vernichtung der Ethik; es als Subjekt zu kategorisieren, würde der Differenz nicht gerecht, die, auch und gerade in den affirmativsten intersubjektiven Relationen, zwischen den Ichen unausweichlich bestehen muß. Zudem ist an dem klassischen Kategoriensystem der neuzeitlichen Philosophie dies unbefriedigend, daß es dichotomisch ist, während einer objektiv-idealistischen Philosophie die Überwindung von Dualismen ein besonderes Anliegen sein muß. Die Metakategorien der Philosophie müssen Es, Ich und Du bzw. Objektivität, Subjektivität und Intersubjektivität sein – das gilt auch für einen transformierten objektiven Idealismus.

In der Realphilosophie hat dies folgende wichtige Auswirkung. Während das Hegelsche System von drei Sphären des Seins ausgeht, muß man in Wahrheit vier solche Sphären zugrunde legen. Die Hegelsche Triade von Idee, Natur und Geist muß differenziert werden in eine Tetrade von Idee, Natur, subjektivem und intersubjektivem Geist. Wenn man will, kann man von vier Welten sprechen – wenn nur klar ist, daß diese vier „Welten" nicht ontologisch irreduzible Seinssphären sind, sondern daß erstens drei von ihnen, nämlich die „realen" von Natur, subjektivem und intersubjektivem Geist, Manifestationen der idealen Seinssphäre sind und daß zweitens der subjektive Geist auf der Natur, der intersubjektive Geist auf Natur und subjektivem Geist aufbaut. In der Tat kann schwerlich ein Zweifel daran bestehen, daß nur eine Theorie, die zumindest von einer Korrelation von Leib und Seele ausgeht, mit dem objektiven Idealismus kompatibel ist. Wir haben im Zusammenhang mit dem Privatsprachenargument schon ein Argument genannt: Wäre Psychisches nicht in irgendeiner gesetzlichen Weise mit Physischem korreliert, dann würde Fremdpsychisches uns prinzipiell verschlossen bleiben (jedenfalls solange man nicht einen unmittelbaren Kontakt zwischen Seelen annimmt). Hierin, in der Beantwortung der Frage, wie wir andere Subjekte erfahren, liegt zweifelsohne eine Hauptaufgabe des intersubjektivitätstheoretisch transformierten objektiven Idealismus. Offenkundig ist, daß der entsprechende Akt empirischer Natur ist (auch wenn er apriorische Voraussetzungen macht), aber klar ist auch, daß er nicht zurückführbar ist auf die Erfahrung eines Gegenstandes oder auf Introspektion, also weder auf äußere noch auf innere Erfahrung im Kantischen Sinne. Die Grundfrage der Hermeneutik ist nur ein Sonderfall des genannten Problems, da kulturelle Objektivationen eines Subjektes nicht das einzige Korrelat seiner psychischen Akte sind. Grundlegender ist die Frage, mit welchem Rechte wir etwa aus einem Gesichtsausdruck auf Schmerz schließen – Fragen, die die Transzendentalpragmatiker bisher nicht behandelt haben (vielleicht weil sie zu Unrecht davon ausgehen, daß die einzige Form von Kommunikation verbaler Natur ist) und zu denen die immer noch wichtigsten Beiträge von Scheler stammen. Ist die Korrelation zwischen Außen- und Innenseite vollständig empirischer Natur, oder gibt es eine apriorische Beziehung? Können wir wissen, und wenn ja: woher, ob andere Subjekte etwa mit denselben Farbprädikaten dieselbe Farbanschauung verbinden? Fragen dieser Art sind bei Kant und letztlich auch bei Hegel kaum gestellt, geschweige denn beantwortet. Eine umfassende Theorie der Erfahrung von Fremdpsychischem scheint mir eines der dringendsten Desiderate eines zeitgemäßen objektiven Idealismus.

Nicht minder wichtig ist die Bestimmung der Seinsweise von Gebilden des intersubjektiven Geistes, also von Gebilden, die nur dank der geistigen Akte mehrerer Subjekte bestehen – ich meine Institutionen, Kunstwerke, Theorien, also Dinge, die bei Hegel zum objektiven und zum absoluten Geist gehören. Das Schwierige an ihrer Seinsweise ist, daß sie einerseits ohne eine natürliche Basis und ohne subjektive Akte nicht bestehen, daß sie aber andererseits nicht auf diejenigen physischen Objekte und geistigen Akte reduzierbar sind, die sie in einem bestimmten Augenblick konstituieren. Die Katholische Kirche etwa bleibt dieselbe Institution, auch wenn inzwischen alle Individuen ausgestorben sind, die sie vor Jahrhunderten konstituiert haben, auch wenn inzwischen die meisten Räumlichkeiten sich verändert haben, in denen ihr Kult vor Jahrhunderten gefeiert wurde, die meisten Kultgegenstände durch neuere ersetzt worden sind und die Messe nicht mehr auf Latein zelebriert wird. Aber das ändert nichts daran, daß irgendwelche Träger der Gebilde des intersubjektiven Geistes stets bestehen müssen – stürben alle Menschen aus, gäbe es keine Katholische Kirche mehr, mathematische Sätze aber (wie sie den Naturgesetzen zugrunde liegen) blieben weiterhin wahr.

Innerhalb des intersubjektiven Geistes wird man weiter unterscheiden müssen zwischen Gebilden, in denen ein Bezug auf die ideale Sphäre stattfindet, und solchen, in denen ein solcher nicht statthat. Die Philosophie gehört zu den ersteren, eine Industrie- und Handelskammer zu den zweiten – in Hegels Terminologie: zum absoluten bzw. zum objektiven Geist. Aber nicht nur Institutionen gehören zum intersubjektiven Geist. Auch eine Figur wie Ödipus, ein Kunstwerk wie Beethovens neunte Symphonie, eine Theorie wie die Riemannsche Geometrie bestehen nur im kollektiven Bewußtsein, auch wenn der *Gegenstand* der Riemannschen Geometrie zeitlos ist. Nicht gilt dies aber für die *Theorie* über den Gegenstand, die zu einem bestimmten Zeitpunkt entstanden ist und etwa mit den Menschen wieder verschwinden könnte.

Es ist hier der Ort, auf einen Typus von Homonymien hinzuweisen, der großen Schaden in der Philosophie ebenso wie auch im sittlichen Bewußtsein vieler Laien angerichtet hat. So wird das Wort „Theorie" häufig homonym verwendet (etwa in Poppers Dreiweltenlehre); manchmal meint man damit einen Terminus, der etwas aus der Welt des Idealen bezeichnet, manchmal versteht man darunter ein intersubjektives Gebilde. Dasselbe gilt für „Wert“. Manchmal meint man damit etwas, was zur Welt des intersubjektiven Geistes gehört (etwa die Werte der SS); manchmal meint man damit etwas, das in einem mehr als bloß soziologischen oder positiv-rechtlichen Sinne gilt („gelten“ gehört auch zu den zutiefst homonymen Wörtern). Offenbar ist der Unterschied zwischen beiden Bedeutungen des Wortes ungeheuer; denn bezogen auf die eine ist es völlig richtig zu sagen, alle Werte seien geschichtlich, müßten intersubjektiv anerkannt werden, um zu gelten, usf.; bezogen auf die andere sind diese Sätze falsch. Die Begriffsverwirrung wird dadurch verstärkt, daß es *innerhalb* der Welt des intersubjektiven Geistes ebenfalls eine Sphäre des Normativen gibt, die *empirisch* rekonstruiert werden kann – ich meine das Recht. So kann man sagen, daß in bestimmten Staaten bestimmte Normen gelten, auch wenn sie in der Wirklichkeit nicht beachtet werden. Gemeint ist mit dieser Art von Normativität, daß entsprechende Gesetze erlassen worden sind – also ein empirisch durchaus rekonstruierbarer Vorgang. Die Frage aber, ob das Sittengesetz und die aus ihm abzuleitenden Werte gelten, gehört durchwegs einer anderen Ordnung an – derjenigen des Idealen, die auf nichts Empirisches zurückzuführen ist, sondern vielmehr ihren Grund bildet. Eine theoretisch umfassende und praktisch befriedigende Wissenschaft des intersubjektiven Geistes wird daher nur möglich sein, wenn sie diese ideale Sphäre als die Basis alles Seienden anerkennt. Während Max Webers makrosoziologisches Forschungsprogramm dieses ganze Problem des idealen Geltens ignoriert bzw. nicht erfaßt, ist es das Verdienst der Habermasschen Theorie der Sozialwissenschaft, die normative Frage in die Idee einer – allein dadurch – kritischen Sozialwissenschaft integriert zu haben. Aber die Habermassche Lösung des normativen Problems teilt die grundsätzlichen Schwächen des transzendentalpragmatischen Normenbegründungsprogramms, auf die wir noch eingehen werden – sie bleibt im Rahmen des Formalismus, der für die Ethik tödlich ist. Nur eine objektiv-idealistische Sozial- und Kulturwissenschaft dürfte die materialen Einsichten Webers mit dem normativen Anliegen Habermas' zu vermitteln vermögen; und ein solches Programm könnte, scheint mir, am ehesten von Vicos „Neuer Wissenschaft“ lernen.[65]

Ein zum Verständnis historischer Prozesse wichtiges Problem betrifft den Übergang vom subjektiven in den intersubjektiven Geist. Auch wenn m. E. ein einzelner sehr wohl wahrheitsfähig denken kann, wird

[65] Ich darf mir gestatten, diesbezüglich auf meine Einleitung (1990) zur „Scienza nuova“ zu verweisen. – Vico heißt natürlich Giambattista, nicht Giovanni Battista; der Fehler auf dem Titelblatt der Ausgabe geht auf Eigenmächtigkeiten des Verlags zurück.

er doch in der Regel danach streben (jedenfalls ist dies seine Pflicht), daß seine Einsichten auch intersubjektiv anerkannt werden. Die Ursachen für den Erfolg oder Mißerfolg seiner Theorie werden nicht stets mit den rationalen Gründen zu tun haben, die seiner Theorie zugrunde liegen (von diesen Gründen mögen sogar die Ursachen seiner privaten Entdeckung abweichen); aber langfristig werden sie damit zusammenfallen. Im Falle ethischer Einsichten besteht, anders als im Falle einer wissenschaftlichen Theorie, freilich das zusätzliche Problem des Übergangs von der intersubjektiven theoretischen Anerkennung einer neuen Moral zu ihrer praktischen Umsetzung in Institutionen. Da nach dem Vollzug des zweiten Schrittes der dritte Schritt langfristig nur um den sehr hohen Preis des Verlustes der für die Stabilität einer Kultur entscheidenden kollektiven Selbstachtung verweigert werden kann, da aber der dritte Schritt meistens mit der Aufgabe vieler Partikularinteressen verbunden ist, hat derjenige, der für die Anerkennung neuer moralischer Standards kämpft, anders als das wissenschaftliche Genie nahezu zwangsläufig mit ungeheuren Widerständen, ja mit Haß zu rechnen. Die großen Religionsstifter und Propheten sind ebenso wie Sokrates ein Beispiel dafür, daß derjenige, der eine höhere Form von Intersubjektivität erfaßt, sich zunächst als einzelner gegen die reale Intersubjektivität seiner Zeit stellen muß, ja daß er im Namen jener höheren Form sich selbst zum Opfer bringen muß – und zwar nicht etwa der Natur, sondern der Stumpfheit und Bosheit seiner Mitmenschen.[66]

[66] Die „Berufung" der Propheten etwa des Alten Testaments durch eine persönliche Offenbarung kann nicht sinnvoll so verstanden werden, daß kausalwissenschaftlich nicht rekonstruierbare Ereignisse stattgefunden hätten. Wohl aber artikuliert sich in jenem Gedanken die – teils, als neue Einsicht in normative Zusammenhänge, beglückende, teils, wegen des Wissens um die bevorstehenden Auseinandersetzungen, schmerzliche – Erfahrung des sittlich kreativen Menschen, er habe eine neue Dimension des Sittlichen entdeckt, die nicht nur persönlich gültig sei, sondern die einen intersubjektiven Verbindlichkeitsanspruch habe, auch wenn sie in der intersubjektiven Wirklichkeit noch nicht realisiert, ja nicht einmal anerkannt sei. Da der Prophet erstens seine Umgebung als seinen neuen Ideen feindlich gesinnt erkennt und zweitens auch sich selbst am liebsten dem Zwang der neuen Einsicht entziehen möchte, kann er diese Einsicht nur einem transzendenten Wesen zuschreiben. Die Größe des Buches Jona besteht übrigens darin, daß in dieser Novelle nicht nur die aus anderen prophetischen Büchern bekannten Abwehrmechanismen des Berufenen beschrieben werden, sondern auch seine Verhärtung in humorvoller Weise kritisiert wird: Jona ist enttäuscht, daß seine Untergangsprophezeiungen nicht erfüllt werden (und zwar deswegen nicht, weil sie, wie jede sinnvolle Prophezeiung, eine Läuterung der Gewarnten bewirkt haben) und muß erst von seinem Gott, der sich auch um die Tiere kümmert, daran erinnert werden, daß es Gott vorzieht, wenn es auch ohne Katastrophen abgeht,

Für das sittliche Genie stellt dieser Kampf – einschließlich des Selbstopfers – eine unabdingbare moralische Pflicht dar. Während im Rahmen des Hegelschen Theoretizismus die *Erkenntnis* des Absoluten durch den einzelnen den höchsten Punkt des Universums ausmacht, wird man im Rahmen eines intersubjektivitätstheoretisch gedeuteten objektiven Idealismus die intersubjektive Anerkennung des Absoluten und die Umsetzung seiner relevanten Bestimmungen in reale Intersubjektivität als das höchste Gut ansehen. Einerseits hat unsere kritische Diskussion des Privatsprachenarguments zwar gezeigt, daß das Absolute auch von einem einzelnen erkannt werden könnte. Andererseits könnte aber auch dieser einzelne nur erkennen, daß das Absolute seiner höchsten Bestimmung nach Intersubjektivität ist und daß deswegen seine einsame Erkenntnis nicht derjenige Punkt in der Realität ist, der beanspruchen kann, ihm möglichst gleichgekommen zu sein. Warum? Die zwei entscheidenden Argumente, die ich hier nur skizzieren kann und die ich (1987 a) mit Bezug auf Hegels System näher ausgearbeitet habe, erscheinen mir folgende. Erstens läßt sich – gleichsam induktiv – sagen, daß das Absolute alle wesentlichen Strukturen des Seienden prinzipiieren muß. Wie kann es aber den intersubjektiven Geist konstituieren, wenn ihm Intersubjektivität völlig fremd ist? Die Antwort der klassischen Subjektphilosophie war, daß die Pluralität von Subjekten ein Resultat der naturhaften Kontingenz des endlichen Geistes sei, der als solcher in die Sphäre der Pluralität falle. Damit wird aber der ganze intersubjektive Geist zu einem im Grunde überflüssigen Appendix des subjektiven Geistes; es ist unmöglich, intersubjektiven Beziehungen Selbstzweckcharakter zuzuschreiben. Bei Platon führt dies zur Konsequenz, daß die Liebe letztlich ein Selbstmißverständnis des Philosophen auf dem Wege zur Schau der Ideen ist und daß der Abstieg in die Höhle – die politische Verantwortung des Philosophen – nur mit einem Appell motiviert, nicht mit irgendeinem Argument begründet werden kann.[67]

Das zweite Argument ist immanenter Natur. Das Absolute kann nur dann absolut sein, wenn es eine reflexive, sich selbst begründende Struktur ist. Dies führt leicht dazu, es als eine absolute Subjektivität zu deuten; so wird es etwa in Hegels „Wissenschaft der Logik" gefaßt. Das Absolute kann aber nur dann absolut sein, wenn es nichts außerhalb seiner hat. Es muß daher diejenigen apriorischen Kategorien, die etwa der Natur zugrunde liegen, mitdenken, indem es sich selbst

und daß ihm daher sich selbst zerstörende Prophezeiungen lieber sind. Vermutlich braucht auch unsere Zeit Propheten, also Menschen, die sich für eine neue Ethik kraftvoll einsetzen; mögen uns auch Menschen mit dem gütigen Humor des alttestamentlichen Novellisten nicht fehlen.

[67] S. dazu das schon erwähnte Buch von Jermann (1986).

denkt. Es ist daher eine Subjekt-Objekt-Einheit, eine Einheit von Subjektivität und Objektivität. Diese Einheit kann aber nicht die höchstmögliche Bestimmung des Absoluten sein. Denn einerseits ist diese Einheit asymmetrisch; das Subjekt denkt das Objekt, wird aber nicht selbst von ihm gedacht. Subjekt und Objekt sind also nicht wahrhaft identisch geworden. Andererseits ist der Gegenstand dieses Denkens ebendeswegen nicht der höchstmögliche. Das ist er nur, wenn er selbst ein Subjekt ist – und d. h. wenn die Subjekt-Objekt-Relation durch die Subjekt-Subjekt-Relation als den höchsten Punkt ersetzt wird.

Natürlich ist es nicht genügend, das Absolute als Intersubjektivität zu fassen, um etwa die Ethik begründen zu können. Denn es gibt auch unethische Formen von Intersubjektivität, und es ist wesentlich, ihnen gegenüber die ethischen auszuzeichnen. Aber wie? Offenbar lassen sich verschiedene Formen von Intersubjektivität nach ihrer logischen Struktur kategorisieren. Herrschaftsverhältnisse etwa sind transitiv, aber nicht symmetrisch, Gegnerschaftsverhältnisse symmetrisch, aber nicht transitiv. Nur affirmative intersubjektive Beziehungen sind sowohl transitiv als auch symmetrisch. Ebendeswegen haben sie Reflexivität zur Folge – das Resultat einer symmetrischen und transitiven Relation ist Einheit mit sich selbst. Doch kann die intersubjektive Relation, wenn sie der höchste Punkt sein soll, nicht bloßes Mittel, sie muß Selbstzweck sein. Eine symmetrische und transitive Relation, die sich als Selbstzweck weiß, ist aber die Liebe. In dieser *durch intersubjektive Verhältnisse vermittelten* Einheit mit sich selbst, die sich selbst zugleich als Resultat des Absoluten versteht, liegt die höchste Aufgabe des Menschen; sie, nicht die bloße Erkenntnis des Absoluten stellt jenes Gott-ähnlich-Werden dar, in der die traditionelle, metaphysisch begründete Ethik zu Recht die höchste Aufgabe des Menschen, ja den letzten Sinn des Universums erblickt hat.

3.3.4. Objektiver Idealismus der Intersubjektivität versus Transzendentalpragmatik: das Kategorienproblem, der Gedanke einer apriorischen Realphilosophie, die Erklären-Verstehen-Kontroverse

Wie verhält sich das soeben in groben Umrissen skizzierte philosophische Programm zu demjenigen der Transzendentalpragmatik? Um mit den Ähnlichkeiten zu beginnen, so sind zwei Punkte hervorzuheben. Beide Ansätze gehen von reflexiven Begründungsstrukturen aus, beide sehen in der Intersubjektivität die höchste philosophische Kategorie. Doch schon bei der näheren Interpretation dieser beiden Punkte bestehen bedeutende Unterschiede. Die Transzendentalpragmatik versteht die Letztbegründung nur als subjektiven-intersubjektiven Akt; für einen objektiven Idealismus ist sie ein Akt des Absoluten selbst, der allem Seienden vorausgeht. Die Transzendentalpragmatik begründet den Vorrang der Intersubjektivität mit dem Argument, ein einsames Subjekt könne keine Erkenntnis mit Wahrheitsanspruch haben. Dagegen scheint mir diese Behauptung die Autonomie der Vernunft zu zerstören; Wahrheit scheint mir eine subjektivitätslogische Kategorie zu sein. Aber es ist eben nicht allzuviel damit getan, die Wahrheit zu erkennen; sie intersubjektiv zu verwirklichen, ist die eigentliche und höchste Aufgabe.

Um mit den eigentlichen Differenzpunkten zu beginnen, so folgt aus der nicht-ontologischen Deutung der Letztbegründung bei Apel die erste wichtige systematische Differenz. Während der objektive Idealismus der Intersubjektivität davon ausgeht, daß es vier Seinssphären gibt, hat Apel eine ausgearbeitete Theorie nur von zwei Substrukturen des intersubjektiven Geistes: der idealen und der realen Kommunikationsgemeinschaft. Zwar nimmt sicher auch er an, es gebe eine Sphäre der Subjektivität, und vermutlich glaubt er auch an eine eigenständige Natur, auch wenn wir noch sehen werden, daß ohne eine objektiv-idealistische Grundlage dieser Glaube durch nichts begründet ist und Apel konsequenterweise eine Fichtesche Reduktion der Natur zwar nicht auf Bewußtseinsdaten, aber doch auf sprachliche Daten vornehmen müßte. Ganz gewiß nimmt aber Apel keine eigene ideale Sphäre an, die dem empirischen Seienden vorausgeht. Zwar ist seine ideale Kommunikationsgemeinschaft die höchste normative Instanz in seinem Ansatz, gewissermaßen ein Surrogat für Gott.[68] Aber ihr ontologischer Status ist in Wahrheit ambivalent. Apel verfällt wie die meisten Philosophen unseres Jahrhunderts dem Irrtum, erste und vierte Welt zusammenzunehmen.[69] Denn die ideale Kommunikationsgemeinschaft weist nicht nur Momente der Welt des Idealen auf; sie entspricht auch einer Kategorie des intersubjektiven Geistes – nämlich, in Hegels Terminologie, dem absoluten Geist, während die reale Kommunikationsgemeinschaft dem objektiven Geist korrespondiert. In der Tat identifiziert Apel die ideale Kommunikationsgemeinschaft mit der geschichtlich realisierten philosophischen Reflexion, also einem empirischen Prozeß; er behauptet, sie sei von Anfang der Geschichte an da (gemeint ist: der menschlichen Geschichte), obgleich sie erst am Ende der Geschichte realisiert sein werde (1978; 173). Gleichzeitig ist aber die ideale Kommunikationsgemeinschaft Prinzip aller Geltungsansprüche, auch – so muß man annehmen – von Sätzen über zeitlose Entitäten wie die Zahlen bzw. (wenn Apel einen Platonismus in der Mathematik ablehnen sollte) von Sätzen über die Naturgesetze. Wie kann

[68] Vgl. (1972a), 394, Anm. 50: „entweder Gott oder das ‚transzendentale Sprachspiel'". Beide Begriffe schließen einander freilich keineswegs aus.

[69] S. oben S. 215f. zur Homonymie in den Begriffen „Theorie" und „Wert".

aber etwas, das noch gar nicht verwirklicht ist, ja von dem wir nicht einmal *wissen* können, ob es je verwirklicht werden wird, etwas, das jedenfalls entstanden ist (denn die ideale Kommunikationsgemeinschaft ist in der Zeit entstanden), Prinzip der Wahrheit über etwas sein, das ihr vorausgeht? Die einzige Konsequenz wäre, wie schon gesagt, die Leugnung einer der idealen Kommunikationsgemeinschaft (und d. h. endlichen Vernunftwesen) vorausgehenden Natur. Diese Möglichkeit ist zwar nicht unmittelbar inkonsistent – sie hätte aber eine unangenehme Konsequenz. Apel könnte nicht mehr erklären, warum es eine von der idealen unterschiedene reale Kommunikationsgemeinschaft gibt.

In der Tat ist dies ein weiteres Problem seiner Theorie der Kommunikationsgemeinschaften. Da er das Problem der Natur im wesentlichen ignoriert, bleibt ungeklärt, warum es eine reale Kommunikationsgemeinschaft gibt. Zwar mag man ihm zugestehen, daß die ideale Kommunikationsgemeinschaft letztbegründet ist; von der realen wird man dies aber füglich nicht behaupten können. So wirft H. Krings Apel vor, das Wort „Apriori" äquivok zu gebrauchen. Wenn Apel vom Apriori der idealen Kommunikationsgemeinschaft spreche, meine er ein Apriori im traditionellen Sinne; das Apriori der realen Kommunikationsgemeinschaft sei hingegen etwas völlig Verschiedenes, das „schon von einer historisch gewordenen Gemeinschaft und Sprechsituation" ausgehe (in: Apel (1978), 175). Natürlich kann man nicht bestreiten, daß in der Erfahrung eine Differenz zwischen idealer und realer Kommunikationsgemeinschaft besteht. Aber das philosophisch relevante Problem ist doch, ob eine solche Differenz *notwendig* besteht oder ob sie ein kontingentes Faktum ist, das sich morgen ändern kann. Ein denkbares Argument wäre, daß die Kommunikationsgemeinschaft sich aus der Natur entwickelt habe und ihr daher ein „Erdenrest" anhafte, der ihre Identität mit der idealen Instanz verhindere. Tiefer, weil nicht kausalwissenschaftlich, sondern teleologisch, wäre das Argument, daß nur bei einer Differenz von Idealität und Realität moralisches Handeln möglich ist – wir werden darauf zurückkommen. Bei Apel findet man allerdings kein solches Argument.[70]

[70] Auffällig sind die Ähnlichkeiten zwischen den beiden Kommunikationsgemeinschaften Apels und Fichtes Ich und Nicht-Ich. Man setze für „Ich" „ideale Kommunikationsgemeinschaft", für „Nicht-Ich" „reale Kommunikationsgemeinschaft", und die Analogie erhellt sofort (auch wenn Fichtes Begriffe allgemeiner sind und das Seiende in vollständiger Disjunktion aufteilen). Ebenso wie Fichte nimmt Apel in dem Begriff der idealen Kommunikationsgemeinschaft etwas Ideales und etwas Empirisches zusammen (und so wie Schelling und Hegel Fichtes Ich in eine absolute, logische Struktur spalteten, die der Natur wie dem endlichen Geist vorausliegt, und in die durch die Natur vermittelte Struktur des Geistes, so müßte jede Erneuerung des objektiven

Wenden wir uns, nach Erörterung der Grundstruktur des ganzen Systems, seiner näheren Ausführung zu, so ist der Hauptvorwurf, der gegen Apel erhoben werden muß, der, daß er den Letztbegründungsbeweis nicht nur falsch deutet, sondern darüber hinaus bei einer punktuellen Einsicht stehenbleibt und diese nicht weiter entfaltet. Zwar kann man durchaus der Ansicht sein, daß einige der großen objektiven Idealisten der Tradition, die ebenfalls von reflexiven Begründungsstrukturen ausgegangen sind, den Apriorismus überstrapaziert haben. Aber das heißt noch lange nicht, daß Apels Minimalapriorismus die einzig mögliche Alternative ist. Denn entweder läßt Apels Letztbegründung die empirischen Wissenschaften so, wie sie sind, vermag ihnen also nichts zu geben; dann aber ist seine Letztbegründung eine Begründung, die nichts begründet, ein Prinzip, das nichts prinzipiiert, und man kann ihr den Vorwurf nicht ersparen, steril zu sein. Oder Apel glaubt, auf der Grundlage der Letztbegründung den Einzelwissenschaften a priori Kategorien vorgeben zu können, die ihre Arbeit leiten. Dies hat er in der Tat bei seiner Rekonstruktion der Geistesgeschichte getan, die mir eine seiner bedeutendsten Leistungen zu sein scheint. Aber wenn er dies zu tun unternimmt, dann muß er annehmen, daß die Philosophie a priori Kategorien zu entwickeln in der Lage ist.

Doch woher sollen die Kategorien stammen, wenn nicht aus dem Letztbegründungsbeweis, da sie apriorischen Ursprungs sein müssen und nicht auf mögliche Erfahrung eingeschränkt sein dürfen? So ist (um mit den Kategorien der idealen Sphäre, den reinen Kategorien, zu beginnen)[71] klar, daß in dem oben geführten Beweis die Kantischen Kategorien als Momente enthalten sind: Ein *positives* Resultat ergibt sich in jenem Beweis aus der *Negation* eines negativen Satzes; im Beweis sind drei Standpunkte gegeneinander *abgegrenzt*. Er ist eine *Einheit,* die sich in einer *Vielheit* (genauer: einer Dreiheit) von Schritten entwickelt (und dabei sogar den Gedanken des infiniten Regresses enthält); er beansprucht, die *Allheit* aller begründungstheoretischen Positionen analysiert zu haben. Er beschreibt eine Struktur, die gleichsam

Idealismus die ideale Kommunikationsgemeinschaft Apels zum Teil dem Idealen, zum Teil dem sich dem Idealen annähernden intersubjektiven Geist zuordnen). Ebensowenig wie Fichte beantwortet Apel die Frage, wie es zur realen Kommunikationsgemeinschaft kommt und wie beide Kommunikationsgemeinschaften aufeinander wirken.

[71] Ich nehme mit Hegel und gegen Kant an, daß vom Absoluten reine Kategorien prädiziert werden können und daß für einen wahrheitsfähigen Kategoriengebrauch keineswegs etwas in der Anschauung gegeben zu sein braucht. Allerdings scheint es mir ein Fehler Hegels zu sein, daß er in der „Wissenschaft der Logik" reine (z. B. Grund) und schematisierte Kategorien (z. B. Ursache) nebeneinander behandelt, obgleich letztere nicht als Prädikate des Absoluten fungieren können.

eine absolute *Substanz* ist, aber nur weil sie ihr eigener *Grund* ist; sie wird scheinbar durch die dialektisch widersprüchlichen Sätze begründet, durch die der letzte Satz vermittelt ist; doch in Wahrheit setzen diese, in einer Art begründungstheoretischer *Wechselwirkung,* jene immer schon voraus. *Unmöglichkeit, Möglichkeit* und *Notwendigkeit* schließlich sind ausdrücklich analysierte Bestimmungen. Ich verzichte hier auf eine nähere Ausführung, in der es insbesondere um die Metakategorien von Subjektivität und Intersubjektivität gehen müßte; es ging mir hier nur darum zu zeigen, inwiefern der Letztbegründungsbeweis einen fruchtbaren Zugang zum Kategorienproblem verspricht.

Allerdings ist an der eben angedeuteten Überlegung dies unbefriedigend, daß das Ordnungsprinzip, das soeben auf die Kategorien angewandt wurde, der Tradition entnommen wurde, ohne selbst gerechtfertigt zu sein. Wie könnte man die Ordnung der Kategorien rechtfertigen? Ich will mich im folgenden auf die drei fundamentalen Metakategorien von Objektivität, Subjektivität und Intersubjektivität konzentrieren, d. h. genauer auf die Sätze, die ihnen entsprechen und die man im Sinne von Apels Letztbegründungsformel als synthetische Sätze a priori ansehen kann.[72] Wie viele solcher Sätze gibt es? Apel hat darauf keine Antwort; letztlich werden bei ihm potentielle Kandidaten, denen man zufällig begegnet, aufgegriffen, auf die beiden Kriterien der Letztbegründungsformel hin überprüft und, wenn sie den Kriterien gerecht werden, in die Reihe letztbegründeter Sätze aufgenommen. Selbst dann bleibt aber unklar, nach welchem Prinzip die letztbegründeten Sätze geordnet werden können. Wenigstens dieses letztere Problem läßt sich folgendermaßen lösen. Die einzelnen letztbegründeten Sätze (und die ihnen entsprechenden Kategorien) sind in einen derartigen Ordnungszusammenhang zu bringen, daß der vorangegangene Satz auf propositionaler Ebene vom folgenden vorausgesetzt wird, während er selbst auf performativer Ebene den folgenden präsupponiert.

Um ein Beispiel anzuführen: Letztbegründbare Sätze sind sowohl „Es gibt Seiendes" als auch „Es gibt wahre Erkenntnis" als auch „Wahre Erkenntnis kann intersubjektiv mitgeteilt werden" – also die Negationen der drei Thesen von Gorgias' Schrift über das Nichtseiende. Alle diese Sätze sind nicht ohne dialektischen Selbstwiderspruch bestreitbar,

[72] Synthetische Sätze a priori sind das Spezifikum der Philosophie, im Gegensatz zu den aposteriorischen Sätzen der empirischen Wissenschaften und den analytischen Sätzen der Mathematik. (Ich behaupte damit keineswegs, daß die Axiome der Mathematik analytisch sind, wohl aber daß die Mathematik sich nur mit der – analytischen – Deduktionsbeziehung zwischen Axiomen und Theoremen befasse; die Wahrheit der Axiome auszumachen ist Aufgabe der Philosophie der Mathematik.)

können auch nicht bewiesen werden, ohne präsupponiert zu werden. Dennoch ist leicht zu sehen, daß die Sätze nicht gleichen Rang haben. Der dritte Satz ist konkreter als der zweite, der zweite als der erste. Der spätere setzt den früheren propositional voraus; dieser kann aus jenem deduziert werden: Kommunikation von Wahrheit kann es nur geben, wenn es Wahrheit gibt; Wahrheit kann es nur geben, wenn es Seiendes gibt. Der weitaus schwierigere Übergang vom Allgemeinen zum Besonderen läßt sich hingegen als Explikation des immer schon Präsupponierten fassen: Vom Satz „Es gibt Seiendes" kommen wir zum Satz „Es gibt Wahrheit", wenn wir auf den Wahrheitsanspruch des ersten Satzes reflektieren, ihn explizieren.

Es ist denkbar, daß sich die den angeführten drei Sätzen entsprechenden Metakategorien von Objektivität, Subjektivität und Intersubjektivität weiter ausdifferenzieren lassen und daß man auf diese Weise das Kategorienproblem in den Griff bekommt. In vielem könnte m. E. die *kritisch* rekonstruierte „Wissenschaft der Logik" Hegels als Vorbild dienen. Denn Hegels zentrale Idee ist, die Kategorien der ontologischen Tradition in seine Metaphysik der absoluten Subjektivität derart einzugliedern, daß sich die klassischen ontologischen Kategorien – etwa Substantialität, Kausalität, Wechselwirkung – als Momente in der Genese der reflexiven Struktur der absoluten Subjektivität erweisen. Sie sind somit auf Inhaltsebene deren Voraussetzungen, auch wenn erst die höchste, reflexive Kategorie den Wahrheitsanspruch zu explizieren erlaubt, den sie von Anfang an präsupponieren. Auf diese Weise gelingt es Hegel, erstens die reflexive Unhintergehbarkeit des Ich, wie sie von Fichte an den Anfang der Philosophie gesetzt worden war, durch einfachere Bestimmungen zu vermitteln und zweitens jene Kategorien zu generieren, die einerseits von der Theorie des absoluten Prinzips vorausgesetzt werden, wenn sie über es redet, andererseits den realphilosophischen Disziplinen zugrunde liegen. Ein entscheidender Unterschied zu Hegel wäre natürlich, daß – gemäß dem oben angeführten Argument – die höchste Kategorie nicht als absolute Subjektivität, sondern als absolute Intersubjektivität zu fassen wäre. Im Sinne Hegels könnte man aber einerseits zugeben, daß die Intersubjektivität als die komplexere Kategorie durch die Subjektivität vermittelt ist, andererseits aber doch daran festhalten, daß die Subjektivität erst in der Intersubjektivität in ihre Wahrheit kommt.

Auf der Grundlage der Kategorien des Logischen ließen sich vielleicht die *real*philosophischen Kategorien gewinnen, die den einzelnen philosophischen Disziplinen und, durch sie vermittelt, den Einzelwissenschaften zugrunde liegen. Aber zunächst: Warum sollte es überhaupt eine apriorische Realphilosophie, und d. h. zunächst: eine apriorische Naturphilosophie als die grundlegende Disziplin der Realphilosophie geben? Apel etwa scheint mit den meisten Zeitgenossen der Ansicht zu sein, daß der Gedanke einer apriorischen Naturphilosophie abwegig ist. Dies hat allerdings zwei wichtige Konsequenzen. Erstens würde daraus unmittelbar folgen, daß wir nie wissen könnten, *warum* die Welt so ist, wie sie ist. Nehmen wir einmal an, es gelänge der idealen Kommunikationsgemeinschaft am Ende aller Zeiten, eine *ultimate opinion* über die Natur zu erringen. Die Unbegrenztheit dieser Kommunikationsgemeinschaft ersetzt, als letzter Einheitspunkt, in der Apelschen Systemkonzeption gewissermaßen das traditionelle Apriori; jedenfalls ist dies Apels Intention.[73] Aber tut sie das wirklich? Auch wenn alle am Ende nach unendlichen Prüfungen zu dem Ergebnis kämen „Ja, die Natur ist so, wie die Theorie T behauptet“ – hätten sie dann wirklich begriffen, *warum* die Natur so ist, wie sie ist? Diese Frage kann doch nicht dadurch gelöst werden, daß statt auf die Erfahrung eines einzelnen auf die Erfahrung einer unbegrenzten Gemeinschaft verwiesen wird – diese Frage kann, wie schon Kant begriff, nur beantwortet werden, wenn die Erfahrung als solche transzendiert wird. Ja, selbst die Frage, warum die Naturgesetze sich nicht etwa in dem Augenblick ändern, der unmittelbar auf die *ultimate opinion* folgt, kann auf der Grundlage von Erfahrungserkenntnis nicht gelöst werden; und daran ändert sich auch dadurch nichts, daß die Erfahrung statt individuell (wie bei Kant) nunmehr kollektiv ist.

Aber selbst Apels von Peirce beeinflußter sinnkritischer Realismus könnte zweitens ohne den Rahmen einer objektiv-idealistischen apriorischen Naturphilosophie nur als sinnkritischer *Idealismus* aufrechterhalten werden. Wieso? Wir haben oben (S. 187 ff.) schon gesehen, daß nur die Annahme, es gebe etwas, was wir nicht denken können, dialektisch widersprüchlich ist, nicht hingegen die Annahme, es gebe etwas, was wir nicht erfahren können. Apels These, Realität sei zwar nicht das Erkannte, aber doch das auf lange Sicht Erkennbare, kann sich also nicht auf seine Lehre von den dialektischen Widersprüchen alleine stützen. (Wenn er Realität als das Erkennbare *definiert,* so ist sein Satz natürlich korrekt; nur wird er dann zu einer Tautologie, die das sachliche Problem nicht löst.) Nur wenn Apel über Kategorien verfügt, die aus dem Letztbegründungsbeweis stammen, kann er wirklich stringent Kants Lehre von den Dingen an sich zurückweisen; denn dann könnte er zeigen, daß eine solche Lehre Kategorien voraussetzt, die, als apriorisch, in Wahrheit nicht auf die Dinge an sich angewandt werden dürften – daß sich aber ohne die Anwendung dieser Kategorien überhaupt keine Theorie über etwaige Dinge an sich formulieren läßt. Wenn nun die im Letztbegründungsbeweis impliziten Kategorien universale Gül-

[73] Apel wirft Peirce einmal vor, die Paradoxien des Kantschen Dings-an-sich kehrten bei ihm in den Paradoxien des Unendlichen wieder (1975; 267). Der Vorwurf ist berechtigt – nur trifft er auch die Transzendentalpragmatik.

tigkeit haben, weil jede Theorie mit Wahrheitsanspruch die Gültigkeit des Beweises und damit der Kategorien voraussetzt, dann kann dies nur heißen, daß alles, also auch die Natur, durch sie vermittelt ist. Wenn aber der Letztbegründungsbeweis von unserer Reflexion abhängig ist, dann hat dies notwendig zur Folge, daß eine Natur vor unserer Reflexion gar nicht existiert. Die Natur muß daher, wie bei Fichte, ein Konstrukt des Geistes sein – wenn auch des intersubjektiven und nicht des subjektiven. Vereinfacht formuliert: Wenn die Natur unabhängig von unserem Denken besteht, was könnte denn garantieren, daß sie so ist, daß wir sie erfahren können?

Mir scheint offenkundig, daß diese – bei Apel nur implizite, aber aus seiner Weigerung, objektiv-idealistisch zu denken, notwendig folgende – Leugnung einer an sich seienden Natur erstens unseren Intuitionen, zweitens der Naturwissenschaft und drittens dem Desiderat nicht gerecht wird, vor der Natur jenen Respekt wiederzufinden, der in der modernen Philosophie zunehmend verlorengegangen ist, aber den unsere Zeit dringender als alles sonst braucht. Diese drei Mängel werden in einem objektiven Idealismus hingegen überwunden. Denn für einen objektiven Idealismus ist die Natur in der Tat real, sie ist die Grundlage aller endlichen Subjektivität und Intersubjektivität und geht ihr als solche voraus. Aber da sie von der idealen Sphäre konstituiert ist, kann zugleich davon ausgegangen werden, daß sie nichts Geistfremdes ist. Während der Naturalismus die Natur zwar als die absolute Grundlage allen Seins ansieht, aber ihr doch keine normative Dignität zuzusprechen vermag, weil er sich nicht zu normativen Sätzen zu erheben vermag, erkennt der objektive Idealismus in der Natur eine Schöpfung[74] des Absoluten, in die nicht ohne Grund eingegriffen werden kann. Die Natur ist etwas, das allem Machen vorausgeht und das insofern als Gleichnis des Unbedingten gelten muß. Wenn diese Einstellung ihr gegenüber vollständig gewichen ist, dann zieht sich auch das absolute Sein von den Menschen zurück, und Verfallsprozesse in der menschlichen Kultur werden unvermeidlich. Konkret: Wenn die Natur, wie in der modernen Technik, zum reinen Verfügungsgegenstand wird, dann wird die anschauliche Basis des Glaubens an etwas Unantastbares vernichtet; damit aber gerät nicht nur die Natur, sondern auch die menschliche Kultur in Gefahr, die nur dann bestehen kann, wenn die Unbedingtheit des Sittengesetzes gewußt und empfunden wird.

Dennoch ist die Natur nicht Selbstzweck. Wenn das Absolute in seiner höchsten Bestimmung eine sich selbst begründende reflexive Struktur der Subjektivität, ja der Intersubjektivität ist, dann kann die

[74] Daß Schöpfung nicht als zeitlicher Akt verstanden werden kann, ist evident.

Natur – die der Kategorie der Objektivität, des Seins entspricht – nur geschaffen worden sein zu dem Zweck, endliche Geister hervorzubringen und von ihnen erkannt zu werden. Diese Einsicht erlaubt nun eine materiale apriorische Naturphilosophie, die sich offenbar vier verschiedener, aber miteinander kompatibler Strategien bedienen kann.[75]

Erstens ist klar, daß die Natur, als Prinzipiat des Absoluten, Strukturen des Idealen widerspiegeln muß, auch wenn ihr eine irreduzible Sphäre des Faktischen und Empirischen eigentümlich ist – ebendies gehört zu ihrem Begriff. So scheint mir die Tatsache, daß die Natur durch Naturgesetze und Antezedensbedingungen vollständig bestimmt ist, Ausdruck dessen zu sein, daß einerseits etwas Allgemeines (Ideales), andererseits etwas Besonderes (Reales) ihr Wesen darstellt.[76] Aber auch materiale Bestimmungen der Natur sind auf logische Strukturen zurückführbar – etwa die Dreidimensionalität des Raumes, die Bedeutung der Symmetrie für den Materiebegriff usw. Diese Art des Zugangs zur Naturphilosophie ist in der Hegelschen „Naturphilosophie“ bestimmend; er ist weitaus fruchtbarer, als viele heute meinen.[77] Demnach ist die Natur, ja die ganze Welt des Realen die stufenweise Verwirklichung immer höherer Formen von Reflexivität, von den Erhaltungssätzen der Mechanik über die Selbsterhaltung des Lebendigen und das Sich-Empfinden des Tieres hin zu dem sich selbst erfassenden Geist der Philosophie.[78]

Als reales, nicht rein logisches Gebilde kann die Natur zweitens nicht bloß gedacht werden, sie muß erfahrbar sein. Ebendies – auf der Basis eines objektiven Idealismus teleologisch einzusehende – Postulat gestattet, die Kantischen Strategien einzuholen: Reflexionen auf die Bedingung der Möglichkeit der Erfahrung sind ein brauchbarer Weg zu einer apriorischen Naturphilosophie; sie können durch operationalistische Argumente ergänzt werden. Damit meine ich im Sinne von

[75] Es ist schön, daß Hawking sein Buch (1988) mit dem Wunsche beendet, nach dem Abschluß der theoretischen Physik möge die nicht mehr nur Spezialisten zugängliche eigentliche Aufgabe angegangen werden – nämlich philosophisch zu verstehen, warum die Natur so ist, wie sie ist.

[76] Die Dualität von Antezedensbedingungen und Naturgesetzen entspricht der formallogischen Dualität von Axiomen und Ableitungsregeln.

[77] Siehe dazu D. Wandschneiders brillante Interpretation der Relativitätstheorie auf der Basis der Hegelschen Naturphilosophie (1982).

[78] Natürlich ist die „Selbstbewegung des Begriffs“ in Hegels Naturphilosophie nicht als real wirksam zu interpretieren. Dennoch wäre nichts falscher als eine gleichsam Husserlsche Deutung Hegels, nach der dieser nur *mögliche* affirmative Strukturen darstellen wolle. Hegel (der die Anliegen Leibniz' und Husserls verbindet) muß vielmehr davon ausgehen, daß Naturgesetze und Antezedensbedingungen derart sind, daß sich die genannten affirmativen Strukturen notwendig entwickeln.

Ch. S. Peirce und P. W. Bridgman (1927) Argumente, die nach Art des Grundgedankens der speziellen Relativitätstheorie physikalische Begriffsdefinitionen (wie etwa Gleichzeitigkeit) durch operative Vorschriften für die Experimentalphysik zu ersetzen suchen. Nicht alle formallogisch möglichen Welten sind erfahrbar; nicht erfahrbare Welten sind aber keine sinnvollen Kandidaten für die Schöpfung. Daß die Natur erfahrbar ist, heißt aber drittens, daß sie so strukturiert sein muß, daß sie Wesen hervorbringen kann, die sie erfahren können. Zwar müssen das nicht notwendig Menschen sein; und insofern ist der Ausdruck „anthropisches Prinzip" irreführend.[79] Aber die ihm zugrunde liegende Intuition ist zutreffend – wir können a priori davon ausgehen, daß die Wahl von Naturgesetzen (einschließlich der in ihnen gegebenen Naturkonstanten) und von Antezedensbedingungen durch die Bedingung eingeschränkt ist, einen Kosmos zu schaffen, der von endlichen Geistern erkannt werden kann. Die Existenz solcher Geister – zumindest zu einem späten Zeitpunkt des Universums – ist somit notwendig, und zwar ontologisch, nicht nur erkenntnistheoretisch.[80] Wenn aber viertens das Ziel des Universums nicht einzig in seiner Erkenntnis besteht, wenn die Realisierung vernünftiger Intersubjektivität ein noch höheres Telos darstellt, dann haben wir eine weitere einschränkende Bedingung für die durch das Ideale zu schaffende Welt.[81]

Man wird gemerkt haben, daß vorstehende Überlegungen mit dem Leibnizschen Anliegen, die wirkliche Welt als die bestmögliche zu erweisen, in einem engen Zusammenhang stehen. In der Tat scheint es mir eine legitime, wenn auch schwierige Aufgabe der Philosophie zu sein, zu verstehen zu suchen, *warum* die Welt so ist, wie sie ist; und zur Beantwortung dieser Frage sind für eine Philosophie, die das Absolute anerkennt, Fragestellungen nach der Art Leibniz' unvermeidlich. Von allen formallogisch möglichen Welten kommen offenbar nicht alle für einen Schöpfer in Frage, und auch wenn ich nicht behaupten will, daß unsere wirkliche Welt die *best*mögliche ist und daß nur diese Welt geschaffen werden konnte, so ist doch evident, daß unter den genannten vier einschränkenden Bedingungen die Auswahl wesentlich kleiner

[79] Zum anthropischen Prinzip in der modernen Kosmologie s. J. D. Barrow/F. J. Tipler (1988).

[80] Apel betont immer wieder, er verbinde mit dem Begriff des Apriori einen erkenntnistheoretischen, nicht einen ontologischen Notwendigkeitsbegriff (1978; 176 f.).

[81] Da insofern das materiale Prinzip der Intersubjektivität eine apriorische Naturphilosophie mitbestimmt, läßt sich tatsächlich sagen, daß eine Synthese von Kohärenz- und Konsenstheorie der Wahrheit möglich ist. Aber „Konsens" bedeutet hier die materiale Intersubjektivität, im Hinblick auf welche die Welt als kohärentes Ganzes gemacht worden ist.

ist, als sie jemandem erscheinen mag, der über diese Bedingungen nicht nachgedacht hat. Es mag wohl sein, daß die Schöpfung in einem „Akt des Würfelns" bestand, in dem sich das Absolute gleichsam selbst in eine partielle Kontingenz entäußerte – aber, um sich metaphorisch auszudrücken, das Polyeder, das das Absolute warf, hatte weniger Seiten, die Entäußerung war weniger radikal, als einige anzunehmen geneigt sind.[82]

Aber wie kann eine Welt, die so offenkundig voll des Leidens und des Übels ist, überhaupt beanspruchen, auch nur ein plausibler Kandidat für eine Schöpfung durch das Absolute zu sein? Und selbst wenn es zu einer der unseren nicht sehr unähnlichen Welt keine Alternative geben mag: Warum gibt es überhaupt eine Welt? Wieso bleibt das Absolute nicht in sich beschlossen?[83] Diese Fragen sind gewiß nicht einfach zu beantworten, und es wäre vermessen zu glauben, man verfüge über eine klare Lösung. Dennoch scheinen mir diese Fragen unabweisbar, und es scheint mir ebenfalls klar, daß sie *im Prinzip* beantwortbar sein müssen. Insbesondere scheint es mir absurd, aus der Schwierigkeit der Frage nach dem Verhältnis des Absoluten zur Welt den Schluß zu ziehen, das Absolute könne nicht sein. Denn wenn das Absolute und die Welt inkompatibel wären, dann könnte jede philosophische Seele nur auf die Inexistenz der Welt schließen – denn an dem Sein des Absoluten ist nicht zu rütteln; es ist, wie der Letztbegründungsbeweis zeigt, viel fundamentaler als das Sein alles Empirischen, also auch der Welt. Wer die Welt „retten" möchte, muß sie als mit dem Absoluten kompatibel ansehen – im Streit mit dem Absoluten kann die Welt nur den kürzeren ziehen.

Im folgenden will ich eine Lösungsidee andeuten, die vielleicht

[82] Dies ist die Kritik, die ich gegen Hans Jonas' tiefsinnige Abhandlung über die Schöpfung (1988) vorzubringen mir gestatten möchte, auch wenn mir diese Schrift eine der bedeutendsten Leistungen der Nachkriegsphilosophie zu sein scheint und die folgenden Überlegungen stark von ihr beeinflußt sind. Man kann es nicht anders denn als befreiend empfinden, daß Jonas die eigentlich wichtigen Fragen (deretwegen doch das Philosophieren allein einen Sinn hat) anzugehen den Mut hat – der Verzicht darauf bedeutet, wie er mündlich einmal trefflich sagte, die Selbstkastration der Vernunft.

[83] Das Theodizeeproblem stellt sich in der Tat in zwei verschiedenen, voneinander unabhängigen Formen. Einerseits muß gezeigt werden, warum eine Welt (verstanden als das Prinzipiat des Absoluten) annähernd so ausfallen mußte wie die unsere. Aber selbst wenn diese Frage beantwortet werden könnte, steht eine Lösung für die zweite noch aus: Warum gibt es überhaupt eine Welt? Denn selbst von einer bestmöglichen Welt ließe sich immer nur hypothetisch sagen, daß ihre Existenz gut wäre: Wenn eine Welt, dann diese – aber warum soll es überhaupt eine Welt geben?

weniger unbefriedigend ist als andere.[84] Für einen objektiven Idealismus ist das Absolute die Totalität der apriorischen Wahrheiten, für einen objektiven Idealismus der Intersubjektivität ist die höchste Bestimmung des Absoluten die Idee einer vernünftigen Intersubjektivität, deren Realisierung das Sittengesetz den endlichen Vernunftwesen unbedingt gebietet. Nun ist aber klar, daß es innerhalb des Absoluten zu keiner wahren Differenz zwischen den Subjekten kommen kann, die die absolute intersubjektive Struktur konstituieren. Subjektivität und Intersubjektivität sind im Medium der Idealität, in dem es noch nicht zu realer Differenz kommen kann, in ganz eigentümlicher Weise ineinander verschränkt. (Insofern schließen Monotheismus und Trinitätslehre einander nicht aus.) Insbesondere kann es innerhalb einer idealen Struktur nicht zu einer Opferung der Subjektivität um der Intersubjektivität willen kommen. Eben darin aber bewährt sich die Priorität der Intersubjektivität gegenüber der Subjektivität aufs höchste.

Der Gedanke ließe sich auch so ausdrücken, daß es für das Absolute zu einfach sei, sittlich zu sein.[85] Erst wenn das endliche Subjekt die eigene Vernunftautonomie gegen die Leidenschaften der Natur erringen muß, erst wenn es in die Situation kommt, sich selbst um der Gemeinschaft willen opfern zu müssen, erst dann wird mit dem Sittengesetz Ernst gemacht. Nur zeitliche, sterbliche, um ihre Sterblichkeit wissende, einander (und auch sich selbst) nicht völlig durchschauende und sich daher aufeinander nicht völlig verlassen könnende Wesen[86] vermögen den höchsten Akt der Sittlichkeit, die heroische Selbstaufopferung zu dem Zwecke der Erringung einer höheren Form von Inter-

[84] Ein weiteres Argument verweist auf die triadische Struktur des Absoluten, die, auf sich selbst angewandt, seine Entäußerung in eine Natur, aus der es als subjektiver und intersubjektiver Geist zu sich zurückkehre, zur Folge habe. Siehe dazu den tiefen Aufsatz von D. Wandschneider (1985).

[85] Immerhin ist aufgrund des apagogischen Charakters des Letztbegründungsbeweises klar, daß auch im Absoluten selbst negative Kategorien enthalten sind, deren Entfaltung in der Welt des Realen geschieht. Aber im Absoluten ist das Negative nur Moment und daher gleichsam gebändigt, während es sich im Endlichen verselbständigt. Der Irrtum in der Philosophie, um ein Beispiel anzuführen, muß, wie alles, seinen letzten Grund im Absoluten haben; er besteht darin, daß das, was im Selbstbeweis des Absoluten nur ein Schritt ist, als das Ganze ausgegeben und irrtümlicherweise verabsolutiert wird.

[86] Aus diesen Bestimmungen folgt die Notwendigkeit der *Leiblichkeit* endlicher Vernunftwesen: Der Leib vehüllt (und offenbart) die Seele, wie die Kleider den Leib. Über ihre Unsterblichkeit können diese Wesen zumindest nichts wissen; ohnehin liegt etwas Kleinliches in jenem dem Sittengesetz gemäßen konformen Benehmen, das durch die Hoffnung auf eine Belohnung in einem anderen Leben motiviert ist; auf diese Weise wird der kategorische in einen hypothetischen Imperativ verwandelt und das Absolute verfehlt.

subjektivität, zu vollbringen. In diesem Akt und der Intersubjektivität, die aus ihm erwächst, besteht die höchste Bewährung des absoluten Sittengesetzes; ihretwegen ist die Welt geschaffen worden.[87]

Paradoxerweise ließe sich sagen: Ohne Leiden, ja ohne endliche Vernunftwesen, die sich gegen das Sittengesetz sträuben, wäre die Welt nicht vollkommen – auch wenn es absolute Aufgabe des Menschen ist, Leiden und Bosheit zu minimalisieren. Aber gegen alle chiliastischen Erwartungen ist demjenigen, der für das Gute kämpft, eine große Frustrationsresistenz zu empfehlen; es ist nicht garantiert, daß er je den Sieg des Guten sehen wird, und wenn er seinen Einsatz von einer solchen Garantie abhängig machen möchte, ist er schon moralisch verächtlich. Die Offenheit der Zukunft ist *subjektiv* eine Bedingung der Möglichkeit sittlichen Handelns.

Und dennoch kann das Gute dem Sein nicht bloß äußerlich sein – ist es doch sein Prinzip. So haben wir erstens gesehen, daß die Differenz zwischen Sein und Sollen durchaus etwas ist, was Sinn macht, also sein soll, also aus dem Sittengesetz folgt – auf der Metaebene hebt sich die Differenz wieder auf. Darüber hinaus scheint es mir aber zweitens a priori ausgeschlossen zu sein, daß der positive Triumph des Bösen, die Vernichtung alles geisthaften Seins in der Schöpfung (nicht notwendig der menschlichen Spezies), das letzte Wort in der Geschichte des Universums sein kann. Denn wäre dieser Triumph prädeterminiert, dann wäre die Schöpfung des Universums sinnlos; wäre er auch nur möglich, so würde das Absolute seine Realisierung in der Welt von der Wahnsinnstat von einzelnen abhängen lassen. Soweit kann seine Selbstentäußerung nicht gehen. Die Verwirklichung des Absoluten in der Welt kann *objektiv* nicht offen sein.

Natürlich behaupte ich keineswegs, es gebe ein apriorisches Argument gegen die Möglichkeit einer vollständigen Vernichtung von Homo sapiens sapiens. Für diesen Fall *wüßten* wir allerdings a priori, daß es in diesem unermeßlichen Kosmos auch woanders vernünftige Wesen geben muß. (Ja, selbst wenn Homo sapiens sapiens überleben sollte, ist die Annahme anderer Vernunftwesen höchst plausibel; denn wenn schon in der Überwindung interkultureller Barrieren etwas Affirmatives liegt, was könnte einen höheren Triumph des Geistes über

[87] Es versteht sich, daß der eben skizzierte Gedanke die philosophische Substanz des Christentums ist, dessen Gott Mensch geworden ist, um für die Erlösung der Menschen am Kreuz zu sterben. Zwar würde es gegen den Gedanken der Vernunftautonomie und damit gegen das Absolute verstoßen, eine philosophische Konzeption für wahr zu halten, nur weil sie mit einer historisch gewordenen Religion übereinstimme; aber noch absurder wäre es, eine Philosophie *wegen* einer solchen (ohnehin nur partiellen) Übereinstimmung abzulehnen.

die Natur darstellen als die Kommunikation zwischen Vernunftwesen, die nicht einmal die gleiche biologische Natur haben?) Zwar kann ich Jonas (1988) zustimmen, daß das Nachdenken über andere Vernunftwesen unsittlich ist, wenn es uns von den Pflichten auf dieser Erde ablenkt; und diese geben uns in der Tat genug zu tun. Aber wenn das Nachdenken über andere Vernunftwesen nicht zu diesem Zwecke stattfindet, dann scheint es mir vollständig legitim. Die Solidarität mit unserer Spezies sollte in der Tat das Opfer unseres Lebens für sie einschließen – das intellektuelle Opfer des Absoluten kann sie nicht fordern.

Die Verwirklichung des Absoluten in der Welt kann auch deswegen nicht offen sein, weil auf der Grundlage eines objektiven Idealismus zwar vielleicht bezweifelt werden kann, daß die Welt, in der wir leben, die bestmögliche und in diesem Sinne vollständig notwendig ist; nur schwer zu bestreiten ist aber, daß – gegeben Naturgesetze und Antezedensbedingungen – alles, was geschieht, notwendig ist. Denn der objektive Idealismus muß monistisch sein. Auch wenn sich die Welt in immer höheren Stufen entfaltet, auch wenn durch „Fulguration" Lebendiges und Geistiges als kategorial neue Strukturen emergieren, kann schwerlich ein Zweifel daran bestehen, daß dies auf der Grundlage der Naturgesetze und der Antezedensbedingungen statthat. Es wäre ein merkwürdiges Absolutes, das sich Eingriffsrechte in seine Schöpfung vorbehalten und diese nicht vielmehr so eingerichtet hätte, daß sie auf natürliche Weise das hervorbringt, was ihre Zielbestimmung ist. In der Tat kann bei dem heutigen Stand der Naturwissenschaften nur noch mit großer Mühe bestritten werden, daß zwei der drei großen Zäsuren im Reich des Realen, diejenige zwischen Anorganischem und Organischem und diejenige zwischen Tier und Mensch, im Prinzip kausalwissenschaftlich rekonstruierbar sein müssen, auch wenn kein Zweifel daran sein kann, daß durch den Zusammenschluß schon vorhandener Subsysteme Systeme mit ganz neuen Eigenschaften entstanden sind. Wesentlich schwieriger zu überbrücken ist die Kluft zwischen demjenigen Seienden, das ohne Innenseite ist, und demjenigen, das damit ausgestattet ist. Bezüglich dieser Frage hat die Naturwissenschaft nicht nur keinen konkreten Lösungsvorschlag; es ist zuzugeben, daß hier besondere methodologische Probleme bestehen, eben weil uns fremde Innenseiten nicht unmittelbar zugänglich sind. Ja, im Grunde wissen wir nicht einmal, wo so etwas wie Innenseite sich zu entwickeln beginnt – die Cartesische und die Leibnizsche Lösung, die nur dem Menschen bzw. allem Seienden Subjektivität zusprechen, sind zwar beide kontraintuitiv (und zwar die Cartesische noch beträchtlich mehr als die Leibnizsche), aber nicht unmittelbar inkonsistent. Aber wenn man mit dem common sense annimmt, daß Subjektivität sich irgendwo im Tierreich zu entwickeln beginnt, dann ist es schwer zu glauben, daß das Absolute beispielsweise den Fischen die Ehre angetan haben sollte, mit der Konstitution ihrer Innenseite in die Natur eingegriffen zu haben. Eine nicht-dualistische Lösung des Leib-Seele-Problems bleibt daher, auch aus den oben S. 188ff. genannten Gründen, die plausibelste, auch wenn die konkrete Ausarbeitung einer solchen Theorie gewiß zu den schwierigsten Aufgaben der Philosophie gehört.[88]

Offenkundig ist mit einer nicht-dualistischen Lösung des Leib-Seele-Problems nur der Determinismus kompatibel. In der Tat machen es sich nahezu sämtliche Gegenwartsphilosophen mit der zugegebenermaßen psychologisch zutiefst demütigenden Theorie des Determinismus ein wenig zu einfach.[89] Kant hat nicht ohne sehr ernste Gründe die Welt in Noumena und Phänomena gespalten, um einen Platz für die Willensfreiheit zu finden; wer nicht mehr an dieser Ontologie festhält, wer zudem eine dualistische Leib-Seele-Theorie bzw. einen Personenbegriff nach Art der Phänomenologie verwirft (wie die meisten Philosophen der Gegenwart),[90] der sollte kohärent sein und zugeben, daß auf dieser Grundlage für die Willensfreiheit kein Platz ist. Insbesondere läßt sich nicht behaupten, daß Apels Lösung des Problems irgendwie überzeugend wäre. Zwar verwirft Apel zu Recht den Kantischen Dualismus; er glaubt aber, die Willensfreiheit mit dem Hinweis auf die menschliche Interventionshandlung im Experiment retten zu können. Aber das kann schwerlich sein Ernst sein. Denn eben dies ist ja die Grundfrage des Determinismus, ob nicht menschliche Handlungen und Entscheidungen selbst ebenfalls kausal determiniert sind, und diese Frage wird doch nicht dadurch beantwortet, daß man auf menschliche Experimente verweist, für die es in den Augen eines

[88] Ich gehe davon aus, daß das wahre System der Naturgesetze nicht nur uns derzeit noch nicht vollständig bekannt ist (dies ist geradezu trivial), sondern auch qualitativ von den gegenwärtigen Vorstellungen der Naturwissenschaft unterschieden sein muß; in ihm muß nämlich der Übergang von der Außen- zur Innenseite gesetzlich geregelt sein, es muß also beide übergreifen. Sollte es im übrigen möglich sein, bestimmte Zustände der Innenseite normativ auszuzeichnen, dann gäbe es eine weitere Strategie für eine apriorische Naturphilosophie.

[89] Eine Ausnahme ist U. Pothast (1980).

[90] Auch eine dualistische Leib-Seele-Theorie ist mit dem Determinismus durchaus kompatibel – immerhin dürfte sie mehr Ausfluchtmöglichkeiten bieten. Doch ist etwa an Kants Deduktion des Kausalitätsprinzips hervorzuheben, daß sie auch bei einer dualistischen Interpretation des phänomenalen Ich gälte – auch wenn das phänomenale Ich von der physischen Welt nicht bedingt wäre, müßte es nach Kant vollständig determiniert sein. Bei einer dualistischen Theorie im Sinne Descartes' kann das Problem der Korrespondenz von Innen- und Außenseite zu deterministischen Konsequenzen führen.

Deterministen stets Ursachen gibt. Überhaupt ist Apels Kopplung der Naturwissenschaft an Experimente zutiefst unbefriedigend. Erstens haben wir (S. 195) schon gesehen, daß auch nicht experimentierende Wesen Naturwissenschaft (wenn auch zugegebenermaßen nur bis zu einem gewissen Punkt) treiben könnten und diesbezüglich an die Astronomie erinnert. Und zweitens könnte doch auch bei einem engeren Zusammenhang, wenn man subjektiv-idealistische Konsequenzen vermeiden will, nur behauptet werden, daß wir durch das Experiment gesetzliche Kausalzusammenhänge *aufdecken* – aber doch nicht, daß wir sie schaffen. Die Kausalität ist in objektiv-idealistischer Perspektive ein objektives Prinzip der Natur; sie ist die schematisierte, auf Raum und Zeit bezogene Kategorie des Grundes, die im Letztbegründungsbeweis impliziert ist. Auch die Quantentheorie gewährt keineswegs der Willensfreiheit Raum, auch wenn dies einige annehmen – aber der Wunsch ist Vater des Gedankens. Denn davon abgesehen, daß wir noch über keine philosophisch abgesicherte und einheitliche Interpretation der Quantentheorie verfügen (so ist etwa die von Albert Einstein favorisierte Theorie der verborgenen Parameter noch keineswegs widerlegt), ist schwer zu begreifen, was eine statistische Umformung des Kausalitätsbegriffes mit der Freiheit zu tun haben sollte. Sollte es nur statistisch determiniert sein, daß ich plötzlich eine bestimmte Willensregung habe – was hätte dies schon mit der Willensfreiheit zu tun?

Nicht minder unplausibel ist Apels Lösung der Erklären-Verstehen-Kontroverse. Zwar ist es richtig, daß Erklären nicht Verstehen ist, und es ist gewiß eine wichtige Aufgabe, gegen jeden Szientismus die Eigenständigkeit des Verstehens zu unterstreichen. Doch Apels Rede von der Komplementarität von Kausalerklärung und Handlungsverstehen ist zutiefst irreführend (1979; 105). Denn einerseits könnte dies heißen, daß wir einen anderen Menschen nie bloß erklären, sondern zunächst zu verstehen suchen sollen; und dagegen ist in der Tat nichts einzuwenden. Aber Apel meint offenbar mehr: daß wir seine Handlungen verstehen *statt* erklären sollen. Doch wieso schließt das eine das andere aus? Apel nimmt selbst im Fall der Ideologiekritik an, eine kausale Erklärung falscher Überzeugungen sei möglich. Aber warum nur im Falle falscher, unverständlicher Überzeugungen? (Meine Interpretation der Komplementarität von Erklären und Verstehen erinnert an Spinozas Attributenlehre: Zumindest ab einem bestimmten Punkt der Entwicklung der Welt läßt sich alles Empirische sowohl erklären als auch verstehen; die Erklärung erfaßt seine reale (genetische), das Verstehen seine ideale (geltungstheoretische) Seite, die unauflöslich miteinander verbunden sind. Da die Welt im Idealen gründet, besteht freilich eine Asymmetrie zugunsten des Verstehens.)

M. E. ist das von Beckermann in Anschluß an das Hempel-Oppenheim-Schema der Erklärung[91] entwickelte Modell menschlichen Handelns der Wahrheit bedeutend näher; es wird auch nicht durch das Logische-Beziehungen-Argument getroffen, nach dem anders als bei natürlichen Ursache-Wirkung-Beziehungen – etwa der Ausdehnung von Körpern bei Erwärmung – Intentionen und Handlungen begrifflich verbunden sind. Denn man kann ohne weiteres zugeben, daß im Falle von Intentionen und Handlungen die kausale Beziehung einer logischen Beziehung entspricht, eben weil Vernunftwesen über die Fähigkeit verfügen, logisch zu denken und zu handeln. Aber diese Fähigkeit, die durchaus das Ziel des Universums ausmacht, ist, als etwas Empirisches, selbst kausal entstanden.[92] Ich meine folgendes. Natürlich sind Gründe und Ursachen unterschieden, und ihre Verwechslung ist einer der gefährlichsten Irrtümer, die einem unterlaufen können. Wenn jemand eine Theorie entwickelt, muß ich zunächst versuchen, die *Gründe* für diese Theorie zu analysieren und auf dieser Basis zu entscheiden, ob die Theorie wahr oder falsch ist. Aber da Gründe der Ordnung des Idealen angehören und als solche nicht in der Realität zu wirken vermögen, bleibt immer noch die Frage: „Warum[93] hat X diese Theorie entwickelt?" – und zwar auch dann, wenn seine Theorie sich als völlig wahr erweisen sollte. Diese Frage kann nur durch einen Verweis auf *Ursachen* beantwortet werden, etwa die Tatsache, daß X über eine ausgezeichnete Fähigkeit, logisch zu denken und Gründe zu analysieren, verfügt (denn der Mensch ist das einzige uns bekannte Wesen, bei dem die Einsicht in *Gründe* als *Ursache* für Handlungen zu wirken vermag); und diese Fähigkeit (die zur Ordnung des Realen gehört) mag dann zurückgeführt werden auf genetische Faktoren, auf Erziehung, auf geistige Einflüsse usf. Aber – so würde Apel hier einwenden – im Falle

[91] S. dazu C. G. Hempel (1965). Hempel geht, wie schon gesagt, davon aus, daß jede Erklärung die zu erklärende Tatsache aus Naturgesetzen und Antezedensbedingungen ableite.

[92] Es ist wichtig zu begreifen, daß der hier vertretene Determinismus – der aus der Weigerung folgt, die Frage nach den Ursachen eines realen Ereignisses auch nur an einer einzigen Stelle für prinzipiell unbeantwortbar zu halten – nicht durch den populären Einwand getroffen wird, wer argumentiere, setze Freiheit voraus. Denn der Argumentierende setzt nur Rationalität und eine gewisse Störungsfreiheit voraus – diese ist aber mit einer durchgehenden Kausalordnung durchaus kompatibel, ja das Telos des Universums, dessen Struktur so eingerichtet ist, daß es endliche, rational argumentierende Vernunftwesen hervorbringen kann. Für den hier vertretenen nicht-materialistischen Determinismus ist die Wahrheitsfähigkeit des Menschen natürlich kein Zufall, sondern epistemologisch ebenso wie ontologisch notwendig.

[93] Das Wort „warum" wird ebenfalls in häufig irreführender Weise homonym verwendet, kann es sich doch sowohl auf Gründe als auch auf Ursachen beziehen.

kreativer Leistungen ist eine solche Explanation nicht möglich – oder allerhöchstens *ex post*. Doch auch dies beweist nicht, was Apel beweisen möchte – nämlich Lücken in der Kausalordnung. Denn einerseits ist es geradezu trivial, daß ein nicht geniales Individuum ein geniales nicht erklären kann – kann es doch in der Regel es nicht einmal verstehen (und Erklären setzt Verstehen voraus). Andererseits ist es aber keineswegs ausgeschlossen, daß ein zweites Genie vorhersieht, daß ein erstes Genie bestimmte Entdeckungen machen wird. Dazu müßte natürlich das zweite Genie nicht nur auf dem Gebiet genial sein, auf dem das erste es ist (etwa der Physik), und seine Entdeckungen, die das erste zu machen sich anschickt, bisher geheim gehalten haben; es müßte geniale Einsichten auch auf dem Gebiet der Psychologie des Genies haben (also ein genialer talent scout sein). So könnte es vielleicht, aus Beobachtungen am ersten Genie, die Prognose treffen, dieses werde demnächst dieselben genialen Entdeckungen machen, die ihm selbst insgeheim schon gelungen sind. Ich sehe nicht, was an diesem Fall absurd ist – er mag zwar nicht allzu häufig vorkommen (doppelte Genialität ist noch seltener als einfache), aber auf einem niedrigeren Niveau hat jeder gute akademische Lehrer sicher schon einmal die Erfahrung gemacht, daß er bei einem begabten Studenten vorhergesehen hat, worüber dieser seine Dissertation schreiben wollen würde, ja sogar, zu welchen Ergebnissen er bei seiner Persönlichkeits- und Begabungsstruktur in etwa gelangen würde. Zudem deutet das Phänomen der Mehrfach-Entdeckungen darauf hin, daß diese gleichsam ‚an der Zeit' waren – bei einem bestimmten Entwicklungsstand einer Disziplin waren sie notwendig. Es sind nicht sosehr die Genies, die die Entwicklung der Geschichte vorantreiben – es ist vielmehr die innere Logik der Geschichte, die Genies hervorbringt.[94]

Eben wegen der Unterscheidung von Ursachen und Gründen kann man in einem gewissen Sinne auch als Determinist von Freiheit sprechen. Frei ist demnach, wer aufgrund rationaler Gründe handelt – und d. h. letztlich, da die Kette der Gründe nur durch die Letztbegründung rational abgebrochen werden kann, wer die Letztbegründung eingesehen und zum Prinzip seines Verhaltens gemacht hat. Auf einer niedrigeren Stufe ist frei auch derjenige, der den sittlichen Geboten, die aus der Letztbegründung folgen, gemäß handelt, auch wenn er sie nicht begrifflich nachzuvollziehen vermag. Frei ist jedenfalls nur der sittliche Mensch, der Mensch, dessen Wesen darin besteht, dem stärkeren Logos zu folgen, und *insofern* kann man Kant durchaus zugeben, daß das Sittengesetz Freiheit voraussetzt. Aber diese Freiheit – also Freiheit im Sinne der Selbstbestimmung der Vernunft – impliziert gewiß nicht

[94] Ich danke Dmitri Nikulin und Martin Seel für klärende Gespräche zu diesem Thema.

eine Durchbrechung der Kausalordnung. Es gibt Ursachen dafür, ob jemand frei wird oder unfrei bleibt; die Freiheit oder Unfreiheit des einzelnen ist durch Naturgesetze und Antezedensbedingungen prädeterminiert.[95]

Aber zerstört der Determinismus nicht jede Ethik? Keineswegs. Denn zwar ist erstens ethisches Handeln nicht mit einem epistemischen Determinismus kompatibel; dieser ist aber keineswegs eine notwendige Folge des ontologischen Determinismus und ist in der Tat von keinem Vernünftigen je vertreten worden. Die Welt ist viel zu komplex, als daß ein endliches Wesen sich je einbilden könnte, genau vorherzusehen, was sich ereignen wird; selbst bei im engeren Sinn des Wortes natürlichen, also physikalischen Ereignissen gilt die Berechenbarkeit nur sehr begrenzt – ich erinnere nur an das Dreikörperproblem. Das philosophisch Faszinierende an der Chaostheorie[96] ist ebendies, daß sie uns zeigt, daß selbst infinitesimale Abweichungen bei Meßergebnissen (und jede Messung ist als empirischer Akt eine Approximation) zu völlig falschen Voraussagen führen können. Auch für einen ontologischen Deterministen bleibt die Zukunft subjektiv also offen, obgleich sie es objektiv nicht ist.

Zweitens kann man nicht davon ausgehen, daß die oben geschilderte Freiheit angeboren ist – sie ist vielmehr das Resultat eines Vermittlungsprozesses. Es ist keineswegs so, daß der Mensch frei oder unfrei geboren wird – der normale Mensch verfügt über eine *Disposition* zur Freiheit, die durch bestimmte Erfahrungen, durch das Nachdenken über bestimmte Argumente usw. aktualisiert werden kann. Die Aktualisierung dieser Disposition bei möglichst vielen Menschen ist offenbar die Pflicht derjenigen, die die Freiheit errungen haben – sie ist insbesondere die Pflicht verantwortlicher Erziehung. Im Falle schwerer Verstöße gegen die Freiheitsidee seitens Erwachsener werden Strafen nötig – deren letzter, wenn auch vielleicht nicht immer erreichbarer Zweck die Besserung des Verbrechers ist. (Daraus folgt die Unrechtlichkeit der Todesstrafe.) Allerdings ist nichts für die Aktualisierung der Freiheitsdisposition kontraproduktiver, als das ständige Sinnieren darüber, man sei nur determiniert – die kontrafaktische Unterstellung der Freiheit ist auch dem Übeltäter gegenüber angebracht, obwohl der Vernünftige genau weiß, daß der Verbrecher in einem tieferen Sinne nicht frei ist.

[95] Nichts charakterisiert das menschliche Selbstbewußtsein tiefer als dessen Fähigkeit, sich zum Gegenstand eines moralischen Urteils zu machen: Hier liegt der absolute Unterschied zum Tier. Daß *ich* selbst es bin, der *mich* dem Urteil des Sittengesetzes unterwerfe, ist das Faszinosum des Menschen, in dem Endlichkeit und Unbedingtheit so verschränkt sind, daß sie im Aussprechen des Wortes „Ich" ununterscheidbar werden.

[96] Siehe dazu die faszinierende Einführung von J. Gleick (1988).

(Wer sich durch den Determinismus zur Trägheit des Fatalismus verleiten läßt, der kann sicher sein, zu den Unvernünftigen zu gehören.)

Aber wird nicht auf diese Weise das Phänomen des Bösen verharmlost? Wichtig scheint mir in der Tat das Zugeständnis, daß das Böse nicht bloße Willensschwäche ist. Die Willensstärke abgefeimter Bösewichter ist ein phänomenal gegebenes Faktum, an dem nicht zu rütteln ist. Der Böse ist gewöhnlich von seinen natürlichen Trieben viel weniger abhängig als der schwache Mensch; er stellt insofern einen Fortschritt über diesen hinaus dar, und weitaus eher kann man von ihm als von dem Schwächling erwarten, er könne ein wahrhaft guter Mensch werden;[97] häufig finden sich in ihm tiefere Persönlichkeitsschichten, die der Böse wegen ihrer großen Verletzbarkeit unterdrückt hat und die der Ansprache durch das Sittengesetz zugänglich sind. Der Schwächling wird sich nie zu einem heiligmäßigen Leben bekehren, der Böse kann unter gewissen Umständen auf seinem Wege nach Damaskus die, bei aller Unbedingtheit der Forderung für die Zukunft, die Vergangenheit vergebende Stimme des Sittengesetzes vernehmen.[98] Der Böse steht der Freiheitsidee näher als der Schwächling, insofern bei diesem die Subjektivität naturhaften Trieben wie etwa der Freßsucht, Wollust usf. unterworfen ist; bei dem Bösen will sich die Subjektivität hingegen selbst. Aber sie will sich *gegen* das Allgemeine des Sittengesetzes und damit gegen die Intersubjektivität, während in dem Guten die Subjektivität ihre Würde und Energie aus der Einheit mit dem Sittengesetz bezieht. Woher rührt der Wille zum Bösen? Offenbar bedeutet die Entäußerung des Absoluten zur Natur die Zerstörung seiner Einheit mit sich selbst und die Verselbständigung seiner einzelnen Bestimmungen. Die Verselbständigung der Subjektivität gegen die ideale Intersubjektivität ist aber das Böse.

[97] Offenbar gibt es drei Formen des Bösen (deren erste mit den beiden anderen kombiniert werden kann). Die erste, gleichsam naturhafte liegt bei demjenigen vor, der eine Freude daran empfindet, andere Menschen zu quälen, bzw. der in absolutem Egoismus ihr Wohl völlig seinen Interessen unterordnet; dieser ist sehr schwer moralisch zu bessern; es muß dafür gesorgt werden, daß er anderen nicht schaden kann. Böse kann ferner derjenige sein, der einen intellektuellen Fehler begangen hat und für die falsche Seite kämpft, aber subjektiv ehrlich sich für das Gute einzusetzen glaubt. Drittens ist derjenige böse, der aus intellektuellen Gründen zum Zyniker geworden ist – der ernsthaft nach gültigen Normen und Werten gesucht hat, aber keine gefunden hat. Bekehrungen sind im zweiten, aber auch im dritten Fall möglich (man denke einerseits an Saulus, andererseits an den Innominato in Manzonis „Verlobten").

[98] Es versteht sich von selbst, daß ich Bekehrungsereignisse für mit den Naturgesetzen kompatibel halte. Aber das benimmt einem keineswegs die Möglichkeit, in ihnen einen besonders intensiven Ausdruck des Absoluten und insofern etwas Wunderbares zu erkennen.

Das Böse muß mit aller Energie, der man fähig ist, bekämpft werden. Aber wenn der Kampf vorüber, wenn es entmachtet ist, dann darf, ja sollte man durchaus dem Gefühl des Mitleids nachgeben und anerkennen, daß keiner im Ganzen des Kosmos das unseligere Los gezogen hat als derjenige, der dazu prädeterminiert worden ist, in seinem Dasein die letztliche Vergeblichkeit der Auflehnung gegen das Absolute vorzuführen.[99]

Wie ich meine, verbindet die eben skizzierte Lösung des Determinismusproblems die spekulative mit der finitistischen Perspektive. Als zugleich endliches und absolutes Wesen verfügt der Mensch über *drei* Einstellungen zur Wirklichkeit, die in dieser seiner Doppelnatur wurzeln. Während etwa die Philosophie Spinozas die erste Einstellung verabsolutiert, wird in den meisten Philosophien des 20. Jahrhunderts – etwa im Existenzialismus – die zweite zur einzig möglichen hypostasiert. Beides ist einseitig.

Die *theoretische* Einstellung betrachtet die Welt als Gefüge kausaler Zusammenhänge. Alles, was in der Welt geschieht, gilt als notwendig. Das Subjekt erscheint einerseits als eine Täuschung – denn was in ihm nicht vernünftig ist, ist Natur, was in ihm vernünftig ist, ist das (durch die Natur vermittelte) Absolute selbst. Andererseits ist das Subjekt als Beobachter der Welt ihr Grenzpunkt; es nimmt nicht an ihr Teil. Es ist allwissend, aber ohnmächtig. Dem Bösen gegenüber ist es praktisch gleichgültig, theoretisch interessiert. Die Zeit gilt, wie den Eleaten, als Illusion – alles, was geschieht, ist prädeterminiert; für einen absoluten Verstand ist die Welt gleichsam ein starrer Körper. Als höchste sittliche Pflicht gilt die Betrachtung der Welt. Von den drei Zeitmodi, die nur subjektive Realität haben, ist die *Vergangenheit* dominierend.

Der *praktischen* Einstellung gilt die Welt als etwas, was in einem wesentlichen Sinne noch zu machen ist. Aufgabe des Menschen ist, im Kampf gegen alle Widrigkeiten der Natur – der äußeren wie der inneren – die Welt dem Sittengesetz immer gemäßer zu machen. Der Handelnde hat sich dazu einerseits in die ganze Sphäre der Endlichkeit ein-

[99] Wer die Unseligkeit des Bösen sieht, dem scheint die Auffassung Kants, Schellings und Schopenhauers, in einer transzendentalen Welt habe sich der Böse, ohne jede Ursache genötigt, für seinen Charakter entschieden, eine der abwegigsten Annahmen, auf die je ein Mensch gekommen ist. – Natürlich trifft die Verantwortung für das einzelne Böse nicht das Absolute; denn für dieses gab es zur Entäußerung in eine Welt, die des Bösen fähig ist, keine Alternative. Das konkrete Ausmaß des Bösen ist durch Naturgesetze und Antezedensbedingungen festgelegt. – Will man sich auf die Fragestellungen der Dialektik der zweiten Kritik Kants überhaupt einlassen, dann, scheint mir, liegt die Forderung nach Wiedergutmachung in einer anderen Welt paradoxerweise im Falle des Bösen wesentlich näher als in demjenigen des leidenden Gerechten; denn jener ist und bleibt der metaphysische Verlierer.

zulassen, den Schmerz auf sich zu nehmen, der ihm unweigerlich in der Auseinandersetzung mit dem Bösen (demjenigen in ihm und demjenigen außer ihm) bevorsteht. Andererseits bleibt ihm die Welt stets ein Fremdes und Unbekanntes. Er mag zwar seine Spuren in ihr hinterlassen; doch bezüglich seines und ihres letzten Schicksals ist er unwissend (und damit in einem bestimmten Sinne auch gewissenlos). Er weiß nicht, ob das Gute in ihm, ob es im Menschen siegen wird – seine Einsamkeit und Sterblichkeit, die Einmaligkeit und Unwiderruflichkeit seiner Existenz sind das empirische Faktum, das ihm absolut bewußt ist. Gleichzeitig aber weiß er, daß er das Gute verwirklichen *soll,* daß das Böse zu bekämpfen ist. In Anbetracht des Bösen werden Haß und Zorn gelegentlich sein Antlitz entstellen. Der bestimmende Zeitmodus ist in seiner Perspektive die *Zukunft* – eine Zukunft, die ihm dunkel und bedrohlich bleibt.

Die *spekulative* Einstellung bezieht den praktischen Kampf auf das Absolute zurück. Für denjenigen, der zu dieser, der schwierigsten und höchsten Einstellung fähig ist, gibt es Augenblicke, in denen er in der Endlichkeit den Glanz des Absoluten zu erfahren vermag. In der Einheit von Allgemeinem und Besonderem, wie sie jedes wahre Kunstwerk, jede edle Intersubjektivität, jede Versöhnung von Gegensätzen kennzeichnet, erkennt, ja fühlt er die *Gegenwart* des Absoluten. Er weiß, daß sein Dasein ihm unbedingte Pflichten auferlegt, denen er nie vollständig gerecht werden kann; er weiß, daß diese Pflichten in Extremfällen das Opfer des eigenen Lebens einschließen. Und doch überschätzt er sich bei aller Konzentration auf seine Pflicht nie, er weiß, daß er nur ein winziger Teil der Gemeinschaft der Geister ist, ja er vermag selbst in den Momenten, in denen ohne sein Verschulden das Resultat jahrelanger Bemühungen zusammenbricht, in denen das Böse zu triumphieren scheint, zu spüren, daß er von dem Ganzen des Seins getragen ist und daß dieses – gut ist. Da er die eigenen Handlungen bei allem Ernst, den er ihnen widmet, nicht für die Angel der Welt hält, besitzt er jenen Humor, der nur dem zukommt, der sich als Teil einer vernünftigen Ganzheit weiß. Dem Bösen gegenüber empfindet er ein tiefes Mitleid. Er verfügt über die Kraft, das zu ändern, was er gemäß dem Sittengesetz ändern kann, über die Geduld, das zu ertragen, was er nicht ändern kann, und über die Weisheit, zwischen beiden zu unterscheiden.[100]

[100] Will man sich in der Sprache der tiefsten Religion ausdrücken, dann ließen sich die drei Einstellungen als das Auge des Vaters, das Auge des Sohnes und das Auge des Geistes bezeichnen.

3.4. Letztbegründung und Ethik

3.4.1. Zur Begründung der Ethik

Wie der ungelöste Dualismus von idealer und realer Kommunikationsgemeinschaft Probleme erzeugt, die über die Ontologie der Transzendentalpragmatik hinausweisen, so krankt ihre Ethik an dem Dualismus zwischen der Metanorm, daß nur das als verbindlich gelten dürfe, was sich in einem idealen Diskurs als für alle möglichen Kommunikationspartner akzeptabel erweise, und den konkreten Diskursen, die entscheiden sollen, was in der betreffenden Situation normativ gelten soll.

Was die transzendentalpragmatische Begründung der Metanorm angeht, so ist zunächst anzuerkennen, daß nur eine Philosophie, die sich um Letztbegründung bemüht, Aussichten hat, eine normative Theorie, wie es die Ethik sein muß, zu begründen. Zweitens muß anerkannt werden, daß die Kategorie der Intersubjektivität für eine Begründung der wichtigsten ethischen Pflichten unabdingbar ist. Dies heißt zwar keineswegs, daß es keine Pflichten gegen sich gebe, die nicht auf Pflichten gegen andere zurückführbar sind, wie die Transzendentalpragmatiker zu vermuten scheinen. Bei der Diskussion des Privatus wurde vielmehr schon gezeigt, inwiefern auch ein absolut einsames Wesen Pflichten gegen sich selbst haben könnte. Wenn die reflexive Subjektivität eine höhere Kategorie als die Objektivität ist, wenn es die Vernunft ist, die über das Verhältnis der beiden Kategorien zu bestimmen hat, dann besteht eine Pflicht zur Unterordnung der Naturtriebe unter die Vernunft für jedermann, ganz unabhängig davon, ob es andere Vernunftwesen neben ihm gibt. Wohl aber ist anzuerkennen, daß der Übertritt in die Intersubjektivität auch für den Privatus eine Pflicht darstellen würde – eben weil die Intersubjektivität die höhere Kategorie gegenüber der Subjektivität darstellt. Allein diese Einsicht kann zur Überwindung des Theoretizismus führen, der den größeren Teil der Tradition des objektiven Idealismus kennzeichnet, für den die einsame Erkenntnis des Absoluten den höchsten Punkt der Ethik darstellt, dem gegenüber duale und plurale intersubjektive Verhältnisse an Bedeutung verlieren. *Insofern* kann man Apel zustimmen, auf der Basis eines erkenntnistheoretischen methodischen Solipsismus lasse sich die Ethik nicht begründen (1972 a; 403).

Allerdings kann man, wie Rawls, so auch Apel selbst vorwerfen, er bleibe dem methodischen Solipsismus verhaftet. Das gilt, wenn auch in verschiedenem Grade, für die beiden Argumentationsstrategien, die sich bei ihm zur Begründung der Ethik finden. Einerseits scheint Apel folgendes zu meinen: Mit dem ernsthaften Willen zur Rationalität habe man jedes andere Vernunftwesen als gleichberechtigten Partner, als Person im vollen Sinne des Wortes anerkannt. Diese Argumentation ist durchaus kompatibel mit dem Grundgedanken des traditionellen objektiven Idealismus, ja sie findet in seinem Rahmen eine noch einleuchtendere Begründung. Denn demnach bin *ich* in meiner besonderen Partikularität nichts wert; etwas wert bin ich nur, insofern ich mit dem Absoluten (meinem eigentlichen Wesen[101]) übereinstimme und d. h. insofern ich am Logos teilhabe. Das gilt aber (zumindest dem Prinzip nach) auch für jedes andere Vernunftwesen, das ich daher genauso ernst nehmen muß wie mich selbst. Klar ist, daß dieser Gedankengang eine Begründung der Ethik insofern zu leisten vermöchte, als er eine Gleichbehandlung aller Vernunftwesen *kategorisch* vorschreibt. Was er allerdings nicht impliziert, ist, daß intersubjektive Beziehungen und Institutionen, die sich als Selbstzweck wissen, etwas Affirmativeres darstellen als bloße Gerechtigkeit. Dies ist auf der Grundlage eines subjektivitätstheoretischen objektiven Idealismus ebensowenig einzusehen wie im Rahmen der Transzendentalpragmatik, die ich daher „methodisch-solipsistisch" nannte.

In weitaus bedenklicherem Maße erweist sich der methodisch-solipsistische Charakter der Transzendentalpragmatik in ihrem zweiten Versuch der Begründung der Ethik, wie ihn besonders Kuhlmann ausgearbeitet hat. Dieser Versuch ist, trotz gewisser Ähnlichkeiten, keineswegs mit dem ersten identisch. Er lautet, vereinfacht gesagt, folgendermaßen: Wer wirklich die Wahrheit über eine Sache wissen will, der kann von anderen lernen. Deswegen muß er sich mit ihnen auf ein Gespräch einlassen; dazu muß er sie respektieren. Ganz abgesehen von den Schwierigkeiten beim Übergang vom theoretischen zum praktischen Diskurs[102] besteht das Hauptproblem dieses Begründungsversuches darin, daß er von einer empirischen Prämisse abhängt – nämlich der, daß ich von anderen lernen kann. Zu Unrecht schließt Kuhlmann die Möglichkeit eines Privatus aus, der für sich der Wahrheit fähig ist; aber unabhängig von diesem Sonderfall ist, denke ich, den meisten klar, daß es Menschen gibt, von denen sie nichts lernen können, die sie aber trotzdem zu respektieren haben. Das gilt nicht nur mit Bezug auf geistig Behinderte, Senile, Kinder, denen wohl die Transzendentalpragmatiker keine Rechtssubjektivität abstreiten wollen; es gilt im Falle einer Spitzenbegabung auch mit Bezug auf die Mehrzahl der Menschen. Es wäre schlimm um die Ethik bestellt, wenn ein Einstein diejenigen

[101] Klar ist, daß für den objektiven Idealismus das Absolute in einem *bestimmten*, nämlich normativen Sinne das Wesen jedes Menschen ausmachen muß. Allerdings kann man ebenso zugeben, daß (in einem anderen Sinne) das Wesen des Menschen die Menschheit ist, die mit dem Absoluten selbstverständlich nicht identisch ist.

[102] Vgl. Kuhlmann (1987 b).

nicht zu respektieren bräuchte, von denen er nichts lernen könnte. Ja, wenn man den anderen nur achten sollte, weil er einem möglicherweise bei der Erkenntnis der Wahrheit helfen könnte, so wäre es legitim, daß dort, wo die Mißachtung eines anderen unerläßliche Bedingung für eine bestimmte Wahrheitserkenntnis ist, die ich durch bloßes Argumentieren nie erreichen kann, ich diese Mißachtung, um des letzten Zweckes der Wahrheitserkenntnis willen, als das kleinere Übel in Kauf nehme. Vivisektionen von Menschen ließen sich damit bestens legitimieren.[103] Doch selbst wenn die fragliche empirische Bedingung immer gälte, selbst wenn ich daher jeden Menschen deswegen anerkennen müßte, weil er mich bei der Erkenntnis der Wahrheit weiterbringen könnte – selbst dann würde der andere immer nur instrumentalisiert, zwar nicht physisch, aber doch intellektuell; und auch eine intellektuelle Instrumentalisierung bleibt eine Instrumentalisierung.

[103] Dieser Einwand findet sich in einem Aufsatz, der lange vor Apels Arbeiten erschienen ist und nicht nur die am nächsten kommende Prolepse der Apelschen Position, sondern schon einige beachtliche kritische Argumente gegen sie enthält (was um so erstaunlicher ist, als Apel ihn nicht zu kennen scheint). Er wurde (1957/58) von A. Ph. Griffiths verfaßt, der (1967) eine kurze und dichte Zusammenfassung folgen ließ. – Nach Griffiths lassen sich moralische Prinzipien nur durch eine reductio ad absurdum der gegenteiligen Position begründen, da man sonst in den infiniten Begründungsregreß verfalle (1957/58; 105); und in der Tat lasse sich zeigen, „that it is not possible for anyone ... to question all moral principles ...„ for the acceptance of some moral principles is a necessary condition of the questioning of any moral principle" (106 f.). Eine derartige transzendentale Form der Begründung der Ethik sei die einzig mögliche, da eine transzendente dem naturalistischen Fehlschluß erliege (114). Konkret ließe sich nachweisen, daß derjenige, der über Moral spreche, den Anspruch erhebe, daß seinen Fragen ehrlich und unvoreingenommen geantwortet werde (115); so sei jedem rationalen Diskurs der Verzicht auf Lügen wesentlich (116). Dennoch wendet sich Griffiths selbst ein, bloße Rationalität reiche als Prinzip der Ethik nicht aus. Denn auf diese Weise ließe sich auch die Vivisektion eines Menschen rechtfertigen; ein Diskursethiker hätte ferner das Recht, seinen ermüdeten Gesprächspartner, der die Diskussion unterbrechen wolle, gnadenlos zu prügeln, bis er zu diskutieren fortfahre (117). Schließlich schlägt er vor, es müsse darum gehen, die Interessen aller möglichen Gesprächspartner – einschließlich Engel und Götter, möglicherweise auch leidensfähiger Tiere, die gewissermaßen noch Ablehnung ausdrükken könnten – zu berücksichtigen (118 f.). (1967) nennt Griffiths als die drei höchsten ethischen Prinzipien, die jedem Gespräch zugrunde lägen, „impartiality", „rational benevolence" und „liberty" (180); möglicherweise gebe es mehr davon, die Beweislast liege aber bei demjenigen, der ihre Existenz behaupte (181). – Auch R. S. Peters (1972; 101 ff.) kann als Vorläufer von Apels Ethikbegründung angesehen werden; doch ist er weniger scharf als Griffiths und Apel.

(Jeder, der mit sehr intelligenten Menschen zu tun hat, weiß, daß sie nichts mehr ärgert als das Gefühl, wegen ihrer Intelligenz instrumentalisiert zu werden.) Das transzendentalpragmatische Grundanliegen, kommunikatives gegenüber strategischem Verhalten auszuzeichnen, ist auf dieser Basis nicht zu erfüllen.

Es wurde oben S. 200 ff. schon gezeigt, daß das Interesse an Intersubjektivität drei Gründe haben kann: erstens den strategischen, daß mich der andere bei der Erkenntnis der Wahrheit weiterbringen könne, zweitens den im Rahmen einer Philosophie der Subjektivität verbleibenden moralischen, daß es meine Pflicht sei, die Erkenntnis der Wahrheit auch anderen zu ermöglichen, drittens den eigentlich intersubjektivitätstheoretischen, daß die Herstellung intersubjektiver, sich als Selbstzweck wissender Strukturen die höchste Pflicht sei. Offenkundig ist die dritte Position die am schwierigsten zu begründende; dazu sind spekulative Argumente erforderlich, wie sie S. 201 ff., 218 f. skizziert wurden.[104] Die zweite Position aber, die über die erste bedeutend hinausführt, ist schon mit transzendentalen Argumenten zu legitimieren. Denn wer über Ethik nicht nur nachdenkt, sondern diese Überlegungen ausspricht und veröffentlicht, hat damit nicht nur einen Wahrheitsanspruch erhoben; er hat damit auch vorausgesetzt, daß die Mitteilung seiner Wahrheit etwas Höheres sei, als wenn er sie für sich behielte. Der Grund dieser seiner Einschätzung ist nicht notwendig der, daß er nur auf diese Weise etwas lernen könne; ein von der Absolutheit seiner Ansichten überzeugter Philosoph vertritt seine Thesen nicht notwendig in der Hoffnung, etwas dazuzulernen, sondern weil er etwas Affirmatives in der Mitteilung dieser seiner Einsichten sieht. Und wenn die Philosophie, die es mitzuteilen gilt, die Transzendentalpragmatik ist, so kann man schwerlich daran etwas aussetzen: Eine Philosophie, deren Prinzip Intersubjektivität ist, intersubjektiv mitteilen zu wollen, ist rational und konsequent.

Ist es aber konsequent, ja ist es (wenn man extrinsische Motivationen zuläßt) auch nur konsistent, eine Theorie mitteilen zu wollen, deren Grundgedanke die Überordnung der eigenen Subjektivität über die anderen ist? Nehmen wir z. B. den Machtpositivismus als die konsequenteste Position, die über die Faktizität hinausgehende Geltungsansprüche der Menschen aneinander leugnet. Kann es im Interesse

[104] Daß es ein unauslöschliches menschliches Bedürfnis nach Intersubjektivität gibt, das nur durch die *intersubjektive* Erkenntnis von Wahrheiten befriedigt werden kann, ist als psychologischer Sachverhalt offenkundig und oft ausgesprochen worden. So berichtet Cicero im „Laelius" (cap. 88), der Pythagoreer Archytas habe den Lustgewinn, den eine vollständige Erkenntnis des Universums bedeuten würde, für nichtig erklärt, wenn es nicht möglich wäre, diese Erkenntnis jemandem mitzuteilen.

eines Machtpositivisten sein, daß auch andere seine Gesinnung teilen, ja auch nur, daß allgemein bekannt wird, daß er selber ein Machtpositivist ist? Schwerlich; in beiden Fällen würde er sich selbst gefährden. Im ersten Fall würde er riskieren, daß andere, die ihn ansonsten aufgrund altmodischer Naivität fair behandeln würden, ihm ebenso schaden würden, wie er ihnen zu schaden bereit ist. Und selbst der zweite Fall wäre für ihn nicht wünschenswert, da die anderen vor ihm gewarnt wären und er sie also auf diese Weise weniger leicht ausbeuten könnte. Eine Position, die den anderen die Anerkennung prinzipiell verweigert, ist nicht mitteilbar, weil Mitteilung den anderen immer schon in gleichem Maße an dem eigenen – wirklichen oder vermeinten – Besitz der Wahrheit partizipieren läßt. Wer den anderen für nicht prinzipiell mit sich gleichwertig erachtet, der muß ihm erst recht diese seine Überzeugung, die sein kostbarstes, weil allem anderen zugrundeliegendes Eigentum ausmacht, vorenthalten. Der wirklich konsequente Machtpositivist redet über seine Position nicht; über sie kann man nicht sprechen, über sie muß man schweigen.

Dies ist in der Tat auch empirisch leicht zu belegen. Auch – oder besser: gerade – die brutalste Regierung wird nie einen offenen Machtpositivismus vertreten, sondern ihn ideologisch zu verbrämen suchen: Es gehe darum, durch energisches Vorgehen dem Kommunismus oder Imperialismus vorzubeugen; es gehe darum, durch Beseitigung einiger Volksschädlinge dem Gemeinwohl einen unabdingbaren Dienst zu tun. Es ist kein Zufall, daß dort, wo die Begründung schwerfällt, gewisse Dinge im verborgenen getan werden. Für die Judenmorde der Nationalsozialisten gab es bekanntlich keine gesetzliche Grundlage; derlei *macht* man eben nur, man *spricht nicht* darüber. H. Heller hat sehr zu Recht gegen C. Schmitt eingewendet, daß es schon auf rein empirischer Ebene so sei, daß jedes politische System behaupte, es diene der Gerechtigkeit. „Diesen Anspruch erhebt keineswegs nur der Rechtsstaat, wie ein Propagandist der Diktatur behauptet. Es gibt keine Staats- oder Regierungsform, in der ein Befehl an sich schon einen positiven ‚Rechtswert' darstellte, und die Formulierung ‚das Beste in der Welt ist ein Befehl' mag den kulturmüden Gewaltästheten erfreuen, für jede Art von politischer Macht aber ist der Satz falsch. Denn Macht wird bekanntlich nur durch befolgte Befehle begründet, die Befolgung aber lebt immer und in allen Herrschaftsformen wesentlich von der geglaubten Berechtigung des Befehls." (1934; 331 f.)

Freilich ist Hellers Bemerkung nur eine empirische Beobachtung. Immerhin stellt sie ein Pendant dar zu jenen grundsätzlicheren Überlegungen, die oben entwickelt wurden. Danach besteht ein performativer Selbstwiderspruch in der Mitteilung der Weigerung, den anderen im Prinzip anzuerkennen. Dagegen könnte eingewendet werden, daß zumindest ein mächtiger Machtpositivist, der seiner Position sicher ist und den anderen nicht zu fürchten braucht, sich in keinen Widerspruch verwickelt, wenn er den anderen sadistischerweise quält und ihm gleichzeitig erklärt, er tue dies nur zur Steigerung seines Machtgefühls. Aber der Einwand täuscht. In Wahrheit ist Grausamkeit ein in noch höherem Maße widersprüchliches Phänomen als das Mitteilen einer Theorie der Ungerechtigkeit. Denn der Grausame will von dem anderen anerkannt haben, daß er prinzipiell über ihm steht und d. h. seiner Anerkennung nicht bedarf – ein offensichtlicher Widerspruch; als ethische Monstrosität ist die Grausamkeit auch ein logisches Monstrum.[105] – Damit ist natürlich noch nicht ein Selbstwiderspruch im ungerechten *Verhalten,* das nicht als solches mitgeteilt wird, aufgezeigt. Aber immerhin kann auf diese Weise jede *Theorie* des Machtpositivismus zurückgewiesen werden; und das ist schon viel, denn der Ethiker setzt sich nicht mit Verhaltensformen, sondern mit Theorien über Verhaltensformen auseinander.

Die eben angedeutete Begründung der Ethik findet sich schon bei Sokrates-Platon. Die eben skizzierte Argumentationsfigur dürfte den Schlüsselpunkt in Platons Widerlegung des Machtpositivismus ausmachen, wie er sie im „Thrasymachos" und im „Gorgias" entwickelt. Ironisch äußert in diesen Dialogen Sokrates seine Freude darüber, daß Thrasymachos bzw. Kallikles uneigennützig bereit seien, den Gesprächspartnern bei der Suche nach der besten Lebensform zu helfen – offensichtlich ein Hinweis auf den (im Rahmen der Kunstform des Dialogs besonders leicht aufzuweisenden) pragmatischen Selbstwiderspruch im Verhalten des sich mitteilenden Machtpositivisten.[106] Bedeutend wird diese Argumentationsstrategie zur Begründung der Ethik – die, wie gesagt, nicht auf ein Angewiesensein auf den anderen bei der Wahrheitssuche rekurriert – wieder im Deutschen Idealismus, und zwar bei Fichte. Nachdem dieser in der „Sittenlehre" von 1798 nachgewiesen hat, daß es sittliche Pflicht sei, an keines Menschen moralischer Besserung zu verzweifeln, versucht er zu zeigen, daß in jedem Menschen der Keim zum Guten liege – auch und gerade in demjenigen, der einen absoluten Egoismus *lehre.* Denn gerade in dem Lehren des als wahr Erkannten zeige sich ein sozialer Impuls, der völlig der gelehrten Theorie widerspreche. „Ihr habt entdeckt", schreibt Fichte,

[105] Die subtilste (freilich letztlich ebenfalls selbstwidersprüchliche) Weise des Anerkennungsentzuges besteht daher darin, dem anderen zu verstehen zu geben, daß man gar nicht daran interessiert ist, daß er begreife, daß man ihn nicht mehr anerkenne – indem man ihm etwa sagt, daß man keine Zeit habe, über ihn verächtlich zu sprechen (so Platon zu Dionysios bei Diogenes Laertios, III 21).

[106] Vgl. Hösle (1984), 330 ff.; Jermann (1986), 118 ff.

„dass die Menschen nur durch Eigennützigkeit getrieben werden, und dass sie sich gröblich täuschen, wenn sie anderer Antriebe sich für fähig halten. Nun wohl, das ist gut für euch; benutzt diese Entdeckung, so gut ihr könnt, und geht eures Weges weiter fort. Aber warum theilt ihr denn eure Entdeckung uns mit; was mögt ihr, da alle Menschen, und also auch ihr, nur aus Eigennutz handeln können, durch diese Mittheilung gewinnen, oder welchen Verlust durch sie von euch abwenden? Richtet jene Täuschung Schaden an, so richtet sie wenigstens Euch keinen an; denn ihr habt euch derselben, wie ihr versichert, völlig entledigt. Unser Schade aber, was schadet der euch; und was verschlägt es euch, dass um euch herum andere zu Schaden kommen? Freut euch vielmehr desselben, und zieht daraus für euch soviel Gewinn als möglich. Ueberdies würde es euch, soviel wir einsehen, unmittelbar Nutzen bringen, dass alle ausser euch in diesem Irrthume bleiben; und ihr müsstet, wenn ihr consequent wäret, alles thun, um ihn aufrecht zu erhalten und zu verbreiten. Denn ihr erhaltet dadurch ein Mittel, unter dem Vorwande der Tugend und der Gemeinnützigkeit uns für eure geheimen Zwecke zu gewinnen; welches euch nicht so leicht seyn wird, wenn ihr geradezu uns euren Privatnutzen als letzten Zweck ankündigt. Kurz, da ihr gar keinen Gewinn von der Mittheilung eurer Entdeckung haben könnt, so widerspricht eure Aussage eurer Aussage selbst." (4.319 f.)

Der Widerspruch, von dem Fichte am Ende des angeführten Zitates spricht, ist offenbar ein performativer, auch wenn Fichte über diesen Terminus nicht verfügt; denn der Widerspruch besteht nicht innerhalb des *Inhalts* der Theorie eines normativen (ja auch nur eines psychologischen) Egoismus, sondern zwischen dem *Inhalt* dieser Theorie und ihrer Mitteilung als der einzigen *Form,* in der sie für andere Menschen existieren kann. Einen analogen Widerspruch entdeckt Fichte, ähnlich wie Apel, in einer Theorie, nach der Lügen erlaubt sei. Nicht nur muß derjenige, dem diese Theorie mitgeteilt wird, bezweifeln, daß sie wirklich wahr sei – die Versicherung, daß Lügen erlaubt sei, könnte selbst eine Lüge sein. Darüber hinaus ist es auch hier nicht im Interesse desjenigen, der sich die Lüge vorbehält, dies andere wissen zu lassen. „Wer eine solche Maxime wirklich hätte, der könnte weder sagen wollen, dass er sie habe, noch sie zur Maxime anderer machen wollen; er müsste sie sorgfältig in sich verschliessen, und nur für sich selbst zu behalten wünschen. Mitgetheilt vernichtet sie sich selbst." (4.287)[107]

[107] Hier ist Kantischer Einfluß unverkennbar. So hat Kant in „Zum ewigen Frieden" von 1795 die „Fähigkeit zur Publizität", also die Mitteilbarkeit, als „ein leicht zu brauchendes, a priori in der Vernunft anzutreffendes Kriterium" zur Feststellung sowohl des moralischen als auch des rechtlichen Charakters von Maximen angesehen (B 98 f./A 92 f.). Zumal im Staats- und Völkerrecht

Diese zwei Beispiele dürften andeuten, daß einige Grundprinzipien der Ethik in der Tat nicht konsistent intersubjektiv bestritten werden können; ihre Negation ist nicht „theoriefähig", wenn unter Theorie etwas intersubjektiv Mitteilbares verstanden wird. Positiv hervorzuheben ist an den Argumentationen Sokrates' und Fichtes, daß sie nicht auf der falschen Annahme basieren, Erkenntnis der Wahrheit sei im Alleingang unmöglich. Denn in jeder Theorie ist, insofern sie mitgeteilt wird, der Bezug zu anderen Subjekten auch dann gegeben, wenn nicht erst deren Konsens die Wahrheit der Theorie zu validieren hat.

3.4.2. Zur Durchführung der Ethik

Sosehr, bei allen Mängeln, die transzendentalpragmatische Letztbegründung des Prinzips der Ethik als bedeutender Begründungsversuch ernst genommen werden muß, so wenig kann doch die Zweistufigkeit in der transzendentalpragmatischen Ethikkonzeption überzeugen. Vereinfacht lautet die entsprechende Idee Apels folgendermaßen: Zunächst wird letztbegründet, daß die Folgen und Nebenwirkungen, die sich aus der allgemeinen Befolgung einer gültigen Norm für die Befriedigung der Interessen jedes einzelnen voraussichtlich ergeben, von allen Betroffenen zwanglos akzeptiert werden können (1986a; 230). Alsdann stellt sich im konkreten Diskurs heraus, was unbeschränkt konsensfähig ist.

Dagegen läßt sich zunächst dasselbe einwenden, was oben gegen die Konsenstheorie der Wahrheit gesagt wurde, die offenbar entweder tautologisch oder falsch ist. Für die Ethik läßt sich das Dilemma folgendermaßen formulieren: Entweder gilt (in einem normativen Sinn) etwas, weil es allgemein anerkannt worden ist – dann aber ist man kollektivem Wahnsinn gegenüber per definitionem stets im Unrecht. Oder etwas soll anerkannt werden, weil es gilt, weil es rational ist, es anzuerkennen – dann brauchen wir aber materiale Kriterien, die uns gestatten, einen vernünftigen Konsens von einem unvernünftigen zu

gelte „die *transzendentale Formel* des öffentlichen Rechts ...: ‚Alle auf das Recht anderer Menschen bezogene Handlungen, deren Maxime sich nicht mit der Publizität verträgt, sind unrecht'." (B 99/A 93) Das entsprechende bejahende Prinzip lautet: „Alle Maximen, die der Publizität *bedürfen* (um ihren Zweck nicht zu verfehlen), stimmen mit Recht und Politik vereinigt zusammen" (B 110/A 103). Allerdings ist dieses Prinzip bei Kant ausdrücklich nicht begründet („Es ist gleich einem Axiom unerweislich-gewiß", B 100/A 94); den einzig denkbaren Weg eines apagogischen Beweises lehnt Kant ab. – Gegen Kant würde Apel (der, anders als Habermas (1962), diese Stellen nirgends zitiert) allerdings zu Recht darauf bestehen, daß es Situationen gibt, in denen ein strategisches Handeln legitimiert werden kann, das sich diesem Prinzip widersetzt.

unterscheiden. Solche Kriterien vermag die Transzendentalpragmatik aber nicht zu geben, ja sie glaubt, sie nicht nötig zu haben.

Ausgangspunkt dieser verhängnisvollen Überzeugung ist die richtige Einsicht, daß es in der Tat praktische Fälle gibt, in denen der Konsens – und zwar nicht ein rationaler Konsens, sondern der Konsens als solcher – vollständig ausreicht, um eine Norm zu legitimieren. Wenn sich etwa alle Betroffenen darauf einigen, den Rechtsverkehr statt des Linksverkehrs einzuführen, dann verdient der entsprechende Konsens als solcher vorbehaltlose Anerkennung. Denn offenbar handelt es sich bei dem genannten Fall um eine Norm, die erstens material kontingent ist; in jenem Fall ist es aber zweitens (zum Schutze des menschlichen Lebens) nötig, eine einheitliche Normierung zu erreichen. Wenn eine solche einheitliche Normierung überflüssig ist, müßte man sich freilich fragen, ob die allgemeine Akzeptierung einer solchen bindenden Normierung wirklich rational ist oder ob sich hier nicht die Betroffenen auf eine zwar allgemein anerkannte, aber nichtsdestoweniger irrationale Weise einer Freiheitschance berauben. Ganz deutlich stellt sich aber dieses Problem, wenn die Norm, auf die man sich einigt, material nicht kontingent ist. Offenbar sind hier wiederum zwei Fälle zu unterscheiden. Erstens gibt es – so setze ich jedenfalls zunächst einmal voraus – materiale Normen, die a priori gelten, ganz unabhängig davon, ob sie allgemein anerkannt werden. Das gilt auf moralischer ebenso wie auf naturrechtlicher Ebene. (Ich gehe davon aus, daß naturrechtliche Normen eine echte Teilmenge moralischer Normen sind.) Wenn etwa ein Sadist und ein Masochist in freiem Einvernehmen beschließen, einander aufs abartigste zu instrumentalisieren, dann ist in den Augen der Transzendentalpragmatik ihr Verhalten gleichermaßen moralisch wie dasjenige zweier Wesen, die einvernehmlich beschließen, derartiges zu unterlassen – in beiden Fällen liegt nämlich ein Konsens vor. Die traditionelle Ethik geht hingegen – und, wie mir scheint, zu Recht – davon aus, daß das wechselseitige Einvernehmen den unmoralischen Charakter einer entsprechenden Handlung verglichen mit einer Handlung, in der Zwang ausgeübt wird, zwar mindert,[108] aber keineswegs beseitigt. Ja, selbst auf rechtlicher Ebene gilt das Gesagte – sittenwidrige Körperverletzung bleibt auch bei Zustimmung des Verletzten nach deutschem Strafrecht strafbar. Mehr noch: Wenn etwa der Bundestag, gestützt auf die überwältigende Zustimmung des Volkes, einstimmig beschließen würde, die Vivisektion einer bestimmten Zahl durchs Los zu ermittelnder Deutscher einzuführen,

[108] Ich meine damit, daß der Sadist, der den anderen gegen seinen Willen mißhandelt, unmoralischer handelt als derjenige, der einen ihm gefügigen Masochisten findet; summiert man aber den Unwert der Handlungen *beider* Partner, dann dürfte die Summe im zweiten Fall größer sein als im ersten.

weil der Lustgewinn der Allgemeinheit größer sei als der Schmerz der wenigen und weil (dies sei hier der Einfachheit halber vorausgesetzt) jeder sich ausdrücklich bereit erklärt habe, das entsprechende Risiko einzugehen, dann wäre eine entsprechende Maßnahme im Rahmen des Grundgesetzes der Bundesrepublik Deutschland nichtsdestoweniger verfassungswidrig – eben weil in ihm materiale Grundwerte wie die Menschenwürde anerkannt werden, die keinem – auch nicht qualifizierten Mehrheiten, ja selbst nicht der Universalität – zur Disposition stehen (GG Art. 79 III).

Ebenso ist es im Falle des Strafrechts evident, daß ein größerer Schutz der Bürger dann gegeben ist, wenn aufgrund *materialer* naturrechtlicher Normen festliegt, was der Staat bestrafen darf und was er nicht bestrafen darf, als wenn dies durch die Mehrheit entschieden werden kann. All das scheint mir absoluten Sinn zu machen; und die zumindest implizite Leugnung der Vernünftigkeit dieser Regelung durch den diskursethischen Formalismus bedeutet eine ethische Regression, die um so bedrückender ist, als die Diskursethik eine der normativ anspruchsvollsten Ethiken ist. Insbesondere bedeutet sie einen Rückschritt gegenüber Kant. Denn auch wenn Kant mit seiner Annahme geirrt hat, aus dem kategorischen Imperativ *allein* ließen sich materiale Normen deduzieren, hat er auf jeden Fall zu Recht eingesehen, daß eine Ethik ohne konkrete materiale Normen ein Unding ist. Die „Metaphysik der Sitten" mag zwar begründungstheoretisch Kants schwächstes Werk sein – aber kein Zweifel besteht daran, daß in ihr Kants Ethik gipfeln sollte und daß die Ignorierung dieses Werkes und der Werke seiner Nachfolger (deren wichtigste Fichtes „Grundlage des Naturrechts" und die „Sittenlehre" sowie Hegels „Grundlinien der Philosophie des Rechts" sind) durch die Diskursethiker wenig Gutes verheißt. Ja, aufgrund ihres Formalismus unterbieten die Transzendentalpragmatiker selbst das Niveau an materialer Intersubjektivität, das Kant erreicht hat. Denn Kant weiß sehr genau, daß sich etwa die Pflicht zur Wohltätigkeit nicht auf einen Konsens gründen läßt – gar mancher würde gern das Risiko eingehen, von anderen im Notfall im Stich gelassen zu werden, wenn er nur der Pflicht überboten wäre, sich ihnen gegenüber wohltätig zu erweisen, heißt es in der „Grundlegung zur Metaphysik der Sitten" (Werke IV 62). Dennoch hält Kant an der entsprechenden Pflicht fest. Auch wenn Kant bekanntlich keinen Sozialstaat gefordert hat, läßt sich doch aus der rechtlichen Interpretation des genannten moralischen Prinzips die Entwicklung des Sozialstaats als Fortschritt gegenüber dem Rechtsstaat deuten – in jenem, läßt sich sagen, wird das Prinzip der Intersubjektivität stärker zur Geltung gebracht als im abstrakten Rechtsstaat, der die Sphären der einzelnen nur negativ gegeneinander abgrenzt. Aber diese *materiale* Interpretation des Prinzips der Intersubjektivität liegt der Transzendentalpragmatik fern – für sie ist die Entscheidung für oder gegen den Sozialstaat gleichermaßen akzeptabel, wenn sie nur auf einem Konsens beruht.[109]

Die dritte Gruppe von Normen, die ich im Auge habe, vermittelt zwischen den apriorischen Kants und den konsensualen der Diskursethik – ich meine die apriorisch-empirischen. Darunter verstehe ich Normen, die sich (im Sinne von Moores „Principia Ethica") gewissermaßen als Konklusionen aus einem Syllogismus ergeben, dessen Obersatz apriorischer, dessen Untersatz empirischer Natur ist. Während der Obersatz einen apriorischen Wert statuiert, stellt der Untersatz fest, zu seiner Realisierung sei ein bestimmtes Mittel erforderlich; die Konklusion schreibt die Anwendung dieses Mittels vor. Ihre Geltung hängt von der Wahrheit der beiden Prämissen ab – und diese ist offenbar ebenfalls konsensunabhängig. Die Transzendentalpragmatik erhebt also völlig zu Unrecht die – in der klassischen Ethik in der Tat unterschätzten, aber verhältnismäßig unwichtigen – konsensualen Normen zu dem wichtigsten Normentypus und verkennt vollständig die Natur der beiden anderen, während nur eine differenzierte triadische Normenlehre den neuen Normentypus „aufheben" kann, ohne die Tradition zu unterbieten.

Die Unumgänglichkeit materialer Prinzipien erhellt besonders, wenn man an den Fall denkt, der die Regel ausmacht – also an den Fall, wo kein einheitlicher Konsens vorliegt (obgleich das grundsätzliche Problem auch bei Einstimmigkeit bestehen bleibt). Wie soll man in einem solchen Fall vorgehen, wenn man den Mehrheitsterror vermeiden will? Da die Transzendentalpragmatiker mit großer Klarheit begriffen haben, daß ohne Letztbegründung keine Ethik möglich ist, ist es erstaunlich, daß sie nicht einsehen, daß ohne materiale Prinzipien, ja ohne eine Wert- und Güterhierarchie kein rationaler Konsens über ethische Fragen zu erzielen ist – obwohl das eine so klar ist wie das andere. Wenn für A W_1 der höchste Wert ist, für B hingegen der höchste Unwert – wie soll ein Konsens zwischen beiden möglich sein? Offenbar doch nur dann, wenn eine Methode existiert, um über die Rationalität von Werten zu entscheiden (etwa weil sie aus bestimmten metaphysischen Prinzipien folgen) – diese Methode muß aber dem Diskurs vorausgehen, kann sie doch allein garantieren, daß man in ihm zu einem Konsens kommen kann. Als Beispiel möchte ich hier folgendes anführen. Für A sei das Leben ein höherer Wert als die Ehre, für B gelte das Umgekehrte. A lehne Duelle daher ab, möchte sie verbieten, B hingegen befürworte sie. Wie sollen die beiden Kontrahenten sich je einigen? Offenbar nur, wenn man dem Konsens vorausgehende *Argu-*

[109] Einen bemerkenswerten Versuch, über den Formalismus der Diskursethik hinauszukommen, legte A. Honneth (1986) vor.

mente für eine Werthierarchie findet. Deren gibt es nun in der Tat einige. So kann man auf ein *reales* Voraussetzungsverhältnis verweisen – Ehre kann man in einem gewissen Sinne nur haben, wenn man lebt, und daher ist es sinnlos, um der Anerkennung durch den anderen willen sein Leben aufs Spiel zu setzen. Auch ein *transzendentales* Voraussetzungsverhältnis gibt Hinweise auf eine Werthierarchie – Vernunft ist sicher ein höherer Wert als Lust, weil die Vernunft über die Frage der Werthierarchie zu entscheiden hat. Doch geht es hier nicht darum, eine Werthierarchie konkret zu entwickeln – dies ist zugegebenermaßen nicht einfach.[110] Worum es hier geht, ist die simple Einsicht, daß ohne eine solche apriorische Werthierarchie – deren Geltung nicht aus dem faktischen Konsens resultiert, sondern ihn erst rational zu machen vermag – die transzendentalpragmatische Hoffnung absurd ist, moralische Fragen rational lösen zu können. (Natürlich mag es sein, daß viele Werte nur subjektiv gültig sind – aber selbst dann brauchen wir den objektiven Wert der Toleranz, um zu sagen, daß in diesem Falle *alle* Parteien die Werte der anderen respektieren müssen.)[111] Abwegig ist insbesondere die infinitistische Ausflucht, die die Transzendentalpragmatiker nehmen, um der Ethik Rationalität zu garantieren. Da sie sich auf die Frage einer objektiven Hierarchie nicht einlassen wollen, erklären sie es zur Aufgabe der unbeschränkten Kommunikationsgemeinschaft, ethische Streitfragen zu klären. Aber ganz davon abgesehen, daß

[110] Ich schließe keineswegs aus, daß es wirklich tragische Fälle gibt, in denen die Entscheidung zwischen zwei annähernd gleichrangigen Werten getroffen werden muß – berühmt ist der von Sartre (1986; 17ff.) angeführte Fall desjenigen, der im besetzten Frankreich vor dem Dilemma steht, gegen die Nationalsozialisten zu kämpfen oder seine alte Mutter zu pflegen. Aber auch wenn zuzugeben ist, daß in einem solchen Fall unter *bestimmten* Rahmenbedingungen (etwa wenn niemand anderer die Mutter pflegen kann, wenn diese nicht selbst den Kampf gegen die Nationalsozialisten empfiehlt usw. usf.) keine befriedigende Entscheidung getroffen werden kann, bleibt doch offenkundig, daß die beiden möglichen Handlungen zahlreichen anderen Möglichkeiten (etwa der Kollaboration mit den Nationalsozialisten, der Eröffnung eines Bordells usw.) moralisch überlegen sind und daß dieses Urteil ohne eine Werthierarchie nicht zu begründen ist.

[111] Nicht minder abwegig ist die Auffassung, alle Probleme ließen sich dadurch lösen, daß man zwischen Bedürfnissen Kompromisse schließe. Denn natürlich muß man zwischen *ethisch gleichberechtigten* Bedürfnissen Kompromisse schließen können – aber dazu braucht man ein Kriterium, das uns zu entscheiden erlaubt, warum etwa das Bedürfnis nach schrankenloser sexueller Befriedigung oder nach sadistischer Mißhandlung des Mitmenschen nicht denselben moralischen Anspruch hat wie das Bedürfnis nach Bekämpfung des Welthungers. Ohnehin wäre, wenn man alle Bedürfnisse gleichstellte und einen formalen Kompromiß forderte, derjenige begünstigt, der mit den stärksten Bedürfnissen aufträte.

die Meinungen aller Mitglieder der unbegrenzten Kommunikationsgemeinschaft in einer endlichen Zeit nicht eingeholt werden könnten, würde eine solche Meinungsumfrage nichts lösen. Wir stießen entweder nur auf noch mehr Optionen, was uns gänzlich verwirren müßte, oder wir sähen, daß die Gemeinschaft in den letzten Werten konvergieren würde – *rational* wäre diese Konvergenz aber nur, wenn es eine präexistente Werthierarchie gäbe, und in diesem Fall könnten wir uns den Rekurs auf die unbegrenzte Kommunikationsgemeinschaft ersparen.

Sicher ist die Suche nach guten Argumenten für eine objektive Werthierarchie und für rationale ethische und politische Entscheidungen auf viele konkrete Diskurse angewiesen, und gewiß ist es unmoralisch, von vornherein bestimmte Fragestellungen und Vorschläge gar nicht erst zur rationalen Prüfung zuzulassen. Aber wegen der Beschränktheit der Zeit (die mit der Endlichkeit des Menschen notwendig gegeben ist und die die Transzendentalpragmatiker trotz ihres Finitismus zu übersehen scheinen) ist es klar, daß Selektionsstrategien entwickelt werden müssen, damit die wirklich wichtigen Argumente gefunden werden und nicht in einem Meer von substanzlosen Räsonnements untergehen. Auf die Entwicklung solcher Selektionsstrategien zu verzichten, weil dies undemokratisch sei, kann nur zur Folge haben, daß Entscheidungen nicht getroffen, sondern auf die lange Bank geschoben werden. Nun gibt es zweifelsohne Fälle, wo die Verzögerung einer Entscheidung sinnvoll ist – etwa wenn dies ohne Schaden geschehen kann und wenn die Zukunft die für die Rationalität der Entscheidung nötigen Informationen bringen wird. Wenn dies aber nicht der Fall ist, wenn nicht damit zu rechnen ist, daß demnächst neue Argumente auftauchen, wenn zudem die Zeit drängt und Chancen verpaßt zu werden drohen, dann ist es absurd, auf den allgemeinen Konsens zu warten – eine solche Einstellung stellt vielmehr oft einen Selbstbetrug dar, seitens bestimmter Kräfte manchmal sogar einen zynischen Betrug der anderen, von denen man weiß, daß ihnen der Geduldsfaden eher reißen wird als einem selbst und daß sie daher einem weiter entgegenkommen werden als man selbst zu tun bereit ist: Denn das Warten auf den Konsens, d. h. das Herausschieben einer Entscheidung, ist keineswegs allen Parteien gleich günstig. Es liegt etwas zutiefst Konservatives, den Status quo Perennierendes und in historischen Krisenzeiten sogar etwas Verantwortungsloses in der diskursethischen Weigerung, Entscheidungen als legitim zu akzeptieren, die nicht auf einen allgemeinen Konsens gegründet sind – eine Weigerung, die auf der Unfähigkeit basiert, zu begreifen, daß Sich-nicht-Entscheiden auch schon eine Entscheidung ist. Das Einrichten von Kommissionen und Subkommissionen, das Befragen von inkompetenten Personen, die Einführung hyperkomplexer Entscheidungsverfahren – all diese bekannten Strategien, mit denen diejenigen, die nichts ändern wollen, diejenigen zermürben, die sich nach materialen Einsichten sehnen und diese praktisch umsetzen wollen, erhalten durch die Diskursethik eine absolute moralische Legitimation. Sicher muß man den Dezisionismus ablehnen, wenn darunter eine irrationale Entscheidung für bestimmte Werte verstanden wird (in diesem Sinne Dezisionisten sind übrigens alle, die keine objektive Werthierarchie anerkennen, also auch die Diskursethiker); aber wenn „Dezisionismus" die schlichte Einsicht bedeutet, daß man sich im Leben innerhalb bestimmter Fristen entscheiden muß, ja daß es manchmal besser ist, die falsche Entscheidung zu treffen als gar keine Entscheidung zu treffen – dann sollte kein Vernünftiger etwas gegen den Dezisionismus haben.

Wohlgemerkt: Es geht hier nicht um eine von Weber und Schmitt beeinflußte Polemik gegen die Moralisierung der Politik – wenn die Politik sich von jedem normativen Bezugspunkt gelöst hat, bleiben nur Zynismus und Machtpositivismus übrig. Doch auch wer eine moralische Politik befürwortet, muß erstens begreifen, daß ein abstrakter Moralismus dem normativen Problem, das die Politik darstellt, nicht in angemessener Weise gerecht wird, und er muß zweitens einsehen, daß moralische Argumente zwar einerseits ihre Geltung aus der normativen, idealen Seinssphäre beziehen, deren Leugnung die Wurzel des Nihilismus ist, daß sie aber andererseits als mitgeteilte Argumente zur Welt des intersubjektiven Geistes gehören, in der sie selbst Machtfaktoren darstellen und insofern eine politische Funktion ausüben, die häufig ganz anderer Natur ist, als der Moralist sich vorgestellt hat. Diese politische Funktion moralischer Argumente nicht wahrhaben zu wollen, ist Ausdruck einer abstrakten Gesinnungsethik und ebendeswegen unmoralisch.

Die oben entwickelte Unterscheidung dreier Typen von Normen ist von besonderer Wichtigkeit bei der Legitimation der Demokratie. Denn mit Ausnahme der konsensualen Normen beruht die Geltung der weitaus größten Zahl der in einem Staat zu realisierenden Normen auf materialen apriorischen Werten und auf korrekten empirischen Einsichten in Zweck-Mittel-Relationen. Es führt zur Zerstörung der Demokratie, wenn man dieses bestreitet und etwa erklärt, eine politische Maßnahme sei richtig, *weil* die Mehrheit (oder meinetwegen auch alle) sie für richtig hält. Eine Maßnahme ist aus sachlichen Gründen richtig oder falsch – wobei natürlich die faktische Einstellung der Bevölkerung ein Machtfaktor ist, der zu berücksichtigen ist, wenn man sich die Frage stellt, ob die entsprechende an sich richtige Maßnahme zu realisieren ist oder ob nicht mit solchen Widerständen zu rechnen ist, daß die Übel, die diese Widerstände verursachen werden, das Gute bei weitem aufwiegen werden, das die Realisierung jener Maßnahme erzielen könnte. Die Stabilität des faktischen Konsenses ist in der Tat ein Wert, den man nicht ohne weiteres aufs Spiel setzen sollte – aber er ist nicht der höchste und erst recht nicht der einzige Wert. Der große demokratische Staatsmann ist vielmehr der, der das sachlich Nötige zu erkennen und dann sein Volk entweder davon zu überzeugen oder, wenn dies nicht möglich ist, auf geschickte Weise in die richtige Richtung zu steuern weiß. Kein guter Staatsmann ist hingegen derjenige, der Demokratie auf Demoskopie reduziert und sich durch Meinungsumfragen die Frage beantworten läßt, was richtig sei – solche Politiker sind vielmehr moralisch verächtlich und in historischen Krisensituationen eine kaum zu überschätzende politische Gefahr. Die Reaktivität, die die Politik der meisten westlichen Demokratien heute kennzeichnet, das Fehlen einer Langzeitstrategie, die Reduktion von Politik auf das Moderieren von gesellschaftlichen Konflikten ist nicht der Triumph, sondern der Niedergang der Demokratie, und es ist beunruhigend, wenn diese Zersetzung der Kategorien des Politischen und des Staates von der sich für progressiv haltenden öffentlichen Meinung bejubelt wird.[112]

Um keine Mißverständnisse aufkommen zu lassen: Ich halte die

[112] Die Krise des Staates der Industriegesellschaft ist von E. Forsthoff (1971) glänzend dargestellt worden. Schon zu diesem relativ frühen Zeitpunkt begreift er, daß die Umweltproblematik (zu der er, auf einer höheren Ebene, auch das Problem der Manipulation des menschlichen Erbguts zählt) zur Schicksalsfrage des modernen Staates geworden ist, der dieser deswegen nicht mehr gewachsen sei, weil er immer mehr zum Spielball von Partikularinteressen werde und zum Appendix der Industriegesellschaft verkümmere, von deren Erfolgen seine innere Stabilität abhänge. Forsthoff sieht das Grundproblem der Gegenwart in einer Verselbständigung der Technik, die per definitionem allem Humanen gegenüber indifferent sei, und in einem rasanten Abbau geistiger Gehalte und Traditionen. Ebendiese Entwicklung untergrabe zwangsläufig die Autorität des Staates, der sich immer mehr darauf reduziere, bloßer Rechtsstaat zu sein, und nicht mehr die Kraft besitze, als Hüter einer außertechnischen Ordnung den Rahmen der Technik zu bestimmen. Während die Technik sich mit Sekundärtugenden und einem klugen Egoismus begnügen könne, setze das Fortbestehen des Staates im traditionellen Sinne weitaus anspruchsvollere Tugenden voraus, und diese könnten nicht weitergeführt werden, wenn der Staat zwar nicht auf ehrgeizige technische Projekte wie die Weltraumforschung, wohl aber auf seine geistig-sittliche Selbstdarstellung verzichte und seine Bildungspolitik durch eine Ausbildungspolitik nach Maßgabe der Bedürfnisse der Industriegesellschaft ersetze. Sollte diese Entwicklung weitergehen, hält Forsthoff das Ende desjenigen Gebildes, das im 17. Jahrhundert entstand und im 19. Jahrhundert seinen Höhepunkt erklomm, also des Staates im klassischen Sinne, für unvermeidlich – und damit auch das Ende des Schutzes der Freiheitsrechte, die in der Gegenwart nicht durch den Staat, sondern durch die Industriegesellschaft bedroht seien.

Demokratie für die höchste Staatsform, und zwar sowohl weil sie einen Wert realisiert, der einen Selbstzweck darstellt, als auch weil sie die Einsicht in das Richtige erleichtert: Wenn jeder ungehindert das sagen kann, was ihm richtig erscheint, dann besteht tatsächlich die Chance einer weitergehenden Annäherung an die Wahrheit, als wenn diese Möglichkeit nicht gegeben ist. Aber gerade weil die Demokratie die höchste Staatsform ist, ist sie die voraussetzungsvollste und am schwierigsten zu realisierende. Müßte man zwischen zwei Staatsgebilden wählen, in deren erstem das Vernünftige von einer kleinen Elite erkannt und durchgesetzt würde, in deren zweitem das Vernünftige von allen demokratisch entschieden und verwirklicht würde, dann wäre es eine absolute moralische Pflicht, sich für den zweiten Fall zu entscheiden. Denn wir hätten hier das material und das formal Rationale, während im ersten Fall nur das material Vernünftige gegeben wäre. Ebenso wird man eine unvernünftige Demokratie stets einer unvernünftigen Diktatur vorziehen, eben weil dort wenigstens ein formales Vernunftprinzip waltet und man sich leichter der Regierung entledigen kann. Aber der entscheidende Punkt ist der, daß keine prästabilierte Harmonie zwischen materialer und formaler Vernunft waltet, daß also in bestimmten geschichtlichen Situationen der Sieg der formalen Vernunft eine Aufopferung der materialen Vernunft bedeuten kann. Hier liegt in der Tat ein Dilemma vor, das schwer und konkret nur im Einzelfall zu entscheiden ist; aber dieses Dilemma muß als solches erkannt und darf nicht einseitig zugunsten der formalen Vernunft abgespannt werden.

In Wirklichkeit stellt die moderne parlamentarische Demokratie mit Gewaltenteilung und Verfassungsgerichtsbarkeit schon eine bedeutende Einschränkung des abstrakten Demokratieprinzips dar, und diese Einschränkungen, diese Kompromisse, die man mit den Erfordernissen der materialen Vernunft gemacht hat, sind durchaus positiv zu sehen. Nur stellt sich in der gegenwärtigen Situation, die durch die überaus große Komplexität der modernen Welt gekennzeichnet ist, durchaus die Frage, ob wirklich schon alles getan worden ist, um einen rationalen Kompromiß zwischen formaler und materialer Vernunft zu finden. Verfügen unsere Demokratien wirklich über Führungskräfte, die die Einsicht einerseits in die richtigen Werte, andererseits in die empirischen Zusammenhänge besitzen, aufgrund deren allein eine richtige, vom Gemeinwohl bestimmte Entscheidung gefällt werden kann? Haben wir wirklich die Institutionen, die solche Führungskräfte ausbilden? Sich zu weigern, solchen Fragen nachzugehen, weil sie undemokratisch seien, ist kein Zeichen von politischem Verantwortungsgefühl – es übersieht die schlichte Tatsache, daß die Demokratie kein Verein zum kollektiven Selbstmord ist und daß die Demokratie daran gemessen werden muß, was sie zur Lösung drängender materialer Probleme zu leisten vermag. Versagt sie vor dieser Aufgabe, droht sie ihre Legitimität zu verlieren.[113]

Immerhin hat Apel dank seiner beiden, auf die reale wie die ideale Kommunikationsgemeinschaft bezogenen Grundnormen die Spannung zwischen materialen und formalen Normen erfaßt; so erklärt er etwa die bekannte Harichsche Forderung nach einer Diktatur zur Lösung der ökologischen Probleme (1975) mit guten Argumenten für falsch, hält sie aber doch für diskussionswürdig (1988b; 469). In der Tat ist eine gewisse Ambivalenz im Apelschen Ansatz unverkennbar: Einerseits will Apel vollständig formal bleiben und weigert sich, das Konsensprinzip zu transzendieren, andererseits erkennt er doch die eine materiale Pflicht an, das menschliche Leben auf diesem Planeten zu erhalten. Apel scheint nicht zu sehen, daß eine – zumindest potentielle – Spannung zwischen diesen beiden Ansichten besteht. Denn in der Tat kann man sich folgende Situation denken, in der die überwältigende Mehrheit der Menschheit sagt: „Laßt uns die nächsten zehn Jahre noch das Leben voll genießen, laßt uns fortfahren mit der Zerstörung der Natur, weigern wir uns, die Strapazen auf uns zu nehmen, die die nötigen Veränderungen bedeuten würden – und gehen wir dann unter!" Was ist zu einer solchen Entscheidung zu sagen? Für einen konsequenten Diskursethiker wäre sie – zumindest wenn einstimmig gefaßt – moralisch, für einen materialen Ethiker wie Jonas der Gipfel der Unmoral. M. E. besteht kein Zweifel, daß Jonas recht hat – auch wenn seine Position die voraussetzungsvollere ist. Die Pflicht, das menschliche Leben auf diesem Planeten zu erhalten, läßt sich nämlich nicht auf die Rechte der kommenden Generationen gründen – denn diese Generationen gibt es noch nicht, ja wir entscheiden durch unser Verhalten mit darüber, ob es sie geben wird. Anders als im Falle unmündiger bzw. gezeugter, aber noch nicht geborener Kinder – zu deren Rechtsstatus sich die Transzendentalpragmatik bisher keineswegs klar geäußert hat – läßt sich bei den kommenden Generationen auch nicht sagen, es handle sich hier um schon existierende potentielle Vernunftwesen, die dabei wären, sich aufgrund der inneren Teleonomie

[113] Es versteht sich von selbst, daß *alles* getan werden muß, um diesen Legitimitätsverlust zu verhindern, denn der Abbau demokratischer Rechte ist stets ein Übel – wenn auch unter bestimmten historischen Bedingungen ein rechtfertigbares Übel. Aber auch rechtfertigbare Übel bleiben Übel, und es ist unverzeihlich, es ohne Not zu Situationen kommen zu lassen, in denen sie rechtfertigbar werden. Siehe zu dem schwierigen Problem der Rechtfertigung eines geringeren Übels um der Vermeidung eines größeren willen Hösle (1989); vgl. auch (1987d) zum Verhältnis von Legalität und Legitimität. Ich arbeite derzeit an einem Buch über das Verhältnis von Moral und Politik, in dem ich die hier nur angeschnittenen Themen gründlicher zu analysieren beabsichtige.

der Organismen zu aktuellen Vernunftwesen zu entwickeln. Man wird vielmehr von einer Pflicht nicht gegenüber anderen Menchen, sondern unmittelbar gegenüber dem Sittengesetz ausgehen müssen, das die Erhaltung von Wesen, die das Sittengesetz zu erfassen vermögen, kategorisch gebietet. Wenn das Hervorbringen von Vernunftwesen das Telos der Natur darstellt, die nur in ihnen zu sich kommt, dann kann es nicht ein erlaubtes Ziel menschlicher Geschichte sein, daß sich die Menschen selbst vernichten. Eine solche kollektive Selbstzerstörung der Menschheit wäre – auch wenn sie von allen gewollt würde, ja vielleicht gerade dann in besonderem Maße – ein ungeheurer Frevel am Absoluten selbst: Sie wäre der Versuch eines Deizids.

Es versteht sich, daß – falls eine große Mehrheit der Menschen für diese unmoralische Lösung optieren würde – eine anders denkende Minderheit das Recht, ja die Pflicht hätte, der Mehrheit entgegenzutreten und sich dazu der effektivsten Mittel der strategischen Rationalität zu bedienen. In der Tat hat Apel mit der Einführung seines verantwortungsethischen Ergänzungsprinzips die Notwendigkeit anerkannt, das Böse zu bekämpfen und sich zu diesem Zwecke strategisch zu verhalten. M. E. hat Apel damit völlig recht; des näheren läßt sich strategisches Handeln in folgenden Fällen rechtfertigen.[114] Erstens läßt sich ganz allgemein darauf verweisen, daß selbst in idealen kommunikativen Beziehungen mit der strategischem Handeln eigentümlichen Verstellung ständig operiert wird – die Funktion der Ironie ist gerade diese, dem anderen zu zeigen, daß man hinter der offen zutageliegenden Oberfläche eine Tiefendimension verborgen hält, die der andere nur ja nicht unterschätzen solle. Wenn die Differenz von Innen und Außen konstitutiv für Subjektivität ist, dann beweist man einander durch die Ironie, daß man ein Subjekt ist – allerdings geht es in affirmativen Beziehungen darum, diese Differenz gemeinsam zu erkennen und dadurch gemeinsam zu überwinden. Daß selbst die höchste Form kommunikativer Beziehung, die Liebe, durch eine lange Phase derartiger ironischer strategischer Verstellung vermittelt ist, ist offenkundig, macht diese doch das Wesen des Verliebtseins aus. Ihre Verkürzung zu dem Zwecke, gleich zur Sache zu kommen, ist ein Zeichen der Roheit und führt zwangsläufig zu einer geringeren Tiefe des Resultats; ihre Perennierung mit der Folge der Unfähigkeit zu wahrhafter Öffnung verbleibt in der Sphäre der Ambiguität und macht dauerhafte Intersubjektivität unmöglich.

Zweitens ist es im Falle eines pädagogischen Verhältnisses offenkundig, daß Asymmetrien den Ausgangspunkt bilden, Asymmetrien, die ein partiell strategisches Verhältnis legitimieren. Allerdings ist es das

[114] Ich danke Christoph Jermann für ausführliche Diskussionen zu diesem Punkt.

Ziel des Erziehungsprozesses, diese Asymmetrien aufzuheben und eine im Prinzip kommunikative Beziehung zu erzielen, die freilich realistischerweise nur dort zu erwarten ist, wo anfangs bestehende Asymmetrien anerkannt worden sind. Wo in einer falsch verstandenen Symmetriesucht die Realität verleugnet wird, wird sie in Wahrheit perenniert. (Wer die häufig eigenwillige Transformation des europäischen Erziehungssystems in den letzten zwei Jahrzehnten miterlebt hat, kann sich des Verdachts nicht erwehren, daß neben naiven Menschen auch zynische Kräfte, die an der Perennierung ihrer auf intellektueller Überlegenheit gegründeten Machtstellung interessiert waren, jene kontraproduktive Symmetriesucht gefördert haben.)[115]

Drittens ist ein strategisches Verhältnis auch dann legitimierbar, wenn es auf Asymmetrien basiert, die im Prinzip nicht aufgehoben werden können, wenn es aber gleichzeitig das Wohl aller Betroffenen bezweckt. Es sind nicht alle Menschen gleich intelligent – an diesem empirischen Sachverhalt ist nicht zu rütteln, und der fanatische Wille, hier Gleichheit herzustellen, könnte erstens nur zur größten Ungleichheit führen – nämlich zur Einschränkung des Rechts, das eigene Genom weiterzugeben, bei den unterdurchschnittlich und bei den überdurchschnittlich Intelligenten – sowie zweitens zur Beseitigung der Familienkultur in einem totalitären Staat. Wenn aber Intelligenzunterschiede bestehen, dann mag es auch in einer Demokratie in bestimmten Situationen unvermeidlich werden, daß die Notwendigkeit bestimmter Maßnahmen, deren Erforderlichkeit sich aus der entsetzlichen Komplexität der Welt ergibt, nicht von allen begriffen werden kann – und daher in einigen Situationen auch nicht allen vermittelt zu werden braucht, weil dies nur unlösbare Probleme schaffen würde.[116] Derartige Maßnahmen sind aber trotzdem legitim, wenn – und nur wenn – sie das Interesse aller Betroffenen gerecht berücksichtigen. Sicher darf man sich freie Bürger nicht als Mündel vorstellen – aber gegenüber degenerierten Demokratien, in denen (wie in vielen Ländern der Dritten Welt) die Regierungsarbeit primär auf Machterhalt seitens der regierenden Partei zielt und die Kategorie des Gemein-

[115] Die unheilige Allianz zwischen abstrakten Moralisten und zynischen Machtpositivisten ist das Hauptcharakteristikum einer Epoche, in der ein eifriges Moralisieren Hand in Hand geht mit dem Abbau politischer Urteilskraft.

[116] Dies gilt besonders im Bereich der Außenpolitik, in dem Geheimhaltung die erste Bedingung für Erfolg ist. Aber auch für komplexere innenpolitische Strategien gilt das Gesagte. Ja, selbst bei der in den meisten Fällen zu fordernden Aufdeckung von politischen Skandalen muß stets konkret erwogen werden, ob nicht der durch ihre allgemeine Bekanntmachung erfolgende Vertrauensverlust ein größeres Übel darstellt als etwa die nicht ausführlich begründete Entlassung derjenigen, die sich moralisch verfehlt haben.

wohls zugunsten der Idee des Kompromisses zwischen Partikularinteressen geschwunden ist, mag ein aufgeklärter Absolutismus, in dem die Regierung sich als Vormund des eigenen Volkes mit einer großen Verantwortung vor Gott und der Geschichte fühlt, in *bestimmten* geschichtlichen Situationen das kleinere Übel sein.[117] Natürlich ist diese Argumentation mißbrauchbar und belastet, weil sie immer wieder zur sozialen Legitimation auch derjenigen Diktaturen herangezogen wurde, die moralisch unter keinen Umständen zu rechtfertigen waren; aber das ändert nichts an ihrem prinzipiellen Recht.

Viertens mag strategisches Verhalten dann legitimiert werden, wenn es gegen den Bösewicht gerichtet ist, der strategisches Verhalten ersonnen hat. Denjenigen, der anderen eine Grube gegraben hat, so zu instrumentalisieren, daß er in die eigene Grube fällt, ist dann unmoralisch, wenn eine offene Auseinandersetzung mit Aussicht auf Erfolg möglich ist. Ist dem aber nicht so (etwa in einer dem Naturzustand analogen Situation), dann scheint es mir legitim, den Bösen mit seinen eigenen Waffen zu bekämpfen. Am problematischsten ist sicher der fünfte Fall, wenn jemand moralisch nicht verantwortliche Personen gegebenenfalls bis zu ihrer Aufopferung instrumentalisieren muß, weil er nur so ein höheres Ziel erreichen kann – etwa den Sieg in einem gerechten Krieg. Sosehr hier Zurückhaltung geboten ist, sowenig scheint mir doch bestritten werden zu können, daß es leider Situationen gibt (man denke an den letzten Weltkrieg, als es zur vollständigen Niederwerfung Deutschlands keine moralische Alternative gab), in denen auch diese letzte und sicher bedenklichste Form strategischen Handelns gerechtfertigt werden kann.

Daß diese Option für strategisches Verhalten – nicht nur, aber besonders in der Politik – einen materialen Universalismus voraussetzt, daß ich insbesondere davon ausgehe, die Politik eines Staates sei nur dann legitimierbar, wenn sie unter Gemeinwohl nicht das Wohl der gerade lebenden Bürger versteht, sondern das Wohl aller Menschen auf diesem Planeten ebenso einschließt wie dasjenige der kommenden Generationen, dürfte aus dem oben Gesagten offenkundig sein. Aber noch mehr als die Diskursethiker einschließlich desjenigen von ihnen, der am meisten verantwortungsethisch denkt, also Apel, bin ich der Ansicht, daß wichtige Schritte in der Realisierung der Rechtsidee in der Geschichte sich denjenigen Personen verdanken, die universalistisch und strategisch zugleich zu denken wissen. Sicher ist es schon schwer

[117] Hinzu kommt, daß die Demokratie offenbar nur dann funktioniert, wenn der Gedanke der allgemeinen Rechtsgleichheit zumindest von der Mehrheit der Bevölkerung internalisiert und d.h. wenn die feudale forma mentis überwunden ist: Bestimmten Staatsformen entsprechen bestimmte Mentalitäten. Eine Divergenz beider muß zu großen Problemen führen.

genug, die *logische* Kompatibilität beider Denkweisen konkret nachzuweisen; noch schwieriger ist es aber, daß sich beide Denkweisen *psychologisch* in einer Person vereinen. Es ist hier nicht der Ort, die psychische Struktur einer solchen Person zu analysieren; abschließend sei aber noch auf ein Problem eingegangen, das die Diskursethiker ebensowenig wie Kant gelöst, ja kaum als Problem erfaßt haben. Es geht um die motivationspsychologische Frage, warum ein Mensch moralisch handelt. Klar ist, daß die Einsicht in die reflexive Letztbegründung keine notwendige Bedingung für Moralität ist – klar ist aber leider auch, daß sie nicht einmal eine hinreichende Bedingung dafür ist. Auch wenn das *Geltungs*problem rationalistisch gelöst werden muß, heißt dies noch lange nicht, daß das Motivationsproblem so gelöst werden kann.

Was das erste Problem angeht, so versteht es sich von selbst, daß das empirische Vorhandensein bestimmter moralischer Gefühle kein Argument für die normative Verbindlichkeit der entsprechenden Handlung ist. Es mag ja sein, daß der Sklavenhalter von der Gerechtigkeit der Tötung seines Sklaven absolut überzeugt ist, ja daß überhaupt die Überzeugungen eines rohen und fanatischen Menschen viel tiefer sitzen als die Überzeugungen desjenigen, der durch die Aufklärung hindurchgegangen ist. Aber diese Fakten sind normativ irrelevant, und man kann etwa Schelers emotionalistischer Ethik den Vorwurf nicht ersparen, mit dem Versuch, die Ethik auf Fühlakte zu gründen, eine Regression hinter Kant darzustellen. Aber andererseits ist ebenso klar, daß Scheler völlig recht mit seiner Einsicht in die Bedeutung von Emotionen für die Ethik hat. Über das, was richtig ist, entscheiden nicht die Emotionen; aber es ist von äußerster Wichtigkeit, das Richtige emotional tief zu verankern.[118] Dies gilt erstens im Hinblick auf die Folgen einer solchen Verankerung – wer das Gute nicht nur erkennt, sondern liebt, wer das Böse nicht nur mißbilligt, sondern verabscheut, wird in ganz anderer Weise zu guten Handlungen motiviert sein als der abstrakte Intellektuelle. Zweitens ist aber auch unbestreitbar, daß derjenige, der das Gute unmittelbar liebt, *an sich* einen höheren sittlichen Wert realisiert als derjenige, der sich mit Gewalt zu moralischen Handlungen zwingt. Sicher ist die schöne Seele, die ohne jeden inneren Kampf eine Harmonie von Natur und Sittengesetz aufweist, besonderen Gefahren ausgesetzt – wer keine inneren Kämpfe bestanden hat, ist labiler als derjenige, der durch die Negativität hindurchgeschritten ist. Aber man muß durch die Negativität eben *hindurch*geschritten sein – und das heißt, daß diejenige Person, in der sich

[118] Analoges gilt für H. Lübbes Verteidigung des common sense, der zwar das Begründungsproblem der Ethik nicht löst, aber doch eine ungeheure soziale Funktion hat.

Anmut und Würde zu einer edlen Emotionalität vereinen, derjenigen vorzuziehen ist, in der einem starken Willen barbarische Gefühle gegenüberstehen. Der große Mensch ist derjenige, der eine ins Tiefe gehende Intelligenz und einen starken Willen mit edlen Gefühlen verbindet, und auch wenn dieses Ideal schwer zu erzielen ist, so ist doch klar, daß es theoretisch gefordert werden muß. Auf diese Weise ließe sich auch das relative Recht der eudämonistischen Ethiken begründen. Denn sowenig etwas gut ist, weil es zu Glück führt, sosehr ist es doch Pflicht, Glück zu realisieren, wo es mit dem Sittengesetz kompatibel ist, und dazu ist kaum etwas wichtiger als die Kultur der richtigen Emotionen. Die strenge normative Ethik schließt das gute, glückliche Leben nicht aus – ganz im Gegenteil fordert sie, daß der einzelne das Allgemeine mit seiner Individualität möglichst harmonisch vermittle. Zwar darf das Allgemeine dem Individuellen *unter keinen Umständen* geopfert werden; aber das Individuelle soll dem Allgemeinen *ohne Not* ebenfalls nicht geopfert werden, ja eine Synthese der beiden zu erzielen ist, ceteris paribus, durchaus Pflicht. Sich und andere unglücklich zu machen, nur um sich moralisch vorkommen zu können, ist zutiefst unmoralisch.

In diesen nur knapp angedeuteten Gedanken ist ein möglicher Zugang zu ästhetischen Phänomenen enthalten: Denn die Kunst hat die Aufgabe, die Versöhnung von Natur und Geist symbolisch zu gestalten. Insbesondere implizieren sie aber eine durch die Philosophie nicht aufzuhebende Bedeutung der Religion. Denn zwar kann für jemanden, der sich auf den Standpunkt der Vernunftautonomie gestellt hat, kein Zweifel daran bestehen, daß der Wahrheitsanspruch der Religion nur so weit ernst zu nehmen ist, als er durch die Philosophie eingeholt werden kann. Er kann, ja muß aber nichtsdestoweniger anerkennen, daß nur die vorstellungsmäßige Vermittlung spekulativer philosophischer Gedanken größere Kreise zu erreichen und damit die moralisch gebotene allgemeine Intersubjektivität zu schaffen vermag.[119] Es wäre absurd zu glauben, daß der nötige Wandel im moralischen

[119] Ich bin mir dessen bewußt, daß diese Art der Argumentation heute weder religiösen noch irreligiösen Menschen genehm ist. Dies war früher anders; Ibn Tufayl ist keineswegs der einzige mittelalterliche Theologe, der von einer Differenz zwischen Vernunft- und Volksreligion ausgeht und trotzdem loyal zur eigenen Volksreligion steht. Von einer sozialen Instrumentalisierung der Religion kann bei diesen Denkern deswegen keineswegs die Rede sein, weil sie die Volksreligion durchaus als Abbild der wahren Religion deuten. Innerhalb dieses Rahmens war eine Kommunikation zwischen Intellektuellen und Nicht-Intellektuellen in ganz anderer Form möglich als heute, und die Extreme einer bloß destruktiven Aufklärung ebenso wie einer sich selbst geistig beschränkenden, intoleranten Gegenaufklärung wurden gleichermaßen vermieden.

Bewußtsein der Menschheit allein durch die Philosophie und nicht primär durch die Religionen bewerkstelligt werden könnte. Ja, selbst wenn einst alle Menschen rein begrifflich zu denken vermöchten, bliebe immer noch das Problem, ihnen die richtigen Emotionen zu vermitteln. Dies geschieht aber offenkundig in den ersten Lebensjahren (und zwar durch die wichtigsten Bezugspersonen, also die nächsten Familienangehörigen), in denen Kinder rationalen Argumenten noch nicht zugänglich sind. Es wäre absurd, mit der Vermittlung etwa des Abscheus vor dem Mord an das Kind zu warten, bis es die Unmoral dieses Aktes rational und somit autonom einsehen könnte. Die Unbedingtheit des Sittengesetzes hat das Kind schon früh emotional zu fühlen, und um dies zu erreichen, gibt es zu einer – *vernünftigen,* d.h. die spätere Öffnung für die Philosophie nicht behindernden – religiösen Erziehung schwerlich eine Alternative.

Allein eine gemeinsame emotionale Basis kann ferner dazu führen, daß Menschen Intersubjektivität wie in Liebe und Freundschaft als Selbstzweck erfahren bzw. sich mit Institutionen wie Familie und Staat identifizieren, die mehr darstellen als eine Summe von Partikularinteressen. Zu dieser ganzen Sphäre – deren Erreichung eine notwendige Bedingung für Glück ist – hat sich die Transzendentalpragmatik nicht erhoben; eine konkrete normative Institutionenlehre hat Apel nirgends entwickelt. Ja, das unkontrollierte Diskursprinzip ist selbst dem äußerlichen Sein der Institutionen feindlich; wenn der Diskurs nicht gebändigt wird, kann er die Institutionen letztlich nur zersetzen. Zwar hat Apel (1962) Gehlen zu Recht vorgeworfen, in seiner Institutionenlehre das Geltungsproblem nicht zu reflektieren; aber die Diskursethik begeht den entgegengesetzten Fehler: Sie begreift nicht, daß der Diskurs nur dann fruchtbar sein kann, wenn bestimmte Institutionen existieren, deren „kritische" Infragestellung mit der Zeit nur die Institutionen und damit die Idee der Kritik auflösen kann. Wem wirklich an der Idee substantieller Kritik liegt, der muß begreifen, daß nur die Konzentrierung des kritischen Diskurses auf das Wesentliche und Substantielle diese Idee und damit diejenige der Aufklärung zu retten vermag. Die Diskursbegrenzung *zum Zwecke der Diskursbewahrung:* Dieser kleinste gemeinsame Nenner sollte die Grundlage eines rationalen Konsenses abgeben können.

Letztbegründung und Intersubjektivität: Diese beiden Grundgedanken bilden die Achse der Transzendentalpragmatik, ihre Verbindung begründet die philosophiegeschichtliche Bedeutung dieser Schule. Einerseits hat, denke ich, diese Abhandlung gezeigt, warum diese beiden Kategorien tatsächlich beanspruchen können, im Zentrum einer zeitgemäßen Philosophie zu stehen, warum die Transformation der Subjektphilosophie in eine Philosophie der Intersubjektivität das geheime Leitmotiv der modernen Philosophie darstellt, warum aber diese Idee ohne den Gedanken der Letztbegründung nicht konsistent vertreten werden kann. Andererseits aber scheint mir, daß sowohl die Letztbegründung als auch die Intersubjektivität in der Transzendentalpragmatik nicht die Entfaltung erhalten, die ihnen gebührt. Eine Letztbegründung ohne ontologische Funktion, eine Intersubjektivität, die nicht als Selbstzweck gefaßt wird, sind keine wahre Letztbegründung, keine wahre Intersubjektivität. Nur die Rückkehr zur Tradition des objektiven Idealismus kann jenen beiden Ideen zu ihrem Rechte verhelfen – sofern wenigstens der objektive Idealismus um die Kategorie der Intersubjektivität erweitert wird. Der Versuch der Durchführung eines solchen Programms scheint mir die Mühe wert, die er kosten wird.

Bibliographie

H. Albert (1975): Transzendentale Träumereien, Hamburg 1975
– (1978): Traktat über rationale Praxis, Tübingen 1978
– (1980): Traktat über kritische Vernunft, Tübingen [4]1980
– (1982): Die Wissenschaft und die Fehlbarkeit der Vernunft, Tübingen 1982
– (1989): Hösles Sprung in den objektiven Idealismus, in: Zeitschrift für allgemeine Wissenschaftstheorie 20 (1989), 124–131
C. Amery (1976): Natur als Politik. Die ökologische Chance des Menschen, Reinbek 1976
K.-O. Apel (1959): Sprache und Wahrheit in der gegenwärtigen Situation der Philosophie (1959), jetzt in: (1976a), I 138–166
– (1960): Sprache und Ordnung: Sprachanalytik versus Sprachhermeneutik (1960), jetzt in: (1976a), I 167–196
– (1962): Arnold Gehlens „Philosophie der Institutionen" und die Metainstitution der Sprache (1962), jetzt in: (1976a), I 197–221
– (1963a): Die Idee der Sprache in der Tradition des Humanismus von Dante bis Vico, Bonn 1963
– (1963b): Rezension zu: H.-G. Gadamer, Wahrheit und Methode, Tübingen 1960, in: Hegel-Studien 2 (1963), 314–322
– (1965): Die Entfaltung der „sprachanalytischen" Philosophie und das Problem der Geisteswissenschaften (1965), jetzt in: (1976a), II 28–95
– (1966): Wittgenstein und das Problem des hermeneutischen Verstehens (1966), jetzt in: (1976a), I 335–377
– (1967): Wittgenstein und Heidegger (1967), jetzt in: (1976a), I 225–275
– (1968a): Heideggers philosophische Radikalisierung der „Hermeneutik" und die Frage nach dem „Sinnkriterium" der Sprache (1968), jetzt in: (1976a), I 276–334
– (1968b): Szientistik, Hermeneutik, Ideologiekritik (1968), jetzt in: (1976a), II 96–127
– (1969): Sprache als Thema und Medium der transzendentalen Reflexion (1969), erweiterte Fassung jetzt in: (1976a), II 311–329
– (1970a): Szientismus oder transzendentale Hermeneutik? (1970), jetzt in: (1976a), II 178–219
– (1972a): Das Apriori der Kommunikationsgemeinschaft und die Grundlagen der Ethik (1972), jetzt in: (1976a), II 358–435
– (1972b): Der transzendentalhermeneutische Begriff der Sprache (1972), jetzt in: (1976a), II 330–357
– (1972c): Die Kommunikationsgemeinschaft als transzendentale Voraussetzung der Sozialwissenschaften (1972), jetzt in: (1976a), II 220–263
– (1972d): Noam Chomskys Sprachtheorie und die Philosophie der Gegenwart (1972), jetzt in: (1976a), II 264–310
– (1974): Zur Idee einer transzendentalen Sprachpragmatik. Die Dreistellig-

keit der Zeichenrelation und die „abstractive fallacy“ in den Grundlagen der klassischen Transzendentalphilosophie und der sprachanalytischen Wissenschaftslogik, in: Aspekte und Probleme der Sprachphilosophie, hg. von J. Simon, Freiburg/München 1974, 283–326
– (1975): Der Denkweg von Charles S. Peirce, Frankfurt 1975 (als Einführung zu einer zweibändigen Auswahl von Peirce' Schriften erstmals 1967 und 1970 erschienen)
– (1976a): Transformation der Philosophie, 2 Bde. (1973), Frankfurt ^{2}1976
– (1976b): Das Problem der philosophischen Letztbegründung im Lichte einer transzendentalen Sprachpragmatik, in: Sprache und Erkenntnis, Festschrift für G. Frey, hg. von B. Kanitscheider, Innsbruck 1976, 55–82
– (1976c): Sprechakttheorie und transzendentale Sprachpragmatik zur Frage ethischer Normen, in: Sprachpragmatik und Philosophie, hg. von K.-O. Apel, Frankfurt 1976, 10–173
– (1978): Protokoll der Diskussion vom 11. 6. 1976, 15–18.30 Uhr zu: „Der Ansatz von Apel“, in: Materialien zur Normendiskussion, hg. von W. Oelmüller, Bd. I: Transzendentalphilosophische Normenbegründungen, Paderborn 1978, 160–203; Schlußdiskussion: Versuch einer Zusammenfassung, ebd., 204–228
– (1979): Die Erklären:Verstehen-Kontroverse in transzendentalpragmatischer Sicht, Frankfurt 1979
– (1983): Kant, Hegel und das aktuelle Problem der normativen Grundlagen von Moral und Recht (1983), jetzt in: (1988a), 69–102
– (1984): Läßt sich ethische Vernunft von strategischer Zweckrationalität unterscheiden? Zum Problem der Rationalität sozialer Kommunikation und Interaktion, in: Rationales Handeln und Gesellschaftstheorie, hg. von W. van Reijen und K.-O. Apel, Bochum 1984, 23–79
– (1985): Significato linguistico o intenzionalità, in: Annali della Facoltà di Lettere e Filosofia dell'Università di Macerata 18 (1985), 71–101 (engl. Fassung unter dem Titel: Linguistic meaning and intentionality: The compatibility of the „linguistic turn“ and the „pragmatic turn“ of meaning-theory within the framework of a transcendental semiotics, in: Semiotics and Pragmatics, ed. by G. Deledalle, Amsterdam/Philadelphia 1989, 19–70)
– (1986a): Kann der postkantische Standpunkt der Moralität noch einmal in substantielle Sittlichkeit „aufgehoben“ werden? Das geschichtsbezogene Anwendungsproblem der Diskursethik zwischen Utopie und Regression (1986), jetzt in: (1988a), 103–153
– (1986b): Verantwortung heute – nur noch Prinzip der Bewahrung und Selbstbeschränkung oder immer noch der Befreiung und Verwirklichung von Humanität? (1986), jetzt in: (1988a), 179–216
– (1986c): Die transzendentalpragmatische Begründung der Kommunikationsethik und das Problem der höchsten Stufe einer Entwicklungslogik des moralischen Bewußtseins (1986), jetzt in: (1988a), 306–369
– (1987a): Podiumsdiskussion mit K.-O. Apel, G. Bien, R. Bubner, in: Hegel-Jahrbuch 1987, 13–48
– (1987b): Fallibilismus, Konsenstheorie der Wahrheit und Letztbegründung, in: Philosophie und Begründung, hg. vom Forum für Philosophie Bad Homburg, Frankfurt 1987, 116–211

– (1987 c): Konfliktlösung im Atomzeitalter als Problem einer Verantwortungsethik (1987), jetzt in: (1988 a), 247–269
– (1988 a): Diskurs und Verantwortung, Frankfurt 1988
– (1988 b): Zurück zur Normalität? – Oder könnten wir aus der nationalen Katastrophe etwas Besonderes gelernt haben? Das Problem des (welt-) geschichtlichen Übergangs zur postkonventionellen Moral aus spezifisch deutscher Sicht, in: (1988 a), 370–474
– (1988 c): Die Herausforderung der totalen Vernunftkritik und das Programm einer philosophischen Theorie der Rationalitätstypen, in: Philosophie und Poesie. Otto Pöggeler zum 60. Geburtstag, hg. von A. Gethmann-Siefert, Stuttgart-Bad Cannstatt 1988, 17–43
– (1988 d): Diskursethik als Verantwortungsethik und das Problem der ökonomischen Rationalität, in: (1988 a), 270–305
K.-O. Apel/D. Böhler/G. Kadelbach (1984): Funk-Kolleg Praktische Philosophie/Ethik: Dialoge, 2 Bde., hg. von K.-O. Apel, D. Böhler und G. Kadelbach, Frankfurt 1984
K.-O. Apel/J. Manninen/R. Tuomela (1978): Neue Versuche über Erklären und Verstehen, hg. von K.-O. Apel, J. Manninen und R. Tuomela, Frankfurt 1978
R. Aschenberg (1978): Über transzendentale Argumente. Orientierung in einer Diskussion zu Kant und Strawson, in: Philosophisches Jahrbuch 85 (1978), 331–358
– (1982): Sprachanalyse und Transzendentalphilosophie, Stuttgart 1982
J. L. Austin (1962): How to do things with words, Oxford 1962
A. J. Ayer (1954): Can There Be a Private Language? (1954), in: G. Pitcher (1968), 251–266
J. D. Barrow/F. J. Tipler (1988): The anthropic cosmological principle, Oxford/New York 1988
H. M. Baumgartner (1982): Geltung durch Antizipation?, in: W. Kuhlmann/D. Böhler (1982), 46–53
J. Beattie (1974 f.): The philosophical and critical works, 4 Bde., Edinburgh 1776–1793, Nachdruck Hildesheim/New York 1974–1975
A. Beckermann (1977): Gründe und Ursachen, Kronberg 1977
A. Berlich (1982): Elenktik des Diskurses. Karl-Otto Apels Ansatz einer Transzendentalpragmatischen Letztbegründung, in: W. Kuhlmann/D. Böhler (1982), 251–287
R. Bernstein (1965): Perspectives on Peirce, ed. by R. Bernstein, New Haven/London 1965
A. Bloom (1987): The Closing of the American Mind, New York 1987
D. Böhler (1985): Rekonstruktive Pragmatik, Frankfurt 1985
P. Bourdieu (1988): Homo academicus (frz. 1984), Frankfurt 1988
P. W. Bridgman (1927): Logic of Modern Physics, New York 1927
J. Bruner (1987): Wie das Kind sprechen lernt (engl. 1983), Bern/Stuttgart/Toronto 1987
F. Capra (1983): Wendezeit. Bausteine für ein neues Weltbild, Bern/München/Wien [4]1983
– (1984): Das Tao der Physik (engl. 1975), München 1984
R. Carnap (1931): Überwindung der Metaphysik durch logische Analyse der Sprache, in: Erkenntnis 2 (1931), 219–241

G. Deleuze (1976): Nietzsche und die Philosophie, München 1976
A. Diemer (1956): Edmund Husserl, Meisenheim 1956
W. Doelemann (1984): Philosophische Methodik: Apel vs. Habermas, in: Rationales Handeln und Gesellschaftstheorie, hg. von W. van Reijen und K.-O. Apel, Bochum 1984, 115–130
J. Donoso Cortés (1970): Obras completas, hg. von C. Valverde, 2 Bde., Madrid 1970
W. Edelstein/G. Nunner-Winkler (1986): Zur Bestimmung der Moral, hg. von W. Edelstein und G. Nunner-Winkler, Frankfurt 1986
W. K. Essler (1982): Einige Anmerkungen zur Grundlegung der Transzendentalpragmatik, in: W. Kuhlmann/D. Böhler (1982), 333–346
V. Farias (1989): Heidegger und der Nationalsozialismus (frz. 1987), Frankfurt 1989
L. Feuerbach (1975): Werke in sechs Bänden, hg. von E. Thies, Bd. 3, Frankfurt 1975
P. Feyerabend (1976): Wider den Methodenzwang (engl. 1975), Frankfurt 1976
J. G. Fichte (1971): Werke, hg. von I. H. Fichte, 11 Bde., Nachdruck Berlin 1971
Th. Fontane (1975): Der Stechlin, Frankfurt 1975
E. Forsthoff (1971): Der Staat der Industriegesellschaft, München 1971
K. von Fritz (1978): Schriften zur griechischen Logik, Bd. I: Logik und Erkenntnistheorie, Stuttgart-Bad Cannstatt 1978
H. G. Gadamer (1975): Wahrheit und Methode (1960), Tübingen [4]1975
C. F. Gethmann/R. Hegselmann (1977): Das Problem der Begründung zwischen Dezisionismus und Fundamentalismus, in: Zeitschrift für allgemeine Wissenschaftstheorie 8 (1977), 342–368
J. Gleick (1988): Chaos. Making a New Science, Harmondsworth 1988
A. Glucksmann (1984): Philosophie der Abschreckung, Stuttgart 1984
N. Goodman/C. Elgin (1988): Reconceptions in Philosophy and Other Arts and Sciences, Indianapolis/Cambridge 1988
A. Gorz (1985): Wege ins Paradies, Berlin 1985
G. Grant (1986): Technology and Justice, Notre Dame/Indiana 1986
A. Ph. Griffiths (1957/58): Justifying moral principles, in: Proceedings of the Aristotelian Society, New Series, 58 (1957/58), 103–124
– (1967): Ultimate moral principles: their justification, in: The encyclopedia of philosophy, hg. von P. Edwards, Bd. 8, New York/London 1967, 177–182
J. Habermas (1962): Strukturwandel der Öffentlichkeit, Neuwied/Berlin 1962
– (1968): Erkenntnis und Interesse, Frankfurt 1968
– (1973): Wahrheitstheorien, in: Wirklichkeit und Reflexion, Festschrift für W. Schulz, hg. von H. Fahrenbach, Pfullingen 1973, 211–265
– (1976): Zur Rekonstruktion des historischen Materialismus, Frankfurt 1976
– (1981): Theorie des kommunikativen Handelns, 2 Bde., Frankfurt 1981
– (1983): Moralbewußtsein und kommunikatives Handeln, Frankfurt 1983
W. Harich (1975): Kommunismus ohne Wachstum? Babeuf und der „Club of Rome", Reinbek 1975
M. Hartwig (1987): Die Krise der deutschen Staatslehre und die Rückbesinnung auf Hegel in der Weimarer Zeit, in: Anspruch und Leistung von

Hegels Rechtsphilosophie, hg. von Ch. Jermann, Stuttgart-Bad Cannstatt 1987, 239–275
S. Hawking (1988): A Brief History of Time, Toronto u. a. 1988
G. W. F. Hegel (1969 ff.): Werke in zwanzig Bänden, Frankfurt 1969–1971
M. Heidegger (1929): Kant und das Problem der Metaphysik, Bonn 1929
– (1961): Nietzsche, 2 Bde., Pfullingen 1961
– (1962): Die Technik und die Kehre, Pfullingen 1962
– (1979): Sein und Zeit (1927), Tübingen [15]1979
R. Heiss (1932): Logik des Widerspruchs, Berlin/Leipzig 1932
– (1959): Wesen und Formen der Dialektik, Köln/Berlin 1959
H. Heller (1934): Staatslehre (1934), jetzt in: Gesammelte Schriften, 3 Bde., Leiden 1971, III 79–406
C. G. Hempel (1965): Aspects of Scientific Explanation and Other Essays in the Philosophy of Science, New York/London 1965
J. Hintikka (1962): Cogito, Ergo Sum: Inference or Performance?, in: The Philosophical Review 71 (1962), 3–32
O. Höffe (1982): Kantische Skepsis gegen die transzendentale Kommunikationsethik, in: W. Kuhlmann/D. Böhler (1982), 518–539
A. Honneth (1986): Diskursethik und implizites Gerechtigkeitskonzept. Eine Diskussionsbemerkung, in: Moralität und Sittlichkeit, hg. von W. Kuhlmann, Frankfurt 1986, 183–193
M. Horkheimer/Th. Adorno (1971): Dialektik der Aufklärung (1944), Frankfurt 1971
V. Hösle (1984): Wahrheit und Geschichte. Studien zur Struktur der Philosophiegeschichte unter paradigmatischer Analyse der Entwicklung von Parmenides bis Platon, Stuttgart-Bad Cannstatt 1984
– (1986): Die Transzendentalpragmatik als Fichteanismus der Intersubjektivität, in: Zeitschrift für philosophische Forschung 40 (1986), 235–252
– (1987 a): Hegels System. Der Idealismus der Subjektivität und das Problem der Intersubjektivität, 2 Bde., Hamburg 1987
– (1987 b): Begründungsfragen des objektiven Idealismus, in: Philosophie und Begründung, hg. vom Forum für Philosophie Bad Homburg, Frankfurt 1987, 212–267
– (1987 c): Moralische Reflexion und Institutionenzerfall. Zur Dialektik von Aufklärung und Gegenaufklärung, in: Hegel-Jahrbuch 1987, 108–116
– (1987 d): Carl Schmitts Kritik an der Selbstaufhebung einer wertneutralen Verfassung in „Legalität und Legitimität“, in: Deutsche Vierteljahrsschrift 61 (1987), 3–36
– (1989): Morality and Politics: Reflections on Machiavelli's *Prince,* in: Politics, Culture, and Society 3 (1989), 51–69
– (1990): Vico und die Idee der Kulturwissenschaft, in: G. Vico, Prinzipien einer neuen Wissenschaft über die gemeinsame Natur der Völker, übs. von V. Hösle und Ch. Jermann und mit Textverweisen von Ch. Jermann, 2 Bde., Hamburg 1990, XXXI-CCXCIII
K.-Th. Humbach (1962): Das Verhältnis von Einzelperson und Gemeinschaft nach Josiah Royce, Heidelberg 1962
E. Husserl (1973): Zur Phänomenologie der Intersubjektivität. Texte aus dem Nachlaß, hg. von I. Kern, 3 Bde. (= Husserliana XIII–XV), Den Haag 1973

Ibn Thofaïl (1936): Hayy ben Yaqdhan. Roman philosophique ..., texte arabe avec les variantes des manuscrits et de plusieurs éditions et traduction française ... par L. Gauthier, Beyrouth ²1936

Ibn Tufail (1987): Der Ur-Robinson, München 1987

K. Jaspers (1932): Philosophie, 3 Bde., Berlin 1932

– (1977): Philosophische Autobiographie, erweiterte Neuausgabe, München 1977

Ch. Jermann (1986): Philosophie und Politik. Untersuchungen zur Struktur und Problematik des platonischen Idealismus, Stuttgart-Bad Cannstatt 1986

– (1987): Zum transzendentalpragmatischen Normenbegründungsmodell, in: Hegel-Jahrbuch 1987, 357–365

H. Jonas (1979): Das Prinzip Verantwortung, Frankfurt 1979

– (1988): Materie, Geist und Schöpfung, Frankfurt 1988

O. R. Jones (1971): The Private Language Argument, ed. by O. R. Jones, London/Basingstoke 1971

I. Kant (1956ff.): Werke in sechs Bänden, hg. von W. Weischedel, Darmstadt 1956–1964

J. von Kempski (1952): Charles S. Peirce und der Pragmatismus, Stuttgart/Köln 1952

Th. Kesselring (1984): Die Produktivität der Antinomie, Frankfurt 1984

H. Keuth (1983): Fallibilismus versus transzendentalpragmatische Letztbegründung, in: Zeitschrift für allgemeine Wissenschaftstheorie 14 (1983), 320–337

– (1988): Fehlbarkeit oder Sicherheit, in: Zeitschrift für allgemeine Wissenschaftstheorie 19 (1988), 378–390

H. D. Klein (1973ff.): Vernunft und Wirklichkeit, 2 Bde., Wien/München 1973–1975

L. Kohlberg (1974): Stufe und Sequenz: Sozialisation unter dem Aspekt der kognitiven Entwicklung, in: Zur kognitiven Entwicklung des Kindes – Drei Aufsätze, Frankfurt 1974

– (1981): Essays on Moral Development, Vol. I: The Philosophy of Moral Development, San Francisco 1981

– (1983): Moral Stages. A Current Formulation and a Response to Critics, Basel 1983

P. Koslowski (1988): Die postmoderne Kultur, München ²1988

S. A. Kripke (1982): Wittgenstein on rules and private language, Cambridge, Mass. 1982

P. O. Kristeller (1983): „Creativity" and „Tradition", in: Journal of the History of Ideas 44 (1983), 105–113

W. Kuhlmann (1985a): Reflexive Letztbegründung. Untersuchungen zur Transzendentalpragmatik, Freiburg/München 1985

– (1985b): Reflexive Letztbegründung versus radikaler Fallibilismus, in: Zeitschrift für allgemeine Wissenschaftstheorie 16 (1985), 357–374

– (1987a): Was spricht heute für eine Philosophie des kantischen Typs?, in: Philosophie und Begründung, hg. vom Forum für Philosophie Bad Homburg, Frankfurt 1987, 84–115

– (1987b): Zur Begründung der Diskursethik, in: Hegel-Jahrbuch 1987, 366–374

W. Kuhlmann/D. Böhler (1982): Kommunikation und Reflexion. Zur Diskussion der Transzendentalpragmatik, hg. von W. Kuhlmann und D. Böhler, Frankfurt 1982
Th. S. Kuhn (1976): Die Struktur wissenschaftlicher Revolutionen (engl. 1962), Frankfurt 1976
H. Lenk (1973): Metalogik und Sprachanalyse, Freiburg 1973
Ch. Lohr (1984): Christianus arabicus, cuius nomen Raimundus Lullus, in: Freiburger Zeitschrift für Philosophie und Theologie 31 (1984), 57–88
P. Lorenzen/K. Lorenz (1978): Dialogische Logik, Darmstadt 1978
G. Lukács (1954): Die Zerstörung der Vernunft, Berlin 1954
– (1963): Die Theorie des Romans, Neuwied/Berlin ²1963
L. Malson/J. Itard/O. Mannoni (1972): Die wilden Kinder, Frankfurt 1972
G. Marcel (1945): La métaphysique de Royce, o. O. 1945
M. Maren-Grisebach (1982): Philosophie der Grünen, München/Wien 1982
G. H. Mead (1968): Geist, Identität und Gesellschaft (engl. 1934), Frankfurt 1968
F. Nietzsche (1955 ff.): Werke in drei Bänden, hg. von K. Schlechta, München 1955–1966
J. Passmore (1961): Philosophical reasoning, London 1961
Ch. S. Peirce (1931 ff.): Collected papers, Bd. I–VI, ed. by Ch. Hartshorne and P. Weiss, Cambridge 1931–1935; Bd. VII–VIII, ed. by A. W. Barks, Cambridge 1958 (1.339 bedeutet Bd. I, Abschnitt – nicht Seite – 339)
S. Petrucciani (1988): Etica dell'argomentazione, Genova 1988
R. S. Peters (1972): Ethik und Erziehung (engl. ⁵1968), Düsseldorf 1972
J. Piaget (1973): Das moralische Urteil beim Kinde, Frankfurt 1973
G. Pitcher (1968): Wittgenstein. The Philosophical Investigations, ed. by G. Pitcher, London/Melbourne 1968
K. R. Popper (1935): Logik der Forschung, Wien 1935
– (1965): Das Elend des Historizismus, Tübingen 1965
U. Pothast (1980): Die Unzulänglichkeit der Freiheitsbeweise, Frankfurt 1980
L. B. Puntel (1978): Wahrheitstheorien in der neueren Philosophie, Darmstadt 1978
W. V. Quine (1960): Word and Object, Cambridge, Mass. 1960
J. Rawls (1975): Eine Theorie der Gerechtigkeit (engl. 1971), Frankfurt 1975
H. Rickert (1928): Der Gegenstand der Erkenntnis. Einführung in die Transzendentalphilosophie, Tübingen ⁶1928
R. Rorty (1981): Der Spiegel der Natur (engl. 1979), Frankfurt 1981
H. Rosenberg (1937): Der Mythus des 20. Jahrhunderts, München 1937
J. Royce (1919): Lectures on modern idealism, New Haven 1919
– (1968): The Problem of Christianity, with a new introduction by J. E. Smith, Chicago/London 1968
– (1969): The basic writings, ed. ... by J. J. Mc Dermott, 2 Bde., Chicago 1969
J.-P. Sartre (1943): L'étre et le néant, Paris 1943
– (1986): Ist der Existenzialismus ein Humanismus? (frz. 1946), in: Drei Essays, Frankfurt/Berlin 1986
J. R. Searle (1969): Speech Acts, Cambridge 1969
– (1983): Intentionality, Cambridge 1983

G. Simmel (1900): Philosophie des Geldes, Leipzig 1900
J. E. Smith (1950): Royce's Social Infinite. The Community of Interpretation, New York 1950
Ch. P. Snow (1969): The two cultures: and a second look, Cambridge 1969
J. Strangas (1984): Bemerkungen zum Problem der Letztbegründung, in: Archiv für Rechts- und Sozialphilosophie 70 (1984), 475–493
L. Strauss (1977): Naturrecht und Geschichte (engl. 1953), Frankfurt 1977
B. Stroud (1968): Transcendental Arguments, in: The Journal of Philosophy 65 (1968), 241–256
M. Theunissen (1965): Der Andere. Studien zur Sozialontologie der Gegenwart, Berlin 1965
I. Tóth (1972): Die nicht-euklidische Geometrie in der Phänomenologie des Geistes, Frankfurt 1972
– (1982): Gott und Geometrie. Eine viktorianische Kontroverse, in: U. R., Schriftenreihe der Universität Regensburg, Bd. 7, Evolutionstheorie und ihre Evolution, Dezember 1982, hg. von D. Henrich, 141–204
A. Trendelenburg (1840): Logische Untersuchungen, 2 Bde., Berlin 1840
H. Ulrici (1841): Ueber Princip und Methode der Hegelschen Philosophie, Halle 1841
P. Várdy (1979): Some Remarks on the Relationship between Russell's Vicious-Circle Principle and Russell's Paradox, in: Dialectica 33 (1979), 3–19
F. Waismann (1967): Wittgenstein und der Wiener Kreis, Frankfurt 1967
D. Wandschneider (1982): Raum, Zeit, Relativität, Frankfurt 1982
– (1985): Die Absolutheit des Logischen und das Sein der Natur, in: Zeitschrift für philosophische Forschung 39 (1985), 331–351
– (1990): Das Antinomienproblem und seine pragmatische Dimension, erscheint in: Pragmatik, hg. von H. Stachowiak, Hamburg 1986 ff., Bd. IV
G. Wartenberg (1971): Logischer Sozialismus. Die Transformation der Kantschen Transzendentalphilosophie durch Ch. S. Peirce, Frankfurt 1971
M. Weber (1904): Die „Objektivität" sozialwissenschaftlicher und sozialpolitischer Erkenntnis (1904), jetzt in: (1973), 146–214
– (1917): Der Sinn der „Wertfreiheit" der soziologischen und ökonomischen Wissenschaften (1917), jetzt in: (1973), 489–540
– (1919): Wissenschaft als Beruf (1919), jetzt in: (1973), 582–613
– (1973): Gesammelte Aufsätze zur Wissenschaftslehre (1922), Tübingen ^{4}1973
K. Weimar/Ch. Jermann (1984): „Zwiesprache" oder Literaturwissenschaft?, in: Neue Hefte für Philosophie 23 (1984), 113–157
A. Wellmer (1986): Ethik und Dialog, Frankfurt 1986
H. Wennerberg (1962): The pragmatism of C. S. Peirce, Uppsala 1962
A. L. Wheeler (1925): Topics from the Life of Ovid, in: The American Journal of Philology 46 (1925), 1–28
P. Winch (1966): Die Idee der Sozialwissenschaft und ihr Verhältnis zur Philosophie (engl. 1958), Frankfurt 1966
L. Wittgenstein (1970): Über Gewißheit, Frankfurt 1970
– (1977): Philosophische Untersuchungen (1958), Frankfurt 1977
– (1979): Tractatus logico-philosophicus (1921), Frankfurt 1979

G. H. von Wright (1971): Explanation and Understanding, Ithaca 1971
Zur Lage der Welt (1989): Worldwatch Institute Report. Zur Lage der Welt – 89/90. Daten für das Überleben unseres Planeten, hg. von L. Brown u. a., Frankfurt 1989

Geschichte der Philosophie

Herausgegeben von Wolfgang Röd

Band I Die Philosophie der Antike I: Von Thales bis Demokrit.
Von Wolfgang Röd, 2. überarbeitete Auflage. 1988. 275 Seiten

Band II Die Philosophie der Antike 2: Sophistik und Sokratik. Plato und Aristoteles. *Von Andreas Graeser. 1983. 345 Seiten*

Band III Die Philosophie der Antike 3: Stoa, Epikureismus und Skepsis.
Von Malte Hossenfelder. 1985. 252 Seiten

Band IV Die Philosophie der ausgehenden Antike und des frühen Mittelalters. *In Vorbereitung*

Band V Die Philosophie des Hoch- und Spätmittelalters. *In Vorbereitung*

Band VI Die Philosophie des Humanismus und der Renaissance.
In Vorbereitung

Band VII Die Philosophie der Neuzeit I: Von Francis Bacon bis Spinoza.
Von Wolfgang Röd. 1978. 270 Seiten

Band VIII Die Philosophie der Neuzeit 2: Von Newton bis Rousseau.
Von Wolfgang Röd. 1984. 498 Seiten

Band IX Die Philosophie der Neuzeit 3: Kant und der deutsche Idealismus.
In Vorbereitung

Band X Die Philosophie der Neuzeit 4: Positivismus, Sozialismus und Spiritualismus im 19. Jahrhundert.
Von Wolfgang Röd und Stefano Poggi. 1989. 360 Seiten

Band XI Die Philosophie der neuesten Zeit 1: Positivismus, Pragmatismus, Phänomenologie und Analytische Philosophie. *In Vorbereitung*

Band XII Die Philosophie der neuesten Zeit 2: Lebensphilosophie, Historismus, Neuidealismus, Existentialismus. *In Vorbereitung*

Verlag C.H.Beck München